Juri Rytchëu
Alphabet meines Lebens

Juri Rytchëu

Alphabet meines Lebens

Aus dem Russischen von Antje Leetz

Unionsverlag

Diese Übersetzung folgt dem Manuskript
mit dem Titel »Doroshny lexikon«.
Die Fotos auf Umschlag und Vorsatz sind
Juri Rytchëus Familienalbum entnommen.
Weltweite Erstveröffentlichung

Im Internet
Aktuelle Informationen,
Dokumente, Materialien
www.unionsverlag.com

© by Juri Rytchëu 2008
© by Unionsverlag 2010
Rieterstrasse 18, CH-8027 Zürich
Telefon 0041-44-283 20 00, Fax 0041-44-283 20 01
mail@unionsverlag.ch
Alle Rechte vorbehalten
Umschlaggestaltung: Peter Löffelholz, Zürich
Umschlagfoto: shaday365
Druck und Bindung: Bercker Graphischer Betrieb, Kevelaer
ISBN 978-3-293-00412-2

Inhalt

Einige Worte vorab 9

Abiturient 11
Automobil 14
Witz 21
Melone 24
Archäologie 29
Dampfbad 34
Dieb 38
Rabe 43
Wahlen 48
Zeitung 51
Hausmeister 56
Detumeszenz 60
Jude 65
Sterne und Sternbilder 71
Imperator 76
Name 81
Unterhosen 88
Bild 93
Kino 98
Wal 101

Klima 105
Buch 109
Kolchos 116
Schiffe 121
Korruption 125
Kulturbasis 129
Kuchljanka 133
Mond 137
Eis 141
Mathematik 146
Eisbär 150
Miliz 156
Meer 161
Walroß 167
Museum 172
Musik 176
Ringelrobbe 185
Bestrafung 190
Deutsche 196
Brauch 201
Übersetzung 207
Stempel 212
Schriftsteller 218
Schwimmen 222
Flug 226
Porträt 233
Beerdigung 237
Kuss 243
Feiertag 246
Präsident 251
Preis 257
Funk 262

Hemd 267
Russen 271
Russische Sprache 276
Sex 280
Erzähler 285
Sonne 295
Telefon 299
Essen 304
Universität 310
Foto 314
Brot 318
Kälte 321
Blumen 329
Zigeuner 334
Mensch 339
Tschuktschische Sprache 343
Schamane 347
Schule 355
Expedition 359
Elektrizität 367
Jubiläum 373

Nachbemerkung 379

Einige Worte vorab

Dieses Buch, lieber Leser, kannst Du auf der Arbeit in die Hand nehmen, am Strand, in der Badewanne, im Flugzeug, im Zug, im Bus, im Auto, auf einer Segeljacht. Selbst wenn Du nur eine Minute Zeit hast. Du kannst die Lektüre jederzeit abbrechen, und Du kannst zu diesem Buch zurückkehren, wann Du willst, nach einer Stunde, nach einem Tag, ja sogar nach einer längeren Pause. Denn ich habe die einzelnen Kapitel nach Stichwörtern gegliedert, die jeweils in russischer, tschuktschischer und deutscher Sprache angegeben und nach der russischen Fassung geordnet sind.

So ist eine Art Reiselexikon daraus geworden, eine Reise, auf der ich Dir von meinem Volk erzählen möchte, von seiner Sicht auf die große, vielgestaltige Welt. Jede Zeile dieses Werks habe ich selbst erlebt, es gibt keine einzige Seite, wo Dichtung und Wahrheit auseinandergehen.

Mein großer Wunsch ist: Wo auch immer Du Dich gerade befindest, im tropischen Dschungel, auf dem Meer, in Feldern und Wäldern – egal, Du sollst noch eine zweite Reise machen, nämlich zusammen mit mir, durch mein Tschukotka. Du sollst meine Sicht der Dinge, der ungewöhnlichen Erscheinungen in unserem Leben kennenlernen. Ich will Dich mit Menschen bekannt machen, mit denen mich das Schicksal zusammengeführt hat.

Wohlan! Glückliche Reise!

Juri Rytchëu
St. Petersburg 2006–2008

Абитуриент

Abiturient

Das Wort »Abiturient« gibt es im Tschuktschischen nicht. Ich kann mit schlafwandlerischer Sicherheit sagen, wann ich es zum ersten Mal gehört habe – am 4. November 1948, spät am Abend, in Leningrad. Mein Kamerad Wassili Kaio und ich erreichten nach einer langen Reise durch das ganze Land endlich unser Ziel – Leningrad, die große Stadt, in der sich die Universität befand, in die wir aufgenommen werden wollten.

Wir traten auf den Bahnhofsplatz hinaus, den Platz des Aufstands, und blieben unentschlossen stehen. Autos rasten vorbei, Straßenbahnen und merkwürdige Fahrgestelle mit Hörnern, die an Oberleitungen befestigt waren. Außer den elektrischen Laternen leuchteten elektrische Funken, die von den Stromabnehmern der Straßenbahnen fielen. Dazu kamen die Funken von den Hörnern. Diese ganze Illumination spiegelte sich im nassen Asphalt des Platzes wider. Es roch nach Feuchtigkeit, Ozon und allen möglichen unbekannten Dingen.

Bei unseren Nachfragen stellte sich heraus, dass sich die Universität auf der Wassilewski-Insel befand. Das Wort »Insel« verwirrte uns ein wenig: Müssten wir etwa noch einmal ein Schiff besteigen, um zu dieser Insel zu kommen? Ein guter Mensch zerstreute unsere Befürchtungen und erklärte uns, dass eine Brücke zur Insel führe, über die man zu Fuß gehen könne. Aber dann riet er uns, doch lieber die Straßenbahn Nummer 5 zu nehmen und in aller Seelenruhe bis zur Universität zu fahren.

Wir hatten aber die Erfahrung gemacht, dass man auf tangitanischem Gebiet für alles bezahlen musste. Unser Geld war bereits ausgegeben, und wir waren im Ungewissen, wie sich unsere unerwartete Reise auf die Insel gestalten würde. Da erfuhren wir von einem anderen Passanten, dass man zur Wassilewski-Insel gelangt, wenn man den Newski-Prospekt, der direkt vor uns mit seinen Lichtern schillerte, einfach geradeaus geht, alles in allem wären das nur drei Kilometer. Ein lächerlicher Weg, fanden wir. Wir überquerten mit aller gebotenen Vorsicht den Platz des Aufstands und machten uns auf zur Wassilewski-Insel.

Ungeachtet des düsteren regnerischen Wetters waren wir frohen Mutes. Auch der Regen war in dieser Stadt irgendwie seltsam: Er bestand nicht aus einzelnen Tropfen wie normaler Regen, sondern hing wie feiner Tüll über der Stadt, wie ein nasser Schleier, allerdings durchsichtig genug, um alles gut sehen zu können: die finsteren Paläste mit den Säulen, die dunklen Toreingänge zu den Höfen, in denen sich ein geheimnisvolles, uns bislang noch unverständliches Leben verbarg.

Wir betraten eine kurze Brücke über einen verhältnismäßig schmalen Fluss. Am Beginn der Brücke standen nackte Jünglinge aus Stein, die sich aufbäumende Pferde zügelten. Für alle Fälle erkundigten wir uns bei einem Passanten, ob das die Newa sei, er aber sagte, nein, das sei die Fontanka.

»Fontanka«, wiederholte Kaio versonnen. Er wälzte das neue Wort im Mund hin und her.

Aber wir mussten noch einen weiteren Fluss überqueren, den wir fast übersehen hätten. Das war die Moika, wie uns ein anderer freundlicher Passant mitteilte.

Und dann kam endlich die Newa! Ja, das war ein richtiger Fluss mit viel Wasser, in dem sich, wie uns schien, die halbe Stadt mit all ihren Gebäuden und Lichtern spiegelte. In aller Ruhe überquerten wir die Palastbrücke, entdeckten die Peter-und-Paul-Festung am anderen Ufer, die wir schon von Bildern her kannten. Wir vernahmen deutlich das Plätschern des tiefen Wassers und spürten die Kraft der Strömung.

Als wir über die Brücke gegangen waren, bogen wir nach links ein. Wie viele Male hatte ich im Geist vor den geheiligten Toren der Universität gestanden, wie viele Male hatte ich im fernen Uëlen davon geträumt! Und nun lag sie vor uns, gläsern und dunkel. Hinter der Tür konnten wir eine beeindruckende Figur erkennen. Der Mann trug eine Uniform, ähnlich der, die die Kapitäne der Eisbrecher in der Arktis trugen.

Schüchtern klopften wir an.

Langsam öffnete der Mann die Tür einen Spalt und fragte trocken: »Wer seid ihr? Abiturienten?«

Das unbekannte Wort traf mich wie ein Schlag, ich kramte in meinem Kopf nach, was es wohl bedeuten könne. Ob der Mann unsere Nationalität meinte? Hüstelnd stellte ich mich vor: »Nein, wir sind keine Abiturienten ... Wir sind Tschuktschen!«

»Ach, Tschuktschen!«, sagte der wichtige Mann vieldeutig und schlug die Tür vor unserer Nase wieder zu. Mein Freund und ich sahen uns an: Solch eine Reaktion auf unsere Abstammung hatten wir nicht erwartet.

»Du hättest nicht sagen sollen, dass wir Tschuktschen sind«, warf mir mein Freund vor.

»Aber wir sind doch keine Abiturienten!«, wandte ich ein.

Der wichtige Mann in der Admiralsuniform löste sich in der undurchsichtigen Dunkelheit hinter der gläsernen Tür zur Leningrader Universität auf.

Den zweiten Versuch, in die Universität vorzustoßen, verschoben wir auf den nächsten Morgen. Die Frage des Nachtlagers kümmerte uns wenig, es war zwar nasskalt, aber für unser Gefühl doch recht warm.

Bei unserem Weg am Newa-Ufer entlang stießen wir auf zwei steinerne Sphinxe. Und unter diesen Sphinxen standen steinerne Bänke, auf denen wir ausgezeichnet schliefen.

Am nächsten Tag erfuhren wir schließlich, was das Wort Abiturient bedeutet.

Автомобиль

kowlorgoor

Automobil

Kowlorgoor heißt wörtlich Räderschlitten. Zum ersten Mal habe ich ein Automobil in der Sankt-Lorenz-Bucht gesehen, als ich im Sommer 1944 zum Bau des Militärflughafens dorthin abkommandiert war. Der Bau war ein Eilprojekt und streng geheim. Die angeworbenen Bauarbeiter, die fast mit Gewalt aus den Siedlungen am Meer zusammengeholt worden waren, wurden auf amerikanische Landungsboote verfrachtet und auf dem niedrigen Kieselufer von Kytrytkyn, am Eingang zur Lorenz-Bucht, abgesetzt. Hier waren bereits geräumige amerikanische Zelte aufgeschlagen worden, in denen nackte Pritschen standen. Das Gelände war mit Stacheldraht umzäunt, an den vier Ecken standen hölzerne Wachtürme mit bewaffneten Maschinengewehrschützen.

Wir wurden am Ufer aufgestellt und ins Lager geführt.

Das Automobil sah ich schon aus der Ferne. Es kam aus der hügligen Tundra angefahren und schwankte von einer Seite zur anderen, wie ein Lederkanu auf den Meereswellen. Es heulte und brummte, und unter ihm quoll Rauch hervor. Ich blieb verdutzt stehen. Dieser geheimnisvolle Räderschlitten, der ganz von allein, ohne Zugtiere, durch die hüglige Tundra fuhr, wirkte auf mich wie ein lebendiges Zauberwesen.

Das Auto sah wirklich wie ein lebendiges Wesen aus. Die Scheinwerfer waren die Augen, den Rumpf bildete die Pritsche, die Beine waren die Räder, der Kopf war das Fahrerhaus, das den bemerkenswertesten Teil, den brummenden heißen Motor, beherbergte. Später habe ich das lebendige Herz des Motors gefühlt, als ich die Hand auf die warme Motorhaube legte. Alle Automobile auf Tschukotka waren amerikanischer Herkunft, Studebakers, die die Sowjetunion als Kriegshilfe über das Lend-Lease-Abkommen erhalten hatte.

Jeden Morgen, wenn wir in aller Eile unser bescheidenes Frühstück hinunterschlangen, das aus Graupenbrei und einem Becher mit süßem Tee bestand, kamen die gerade erst erwachten Automobile zu den Zelten gefahren. Sie heulten unzufrieden, als ob sie darüber zornig wären, dass man sie in dieser kalten, nassen Morgenstunde geweckt hatte. Selbst ihre Scheinwerfer brannten trübe und irgendwie verärgert.

Die Spaten klapperten, als wir hastig auf die Pritschen kletterten. Ich spürte, wie unter mir der Wagen ächzte und stöhnte und wie er kreischend und mit knirschenden Eisengelenken langsam anfuhr, immer schneller wurde und durch die hüglige Tundra zur fernen Landzunge holperte, wo wir für die Landebahn des Flughafens Kieselsteine aufluden. Die Arbeit war selbst für einen so kräftigen jungen Mann wie mich sehr schwer.

Nach einiger Zeit wurde ich befördert: Ich kam als Gehilfe des Kochs in die Küche für die Lastträger, die fast alle Landsleute von mir waren. Zu meinen Pflichten gehörte es, das Feuer unter der Kochplatte zu unterhalten, in die ein riesiger Kessel eingelassen war. Mit demselben Spaten, mit dem ich Kohle ins Feuerloch schaufelte, rührte ich das Essen im Kessel um, damit es nicht anbrannte. Auch diese Arbeit war nicht leicht, machte aber satt.

Schade war, dass ich nun nicht mehr mit dem Wagen fuhr und ihn nur noch aus der Ferne sah. Ich hatte immer Angst, von vorn an ein Auto heranzutreten, ich fürchtete unter die schwarzen Räder zu kommen, falls es dem eisernen Monster plötzlich einfallen sollte loszufahren.

Ein richtiger Autofanatiker wurde mein Uëlener Landsmann Wassili Kornejewitsch Ryppel. Er war schon früher mit seiner Vorliebe für die Technik aufgefallen, konnte Uhren reparieren, Nähmaschinen und sogar die »Archimedes«-Bootsmotoren, die damals in die Fischfangschaluppen eingebaut wurden.

Auf dem Bau bemühte sich Ryppel, möglichst immer in der Nähe eines Autos zu sein. Er war der Erste, der dem Fahrer half, wenn etwas kaputtging. Es gab für ihn kein größeres Glück, als neben dem Fahrer in der Kabine eines Studebakers zu sitzen. Manchmal sahen wir, wie Ryppel sogar das Lenkrad hielt und scheinbar eigenhändig das Auto lenkte.

Doch plötzlich flog eine schreckliche Nachricht von Zelt zu Zelt: Ryppel hatte ein Auto in die Tundra entführt! Die Wachsoldaten jagten ihm hinterher. Auch ich rannte los.

Der abgesoffene Laster stand mit der Nase zu einem kleinen Tundrasee. Die Räder waren im sumpfigen Tundraboden stecken geblieben. Der Bösewicht saß in der Kabine, sein Kopf war auf die Arme gesunken.

Die Soldaten umzingelten den Wagen und fluchten entsetzlich. Sergeant Sotow, der Kommandant der motorisierten Truppe, kam angerannt. Er riss die Wagentür auf. Da hob Ryppel den Kopf, und alle sahen seinem Gesicht an, wie glücklich er war. Mein Landsmann lächelte so selig, als ob er gerade einen Grönlandwal erlegt hätte.

»Was freust du dich, du Dussel!«, schrie ihn der Sergeant an. »Weißt du, was dir für den Diebstahl von Militäreigentum droht! Das Tribunal! Und nach dem Kriegsgesetz die Erschießung!«

Ryppel, der immer noch glücklich lächelte, kletterte aus der Kabine und sprang federnd auf den Erdhügel. »Ich hab es geschafft, ihn zu bändigen!«, sagte er auf Tschuktschisch. Allerdings war ich der Einzige, der seine Worte verstand.

»Festnehmen!«, brüllte Sergeant Sotow, und zwei bewaffnete Soldaten rannten zu Ryppel, drehten ihm die Arme auf den Rücken und führten ihn zur Wache ab.

Das Auto wurde mithilfe eines Raupenschleppers aus dem Sumpfboden gezogen. Es war völlig unbeschädigt und fuhr bereits am nächsten Tag wieder fröhlich die aufgeschüttete Straße entlang und transportierte Kieselsteine vom Ufer des Meerbusens.

In unserem Zelt wurde lange darüber diskutiert, auf welche Weise wohl unser Landsmann Wassili Kornejewitsch Ryppel hingerichtet werden würde. Sie würden den Uëlener Jäger wohl am Meeresufer erschießen, auf dem Kap Kytrytkyn. Wir rätselten: Würden mehrere Menschen auf ihn schießen? Oder würde nur ein Soldat hervortreten, vielleicht sogar der Kommandeur der motorisierten Truppe, Sergeant Sotow, persönlich? Ich brachte dem Häftling Brei, dünnen Tee und Brot und wunderte mich über seine gute Laune. Offensichtlich kümmerte ihn der nahe Tod überhaupt nicht.

Etwas hielt mich zurück, mit Ryppel ein längeres Gespräch anzufangen, irgendeine unsichtbare Grenze, die das Schicksal meines Landsmanns von meinem und dem der anderen Uëlener trennte, die nach Beendigung des Flughafenbaus wieder nach Hause zurückkehren würden, in ihren Heimatort, zu ihren Verwandten und Freunden. Nur Ryppel würde nicht zurückkommen ... Vielleicht werden sie uns erlauben, wenigstens seinen Leichnam in die Heimat zu bringen? Ryppels Tochter, deren Namen die russischen Lehrer kaum aussprechen konnten – Ryppelyttyne –, ging in dieselbe Klasse wie ich und war sehr begabt für die mathematische Wissenschaft.

Doch Ryppel verhielt sich seelenruhig, als ob nichts Besonderes passiert wäre.

Als ich die Wache verließ und an dem bewaffneten Soldaten vorbeiging, hörte ich hinter mir die Stimme des Häftlings. Er sang Kriegslieder, die er bei den Soldaten gelernt hatte:

Furchtlos im Kampf wird sich zeigen,
wer Stalin studiert – für und für!
Wen Sturm und Gefahren nicht beugen,
sein Weg – Komsomol – führt zu dir.

Schließlich war der Bau abgeschlossen. Ein Flugzeug aus der Prowidenije-Bucht machte eine Testlandung, und aus diesem Anlass organisierte die Leitung ein großes Fest. Alle erhielten ein Geschenk – eine doppelte Portion Graupengrütze und hundert Gramm reinen Spiritus. Die Feier aber begann erst richtig, als die Hohe Militärführung angeflogen kam – ein General. Er kam aus Chabarowsk und hatte an einem Tag die Reise von mehreren Tausend Kilometern bis zur Sankt-Lorenz-Bucht geschafft.

Zu Ehren des Generals stellte sich am Rand der Landebahn, die mit Transparenten, Fahnen und einem riesigen Stalin-Porträt geschmückt war, das motorisierte Regiment mit blitzblank gewaschenen Automobilen auf. Die Soldaten hatten sich ebenfalls herausgeputzt. Etwas abseits hatte mit glänzenden Messingposaunen das Militärorchester Platz genommen, das von Zeit zu Zeit Melodien intonierte und damit das uralte Meeresufer mit völlig neuen Tönen betäubte und die Vögel in Angst und Schrecken versetzte. Alle waren in gehobener Festtagsstimmung. Auch ich freute mich auf die baldige Rückkehr in mein heimatliches Uëlen, in die Schule.

Ich brachte dem Häftling das festliche Mittagessen, er bekam sogar die hundert Gramm Spiritus in einem Aluminiumbecher. Ryppel trank den reinen Alkohol aus, ohne mit der Wimper zu zucken, und erstmals bekam sein ewig fröhliches Gesicht einen traurigen Ausdruck. »So ist das nun«, sagte er zu mir. »Meine letzten Tage sind gekommen. Bald werde ich hingerichtet ...«

»Wirst du wirklich erschossen?«, fragte ich ihn mit ersterbender Stimme. Ryppel nickte schweigend und begann die Grütze zu essen. Aber als ich ging, sang er wieder seine Kriegslieder.

Über dem Meer tauchte das Flugzeug des Generals auf. Bevor es auf der neuen, mit kleinen Wimpeln abgesteckten Bahn landete, zog es ein paar Kreise über dem Flughafen, der wartenden Menge, den Häuschen der Bezirksregierung und dem laut spielenden Orchester, wobei es mit seinem Motorengebrumm die Marschklänge übertönte.

Die Erbauer des Flughafens, zu denen trotz des privilegierten Postens als Kochgehilfe auch ich gehörte, standen abseits, hinter den Soldaten, aber dennoch konnte ich gut sehen, wie als Erster der General aus dem Flugzeug stieg, in voller Uniform mit Ordenreihen über der ganzen Brust und mit breiten goldenen Schulterstücken.

Der wichtigste Bauarbeiter, den wir allerdings auf dem Bau fast nie zu Gesicht bekommen hatten, trat nach vorn, legte seine Hand an die Mütze und sagte etwas Militärisches, Abgehacktes, das wie Hundegebell klang. Dann spielte das Orchester die neue Hymne der Sowjetunion, alle standen stramm, waren geradezu erstarrt, als ob ein plötzlicher Frost über sie gekommen wäre. Nach der Hymne erklang ein lautes »Hurra«, und der General begann die Reihen abzuschreiten.

Zur Verwunderung aller lenkte er seine Schritte zu unserer Gruppe. Er blieb vor uns stehen und sagte laut: »Ich grüße euch, Genossen Tschuktschen!«

»Amyn etti!«, grüßten meine Landsleute jeder einzeln den General. Und da begann meine Sternstunde. Ein Dolmetscher wurde gebraucht. Ich wurde nach vorn gestoßen und dem General vorgestellt. Ich hatte natürlich schreckliche Angst, aber der General erwies sich als guter und verständnisvoller Mensch. »Zier dich nicht, Junge!«, ermunterte er mich. »Lass uns reden.«

Er wollte wissen, woher wir kommen und womit wir uns in unseren Heimatsiedlungen beschäftigen. Er lobte uns. Doch da sagte plötzlich jemand in der Menge: »Nicht alle haben gut gearbeitet. Einer hat was ausgefressen, er ist mit einem Studebaker in die Tundra geflohen! Jetzt sitzt er und wartet auf das Kriegsgericht ...«

Der General verlangte, dass man ihn zu dem Häftling führte.

Ryppel trat aus seiner engen Zelle und kniff im hellen Sonnenlicht für eine Sekunde die Augen zusammen. »Ich wünsche Gesundheit, Genosse General!«, sagte er deutlich auf Russisch und salutierte.

»Mit unbedecktem Kopf salutiert man nicht«, bemerkte der General streng. »Verstehst du wenigstens, wofür man dich eingesperrt hat und was dir droht?«

Ryppel antwortete auf Tschuktschisch, und ich gab mir die größte Mühe, seine Worte so genau wie möglich zu übersetzen. »Als ich zum ersten Mal ein Automobil gesehen habe, bekam ich Herzklopfen. So ein schönes, prächtiges, stolzes Tier. Und so gehorsam! Von da an war es mein Traum, dieses Pferd in meine Gewalt zu bringen, es zu zwingen, meinen Händen zu gehorchen. Ich lernte beim Fahrer, setzte mich neben ihn. Und das heiße eiserne Tier fühlte meine Gewalt, wollte mir dienen. Da habe ich mich entschlossen ... Natürlich bin ich nicht ganz mit ihm zurechtgekommen. Aus irgendeinem Grund bog das Automobil plötzlich in die Tundra ab. Vielleicht wollte es in die Freiheit? Mein Herz aber hüpfte vor Freude und sang in der Brust: Seht her, das eiserne Tier hat sich einem Luorawetlan unterworfen! Ich habe solche Freude empfunden und solchen Stolz, nicht nur meinetwegen, sondern auch für unser Volk. Und diese Freude reicht mein ganzes Leben lang! Soll man mich ruhig erschießen, dafür habe ich ein Auto gelenkt! Ein amerikanisches Auto! Ich habe keine Angst vor dem Tod, weil meine Seele zum Sternbild der Trauer aufsteigt, in die Gegend des Polarsterns, wohin nur wahre Helden kommen!« Stolz sah Ryppel den General an.

Als der sich meine Übersetzung angehört hatte, sagte er: »Verdammt noch mal! Sofort freilassen!«

АНЕКДОТ

Witz

Dafür haben die Tschuktschen kein Wort. Aber sie würden es ungefähr mit *tennewpynyl* übersetzen.

Den ersten Witz hörte ich von einem russischen Jungen, einem Mitschüler in der Uëlener Schule, vom Sohn des Bäckers Petka Pawlow. Dieser Witz war so anstößig und obszön, dass ich ihn selbst nach so langer Zeit beim besten Willen nicht niederschreiben kann. Doch seit dieser Zeit habe ich ein besonders lebhaftes Interesse für dieses Genre der Volkskunst entwickelt.

In der tschuktschischen Folklore gibt es humoristische Erzählungen, die einem Witz oder einer Anekdote ähnlich sind, doch in ihnen sind meist Tiere die Akteure. In russischen Witzen dagegen Menschen. Am beliebtesten sind die anonymen Witze, die sich vor allem über ethnische Besonderheiten lustig machen. Sie treten wellenartig auf. So gab es beispielsweise eine Zeit der armenischen Witze, und mit wundersamer Beständigkeit werden jüdische Witze erzählt. Unser Land hat einen Ansturm humoristischer Volkserzählungen erlebt, die Lenin gewidmet waren. Der Höhepunkt war, als der hundertste Geburtstag des großen Führers des Proletariats gefeiert wurde. Doch nie hätte ich mir träumen lassen, dass mein kleines tschuktschisches Volk Held zahlloser Witze werden würde, in denen mein Landsmann als naiver Idiot dargestellt wird, der in die unterschiedlichsten komischen Situationen gerät.

Eine Zeit lang hielt man mich für den Autor der Tschuktschenwitze, obwohl ich mir keinen einzigen ausgedacht habe und sie mir wegen ihrer Dummheit auch gar nicht gefallen. Ein Witz ist meist ein Selbstporträt seines Erfinders und wirft ein Licht auf seine negative Seite, aber das würde er niemals zugeben, mehr noch, er versucht uns davon zu überzeugen, dass er viel »höher« als das Witzobjekt steht.

Die Tschuktschenwitze sind so weit verbreitet, dass sogar Kinder sie erzählten, sie sind nicht so obszön wie die sogenannten Witze für Erwachsene.

Einmal, in einem kleinen Kurort, wo wir im Sommer einen Bungalow des Literaturfonds gemietet hatten, hörte ich durchs Fenster folgenden Dialog meiner Frau mit dem Nachbarjungen:

»Stimmt es, dass es in eurer Familie Tschuktschen gibt?«, fragte der Junge.

»Ja, das stimmt«, antwortete meine Frau. »Guck mal durchs Fenster! Da sitzt einer am Computer.«

Der Junge blickte mich lange Zeit mit unverhohlener Verwunderung an und sagte dann wie zu sich selbst: »Und ich dachte, Tschuktschen gibt es nur in Witzen ...«

Dann vernahm ich, wie der Junge zu seinen Altersgenossen sagte: »Onkel Juri arbeitet als Tschuktsche am Computer.«

Natürlich waren die einen oder anderen bösen und dummen Witze beleidigend für meine Landsleute und verärgerten sie. Einmal wandten sich sogar die Studenten der Nordischen Fakultät des Instituts der Nordvölker in Petersburg mit einer offiziellen Bitte an mich, ich solle mich des Problems annehmen und Maßnahmen ergreifen, um die Verbreitung der beleidigenden und erniedrigenden Witze zu unterbinden. Ehrlich gesagt, ich hatte nicht die geringste Ahnung, wie ich das anstellen sollte. Ich versuchte meine beleidigten Landsleute zu beruhigen, indem ich ihnen erklärte, dass es eher eine Ehre sei, Gegenstand eines Witzes zu sein. Nur herausragenden und begabten

Völkern würde diese Auszeichnung zuteil: Juden, Armeniern, und wie viel Witze gab es über die Russen!

Aber an und für sich ist der Witz etwas Wunderbares, vor allem in unserem russischen Leben. In den Jahren der totalen Zensur drückten die Menschen in Witzen ihre Unzufriedenheit aus, kritisierten die Macht der Besitzenden und widerwärtige Erscheinungen des kulturellen und politischen Lebens.

Von Zeit zu Zeit sagen die Futurologen das Verschwinden des einen oder anderen Literaturgenres voraus. Meiner Erinnerung nach wurde der Roman schon mehrmals zu Grabe getragen, und mit dem Erscheinen des Computers verkündeten sie das Ende der künstlerischen Literatur überhaupt.

Aber selbst die mutigsten Propheten riskieren nicht, das Ende des Witzes zu prophezeien. Der Witz ist ein wahrhaft unsterbliches Genre!

Арбуз

Melone

In der tschuktschischen Sprache gibt und gab es nie ein entsprechendes Wort. Diese wunderbare Frucht der warmen Länder kannte ich nur von Abbildungen im Botanikbuch der Schule – ein gestreiftes und unwahrscheinliches rundes Ding. Die Begegnung mit der echten Frucht war unerwartet und hat sich mir fürs ganze Leben eingeprägt.

Es geschah im Spätherbst des Jahres 1948 auf dem Weg von Tschukotka nach Leningrad. Gemeinsam mit meinem Freund Kaio stieg ich in Wladiwostok vom Schiff. Mit viel Mühe ergatterten wir die billigsten Sitzplätze im Zug nach Moskau. Uns blieben noch ein paar Tage bis zur Abfahrt, und wir spazierten untätig durch die Stadt, bewunderten die Straßenbahnen, die Verkäufer von Selterswasser, die hohen Steinhäuser, an denen wir mit besonderer Vorsicht vorbeigingen: Es könnte uns ja plötzlich etwas auf den Kopf fallen. Die Sonne schien, und wir schwitzten entsetzlich in unseren warmen Kleidern. Ich trug eine recht ordentliche Wattejacke, die allerdings einen großen Fettfleck auf dem Rücken hatte, und Kaio glänzte im Militärmantel eines japanischen Kriegsgefangenen. Diese Kriegsgefangenen marschierten übrigens häufig in Reih und Glied durch die Straßen von Wladiwostok und sangen laut ihre Lieder. Im Marschschritt liefen sie über die Brücke, und ihr Gesichtsausdruck war so seelenruhig, als seien sie keine Gefangenen, sondern im Gegenteil die wahren Sieger.

Bei unseren Streifzügen durch die Stadt gerieten wir eines Tages auch auf den Basar. Das war ein umwerfendes Schauspiel. Auf den Tischen türmten sich Berge von Gemüse und Obst, auf riesigen Fischleibern glänzten die Schuppen, und die Scheren der prächtigen Königskrabben hingen fast bis zur Erde.

Uns aber interessierten die Früchte der Erde! Vor unseren Augen erstanden plötzlich die Bilder aus dem Schulbuch und von den Etiketten der Konservendosen! Aber hier war alles echt, verströmte noch den Geruch und die Wärme der Erde, auf der die Früchte gereift waren. Mehrere Male gingen wir durch die Reihen, betrachteten jede einzelne Frucht – die Gurken, die Tomaten, die Äpfel, die Birnen, die Mohrrüben. Einiges erkannten wir, aber die Mehrheit der Früchte dieser Erde war uns völlig neu. Wir tauschten unsere Eindrücke aus, manchmal wahrscheinlich viel zu laut. Allerdings nahmen wir an, dass uns niemand verstand, denn wir redeten ja tschuktschisch. Wenn wir durch die Reihen mit den Früchten und dem Gemüse gingen, blieben wir ab und zu unwillkürlich stehen und diskutierten, was wir von unserem kleinen Budget wohl kaufen sollten. Die Händler sahen uns schon misstrauisch an. Wenn wir genug Geld gehabt hätten, hätten wir natürlich alles probiert!

Und da erblickten wir sie! Sie lag mitten unter ihren Schwestern, und das Verblüffendste war, dass wir schon mehrmals an ihr vorbeigegangen waren, ohne sie zu bemerken. Wahrscheinlich wegen ihres ungewöhnlichen Aussehens. Unsere Augen übersahen unwillkürlich das Neue und waren auf Dinge konzentriert, die wir wiedererkannten. Unbekanntes aber gab es auf dem Wladiwostoker Basar in solch großer Menge, dass unser Blick von diesem ungeahnten Überfluss schon abgestumpft war.

Ich dachte mir gleich, dass das eine Melone sein musste. Im russischen Schulbuch war sie unter »A« im Alphabet abgebildet gewesen. Als erster Gedanke schoss mir durch den Kopf: Dieses Wunder ist für uns unerreichbar, wir können es lediglich aus der Ferne genießen.

Hinter dem Verkaufstisch stand ein Koreaner. Er bemerkte unser Interesse. »Wollt ihr eine Melone? Ich geb sie euch billig ab. Die hier, die wiegt drei Kilo.« Er nannte einen durchaus annehmbaren Preis. Wenn wir auf alles andere verzichteten, könnten wir uns erlauben, diese Wunderfrucht zu kaufen.

Kaio und ich schauten uns an. Im Blick des Freundes konnte ich das unausgesprochene, leidenschaftliche Verlangen lesen. »Wir nehmen sie!«, sagte mein Begleiter energisch und kniff aus unerfindlichen Gründen für einen Augenblick die Augen zusammen.

Als wir bezahlt hatten, schnappten wir uns die Melone und machten uns davon, als fürchteten wir, uns könne jemand die Beute wegnehmen.

»Hör mal«, sagte ich zu Kaio, »wir haben vergessen zu fragen, wie man sie isst ...«

»Das hätte noch gefehlt!«, lachte mein Freund. »Wer fragt denn so was? Wir kriegen das schon irgendwie raus.«

»Vielleicht muss sie gekocht oder irgendwie verarbeitet werden?«, ließ ich nicht locker.

»Wenn wir fragen, wie man eine Melone isst«, sagte Kaio entschlossen, »hält man uns für Idioten!«

Wir gingen auf der Straße, die zum Meer hinunterführte. Erst nach einer Weile fanden wir eine freie Stelle, ohne Gebäude, Hafenanlagen und Boote, und setzten uns auf die Steine. Die Melone legten wir zu unseren Füßen hin. Da ruhte sie vor uns, rund, schön, gestreift wie ein Tiger.

»Vielleicht waschen wir sie wenigstens?«, schlug ich zaghaft vor.

»Das können wir machen«, stimmte Kaio mir zu. »Irgendwo habe ich gelesen, dass empfohlen wird, rohes Obst vor dem Essen zu waschen.«

Ich wusch die Melone im warmen Wasser der Bucht. Die Melone wollte mir ständig aus der Hand rutschen, so als wäre sie lebendig, und ich hatte große Angst, dass sie mir ins Wasser entkommt.

Die sauber gewaschene Melone legte ich Kaio zu Füßen, der bereits sein Jagdmesser herausgezogen hatte, von dem er sich nie trennte.

Nachdem er mit dem Daumen die Klinge geprüft hatte, richtete er das Messer auf die Melone. Aber ich hielt ihn zurück: »Warte! Nicht so schnell ... Lass uns erst mal ein kleines Stück probieren.«

Kaio war einverstanden und hobelte von der Oberfläche der wundervollen Frucht zwei dünne Scheiben ab.

Ich hatte etwas ganz Ungewöhnliches erwartet, einen zauberhaften, ungeahnten Geschmack, eine besondere Zartheit, Süße, kurz ein wundervolles Aroma ... Aber ich empfand gar nichts, außer dass das Melonenstück kühl war. Ich zerdrückte das Scheibchen mit der Zunge und den Zähnen und biss sogar hinein. Keine Wirkung. Die Melone schmeckte wie das gewöhnlichste Tundragras, das an einem See oder am Ufer eines Bachs bei uns zu Hause wuchs.

Ich schaute meinen Freund fragend an. Er konnte seine Enttäuschung kaum verbergen.

»Da hast dus«, sagte ich. »Es war falsch, dass wir uns so geniert haben. Wir hätten fragen sollen, wie man sie isst. Vielleicht muss man sie kochen oder dörren ...«

Kaio spuckte das grüne Stück auf die Kieselsteine und umklammerte sein Messer.

»Vorsicht!«, warnte ich ihn.

Das Messer fuhr gegen einigen Widerstand in das Fruchtfleisch, und plötzlich ging ein Riss quer durch die Melone ... Die Frucht spaltete sich. In dem Spalt war es feucht und rot. Kaio drehte das Messer im Fleisch herum.

»Wollen wir weiterschneiden?«

»Warte«, beschwichtigte ich den Freund. »Lass uns erst überlegen ... Also, wir haben keine Ahnung, wie man das isst. Wir sind sozusagen blutige Anfänger. Vielleicht machen wir was nicht richtig? Und werden krank? Eine Melone ist immerhin kein Kopalchen.«

Kaio hielt inne und überlegte.

»Was ist uns wichtiger, die Melone oder die Universität?«, fuhr ich fort.

»Schade nur ums Geld!«, seufzte Kaio und steckte das Messer weg. Ärgerlich trat er gegen die Melone. Die Frucht rollte zum Wasser und zersprang in zwei Teile. Wir traten zu ihr und berührten die Teile mit dem Fuß.

»Sieh mal, rot und feucht«, brummte Kaio. »Und hier, die komischen schwarzen Dinger, die so aussehen wie Maden. Oder wie gigantische Mikroben!«

»So große Mikroben gibt es gar nicht«, sagte ich zweifelnd. »Aber die Sache scheint trotzdem gefährlich zu sein.«

Wir stießen die Melone mit dem Fuß ins Wasser und verließen, ohne uns auch nur ein einziges Mal umzublicken, das Ufer, um unseren langen Weg zur Leningrader Universität fortzusetzen.

АРХЕОЛОГИЯ

ARCHÄOLOGIE

In der tschuktschischen Sprache gibt es keine Entsprechung für dieses Wort. Ich habe es vor langer Zeit zum ersten Mal gehört, noch bevor ich des Russischen mächtig war.
Aber schön der Reihe nach.
Während des Zweiten Weltkriegs, als die Vereinigten Staaten Verbündete der Sowjetunion wurden, erinnerte man sich plötzlich daran, dass es ein Abkommen unserer Länder über den visafreien Reiseverkehr der Anwohner der Beringstraße gab, das bereits Mitte der Dreißigerjahre vereinbart worden war.
Die ersten Gäste kamen in riesigen Kanus mit mächtigen Außenbordmotoren. Einige Boote hatten sogar zwei Motoren, was den Neid unserer Mechaniker hervorrief, die ständig unsere alten »Archimedes«-Motoren reparieren mussten, die schwächelten und jeden Augenblick kaputtgingen.
Die Gäste waren festlich gekleidet. Unter ihren Gürteln steckten leuchtend bunte gestrickte Wollhandschuhe. Vor allem beeindruckten uns die Mützenschirme aus Zelluloid und die Gummistiefel mit warmen Sohlen. Die Gäste rochen nach aromatischem Pfeifentabak, Zigarettenrauch und kauten unablässig Pfefferminzkaugummi, was den Neid von uns Kindern hervorrief.
Auf der Stelle entwickelten sich Tauschgeschäfte. Es stellte sich heraus, dass unsere Gäste sich vor allem für Walrosselfenbein und

Knochenschnitzereien interessierten. Wenn die Knochen viele Jahre in der Erde gelegen hatten, gewannen sie eine honiggelbe Färbung und wurden sehr geschätzt. Jemand erinnerte sich, dass sich Lagerstätten solcher Knochen am Fuß des Berges Linlinnej befanden, auf dem die Toten begraben wurden. Die Uëlener zogen nun massenweise dorthin, bewaffnet mit Schippen, Spaten und Hacken.

Die Ergebnisse der ersten Ausgrabung übertrafen alle Erwartungen. Allein ich konnte vier prachtvolle, unbeschadete Walrosshauer ans Tageslicht befördern, unzählige Spitzen von Harpunenpfeilen, beinerne Knöpfe, Figürchen von Meeres- und Tundragetier, rituelle Gegenstände unterschiedlichster Art, von denen ich nicht einmal wusste, welche Bestimmung sie hatten.

Da wir noch kleine Kinder waren, konnten wir nicht selbst mit unseren Gästen aus Übersee Geschäfte machen, doch die Älteren tauschten Tabak in großen Mengen, dreifach geschliffene Stahlnadeln, Mützenschirme aus Plastik und sogar ganze Kaugummipackungen.

Einige Tangitan hießen unsere archäologischen Ausgrabungen nicht gut, vor allem die Mitarbeiter der Polarstation. Aber unser Bäcker, Onkel Kolja, war immer bei den Ausgrabungen dabei und füllte einen ganzen Sack mit reicher Beute, die er bei den Amerikanern gegen Schrot und Pulver tauschte. Er war leidenschaftlicher Jäger, und der Mangel an Munition war seine ewige Sorge.

Solange der Krieg andauerte, hielt auch die Freundschaft mit den Amerikanern. Wir gruben gewissenhaft die Tundra um, und bis zur nächsten Ankunft der Eskimos aus Alaska lag in jeder Jaranga ein reicher Vorrat an antiken Fundstücken zum Tausch bereit. Doch mit Beginn des Kalten Krieges endete diese einträgliche archäologische Tätigkeit. Zur Erinnerung daran blieben auf dem Berg Linlinnej offene Gruben zurück, die Höhlen unterirdischer Tiere ähnelten.

Nach dem Krieg wurden verschiedene wissenschaftliche Expeditionen nach Uëlen entsandt. Am häufigsten kamen Archäologen und gruben genau an jenen Orten, an denen auch wir selbst einige Jahre zuvor gewühlt hatten. Die Wissenschaftler schimpften und beschuldigten die Uëlener, sie wären unachtsam mit ihrer eigenen historischen Vergangenheit umgegangen. Sie zogen von Jaranga zu Jaranga und kauften den Tschuktschen für einen Spottpreis, oft sogar nur für eine Flasche Schnaps, die vergilbten beinernen Gegenstände ab, die die Reise ans gegenüberliegende Ufer der Beringstraße nicht mehr geschafft hatten.

Der wissenschaftlichen Archäologie begegnete ich erst an der Leningrader Universität, der bekannte Wissenschaftler Alexej Pawlowitsch Okladnikow hielt Vorlesungen in diesem Fach. Und später hatte ich unter den Archäologen, die eine Menge über die Urzeit unseres Volkes wussten, gute Freunde.

Mein Kommilitone Dorian Sergejew, Sohn einer Lehrerin, die einige Jahre an einer Eskimoschule unterrichtet hatte, fuhr fast jedes Jahr mit einer archäologischen Expedition nach Tschukotka. Er galt nicht nur als großer Kenner der alten und neuen Geschichte des Eskimovolkes, er hielt sich darüber hinaus für einen großen Freund der arktischen Ureinwohner.

Im Sommer 1958, als ich nach dem Studium an der Zeitung *Magadaner Wahrheit* arbeitete, kreuzten sich unsere Wege. Ich reiste zusammen mit dem Moskauer Dichter Sergej Narowtschatow, einem wissbegierigen und gebildeten Mann, durch Tschukotka. In meinem Heimatort Uëlen wohnten wir im Haus des Lehrers, das während der Sommerferien leer stand.

Jeden Abend hatten wir Gäste, denen wir Cognac anboten, mit dem wir uns vorher im Gebietszentrum eingedeckt hatten. Wir erzählten uns alte Märchen und Legenden und sangen Lieder. Am häufigsten kamen mein Verwandter, der berühmte Sänger Atyk, und Ryppel, der Bademeister von Uëlen.

Eines Abends klopfte Dorian Sergejew bei uns an, der zu dieser Zeit zum Leiter einer wissenschaftlichen Expedition aufgestiegen war. Wir unterhielten uns angeregt, aber unser Gespräch wurde von

Ryppel unterbrochen, der uns mitteilte, dass das Dampfbad angeheizt sei und er sogar ein paar Ruten aus Polarbirke geflochten habe.

»Hier!«, Ryppel wedelte vor unserer Nase mit den Ruten.

Als er weg war, fragte plötzlich der beste Freund der arktischen Ureinwohner, Dorian Andrejewitsch Sergejew: »Wollt ihr wirklich im Tschuktschendampfbad schwitzen?«

»Ja«, entgegnete ich. »Was ist daran so verwunderlich!«

»Es ist so«, sagte der Archäologe mit seltsam gesenkter Stimme, »dass wir für gewöhnlich ins Dampfbad der Polarstation gehen oder schlimmstenfalls zur Grenzwache.«

»Ist das tschuktschische Dampfbad etwa schlechter?«, fragte Narowtschatow verunsichert.

»Vielleicht«, murmelte Dorian. »Eigentlich ist es nicht schlechter. Sogar neuer ... Aber dort baden die Tschuktschen und Eskimos ...«

»Na und?«, meinte der Dichter schulterzuckend.

»Die Leute von hier sind nicht sehr hygienisch«, brummte der Archäologe. »Sie haben manchmal Hautkrankheiten und Ungeziefer ...«

»Als ob die Russen das nicht hätten«, kicherte Narowtschatow. »Ich muss Sie warnen, Herr Archäologe. Sie sollten unser Zimmer meiden ... Manchmal besuchen uns Freunde, Tschuktschen und Eskimos. Und auch mein Begleiter ist kein Tangitan ... Vorsicht! Ansteckungsgefahr!«

Sergejew zuckte mit den Schultern, warf den Kopf zurück, als wolle er mit dieser Bewegung seine moderne Metallbrille zurechtrücken, und verließ stolz unser enges Zimmerchen.

»Und der will der beste Freund der arktischen Ureinwohner sein!«, sagte Narowtschatow entrüstet.

Natürlich brach der Kontakt mit den Archäologen nicht ab, wir trafen sie auf der Straße, in der Kantine und im Einkaufsladen. Eines Tages teilte uns Sergejew freudig mit, er habe eine Fundstelle aus dem Neolithikum entdeckt – eine bestens erhaltene unterirdische Behausung, gebaut aus Rasenplatten und Walknochen, direkt unter den Fenstern der alten Schule, auf der Südseite. Mein Begleiter und ich gingen uns diesen Fund anschauen.

Im Frühjahr 1943 war von der Insel des Großen Diomiden ein einäugiger Eskimo mit seiner Frau und vier Kindern nach Uëlen gezogen. Er wurde als Heizer in der Schule eingestellt. Anfangs wohnte er bei Verwandten, aber als der Schnee taute, machte er sich daran, eine eigene Behausung zu bauen. Er beschloss, sie ganz in der Nähe seines Arbeitsplatzes zu errichten. Das Baumaterial sammelte er ebenfalls ganz in der Nähe: am Strand, auf der Kiesellandzunge, in der Tundra.

Im Hochsommer war die in die Erde gegrabene neue Behausung fertig. Ich bin einige Male durch den niedrigen Eingang ins Haus gegangen. Drinnen war es recht geräumig und vor allem sehr warm, sogar im Winterfrost.

Nach dem Tod des einäugigen Eskimos zogen die Bewohner in ein normales Holzhaus, die Walknochen, die die Hütte gestützt hatten, stürzten ein, und die verlassene Erdhütte füllte sich mit Erde und interessierte in Uëlen keinen mehr.

Das alles erzählte ich dem Archäologen Dorian Andrejewitsch Sergejew, dem Leiter der archäologischen Expedition der Akademie der Wissenschaften.

Er setzte bestürzt die Brille ab, rieb sie mit einem Spezialtuch blank, setzte sie wieder auf und sagte nachdenklich: »Und ich hatte den Eindruck, die Behausung entspreche genau dem Bild des bekannten russischen Zeichners Luka Woronin von der Expedition des Vitus Bering. Seine Illustrationen hat auch Tan-Bogoras im Buch über die Tschuktschen benutzt ...«

Eine Rekonstruktion der Behausung des Heizers der Uëlener Mittelschule entdeckte ich später in Dorian Sergejews Arbeiten. Sie wurde von ihm als Relikt der typischen alten Architektur der Beringstraße ausgegeben.

Seither hat mein Interesse an Archäologie stark nachgelassen.

Баня

nymytran

DAMPFBAD

Banja war das erste russische Wort, das ich hörte. Die wenigen Landsleute von mir, die bereits eine Prozedur im Dampfbad mitgemacht hatten, berichteten vor allem von Unmengen an heißem Wasser, das dort vergeudet wurde. Man hätte damit eine riesige Menge von schwarzem Briketttee aufkochen und mehrere Tage lang die gesamte Bevölkerung von Uëlen beköstigen können, und es wäre noch immer etwas für die benachbarte Siedlung Intschoun und die Eskimosiedlung Naukan übrig geblieben! Und dazu die Hitze. Eine unerträgliche, erstickende Hitze, der man nicht entfliehen konnte, ehe man den letzten Dreck von sich abgekratzt hatte.

Die erste Uëlener Banja gab es auf der Polarstation. Dorthin gingen nur die Tangitan – die Mitarbeiter der Polarstation selbst und die Lehrer. Die Banja wurde von Ryppel geheizt, unserem Landsmann. Er war auch der Erste von uns, der sie besucht hatte. Seiner Erzählung vom heißen Bad hörten wir mit großem Interesse zu. Seinen Worten zufolge konnte die Banja dem Luorawetlan nur Unglück und körperliches Leiden bringen. Besonders der Dampfraum, ein kleines Zimmerchen, in das so brennend heißer Dampf strömte, dass man darin gekocht wurde. Nicht zu glauben, dass die Tangitan mit Genuss darin schwitzten und wollüstig stöhnten, nein, sie schlugen sich auch noch mit Ruten, die aus Polarbirken geflochten waren. Die Haut der Tangitan wurde dermaßen rot, dass nicht viel fehlte, und aus ihren Poren wäre heißes Blut geflossen. Wenn sie sich genug geschlagen und genug heißen Dampf eingeatmet hatten, rannten die Tangitan nach draußen und stürzten sich mit einem Schrei ins eiskalte Wasser der Uëlener Lagune. Die Banja war für diese qualvolle Prozedur extra ans Ufer gestellt worden.

Ich war zum ersten Mal im Pionierlager der tschuktschischen Kulturbasis in der Banja, am Ufer der Sankt-Lorenz-Bucht ... Wir gingen in ein halbdunkles Vorzimmer, in dem es wider Erwarten relativ kühl war und nach warmem, feuchten Holz roch. Mein Herz pochte stark und laut. Ich gab mir Mühe, meine Angst nicht zu zeigen und mutig zu tun, um mein plötzlich auftretendes Zittern zu unterdrücken.

»Ist dir kalt?«, fragte mich fröhlich der Pionierleiter. »Gleich wird dir heiß!«

Da sah ich plötzlich in einer Ecke Birkenruten mit trocknen Blättern hängen und erinnerte mich an die Erzählung meines Landsmanns Ryppel von seinen Banja-Abenteuern auf der Polarstation. Ich hätte am liebsten geheult und das Weite gesucht. Aber ich nahm all meinen Mut zusammen: Sicher standen mir große Prüfungen, vielleicht sogar Leiden bevor. Aber bestimmt keine tödlichen. Soweit ich mich erinnerte, kamen die Uëlener Banjabesucher auf der Polarstation immer fröhlich und krebsrot aus dem Häuschen heraus. Aber das waren die Tangitan ...

Mit schwerem Knarren öffnete sich eine dicke Holztür, und uns schlug heiße, feuchte Luft entgegen. Wir betraten ein großes Zimmer mit langen Bänken, auf denen Metallschüsseln glänzten. Neben jeder Schüssel lag ein Stück brauner Seife und ein Schwamm aus gelbem Lindenbast. Der Pionierleiter erklärte uns ausführlich, wie wir den Schwamm einseifen müssten. Zuallererst sollten wir unseren Kopf waschen und aufpassen, dass die Seife nicht in Augen und Mund geriet. Ich bemühte mich gewissenhaft, den Anweisungen des Banjaspezialisten Folge zu leisten. Es zeigte sich, dass das Waschen gar nicht schrecklich, sondern im Gegenteil sogar angenehm war. Aber einer schrie auf, offenbar war ihm Seife in die Augen geraten. Unser Pionierleiter wusch ihm die Augen mit frischem kaltem Wasser aus und wies uns noch einmal an, mit dem Schaum vorsichtig umzugehen.

Ich seifte mich mehrere Male gewissenhaft ein. Mithilfe meines Freundes Petka, des Sohns unseres Bäckers, wusch ich mir den Rücken. Ich spürte verwundert, dass mir leichter zumute wurde, so als ob mit dem Schmutz alles Schwere abgewaschen würde.

Da sagte der Pionierleiter plötzlich: »Wer möchte, kann jetzt in den Dampfraum.«

Nun kommts, dachte ich. Nun kommt die richtige Prüfung! Der Pionierleiter stieß eine fast unsichtbare Tür auf, und der aus der Dunkelheit uns entgegenschlagende heiße Dampf verbrannte den Körper. Unwillkürlich schreckten wir zurück, aber unser tapferer Pionierleiter schwenkte die Birkenrute, stürzte sich hinein und war verschwunden. Ich machte mir ernsthaft Sorgen um sein Leben. Keiner meiner Freunde wagte es, dem Helden zu folgen. Wir warteten aufgeregt, bis er wieder auftauchte, lebendig und unverletzt, aber rot, mit hervortretenden Augen und keuchend. Wir atmeten erleichtert auf.

Die erste Banja schenkte mir das ungewohnte Gefühl von Leichtigkeit, und ich begriff, welche Wonne es ist, sauber und gründlich gewaschen zu sein. Bis zur Pionierbanja hatte ich mir nur von Zeit zu Zeit mein Gesicht und die Hände mit frischem Urin abgerieben, bevor ich morgens zur Schule ging. Wenn aber die Ferien begannen, hatte ich leichten Herzens auf diese Hygienemaßnahme verzichtet.

Die erste Banja aber hat sich mir für immer eingeprägt, und seitdem wollte ich nicht mehr aufs Waschen verzichten. Als ich in den letzten Schuljahren ins Internat zog, haben wir in Uëlen statt der Banja eines der Zimmer geheizt, auf der Kochplatte aus Schnee Wasser gemacht und uns damit gewaschen. Als ich in der Pädagogischen Fachschule studierte, gingen wir in die Banja von Anadyr, die angeblich noch von russischen Kosaken erbaut worden sein soll. Obwohl sie häufig geheizt wurde, erkaltete sie sehr schnell, sodass das Eis auf dem Fußboden nie wirklich auftaute. Wir zogen uns immer Gummigaloschen an, um nicht an den Füßen zu frieren.

Es gab noch eine weitere wunderbare Banja in meinem Leben – in der Prowidenije-Bucht. Das dortige Hafenelektrizitätswerk pumpte für die Kühlung der Aggregate kaltes Wasser aus der Bucht und heißes ungenutzt zurück ins Meer. So geschah es mehrere Jahre, bis es einem findigen Kenner des Metiers in den Kopf kam, das heiße Wasser für sich und seine Kollegen zu nutzen. Sie bauten in einem Hangar ein Schwimmbecken mit Sauna. Als ich in der Prowidenije-Bucht überwinterte, rannte ich morgens, das Gesicht vor dem eisigen Wind schützend, der von der mit dickem Eis bedeckten Beringstraße wehte, zum Elektrizitätswerk. In dieser frühen Morgenstunde fand man im Schwimmbecken nur Männer im Adamskostüm. Eilig warf auch ich meine Kleider ab und stürzte mich in das heiße salzige Meerwasser. Dann ging ich in die Sauna und sog die brennende trockene Luft ein. Durch eine Tür gings in den Hof, der mit Holzbrettern ausgelegt war. Nach einigen Minuten auf diesen Brettern war ich von oben bis unten mit weißem Reif bedeckt. Als weißer Mann stürzte ich zurück in das heiße Wasser des Schwimmbeckens.

Solch eine Banja ist mir nie wieder begegnet.

Вор

tulylyn

Dieb

Der Diebstahl galt bei den Luorawetlan als eine der schlimmsten Sünden, und der Mensch, der bei dieser schändlichen Tat erwischt wurde, bekam für sein ganzes Leben einen Stempel, den er nicht mehr abwaschen konnte. So musste eine gesamte ehrenhafte Uëlener Familie, deren eines Mitglied des Diebstahls nur verdächtigt wurde, in ein fernes Nomadenlager am Ufer des Eismeers ziehen.

Ich erinnere mich noch an eine Zeit, da die Türen in unserer Siedlung keine Schlösser hatten, und zwar nicht nur die der Jarangas, sondern auch die der wenigen Holzhäuser der tangitanischen Bewohner. Als Wächter des Lebensmittellagers der Handelsbasis war der blinde Erzähler Iok eingesetzt.

Bei den Tangitan etwas zu stehlen, galt allerdings nicht als große Sünde. Ganz anders stand die Sache bei den eigenen Stammesgenossen! Wenn aber ein Tangitan einen Luorawetlan beauftragte, etwas zu bewachen, brauchte er sich um sein Eigentum keine Sorgen zu machen.

Während des Krieges, als überall Mangel zu spüren war, litten meine Stammesgenossen besonders unter dem Defizit an Tabak. Es geschah, dass mein Stiefvater beauftragt wurde, aus dem Lager der Polarstation einen riesigen Sack Machorka ins Gebietszentrum Kytryn zu transportieren. Der Sack hatte keine speziellen Stempel und war mit einer gewöhnlichen Schnur einfach zusammengebunden. Weder meinem Stiefvater noch einem anderen wäre es in den Sinn gekommen, die

Schnur zu lösen und sich eine kleine Portion des wertvollen Tabaks zu nehmen. Der Sack wurde in unserer Jaranga aufbewahrt – das Wetter gestattete es meinem Stiefvater nicht, sich gleich auf den Weg zu machen. Er legte sich den Sack anstelle eines Kissens unter den Kopf. Das Einzige, was er unseren Gästen erlaubte: Sie durften am Sack riechen. Sie sogen geräuschvoll den Tabakduft ein und stöhnten vor unbefriedigtem Verlangen.

Bei stürmischem Wetter warfen die Wellen eine Menge Holz ans Ufer der Uëlener Landzunge – von abgerissenen Türen bis zu ganzen Holzstämmen. Diese Beute gehörte dem, der als Erster die unverhoffte Gabe des Meeres fand. Um kenntlich zu machen, dass das Stück Holz oder der Baumstamm bereits einen Besitzer hatte, reichte es, ein Steinchen daraufzulegen. Danach wäre es keinem auch nur im Traum eingefallen, sich die Beute anzueignen. Der Diebstahl kam erst später zu uns, in der Nachkriegszeit, als es rein gar nichts mehr zu kaufen gab.

Anfangs wurde Alkohol gestohlen. Die Diebe schlichen sich ins Lager oder den Laden und betranken sich entweder gleich an Ort und Stelle oder nahmen so viel mit, wie sie tragen konnten. Alkohol war das Hauptobjekt des Diebstahls. Die Tangitan, vor allem die Frauen, merkten plötzlich, dass ihre Parfümvorräte auffällig schrumpften: Sie wurden von denen ausgetrunken, die ihren morgendlichen Kater bekämpften. Dennoch war und blieb der Diebstahl eine schändliche Angelegenheit.

Als das schlimmste Vergehen galt es, aus einer fremden Falle ein Pelztier zu nehmen. Das wurde sehr bald ruchbar und durch allgemeine Verachtung bestraft, da körperliche Züchtigung in Bezug auf die eigenen Leute nicht anerkannt wurde.

Obwohl der Begriff »Privateigentum« im modernen Sinne des Wortes in unserem Volk nicht existierte, wurde das Eigentum des Nächsten geachtet und von der öffentlichen Meinung strenger gehütet als von Wächtern, die dafür angestellt waren.

Mit Diebstahl bin ich erstmals zusammengestoßen, als ich meinen Heimatort Uëlen verließ und mich auf den langen Weg zur Leningrader Universität machte. Zwei Jahre brachte ich an der Pädagogischen Fachschule von Anadyr zu, im Gebietszentrum, wo alles abgeschlossen und bewacht wurde. Hier konnte nicht einmal die Rede davon sein, dass man einfach in ein Haus hineinging. Der Diebstahl hatte Hochkonjunktur. Vor allem wurde Fisch geklaut, der unterm Dach in der Sonne gedörrt wurde. Nachts schlichen findige Kerle auf die Dächer und schnitten mit scharfen Rasierklingen, die an langen Stangen befestigt waren, die gedörrten Störe ab. In den ersten Nachkriegsjahren herrschte Hunger, und das Hauptziel war es, Nahrung zu ergattern.

Wir Studenten der Pädagogischen Fachschule aßen in der Mensa, und das Essen dort war zwar nicht üppig, aber immerhin sicher. Zur Bereicherung unseres Speiseplans fingen wir den ganzen Sommer hindurch an einem uns speziell zur Verfügung gestellten Abschnitt hinter dem alten Kosakenfriedhof Fische und deckten uns damit so reichhaltig ein, dass der Fisch nicht nur uns satt machte, sondern auch unsere Hunde.

Im Winter wagte es jemand, in die Küche einzubrechen und Lebensmittel zu stehlen. Das schmälerte natürlich unsere Ration. Zuerst verdächtigten wir unsere Köchin, aber sie erwies sich als ehrliche Frau. Die Lebensmittel musste einer unserer Kommilitonen gestohlen haben. Vor allem fehlten Brot, Butter, Zucker, alles, was man gleich aufessen konnte.

Wir organisierten einen Hinterhalt in der Hoffnung, den Dieb zu fangen, aber erfolglos. Für eine gewisse Zeit wurde nicht mehr gestohlen. Dann aber fing es wieder an. Dabei blieb das Schloss, das vor der Küchentür hing, unversehrt. Da kam der Direktor unserer Fachschule auf eine, wie ihm schien, scharfsinnige Lösung. Er gab uns den Küchenschlüssel und erklärte, wir würden von nun an selbst für die Sicherheit der Lebensmittel verantwortlich sein. Eine gewisse Zeit herrschte Ruhe.

Eines Abends aber saßen wir in einem Zimmer des Studentenheims, das im selben Gebäude untergebracht war wie die Mensa, und spielten Karten. Einer bekam plötzlich Durst. Frisches Wasser gab es nur in der Küche, im großen Kessel, der in die Kochplatte eingelassen war.

An diesem Abend war gerade ich derjenige, der den Küchenschlüssel verwahrte und für die Sicherheit der Lebensmittel verantwortlich zeichnete. Wir schlossen die Tür zur warmen Küche auf – die große Kochplatte hielt die Wärme bis zum nächsten Morgen.

Während ich genüsslich das geschmolzene Schneewasser trank, fiel mir plötzlich etwas Ungewöhnliches auf. In der Küche hielt sich ganz offensichtlich noch jemand auf, aber wir konnten ihn nicht entdecken. Ich ging vorsichtig um die große Kochplatte herum und erblickte die geduckte Gestalt eines Studenten aus dem ersten Studienjahr, des Eskimos Tagroi aus Naukan. In der einen Hand hielt er ein großes gelbes Stück Butter, in der anderen einen länglichen Laib Weißbrot. Die geschmolzene Butter tropfte ihm bereits aus der Hand. Tagroi blickte mich an. Er zitterte, seine Augen sahen denen eines Hundes ähnlich, der Schläge erwartet.

»Was machst du hier!«, schrie ich ihn an, bemüht, meiner Stimme einen äußerst strengen und zornigen Ausdruck zu geben.

»Ich habe Kohldampf«, stöhnte Tagroi leise und begann zu heulen. »Mein Kopf tut weh.«

Ich weiß nicht mehr, was in meiner Seele vorging, jedenfalls war ich selbst kurz davor loszuheulen. Ich nahm Tagroi die Butter und das Brot weg, suchte ein großes scharfes Messer, schnitt einige Scheiben ab und schmierte großzügig Butter darauf. Mit Genuss aßen wir das nicht eingeplante Abendbrot, und ich bat Tagroi zu erzählen, auf welchem Weg er in die Küche gekommen war, ohne das Schloss aufzubrechen.

»Durch das Loch«, erklärte Tagroi und zeigte auf eine kleine Öffnung in der Wand, durch das die Köchin uns das Essen reichte. Es war so klein, dass man sich nur schwer vorzustellen vermochte, wie einer dort hindurchkriechen konnte. Mit der dünnen langen Klinge seines Jagdmessers hatte Tagroi die Leiste des Riegels von der Innenseite der Küche weggedrückt und sich regelrecht in das Loch hineingeschraubt. Dafür hatte er nicht länger als zwei Minuten gebraucht. Einer von uns versuchte, es ihm nachzumachen, aber er schaffte es nicht.

Am nächsten Morgen gab ich den Küchenschlüssel dem Direktor zurück und gestand, dass die gesamte Gruppe Butter und Brot gestohlen hätte.

Der Direktor seufzte und sagte plötzlich leise: »Ich habe solche Kopfschmerzen...«

Ворон

wetly, walwinyn

Rabe

Der Rabe gehört zu den wenigen Tieren, die die Tundra, die Berge und die Meere der Arktis im Winter nicht verlassen. Groß und schwarz zeichnet sich der Vogel dann deutlich auf dem weißen Schnee ab, und sein trocknes und lautes Krächzen ist manchmal der einzige Laut, der die weiße Stille stört. Von Zeit zu Zeit fliegt er zu einem anderen Platz, die Flügel über den von Stürmen glatt polierten Schneewehen ausgebreitet, setzt sich auf eine neue Erhöhung und hält Umschau. Im Winter jagt der Rabe in der Tundra Lemminge, frisst das als Köder für Pelztiere ausgelegte Fleisch von Ringelrobben und Bartrobben und Abfall. Er taucht als Erster auf dem Friedhof auf, gleich nachdem ein in die andere Welt Entschwundener in die symbolische Abgrenzung aus kleinen Steinen gelegt wurde, und pickt als Erstes die Augen des Leichnams aus.

Einem sitzenden Raben kann man sich bis auf wenige Schritte nähern. In der Kindheit hat es mich immer gereizt, den schwarzen Vogel zu fassen, aber etwas hat mich im letzten Moment davon abgehalten. Ein Gefühl der heiligen Ehrfurcht, versteckte Angst, gemischt mit unerklärlichem Misstrauen.

Vor allem aber war es Furcht vor der Bestrafung, die ich für die Nichtachtung eines heiligen Wesens bekommen hätte. Der Rabe war das Gefäß und die Quelle verborgener Kräfte und geheimnisvoller Erscheinungen in der Natur und in den Menschen. Außerdem war er eine Hauptperson unserer Legenden, historischen Überlieferungen, kosmischen Theorien und Zaubermärchen. Dabei war er keineswegs immer weise und allwissend. Zusammen mit anderen Figuren geriet er in dumme und komische Situationen und wurde von listigeren und erfahreneren Tieren übertrumpft. Am häufigsten aber war er die Kraft, die eine verwickelte Geschichte schließlich zu einem guten Ende führte.

Und gleichzeitig war er das Wesen, durch das der Schöpfer die gesamte, den Menschen umgebende materielle Welt schuf. Nach Überlieferungen verlief das folgendermaßen:

Ein Rabe flog im endlosen Raum, der noch keine Gestalt und Bestimmung hatte. Während seines gleichmäßigen Fluges, der eine unbegrenzte Zeit dauerte, ließ er Kot und Urin fallen. Aus den großen und festen Stücken, die der Rabe ausschied, bildete sich das Festland – die Kontinente und Bergketten. Aus den kleinen die Inseln. Und wenn etwas Flüssiges nach unten fiel, entstand die weite morastige, hüglige Tundra.

Da der Rabe seinen Schöpfungsflug nicht unterbrach, bildete sich aus dem Urin so etwas wie eine Schnur, die sich in Flüsse verwandelte. Ganz zum Schluss, als nur noch wenig Urin übrig war und es aus dem Raben nur tropfte, bildete sich eine große Zahl von kleinen Tundraseen. Allerdings war die Mission des Schöpfungsraben damit noch lange nicht zu Ende. Die Welt musste mit lebendigen Wesen besiedelt, mit Pflanzen bedeckt werden, aber die Hauptsache war das Licht. Denn die erschaffene Welt besaß noch kein Sonnenlicht, am Himmel gab es nicht einmal Sterne.

Da rief der Rabe all seine nahen und fernen Verwandten, die Vögel, herbei. Zuerst wählte er den stärksten und zähsten aus – den großen Adler, und befahl ihm, an den Rand zu fliegen, wo Himmel und Erde aufeinanderstießen, und dorthinein ein Loch für die Sonnenstrahlen zu hacken. Sich dem Befehl beugend, schlug der Adler mit den riesigen Flügeln und flog in die angegebene Richtung davon. Der Rabe musste lange auf ihn warten. Der Adler kehrte völlig erschöpft zurück, sein Schnabel war bis zum Stumpf abgewetzt. Er teilte dem Raben mit, dass er den Befehl nicht hatte ausführen können, das Himmelsgestein hatte sich als zu hart erwiesen. Da schickte der Rabe die weiße Eismeermöwe los. Aber auch sie kehrte unverrichteter Dinge zurück. Genauso erging es der Eule, der Ente, der Gans, dem Taucher, und es gab immer noch kein Licht auf der Erde ...

Da hüpfte die Schneeammer vor den nachdenklich gewordenen Raben und erklärte ihren Wunsch, das Licht zu holen. Der Rabe schaute ungläubig auf den winzigen Vogel. Aber er hatte keine andere Wahl. Die Schneeammer verschwand in der undurchdringlichen Finsternis. Sehr lange musste der Rabe warten. Die Schneeammer aber hackte und hackte in das harte Himmelsgestein. Sie hatte bereits ihren kleinen Schnabel völlig abgewetzt, und Blut tropfte aus einer Wunde auf die schneeweißen Brustfedern des kleinen Vogels.

Da entdeckte der Rabe, der unverwandt auf die Innenseite des Himmels blickte, einen roten Schein. Zuerst war es nur ein Punkt, der aber immer größer und breiter wurde und dann auch in die Höhe wuchs, und aus diesem Rot flammten plötzlich helle Lichtstrahlen hervor. Der Rabe selbst und alle Lebewesen, die dieses Wunder sahen, kniffen die Augen zusammen. Das war die Sonne!

Die erschöpfte, aber glückliche Schneeammer kehrte fast ohne Schnabel zurück, ihre Brust war rot von Blut, aber sie kam mit dem Licht des Sonnenaufgangs, auf den alle Lebewesen auf der gerade erschaffenen Welt warteten.

Auch heute noch kann man auf der Brust jeder Schneeammer die blutroten Federn sehen.

Der Rabe hat großen Anteil an der Erschaffung der lebendigen Welt auf der Erde. Er ist so etwas wie der Vertreter des Schöpfers, der ihn von einem unbestimmten Platz im Weltall aus dirigiert und die Handlungen seines Gesandten streng kontrolliert.

Den Frühling des Jahres 1944 habe ich für immer im Gedächtnis behalten. Unsere Siedlung Uëlen wurde von einem schrecklichen Unglück heimgesucht – von einer hinterhältigen Grippeepidemie, die sich jeglicher Medizin zäh widersetzte. Das Unglück kam genau zu der Zeit, als die Wintervorräte zusammengeschrumpft und die Fleischgruben leer waren. In den Fässern war das eingesalzene Grünzeug ausgegangen. Es gab keinen Tran mehr, um die steinernen Lampen in den kalten Pologs aufzufüllen.

Jeden Tag wurden Tote auf den Hügel der ewigen Ruhe, auf den Berg Linlinnej, gebracht. Meist waren es alte Leute und Kinder. In der Ferne saßen schon die Raben und beobachteten in völliger Stille die traurigen Riten, die die Hinterbliebenen mit letzter Kraft vollführten.

Die Menschen stiegen, ohne sich umzusehen, vom Berg Linlinnej herab, hörten aber im Rücken das trockene, laute Krächzen.

Der Rabe hat mich meine ganze Kindheit hindurch begleitet. Das war die Zeit, als ich mit großer Gier alle Erzählungen über die Vergangenheit verschlang, alle Legenden und Zaubermärchen. Häufig erschienen mir seine Handlungen sinnlos und unlogisch. Als ich, bereits im reiferen Alter, die Heilige Schrift kennenlernte, entdeckte ich auch dort bei den höheren Mächten Widersprüche und Inkonsequenz in den Handlungen – beim Schöpfer, beim Erlöser, ganz zu schweigen von den unzähligen Heiligen, Weisen und Autoren des Evangeliums. Offenbar gehört das, ob als Mangel oder als Vorzug, zu all den Erzählungen über Ereignisse und Taten, die undenkbar lange vor unserer Zeit geschehen sind. Wahrscheinlich muss das so sein.

Bewahrt habe ich bis heute ein achtungsvolles Verhältnis zum Raben, wenn auch ohne Unterwürfigkeit und besondere Ehrfurcht. Ich begreife, dass dieser rätselhafte Vogel viele Geheimnisse in sich birgt, die er seinem zweibeinigen Bruder, mit dem er seit Jahrtausenden in Nachbarschaft lebt, niemals eröffnen wird. Ich begegne ihm oft auf

Bildern alter und moderner Maler, und noch immer wird manchmal sein Name Neugeborenen gegeben in der heimlichen Hoffnung, dass die Weisheit dieses schwarzen, auf seine Weise schönen Vogels auf sie übergeht.

ВЫБОРЫ

logyrgyn, luk

WAHLEN

Beide tschuktschischen Wörter bedeuten: Wahl, eine Wahl treffen. Aber erst seit dem Auftauchen des demokratischen Theaterspiels haben sie politische Bedeutung. Seither bezeichnet man damit eine neue Sitte im Leben unseres Volkes. Ich selbst erlebte die ersten Wahlen 1946, als unser Landsmann, der Uëlener Otke, sich als Kandidat für den Obersten Sowjet aufstellen ließ.

Die gesamte Bevölkerung von Uëlen war in heller Aufregung, von den Schülern bis hin zu den Alten. Otke selbst, der zu diesem Zeitpunkt als Vorsitzender des Bezirksrats von Tschukotka in einem Büro in Kytryn arbeitete, war wegen seiner schwindelerregenden Karriere schon völlig übergeschnappt. Obwohl er nur den Jahreskurs für Lehrer zur Bekämpfung des Analphabetentums absolviert hatte, galt er bei seinen Landsleuten als ausreichend gebildeter Mann, der diese verantwortungsvolle Leitungsfunktion übernehmen konnte.

Mit seinen zukünftigen Wählern traf er sich im größten Klassenraum unserer Uëlener Mittelschule. Auf solchen Treffen sollte der Volksvertreter sich Vorschläge und Wünsche der einfachen Bürger anhören. Kinder waren natürlich zu diesem Treffen nicht zugelassen. Aber ich hatte es geschafft, mich ganz hinten zu verstecken, unter den zusammengeschobenen Bänken, neben dem heißen Ofen. Der Sekretär des Bezirkskomitees der Partei, Genosse Androssow, rief die Bürger mithilfe des Dolmetschers Lokke dazu auf, ihre Wünsche zu äußern, die wiederum der Abgeordnete des Obersten Sowjets der UdSSR, Genosse Otke, bei der Regierung und beim Genossen Stalin persönlich vorbringen würde.

Die Putzfrau der Schule, Pauna, flüsterte sanft, doch vernehmbar: »Ist es wirklich möglich, dass du mit eigenen Augen unseren großen Führer Stalin siehst?«

Die Männer baten vor allem darum, dass die Jäger mit den japanischen Beutegewehren »Arisaki« ausgerüstet würden und auch mit sowjetischen Panzerabwehrwaffen für die Waljagd. Die Frauen wünschten sich mehr geschliffene Stahlnadeln zum Nähen der Fellkleidung, bunte Perlen und helle Stoffe für die Festtagskamlejka.

»Wir brauchen neue Schaluppen mit Motor«, erinnerte Kuky, der Walfänger. »Mit starken Motoren. Sonst müssen wir uns vor unseren alliierten Freunden, den Amerikanern, schämen. Ihre Motoren werden mit Startern angelassen, wir dagegen müssen stundenlang unsere Schwungräder mit Riemen in Gang bringen.«

»Sie sollen uns mehr Farbfilme schicken ...«

»Den Wodka können sie behalten. Sie sollen lieber Spiritus liefern. Den können wir selbst mit Wasser verdünnen bis zur nötigen Konzentration. Ist außerdem billiger ...«

Spiritus erwähnten viele. Das lag daran, dass es in diesem Winter in Uëlen keine starken Getränke mehr gab, nicht einmal im Lager der Polarstation, alles war ausgetrunken. Die Liebhaber des fröhlich machenden Wässerchens waren zum Selbstbrennen übergegangen. Zucker wurde streng nach Lebensmittelmarken ausgeteilt, statt dessen gab es im Lager des »Tschukothandels« Unmengen von Karamellbonbons. Durch die lange Lagerung hatten sie sich in fest zusammenklebende Barren verwandelt, die man mit der Axt zertrümmern musste. Der Karamell ersetzte beim Brennen nicht nur den Zucker, sondern das Getränk wurde durch ihn überaus schmackhaft.

Am Tag der Wahlen zum Obersten Sowjet sollte auf Beschluss des Rates der Siedlung Selbstgebrannter im Wahlbüro ausgegeben werden.

Er war in großer Menge vom Dorfbäcker Onkel Kolja in Holzfässern gebrannt worden. Der Heizer Kulil, der mit der Schwester meiner Mutter verheiratet war, testete von Zeit zu Zeit den Reifegrad des künftigen Festtagstrunks, und davon war er in einen Zustand gerutscht, in dem er weder Wasser noch Kohle schleppen konnte. Der Bäcker stellte einen anderen Mann ein, aber auch der konnte sich nicht lange halten – die Holzfässer mit dem gärenden Alkohol rochen allzu verführerisch.

Am Wahltag war Uëlen mit roten Fahnen und Losungen geschmückt: »Alle heraus zur Wahl! … Wählt unseren Kandidaten, den treuen Sohn der leninschen Partei – Otke!«. In Wahrheit war Otke der Sohn eines Uëlener Schamanen, das wussten alle. Das Wahlbüro öffnete genau um sechs Uhr, und viele Jäger bogen auf dem Weg zur Arbeit zur Schule ab, wo in einem der Klassenräume die Urnen aufgestellt waren. Obwohl auf dem Wahlschein nur ein Name stand, musste man in eine mit Tuch abgetrennte Ecke gehen, seine »Wahl durchführen« und danach an die Urne treten, um seinen Schein in den breiten Schlitz zu stecken. Auf dem Tisch in der Ecke schwappte in einer großen Kanne, im ganzen Zimmer einen aufdringlichen süß-sauren Karamellgeruch verbreitend, der Selbstgebrannte. Die Wähler traten heran und erhielten aus den Händen des Bäckers Onkel Kolja ein Glas mit dem heiß ersehnten Getränk. Viele Jäger schafften es an diesem Tag nicht mehr zum Meer. Es kamen immer mehr Wähler, am Eingang bildete sich sogar eine Schlange. Aber viele interessierte nur eine Frage: ob das fröhlich machende Getränk wohl für alle reicht.

Onkel Kolja hatte die Uëlener Wähler richtig eingeschätzt: Der Schnaps reichte für alle. Viele äußerten den Wunsch, noch ein zweites Mal zu wählen, aber die Leitung erklärte, man könne dieses politische Schauspiel nur einmal durchführen. Der Vorsitzende, Naum Solomonowitsch, sagte ernst: »Ein Mensch – eine Stimme!« Doch auch so war das Erscheinen aller gesichert, und keiner blieb übrig, der dem einzigen Kandidaten seine Stimme nicht gegeben hatte.

Газета

kaset, kelikel

Zeitung

Das große knisternde Blatt verdeckte den gesamten oberen Teil des Menschen, seine Stimme klang dumpf, so als ob sie gegen das weiße, mit winzigen Zeichen bedeckte Papier stieße. Er las eine Zeitung! Ich musste mich gehörig anstrengen, um rauszukriegen, was das für eine eigenartige tangitanische Beschäftigung war, das Zeitunglesen. Zumal es nur die Zugereisten taten, und selbst von denen nicht alle. Am meisten beschäftigte sich mit Zeitunglesen unser Schuldirektor Lew Wassiljewitsch Belikow, der mit den Goldzähnen. Wie unser Briefträger Ranau zu berichten wusste, war er der Erste, der nach den zusammengelegten Blättern grapschte, sie eilig in sein Schulbüro schaffte und dort – gierig wie ein Liebhaber von Feuerwasser beim Anblick einer vollen Schnapsflasche – sich darüber hermachte.

Schließlich gelang es mir festzustellen, dass in der unzähligen Schar von Buchstaben, die das Papier bedeckten wie eine Herde Läuse ein weißes Hemd, sich *Nachrichten* verbargen. Ich dachte verwundert: Wozu so viele Nachrichten für einen einzigen Menschen?

Allerdings war die Neugier auf Neuigkeiten – *pynylte* – auch meinen Landsleuten, den Luorawetlan, nicht fremd. Aber die Quelle waren nicht seelenlose, stimmlose Zeitungsseiten, sondern lebendige Menschen – Wanderer, Reisende. Nach der Begrüßung wurde der Gast in der Jaranga auf den Ehrenplatz gesetzt, die Frauen zogen ihm die Kleider und die Schuhe aus, gaben ihm zu essen und Tee zu trinken und manchmal sogar einen Schluck Feuerwasser. Und erst dann wurde die Frage an ihn gerichtet: »*Rapynyl?* Welche Neuigkeiten bringst du mit?«

In der Jaranga des glücklichen Hausherrn, der eine Quelle der Neuigkeiten beherbergte, fanden sich meist auch die nahen und fernen Nachbarn ein, sie alle warteten neugierig auf die lang ersehnten Nachrichten aus nahen und fernen Siedlungen, ja sogar aus der weiten Welt hinter den Grenzen des luorawetlanischen Gebiets.

Bis zum heutigen Tag bin ich davon überzeugt, dass der Gast, der Neuigkeiten brachte, weitaus interessanter war als jede Papierzeitung. Und nicht nur, weil er über naheliegende Dinge berichtete, die alle verstanden, von Menschen, die alle kannten. Den Gast konnte man nach Einzelheiten ausfragen, ihn mit Fragen überhäufen und ihn sogar um seine Meinung zu dieser oder jener Nachricht bitten. In den Zeitungen aber wurde völlig unverständliches Zeugs mitgeteilt, das in den Augen meiner Landsleute fremd und gespensterhaft war. Einen Zeitungsartikel konnte man nicht über Details ausfragen.

So kam es, dass die großen Zeitungen, die über und über mit winzigen Zeichen bedeckt waren, nur für den Schuldirektor Belikow und seine nähere Umgebung von Interesse waren. Sogar unser tschuktschischer Lehrer Tatro antwortete auf die Frage nach Zeitungsneuigkeiten nur kurz: »Viele Nachrichten über große Siege des Sozialismus in unserem Land.« Oder: »Der Kapitalismus fault, aber er versucht mit aller Kraft unserer Sowjetunion zu schaden.« Der Kapitalismus war gleich nebenan. Von der sowjetischen Großen Diomedes-Insel aus war er zum Greifen nahe: Bis zur amerikanischen Kleinen Diomedes-Insel waren es kaum fünf Kilometer. Und den Vertretern des faulenden Kapitalismus begegneten die Uëlener von Zeit zu Zeit bei der Jagd auf Meerestiere auf der Beringstraße.

Aber die Neuigkeit, dass in unserer Siedlung bald eine tschuktschische Zeitung erscheinen würde, mit eigenen Nachrichten und dazu noch in unserer Muttersprache, wurde in Uëlen mit großem Interesse aufgenommen. Das nächste Versorgungsschiff, das in Uëlen ankerte, lud eine Druckmaschine und den Chefredakteur Naum Rasbasch am Ufer ab.

Die erste Nummer des *Sowjetischen Uëlen* erschien bereits im Spätherbst. Die Zeitung bestand aus einem Blatt, das auf beiden Seiten bedruckt war. Auf der zweiten Seite stand sogar ein kleiner Text in tschuktschischer Sprache.

Alle Neuigkeiten, die die Zeitung mitteilte, waren längst bekannt! Welchen Sinn hatte das Nachrichtenblatt bloß?

Was uns allerdings in Verwunderung versetzte und manchen sogar gefiel, war, dass einige der Personen, über die die Zeitung schrieb, uns gut bekannt waren – die Walfänger aus Lorin, die Walrossjäger aus Naukan und Intschoun. Auf Papier gedruckt bekamen die Namen eine neue Bedeutung, füllten sich mit neuem Inhalt. So wurde zum Beispiel im Artikel über den Eskimo Utojuk aus Naukan berichtet: Als er sein erstes Parteidokument erhielt, gelobte er, sein Leben dem Aufbau des Sozialismus und Kommunismus nicht nur in seinem Heimatdorf zu widmen – es bestand aus in Felsen gehauenen Erdhütten –, sondern im ganzen Land. Der einzige Mensch, der lesen und schreiben konnte, der Lehrer Tatro, deutete auf den gedruckten Namen Utojuk.

»Als ob er Mitglied des Politbüros wäre!«, sagte jemand von den Anwesenden gewichtig.

Der Lehrer Tatro versuchte den Artikel vorzulesen, der in tschuktschischer Sprache verfasst war. Stockend las er, dass sich auf dem Liegeplatz von Intschoun eine Herde Walrosse befände und dass die Zeit der Jagd gekommen sei. Die Bevölkerung wurde aufgefordert, in der Nähe der ruhenden Tiere keinen Lärm zu machen und die Motoren zu drosseln, wenn sie an der Landzunge von Intschoun vorbeifuhr. Die tschuktschische Zeitungssprache war grässlich und der einfachen, verständlichen Umgangssprache völlig unähnlich ...

1940, nach Abschluss der ersten Klasse der Uëlener Mittelschule, wurde ich mit einer Reise ins Pionierlager in der Sankt-Lorenz-Bucht ausgezeichnet. Zum ersten Mal in meinem Leben war ich dort im Dampfbad, schlief in einem Bett und trug unter meinen Leinenhosen weiße Unterhosen, die mir zu meinem größten Bedauern wieder weggenommen wurden, als ich das Lager verließ.

Als ich nach Uëlen zurückkehrte, traf ich auf der Straße den Chefredakteur unserer Zeitung. Er fragte mich nach meinen Erlebnissen im Pionierlager aus und bat mich dann, alles aufzuschreiben. Mit seiner Hilfe verfasste ich einen kurzen Artikel, der tatsächlich in der nächsten Nummer der Zeitung abgedruckt wurde!

Dieses Ereignis hatte fast ein halbes Jahrhundert später ungeahnte Auswirkungen. Als ich meine Rente beantragen musste, fand ich heraus, dass meine Arbeitszeit vom Moment der ersten Veröffentlichung an berechnet wurde, egal ob als Buch oder in einer Zeitung oder Zeitschrift. Da fiel mir dieser erste Artikel wieder ein. Ich durchsuchte in der Saltykow-Stschedrin-Bibliothek in Leningrad die Folianten der längst eingegangenen Zeitung *Sowjetisches Uëlen,* schrieb meinen Artikel nochmals ab und ließ mir die Kopie von der bibliografischen Abteilung des Archivs beglaubigen. So wurde dieser Artikel, den ich mit neun Jahren geschrieben hatte, zum Beginn meiner Berufstätigkeit!

Natürlich hätte ich als Beginn auch den Monat nehmen können, als ich 1946 das Häuschen der Bezirkszeitung von Tschukotka weißte, aber ich zog das frühere Datum vor.

Heute lese ich mehrere Zeitungen am Tag. Und wundere mich, wie wenig echte Neuigkeiten es auf den großen Seiten gibt. Stattdessen findet man viel leeres Geschwätz und offensichtliche Lügen, spekulative Urteile und Kommentare, die keinen interessieren außer den Autor selbst. Wie anders war das doch beim Vorgänger der Zeitung, dem wahren Nachrichtenüberbringer, dem Remkylyn. Auf die Frage »Was gibt es Neues?« antwortete er mit großer Sachkenntnis und Genauigkeit und war sich nicht zu schade, zu etwas bereits Gesagtem zurückzukehren und den wahren Sinn des Ereignisses zu ergründen. Wie interessant wäre die Welt, wenn eines schönen Tages alle Zeitungen verschwänden und statt ihrer fahrende Remkylyn kämen, die in alle Städte und Dörfer wahre Neuigkeiten bringen würden, echte Pynyl!

Дворник

Hausmeister

Eine tschuktschische Entsprechung gibt es nicht für dieses Wort. Im Sommer 1961 zogen wir aus einer großen Gemeinschaftswohnung auf der Herzenstraße (heute Bolschaja Morskaja) in Leningrad, in der mehr als ein halbes Hundert Menschen wohnte, die allesamt nur eine Toilette hatten, zum Gribojedow-Kanal Nummer 9. Das war damals ein berühmtes Haus, erbaut mit Mitteln des Literaturfonds. Es war allerdings schon recht alt, dort hatten in vorsowjetischen Zeiten die Sänger des Zarenchors gewohnt. Mitte der Dreißigerjahre zogen in die zwei aufgestockten Etagen glückliche sowjetische Schriftsteller. Jede Familie erhielt eine eigene Wohnung, was zu jener Zeit ein unerhörter Luxus war. Man kann ohne Übertreibung sagen, dass in diesem Haus die Blüte der jungen sowjetischen Literatur gelebt und gearbeitet hat. Zum Beispiel wohnte hier der berühmte, damals noch junge sowjetische Schriftsteller Michail Michailowitsch Sostschenko.

Die Wohnung, die ich bekam, bestand aus vier Zimmern, für unsere Familie war das ausreichend. Allerdings mussten meine Frau Galja und ich sehr viel Arbeit investieren, damit aus der heruntergekommenen Bude eine normale Stadtwohnung wurde. Das war verwunderlich, denn vor uns hatte dort der bekannte Literaturwissenschaftler, der feinfühlige Kenner der Literatur, der vornehme Petersburger Intellektuelle, Professor Boris Michailowitsch Eichenbaum, gewohnt ... Vom sanitären Zustand der Professorenwohnung zeugte recht anschaulich der Fakt, dass sogar in den elektrischen Schaltern Wanzen nisteten!

Da ich zu den jungen Schriftstellern gehörte, die gerade angefangen hatten, kam keine große Freundschaft mit den Alteingesessenen des »Aufbaus« zustande, wie die zwei Stockwerke bei den Schriftstellern hießen.

Dafür freundete ich mich gleich mit dem Hausmeister Onkel Grischa an. Er war tatarischer Abstammung, die tatarische Diaspora in Petersburg-Leningrad stellte schon seit Urzeiten die Hausmeister. Es hieß in der Stadt, die Hausmeister wären die unterste Schicht der Polizeiinformanten.

Onkel Grischa war ein außergewöhnlich gutherziger, dienstfertiger und ehrlicher Mann. Wenn wir im Sommer die Stadt verließen, vertrauten wir ihm bedingungslos unsere Wohnungsschlüssel und kleinere Renovierungen an. Als ich ihn näher kennenlernte, entdeckte ich in ihm einen Brunnen, aus dem die interessantesten Geschichten über die Bewohner des Aufbaus sprudelten. Die literarischen Größen wurden in seinen Erzählungen allesamt zu ganz normalen menschlichen Geschöpfen mit ihren Schwächen. Hier hatten zu verschiedenen Zeiten Vera Ketlinskaja, Gennadi Gor, der Dramatiker Schtejn, der berühmte Schauspieler Sergej Filippow vom Komödientheater, Michail Slonimski, Wjatscheslaw Schischkow, Wissarion Sajanow gelebt ...

Von Onkel Grischa erfuhr ich auch die traurige Geschichte der allmählichen Verarmung des berühmten Michail Sostschenko, die sich vor seinen Augen vollzog. Anfangs mietete Sostschenko eine normale Dreizimmerwohnung auf der Seite des Hauses, die zur Sofia-Perowskaja-Straße hinausging. In dem Maß, in dem sein Ruhm und der damit verbundene Wohlstand wuchsen, konnte der bekannte Satiriker seinen Lebensstandard verbessern. Bald verleibte er seiner Dreizimmerwohnung die angrenzende Zweizimmerwohnung eines verhafteten Leningrader Schriftstellers ein und ließ die Wand durchstoßen. Die neue geräumige Wohnung musste angemessen ausgestattet werden, und Sostschenko schaffte sich antiquarische Möbel an. Es schien alles in Butter, nichts Böses war zu erwarten. Sostschenko wurde weit und breit gedruckt und war Mitglied des Redaktionskollegiums der Zeitschrift *Swesda,* einer der besten Leningrader Literaturzeitschriften. Die sowjetischen Parteibürokraten erkannten sich sofort in den verlachten Helden von Sostschenkos Erzählungen wieder, sie sahen ihre verfetteten Fratzen wie im Spiegel. Aber sich dafür zu revanchieren, wagten sie nicht ohne Befehl von oben.

Und der Befehl kam gleich nach dem blutigen Vaterländischen Krieg von oben »herabgestürzt«, im Jahr 1946. Das war der bekannte Beschluss des Zentralkomitees über die Zeitschriften *Swesda* und *Leningrad*. Die Hauptkritik richtete sich gegen Michail Sostschenko und Anna Achmatowa, die als Feinde der Sowjetmacht abgestempelt wurden. Es hieß, sie würden die heroische sowjetische Wirklichkeit verleumden, sie würden alles Lichte, was die marxistisch-leninistische Ideologie im sowjetischen Menschen erzogen hatte, in den Dreck ziehen. Für Sostschenko brachen schwere Zeiten an. Er musste die Fünfzimmerwohnung aufgeben und an Vera Ketlinskaja abtreten, die wie ein Stern am Leningrader Literaturhimmel aufstieg. Sostschenko zog in eine weitaus schlechtere Wohnung einen Stock tiefer. Es fiel ihm schwer, sich von den luxuriösen antiquarischen Mahagonimöbeln zu trennen. Käufer fanden sich allerdings gleich nebenan – Sostschenkos Schriftstellernachbarn, die in den beiden Stockwerken des Aufbaus wohnten.

Wie viel Möbelstücke Onkel Grischa schleppen musste! »Mahagoni ist schwer wie Eisen!«, beschwerte er sich bei mir.

Im anderen Flügel des Gebäudes wohnte im vierten Stock der Schriftsteller Iwan Kratt, Verfasser romantischer Bücher über Reisen in die Arktis. Er erstand den prachtvollen, mit grünem Stoff bezogenen Diwan aus Mahagoni mit elegant geschwungener polierter Rückenlehne, verziert mit einem Basrelief aus Bronze. Aus Bronze waren auch die Armlehnen und niedrigen Löwenfüße. Kaum gekauft,

musste er sofort in sein Arbeitszimmer gebracht werden. Onkel Grischa musste helfen. Einen Aufzug gab es damals noch nicht, und die ersten drei Stockwerke des riesigen Bauwerks, das wohl schon unter Peter dem Großen errichtet wurde, hatten eine Höhe von mehr als drei Metern je Etage.
Lange mussten sie den Diwan schleppen, auf jedem Treppenabsatz hielten sie an, um zu verschnaufen. Der nicht mehr junge Kratt bekam schon bald keine Luft mehr, aber der Wunsch, den großartigen Diwan in das eigene Arbeitszimmer zu stellen, war stärker als alles andere. Schließlich war nach langen und qualvollen Anstrengungen das Ziel erreicht, der Diwan wurde durch die enge Wohnungstür gezwängt, wobei das glänzende Parkett Kratzer bekam, und ins Arbeitszimmer geschafft. Er bekam einen Ehrenplatz zwischen zwei Bücherregalen, die fast bis unter die Decke gingen. Der glückliche Iwan Kratt streckte sich zufrieden auf dem luxuriösen Diwan aus, lächelte selig und … verschied!

Wenn ich im Zentrum von Petersburg bin, werfe ich manchmal einen Blick in den vertrauten Hof, suche mit den Augen die vier Fenster im dritten Stock, und eine Welle von Erinnerungen stürzt auf mich ein: meine Jugend, die arme, fast bettelarme Sorglosigkeit, das Gefühl, dass das Leben endlos sei. Einiges hat sich verändert am Aussehen des Hauses, Onkel Grischa gibt es schon lange nicht mehr, und viele Bewohner dieses wunderschönen Gebäudes sind nicht mehr am Leben. An der Wand, die zur Gasse zeigt, wurde eine Gedenktafel angebracht, auf der steht, dass in diesem Haus der bedeutende russische Schriftsteller Michail Michailowitsch Sostschenko lebte und arbeitete.

ДЕТУМЕСЦЕНЦИЯ

rotschakwyrgyn

DETUMESZENZ

Nach dem Studium an der Leningrader Universität fuhr ich nach Sibirien, nach Magadan, und begann in der Parteizeitung *Magadaner Wahrheit* zu arbeiten. Die Redaktion befand sich in einem langen Holzgebäude am Ufer des kleinen Flusses Magadanka. Die alten Kollegen erzählten, dass in diesem Gebäude früher die Goldkasse untergebracht war. Und wenn man das Gebäude abbrenne und dann die Asche wasche, würde man eine beachtliche Menge des wertvollen Metalls zusammenkriegen.

Am Ende des Korridors zwischen den Redaktionsräumen befand sich das Fotolabor. Die zweite Funktion dieses dunklen, fensterlosen Raums war die eines Männerklubs, einer heimlichen Bar, wo man ungestört trinken konnte. Um sich vor unerwarteten Chefbesuchen zu schützen, wurde ein Schild an die Tür gehängt mit der Aufschrift: Vorsicht! Entwicklung!

An jenem Tag war es im Labor besonders voll: Es war der Vorabend des Lieblingsfeiertags des gesamten sowjetischen Volkes, des Frauentags am 8. März. Getrunken wurde ein Extrakt für die Leber, den der Leiter der Abteilung für Information, Kescha Stepanow, in der Apotheke entdeckt hatte. Die Apothekerin hatte ihm erklärt, diese Arznei sei mit reinem medizinischen Alkohol hergestellt und werde zur Behandlung von Leberzirrhose, ein typisches Leiden chronischer Alkoholiker, empfohlen. Die Essenz kostete ein paar Kopeken, und Kescha hatte, ohne lange zu überlegen, zwei Kisten davon gekauft und mit dem Redaktionsauto hergebracht. Auf die Frage des verantwortlichen Sekretärs, was das sei, hatte er gewichtig geantwortet: »Ein spezieller Entwickler!« Die Verkostung zeigte alsdann, dass das Getränk, zur Hälfte verdünnt mit einer Magadaner Limonade namens »Zedernwasser«, die besten Cognac-Sorten, die es in Magadan zu kaufen gab, in den Schatten stellte.

An dem besagten Festabend war es im Fotolabor besonders eng. Anfangs gab es das gewohnte Männergeflachse, aber als man sich erinnerte, dass morgen der Internationale Frauentag war, wechselte man das Thema. Nun ging es um die Weiber.

In der Abteilung für Kultur arbeitete als literarischer Mitarbeiter Mefodi Ispanzow, ein Mann unbestimmten Alters, der zehn Jahre im härtesten Lager am Eismeer gesessen hatte. Vor der Verhaftung war er Chefredakteur einer zentralen Zeitung in einer mittelasiatischen Republik gewesen. Das Zeitungsgeschäft kannte er aus dem Effeff, jedoch hatte er die krankhafte Neigung, jeden Fakt literarisch zu verschnörkeln. Sogar die Reportage über die Eröffnung der öffentlichen Toilette auf dem Leninprospekt las sich bei ihm wie ein Gedicht. Und an diesem Abend fiel es ihm plötzlich ein, von einem Liebesabenteuer zu erzählen.

»Es geschah am Ufer des Eismeeres«, begann er seine Geschichte. »Ich war Redakteur der Lagerzeitung und wohnte nicht mit den anderen Gefangenen in der Baracke, sondern direkt in der Redaktion, in einem kleinen Zimmer hinter der Druckerei. Alle meine Mitarbeiter waren Gefangene. Aber sie waren erstklassige Journalisten, manche hatten vor ihrer Verhaftung sogar in zentralen Parteiorganen gearbeitet.

Es war gerade Polartag. Die Sonne ging nie unter, und ich war ganz euphorisch. Ich streifte häufig durch die Tundra. Kaum zu glauben, aber dort gab es ein ganzes Feld mit Kamille. Ich pflückte die Blumen, gab mich Träumereien hin und stellte mir vor, wie ich den Strauß einer schönen Frau schenke.

Für einen Artikel kam ich eines Tages ins Bergwerkslabor und erblickte sie! Offenbar war sie erst vor Kurzem hierher verlegt worden, und alles war neu für sie. Zuerst fanden sich unsere Blicke, dann redeten wir miteinander. Genau einen Tag später traf ich sie am Ufer des Ozeans wieder. Ihr Blick schweifte über die schwimmenden blauen Eisschollen, auf denen Vögel saßen. Sie hatte einen ganz ungewöhnlichen und klangvollen Namen – Concordia.

Wir trafen uns immer ganz zufällig, ohne dass wir uns verabredet hätten. Schließlich passte ich die Gelegenheit ab und schenkte ihr einen Strauß weißer Polarkamille und rezitierte für sie einige Gedichte meines englischen Lieblingsdichters Shelley. Aber die ganze Zeit war ich auf der Hut und vergaß keine Sekunde, dass ich Lagerhäftling war. Überall glaubte ich die Augen der Wachsoldaten zu sehen, denen nichts entging. Ein jeder von ihnen konnte mich wieder hinter Stacheldraht bringen.

Wir fühlten uns zueinander hingezogen und bekannten, dass wir uns sympathisch waren. Wie gern wollten wir zu zweit sein, unbeobachtet von den alles durchdringenden Blicken der Soldaten und der Wachmannschaft! Doch wo sollten wir uns verstecken? Weit und breit war nur nackte Tundra und der offene Ozean! Wir konnten uns nicht einmal richtig küssen!

Da kam mir die Idee, Concordia in meine bescheidene Unterkunft einzuladen, in meine Höhle. Es war nämlich so, dass am Abend, wenn die Zeitung fertig war, meine gesamte Redaktionstruppe zur Lagerbaracke zurückkehrte. Und ich blieb vollkommen allein im Haus zurück, das dazu noch in einer gewissen Entfernung von der Siedlung stand.

Ich bereitete mich auf den Besuch vor. Vor allem musste ich mein Zimmer in einen menschlichen Zustand bringen, es irgendwie verschönern, bevor ich eine Frau dorthin holte. Zum Glück lagen in einer Ecke der Druckerei ganze Stapel von gebundenen alten Zeitungen – aus Magadan, aber auch aus der Hauptstadt. Ich tapezierte mit ihnen alle Wände und sogar die niedrige Decke.

Da wir gerade Polartag hatten, verhängte ich das winzige Fensterchen mit einem dicken amerikanischen Mehlsack, sodass es gemütlich dämmrig wurde. Ich machte mir auch Gedanken um die Bewirtung. Im Laden gab es massenweise roten Kaviar. Und Fisch. Aber was die Getränke anging ... Da gab es nur reinen Alkohol, den konnte ich problemlos vom Arztgehilfen kriegen. Ich fand einen Ausweg: Ich verfeinerte ihn mit Moosbeerensirup.

Alles war bereit zum Empfang. Wir hatten vorher ausgemacht, dass Concordia so tat, als ob sie zufällig an unserer Druckerei vorbeispaziere, und dann heimlich hereinkam. Am verabredeten Tag schienen mir meine Mitarbeiter besonders lang mit der Zeitung beschäftigt zu sein, so als zögen sie absichtlich die Arbeit in die Länge. Ich wusste nicht, wohin mit mir, ich versuchte mein Zittern zu unterdrücken und meine Aufregung nicht zu zeigen. Von Zeit zu Zeit trat ich vor die Baracke, um die eisige Polarluft zu atmen, die auf mich beruhigend wirkte. Schließlich verstummte die Druckmaschine, die Soldaten vom Begleitkommando sammelten die fertigen Zeitungen ein, und meine Mitarbeiter verließen allmählich einer nach dem anderen die Baracke. Dann war ich ganz allein. Ich prüfte noch einmal meine Kammer, den gedeckten Tisch und den Teller mit Kaviar und dem leicht gesalzenen Rotlachs, das gleichmäßig geschnittene Brot, die Flasche mit dem Moosbeerengetränk und die zwei geschliffenen Gläser, die ich mühevoll in der Kantine erstanden hatte.

Das einzige Fensterchen meiner Kammer ging auf den Weg, auf dem Concordia kommen musste. Die Sonne strahlte an diesem Polartag, alles war in helles Licht getaucht, und man konnte bis zum Horizont sehen. Und da entdeckte ich sie schon! Sie ging langsam, nicht wie zu einem Rendezvous, sondern als spaziere sie einfach in der Gegend umher. Mit einem Birkenzweig vertrieb sie die Mücken.

Die Eingangstür schlug, und mir schien, dass gleich mein Herz aus dem Brustkorb springe. Concordia war an diesem Abend besonders schön. Sie hatte sich die Lippen angemalt, sich auf besondere Weise frisiert, und ich hatte sogar den Eindruck, dass sie nach dem Parfüm ›Rotes Moskau‹ duftete.

Wir küssten uns ungeschickt, und ich führte sie in meine Höhle. ›Wie nett es hier ist!‹, sagte Concordia. Platz für Stühle oder Hocker gab es nicht, wir mussten uns nebeneinander auf mein Bett setzen, auf dem eine graue Gefängnisdecke lag. Aber das alles verschwand, und um mich herum war nur Feiertag. Wir tranken, lachten, ich sagte Gedichte meines geliebten Shelley auf. Und dann lagen wir im Bett.

Im Lager hatte ich keine Frauen gehabt, obwohl die Möglichkeit bestanden hätte. Doch der Hunger war stärker gewesen und hatte das männliche Begehren erstickt. Außerdem stand mir nicht der Sinn nach schnellen Liebesabenteuern.

Von früheren Beziehungen wusste ich, dass Frauen vor Lust und Genuss die Augen schließen, wenn sie sich hingeben. Aber mit Concordia war es anders. Ihre Augen waren weit geöffnet. Ich möchte euch noch einmal in Erinnerung rufen, meine lieben Zuhörer, dass wir Polartag hatten und die Sonne so grell schien, dass es im Zimmer trotz Vorhang ziemlich hell war. Ich fing Concordias Blick auf, ich dachte, wenn sich unsere Blicke kreuzen, dann kommt der Höhepunkt des Glücks. Aber ihre Augen bewegten sich irgendwie komisch: von einer Seite auf die andere, von einer Seite auf die andere ...

Und da begriff ich! Sie las die Zeitungen, mit denen ich das Zimmer tapeziert hatte! Da trat bei mir Detumeszenz ein, ich konnte nicht mehr ...« Ispanzow verstummte und griff nach dem Glas mit dem Zederngetränk aus Leberessenz. Einige Minuten war im Fotolabor nur das leise Plätschern des Wassers in der Entwicklungsschale zu hören.

Das Schweigen unterbrach der Leiter der Abteilung für Information, Kescha Stepanow: »Und was ist das – Detuma..., Detumo...«

»Detumeszenz«, sagte Ispanzow, jeden Buchstaben betonend, »Detumeszenz ist ein medizinischer Begriff und bedeutet plötzliches Abschwellen des Glieds.«

Еврей

Jude

Die tschuktschische Bezeichnung klingt genauso wie die russische – *jewrej*, wird aber selten verwendet. Meist wird ein Jude ganz einfach als Tangitan wie alle anderen bezeichnet.

Auch den Mathematiklehrer Naum Solomonowitsch Dunajewski nannten anfangs alle von uns Tangitan. Allerdings hatte er noch einen anderen Namen – *ryramawetschgyn,* was »Beutel« heißt, denn der neue Lehrer erwies sich als leidenschaftlicher Pfeifenraucher. Und wie Eingeweihte bestätigten, hatte er von diesen Pfeifen einen ganzen Berg, während ein normaler Luorawetlan mit einer einzigen auskam, die außerdem noch von Generation zu Generation weitergegeben wurde.

Er war klein von Wuchs, sehr lebhaft und beweglich, sein Kopf aber war völlig ohne Haarwuchs, wenn man von einigen Borsten am Hals absah. Er konnte das russische Zungen-R nicht aussprechen. Anfangs wurde darüber gelacht, und einige Schüler äfften ihn nach, aber ein Lehrer erinnerte sich daran, dass der Führer des Weltproletariats, Wladimir Iljitsch Lenin, am gleichen Sprachfehler litt. Davon konnte man sich überzeugen, wenn man sich einen von den seltenen Dokumentarfilmen über die Revolution ansah.

An Feiertagen heftete Naum Solomonowitsch an seinen zerknitterten grünen Kittel seine Kriegsauszeichnungen, und die Achtung vor dem Lehrer wuchs. Naum Solomonowitsch hinkte stark, wie sich herausstellte, war er an der Front verwundet worden. Der alte Rytschyp schnitzte für ihn aus einem alten angeschwemmten Baumstamm einen Stock und schlug am Ende einen dicken Nagel ein.

Alles wäre gut gewesen, wenn nicht unter den anderen Tangitan, die den Krieg wohlbehalten fern von der Front in Uëlen überstanden hatten, seltsame, nicht sehr wohlwollende Gerüchte umgegangen wären. Angeblich sollte Naum Solomonowitsch kein richtiger Tangitan sein, sondern zu einem anderen Zweig der weißen Menschenrasse gehören.

Dieses Gerücht rief bei den Schülern brennende Neugier hervor, es veranlasste uns, das Gesicht des Mathematiklehrers genauer zu betrachten und aufmerksamer auf seinen Sprachfehler zu achten.

Naum Solomonowitsch selbst aber bemerkte nichts davon und benahm sich wie ein ganz normaler Tangitan, wenn man davon absah, dass er zu den Eingeborenen ein besonders achtungsvolles Verhältnis hatte und sogar mit dem Heizer der Banja, Wassili Kornejewitsch Ryppel, auf die Jagd ging, um im eisfreien Wasser zwischen den Eisschollen Ringelrobben zu schießen. Er probierte gefrorene Kopalchen-Wurst und eingesalzene Kräuter, fand aber zerstoßene Walrossleber im rohen gefrorenen Zustand besser und überzeugte die anderen Tangitan, dass das das beste Mittel gegen Skorbut sei.

Es schien, als ob die anderen Tangitan, vor allem die Chefs, das Verhalten Naum Solomonowitschs nicht guthießen und ihn kritisch beäugten.

Er ist Jude, kein Russe, sagte Wassili Kornejewitsch Ryppel in unserer Jaranga nach dem ersten Becher verrdünnten Alkohols am Feiertag der Großen Sozialistischen Oktoberrevolution. Wir versuchten herauszufinden, was das wohl bedeuten könnte. Möglicherweise eine Abart der Bolschewiki?

Und noch eins war verwunderlich. Keiner der Russen sagte Naum Solomonowitsch ins Gesicht, dass er Jude sei. Während der Heizer der Polarstation Kabizki beispielsweise unserem Landsmann Wassili

Kornejewitsch hinterherschrie: »He, du, Tschuktsche!«, so nannte er Naum Solomonowitsch höflich beim Namen, wenn er sich an ihn wandte.

»Was ist denn nun der Unterschied zwischen Jude und Russe!«, fragte einmal Onkel Kmol bei Ryppel nach, dem engsten Freund des Mathematiklehrers.

Der Heizer der Banja wurde verlegen und sagte eine Weile gar nichts. Schließlich teilte er, sich an die Wand drückend und durch einen weiteren Schluck Feuerwasser ermutigt, flüsternd mit, so als sei es ein Kriegsgeheimnis: »Shukow, der Buchhalter der Handelsbasis, hat erklärt, die Juden haben den russischen Gott umgebracht, indem sie ihn mit großen Eisennägeln an ein Holzkreuz schlugen.«

»Unsere Vorfahren«, entgegnete nachdenklich der alte Rytschyp, »haben den russischen Kosaken-Ataman Pawluzki gefangen genommen und hingerichtet ... Und trotzdem leben wir heute mit den Russen friedlich zusammen und bauen gemeinsam den Kommunismus auf.«

Doch bald sollte ein weiteres Detail bekannt werden, das uns alle schrecklich neugierig machte. Ryppel teilte uns unter dem Siegel der Verschwiegenheit mit: Im Baby-Alter wird den Juden ihre Manneswürde beschnitten! Diese Neuigkeit versetzte den Uëlener Männern einen regelrechten Schlag. Anfangs machte sich jeder seine eigenen Gedanken und versuchte diese verbrecherische Handlung mit dem Verstand zu begreifen. Dann tauschten sie ihre Mutmaßungen aus.

»Vielleicht ist er bei ihnen besonders lang«, schlug der Briefträger Tanat vor.

»Aber das tut doch schrecklich weh!«, sagte der sensible und mitleidige Harpunier Kuky stirnrunzelnd, der in seinem Leben nicht nur ein Mal die scharf geschliffene Klinge in das Fleisch eines Meerestieres gestoßen hatte.

»Sicher ist das nicht schmerzhafter, als die Nabelschnur durchzutrennen«, meinte der alte Rytschyp besonnen.

Sie beschlossen, Ryppel selbst zu fragen, der mit Naum Solomonowitsch des Öfteren in der Banja schwitzte.

»Ich habe mir das nicht besonders angeschaut«, bekannte Ryppel. »Und außerdem ist die Banja immer voller Dampf, da sieht man sowieso nicht alles.«

»Du bist doch ein Meeresjäger!«, sagte Rytschyp vorwurfsvoll. »Ein guter Jäger sieht auch im Nebel deutlich!«

Ryppel verstummte beschämt.

Normalerweise besuchten die Uëlener Männer, mit Ausnahme der Tangitan natürlich, die Banja nicht gern. Obwohl das zu den obligatorischen Attributen des neuen Lebens gehörte, des zukünftigen Kommunismus, wo es alles im Überfluss geben sollte, darunter auch eine Banja für jeden Werktätigen, wie der erste Kommunist der Siedlung, Tegrykëu, sagte.

An jenem Badetag allerdings waren ungewöhnlich viele Männer in die Banja gekommen. Meist gab es nicht genug Freiwillige, die Eis heranschleppten, um Wasser zuzubereiten, doch an diesem Tag schaffte es Ryppel kaum, alles Eis in dem Eisenkessel zu zerhacken, der in den Ofen eingelassen war. Von den Tangitan kam an diesem Tag einzig und allein Naum Solomonowitsch in die Banja. Die übrigen Tangitan zogen es vor, beim Waschen unter sich zu bleiben, als ob sie sich vor den Luorawetlan genierten oder sich ekelten, sich mit den nackten Ureinwohnern zu waschen. Völkerfreundschaft hin oder her.

Der Umkleideraum war voller nackter Männer, obwohl Ryppel alle gebeten hatte, sich der Reihe nach zu waschen, denn der enge Raum konnte diese große Menschenmenge gar nicht fassen. Alle wollten unbedingt mit Naum Solomonowitsch schwitzen. Die Einheimischen hatten normalerweise Angst, in den heißen Dampfraum zu gehen, weil sie fürchteten, sich zu verbrühen. Aber diesmal saßen so viele auf den Bänken, dass Ryppel es mit der Angst zu tun bekam, der Dampfraum könnte von dieser Menschenmenge und diesem Andrang auseinanderfallen.

Alle wollten so nah wie möglich bei dem nackten Mathematiklehrer sitzen. Der Reihe nach schlugen sie ihn kräftig mit der Rute aus Polarbirken, stöhnten und ächzten gemeinsam mit ihm und lachten laut. Naum Solomonowitsch merkte nicht, dass die Mehrheit der Männer in der Banja es darauf abgesehen hatte, ihm zwischen die Beine zu schauen, die Mutigsten versuchten sogar, sein stark gerötetes Glied anzufassen.

Dieses Mal zog sich das Waschen in der Banja mehrere Stunden hin, und Ryppel befürchtete ernsthaft, das Wasser würde nicht reichen. Schließlich kamen die vom heißen Dampf geröteten Männer aus dem Schwitzraum in den Ruheraum und machten es sich auf der langen Holzbank bequem. Hier war es ein bisschen heller als im Schwitzraum, und wieder scharten sich alle um Naum Solomonowitsch und versuchten seine intime Stelle zu erspähen. Sie wunderten sich weniger über die starke Behaarung als über den Umstand, dass die Wolle auf dem Körper des Mathematiklehrers wie reines Kupfer schimmerte, wie bei einem reinrassigen Seelöwen.

Aber kein einziger Luorawetlan besaß die Keckheit, das umstrittene Ding von Naum Solomonowitsch eingehend zu untersuchen, und so zogen sich alle mit einer gewissen Enttäuschung wieder an.

Äußerlich unterschied sich das Glied des Juden durch nichts vom Manneswerkzeug der Luorawetlan. Es war weder länger noch kürzer. Nur die Farbe war weiß, aber weiß war ja der gesamte Körper Naum Solomonowitschs ... Und es gab keinerlei Spuren von Gewaltanwendung.

»Was ist, habt ihr noch nie einen weißen Körper gesehen?«, fragte Naum Solomonowitsch fröhlich. »Wenn ihr euch öfter wascht, werdet ihr selbst so weiß, ihr werdet sehen.«

»Aber Ryppel geht fast jeden Tag in die Banja und ist nicht weißer geworden«, bemerkte Kuky.

Am nächsten Tag entbrannte an dem Ort, an dem sich die Uëlener Männer immer trafen, wenn sie nicht zur Jagd gingen, ein heißer

Streit. Es stellte sich heraus, dass es trotz großer Bemühungen keinem gelungen war, das Streitobjekt richtig zu untersuchen. Das Problem war genauso ungelöst wie vor der Banja.

»Wir hätten ihn direkt fragen müssen, ob es bei den Juden solch eine Erscheinung gibt«, meinte Kuky griesgrämig.

»Warum hast du denn dann nichts gesagt, wenn du so mutig bist?«, fragte ihn der alte Rytschyp spöttisch.

Kuky verstummte, meinte aber nach einiger Zeit: »Nein, ich habe doch was gesehen ...« Alle horchten auf. »Es war neblig, nicht klar zu sehen«, fuhr Kuky fort. »Die Größe ist normal, aber er war nackt ...«

»Wir waren alle nackt«, brummte Rytschyp.

»Ich meine den Schwanz«, präzisierte Kuky. »Es war nackt und glänzte wie Shukows Schädel.« Die Sache war die, dass der Hauptbuchhalter der Handelsbasis Shukow kein einziges Haar auf dem Kopf hatte und dass sein Schädel glänzte wie ein gut polierter Walrosshauer. Die Alteingesessenen von Uëlen erzählten, dass genau aus diesem Grund Shukow nicht an die Front geschickt wurde, da sein glänzender Schädel eine ausgezeichnete Zielscheibe für einen faschistischen Scharfschützen gewesen wäre.

»Ein nackter Knochen?«, mutmaßte Rytschyp.

»Das habe ich zuerst auch gedacht, aber dann habe ich es geschafft, das Ding wie zufällig mit dem Ellenbogen zu berühren – Fleisch! Na, nicht richtiges Fleisch, aber so wie eine Robbenflosse, wenn man sie ins Warme legt und dann die Haut abzieht.«

Das war einer der beliebtesten Leckerbissen in Uëlen.

Das Problem war also noch nicht vollends gelöst, verschiedene Fragen und Zweifel blieben ungeklärt. Zumal bei einigen Luorawetlan, wie sich herausstellte, der Schwanz ebenfalls nackt war. Das jüdische Rätsel war also geblieben.

Звезды и созвездия
enerti, enerymkyt

Sterne und Sternbilder

Von allen Naturbildern ist für mich das ausdrucksvollste und wunderschönste der Sternhimmel. Er bewegt nicht nur meine Seele auf unerklärliche Weise, sondern er erzeugt einen besonderen Seelenzustand, als ob man sich über die Erde emporschwinge, und das ist nicht einmal mit einem freien Vogelflug zu vergleichen. Ohne die geringste körperliche Anstrengung bist du plötzlich auf der Höhe der Sterne, mitten unter den unzähligen funkelnden kleinen und großen Gestirnen, mitten in einem wundervollen verstreuten Licht, das das Glitzern von klarem Wasser und Edelsteinen übertrifft.

Ich hatte Glück im Leben: Ich habe den klarsten Himmel gesehen und das reinste Glitzern, das dem heutigen Erdbewohner bereits verwehrt ist, vor allem den Einwohnern großer Städte. Nicht einmal von den höchsten Berggipfeln ist der Sternhimmel so klar und ausdrucksvoll, wie er am Ufer des Eismeeres in meiner Kindheit war.

Im Leben der Luorawetlan spielten die Sterne, der Sternhimmel, die Nebel und die Sternbilder eine wesentliche Rolle. Sie übten einen großen Einfluss auf das alltägliche Leben aus, ganz zu schweigen vom Anfang und vom Ende der Existenz des Menschen. Deshalb gehörten Sterne und Sternbilder zum Reich *wargyrgyn*, was man ungefähr mit »Natur« übersetzen kann.

Am frühen Morgen, genauer, am Ende der Nacht, wenn die Sterne noch hell am Himmel leuchteten, ging ich mit Onkel Kmol zur winterlichen Meeresjagd. Während wir über das Ufereis liefen und dann auf das Packeis hinausgingen, gab mir mein Onkel Unterricht in der luorawetlanischen Astronomie.

Am Sternhimmel brodelte das Leben! Um sich in den Wirren der glitzernden Punkte und winzigen Kugeln zurechtzufinden, musste man zuerst den Blick auf den wichtigsten Orientierungspunkt am Himmel richten – den Polarstern, der in der tschuktschischen Sprache mehrere Namen hat: Unpener, der Hineingestoßene Stern, der Unbewegliche Stern. Oder Ylkepener, der Festgenagelte Stern. Um diesen unbeweglichen Orientierungspunkt bewegten sich die übrigen Sterne und Sternbilder. Der Polarstern stellte alles an seinen Platz und half sogar meinem kindlichen Verstand, die Himmelsmechanik zu verstehen.

Die der Bedeutung nach an zweiter Stelle stehenden Sterne waren: Leutti, die Köpfe. Arktur und Wega. Arktur wurde als einer der Hauptgestirne in der Sternhierarchie angesehen. Arktur und Wega bildeten das Sternbild Pegyttyn, Sternbild der Reife. Das Erscheinen dieses Sternbildes am Horizont bedeutete, dass die lange Polarnacht zu Ende war und sich in den Frühling verwandelte, ins Tageslicht.

Heute erinnere ich mich nicht mehr an alle Namen und Umrisse der Sternbilder. Sie haben sich in meinem Bewusstsein vermischt, nachdem ich die russischen Namen der himmlischen Bilder kennenlernte. Aber den Stern Wetschanaut, Stehende Frau, finde ich noch leicht, er steht im Sternbild des Löwen. Die Gruppe der Mädchen – das sind die Plejaden. Diese sechs schönen Mädchen warten geduldig auf ihre Männer, die sie heiraten wollen. Ein Bräutigam aus dem Sternbild Orion wurde von dem Blümchen Rührmichnichtan wegen seines großen Glieds abgewiesen – das war der Stern Aldebaran, der einen Stängel mit kupferfarbener Spitze hatte.

Das himmlische Leben bestand nicht einfach nur aus Bildern, nein, es war lebendiges Leben, denn die Sterne bewegten sich ja, sie wanderten über das Firmament und überquerten den Sandfluss Tschygejweem – die Milchstraße. In diesem kosmischen Fluss standen fünf

Rentierbullen, die das Sternbild Kassiopeia bildeten. Kastor und Pollux aus dem Sternbild der Zwillinge sind nichts anderes als zwei wilde Rene, denen zwei Jäger nachrennen. Pfeifend fliegen Lassos durch die Luft und Vogelnetze aus Walrosszähnen, die auf dünne Robbenriemen aufgefädelt sind. Hirten jagen fliehenden Renen hinterher, und nur in der Gegend des Polarsterns Unpener herrschen Ruhe und Stille. Diese kleinen Sterne kann man mit bloßem Auge kaum erkennen. Aber genau dort ruhen die Seelen derer, die in die ewige Ruhe eingegangen sind, ins Sternbild der Trauer – das ist so etwas Ähnliches wie die Kremlmauer, in die die Urnen der Helden eingelassen sind. Das Sternbild der Trauer ist ein Gedenkort für die besten Jäger, Hirten, die mächtigsten Schamanen, für alle guten Menschen, die die untere Welt verlassen haben. Die Sternwelt, das Himmelsleben ergänzen das Erdenleben, vollenden das Bild des Weltalls, das von Tenantomgyn, dem Schöpfer, geschaffen wurde.

In Uëlen ging ich häufig zum Meeresstrand hinunter, fand eine einsame Stelle zwischen zwei hochkant stehenden Eisschollen und richtete meinen Blick zum Himmel hoch: zu den verstreuten schillernden Kristallen, zum Sandfluss mit den vielen Inseln, auf denen Rene weideten und Hasen hüpften. All diesen Wesen begegnete ich auf meinen Sternreisen. Damals war es auch, dass ich bei genauem Hinhören das kaum vernehmbare Rascheln, das eigenartige Sterngeflüster vernahm, das den grenzenlosen Raum von der Erde bis zur kosmischen Unendlichkeit erfüllte.

Heute sehe ich manchmal monatelang keinen Sternhimmel. Manchmal trete ich nachts aus meiner Datscha in der Nähe von Petersburg und richte meinen Blick nach oben. Und dann sehe ich, nicht so deutlich wie in der Kindheit, wie in meinem Uëlen, am Ufer des Eismeeres, wieder die Hirten, die am Ufer der Milchstraße die Rene bewachen, die Mädchen, die auf ihren Bräutigam warten, aber das winzige Geglitzer des Sternbilds der Trauer kann ich am fahlen Firmament nicht mehr erkennen.

Unsere Schamanen kannten den Sternhimmel genau, sie fanden sich darin genauso gut zurecht wie in der Tundra, am Eisufer und in den Weiten des Ozeans. Vielleicht sogar besser, denn der Himmel war dicht besiedelt und großzügig mit Orientierungspunkten übersät, zwischen denen man sich kaum verirren konnte. Jeder Schamane hatte seinen Hauptstern, seinen Himmelsherrn, der den Wundertäter in seinem irdischen Tun beschützte. Aber das war das tiefste Geheimnis eines Schamanen, und dieses Geheimnis nahm er mit sich zum Sternbild der Trauer, wenn er seinen irdischen Weg beendete und seine Seele in die unendliche Höhe flog.

Im Spätherbst 1993 fuhr ich mit einem Lederkanu von Intschoun, einer Siedlung am Ufer des Eismeeres, zur Sankt-Lorenz-Bucht. Unterwegs legten wir in Uëlen an und fuhren erst bei Anbruch der Nacht weiter. Wir hatten gutes Wetter. Mein alter Schulfreund Iwan Sejgutegin, heute Meister im Knochenschnitzen, sagte: »Zwei Tage wird es ganz windstill sein. Aber das sind die letzten ruhigen Tage des ausgehenden Sommers. Dann kommen die Winde und Stürme und das Eis.«

Wir umfuhren den einzeln stehenden Felsen Senlun und nahmen Kurs auf das Kap Deshnjow. Der japanische Yamaha-Motor tuckerte leise. Ich setzte mich an den Bug und streckte mich auf der Zeltbahn aus, die das Gepäck bedeckte. Zuerst beobachtete ich das Ufer, ich versuchte irgendwo Licht zu entdecken. Doch sogar die Wetterstation in der alten verlassenen Siedlung Naukan und die Grenzwache lagen in völliger Dunkelheit. Kein einziger der vielen Leuchttürme in der Gegend blinkte. Als ich auf der hydrografischen Basis in der Prowidenije-Bucht gearbeitet hatte, hatten wir jeden Herbst die Leuchttürme überprüft, sie funktionstüchtig gemacht und eingeschaltet. Und nun – Stille und undurchdringliche Finsternis. Und wo waren die Lichter der Siedlungen?

Da schwante es mir – es gab sie einfach nicht mehr! Anfang der Neunzigerjahre durchlebte Tschukotka, wie übrigens ganz Russland, eine Zeit des Verfalls. Die Elektrizitätswerke hörten wegen fehlendem Brennstoff auf, Strom zu liefern. Sogar die Windräder blieben stehen, und die Leuchttürme, verwaist zurückgelassen, blickten mit leeren Augen aufs Meer, ihre Scheinwerfer hatte der Wind zerschlagen.

Nur der Sternhimmel war geblieben! Ich legte mich auf den Rücken und hob meinen Blick zu den prächtigen Bildern, die mich immer wieder neu in Erstaunen versetzen. Nur die Sterne leuchteten in dieser Nacht und zeigten uns die Richtung, wie in alten Zeiten, als hier an Elektrizität, an mit Kernenergie betriebene Leuchttürme noch nicht zu denken war.

Der Mond war eine schmale Sichel, klar und scharf. Mitten in einem Meer von Sternen.

Nach einer Stunde, als unser kleines Lederboot die Beringstraße verließ und auf den weiten Stillen Ozean hinausfuhr, sahen wir das Polarlicht. Zuerst war es ganz blass, dann aber erstrahlte es in saftigen Farben. Das war erstaunlich, denn so farbenprächtig ist das Polarlicht eigentlich nur, wenn die Polarnacht ihren Höhepunkt erreicht.

Das Polarlicht wanderte über den Himmel, wurde blasser, um dann wieder hell aufzuleuchten. Aber sogar in diesem stürmischen Spiel der Farben verloren die Sterne nicht ihren Glanz.

Gegen Morgen verlosch das Polarlicht, die Sterne aber und die Sichel des Neumonds blieben noch lange am Himmel stehen und verloschen nicht einmal in den Strahlen der kalten Herbstsonne, die über Alaska aufging.

In die Sankt-Lorenz-Bucht fuhren wir bereits bei hellem Sonnenlicht ein.

Unseren Weg kreuzte eine Walkuh mit ihrem Kalb. Sie stieß eine Fontäne in den Himmel.

ИМПЕРАТОР

tirkeryt

IMPERATOR

Tirkeryt heißt wörtlich Sonnenherrscher.
Bekanntlicherweise hatte das tschuktschische Volk keine oberste Macht. Keinen Herrscher, keinen Führer, keinen geistigen Anführer. Es gab natürlich Menschen, die über den anderen standen. In der Tundra waren das die Besitzer großer Herden, am Meeresufer die Besitzer von Schaluppen und Kanus. Nicht einmal die großen Schamanen hatten Macht, und mir scheint, in meinem Volk hat schon lange Demokratie in beinahe reinster Form existiert. Wichtige Fragen und Probleme, die alle angingen, wurden in Versammlungen gelöst, zu denen alle eingeladen waren, aber noch häufiger richtete man sich nach den Empfehlungen eines Ältestenrates, und das waren Menschen mit großer Erfahrung. Möglicherweise gab es im tschuktschischen Volk in einem bestimmten historischen Zeitabschnitt dennoch Personen, die Macht über ihre Landsleute hatten. Davon zeugt der Terminus *erym*, der die Wurzel »Macht« in sich hat.

Aber als die ersten russischen und westlichen Reisenden Luorawetlan begegneten, erhielten sie auf die gewohnte Frage, wer hier der »Glawny« sei, der Oberste, keine eindeutige Antwort. Zu dieser Zeit jedoch gab es im Gebiet von Westtschukotka, an der Grenze zu Jakutien, bereits Besitzer von großen Rentierherden, die einen entscheidenden Einfluss auf ihre ärmeren Stammesgenossen hatten. Die Ankömmlinge nannten sie sogar tschuktschische »Fürsten«, und einige von ihnen, wie der berühmte Armagirgin, erhielten vom russischen Herrscher Urkunden, Offiziersdolche, Medaillen und sogar mit Gold besetzte Kleidung. Aber die große Mehrheit der tschuktschischen Bevölkerung erkannte Armagirgin nicht als Herrscher an, obwohl sie sich ihm gegenüber mit großer Ehrerbietung und Hochachtung verhielt.

Große Neugier rief bei den Luorawetlan die Person des russischen Zaren hervor, des Imperators. Lückenhafte Erzählungen der Russen schufen bei den Tschuktschen ein widersprüchliches Bild des größten Tangitan, dessen Macht sich über ein riesiges Gebiet erstreckte. Er war nicht nur märchenhaft reich, sondern besaß auch große Körperkraft. Er konnte eine Stahlklinge zerbrechen wie ein Stück Holz, mit seinem Atem Sturm erzeugen und mit dem Licht seiner Augen nächtliche Finsternis vertreiben. Mit seinen tangitanischen Göttern sprach er wie mit seinesgleichen.

Doch gleichzeitig entstand der Eindruck, dass er eine Frostbeule war, leicht Schnupfen und Husten bekam und keine Kälte vertrug. Aber das war eigentlich verständlich. Die russischen Tangitan waren überhaupt schlecht an den rauen Norden angepasst. Aus diesem Grunde trieben die russischen Beamten für ihren Sonnenherrscher Pelze ein: feuerroten Fuchspelz und weißen Polarfuchspelz. Besonders geschätzt waren der Hermelin, das puschlige Fell von jungen Rentieren, vom Vielfraß und vom Eis- und Braunbär ...

Offenbar trug der russische Imperator seine Pelze recht schnell ab, denn Pelzsteuern mussten jedes Jahr neu bezahlt werden. Die Luorawetlan hatten es bald satt, den frierenden Zaren zu beschenken, und sie stellten ihre Abgaben ein. Die Tangitan versuchten mit Gewalt, den Jassak – die Steuer – einzutreiben, aber die Luorawetlan leisteten solch erbitterten Widerstand, dass die russischen Gesandten des Zaren mit ihnen übereinkamen, dass sie den Jassak freiwillig zahlen sollten. Von nun an gaben die Luorawetlan dem Zaren das, was sie selbst nicht verwendeten – Fell der schlechtesten Sorte. Unter Katharina der Großen wurde zwischen den Luorawetlan und den Russen vereinbart, dass die Tschuktschen im Tausch gegen das Versprechen, die benachbarten Korjaken nicht mehr zu überfallen und ihnen die Rene wegzunehmen, vom Jassak befreit würden. Als im Jahr 1913 das Haus der Romanows sein dreihundertjähriges Bestehen feierte, kam ein Buch heraus, in dem alle Völker und Stämme aufgezählt wurden, die Untertanen des russischen Imperators waren. Die Tschuktschen waren die Einzigen, von denen geschrieben stand, dass sie »ein Volk seien, das dem russischen Zaren nicht völlig untertan« ist.

Ich hätte nie gedacht, dass ich in meinem Leben einem echten, lebenden Imperator begegnen würde. Das geschah Ende der Siebzigerjahre. Einer der höchsten Würdenträger Äthiopiens, das Mitglied des Rates der Krone, der mächtige Landbesitzer und Dichter Germatschou Tekle Chawariat lud mich ein, als mein Erzählungsband in amharischer Sprache erschien.

Die Äthiopier lebten damals im tiefsten Feudalismus. Der Dichter, Mitglied des Rates der Krone, hatte meinen Beobachtungen zufolge sogar Leibeigene. Als wir sein Gut besuchten, das sich am Abhang des Berges über Addis Abeba erhob, kamen die Feldarbeiter zum Mercedes ihres Besitzers gerannt und küssten die Motorhaube.

In den ersten Tagen meines Aufenthalts in Äthiopien war der Imperator zu Besuch bei einem arabischen Herrscher. Ich saß mit meinem Dolmetscher in einem Café im Stadtzentrum, er war einmal Student an unserer Moskauer Filmhochschule gewesen. Ich nippte genüsslich an dem äußerst wohlschmeckenden äthiopischen Kaffee, als ich plötzlich eine seltsame Aufregung bei den Besuchern des Cafés beobachtete. »Unser Imperator ist heimgekehrt!«, teilte mir mit stockender Stimme mein Dolmetscher mit. »Sein Flugzeug ist gerade auf dem Flugplatz gelandet, und er ist auf dem Weg in seinen Palast!«

Es stellte sich heraus, dass alle Bewegungen des heimkehrenden Imperators im Rundfunk übertragen wurden. Plötzlich fielen alle

Leute – Fußgänger und Cafébesucher – mit dem Gesicht auf den Boden. Mein Dolmetscher verschwand unterm Tisch, und ich entdeckte, dass ich der Einzige in diesem vollen Café war, der noch saß. Um Unannehmlichkeiten zu vermeiden, rutschte auch ich vom Stuhl. Doch das war noch nicht alles. Alle stießen so etwas wie einen Kampfschrei aus, einen hohen Kehllaut, der sogar den Stadtlärm übertönte.

Dieses Schauspiel dauerte einige Minuten, bis der Imperator wohlbehalten im Palast angekommen war.

Und dann befand ich mich hinter den Mauern dieses riesigen, luxuriösen Palastes, von dem die Macht in alle Richtungen des Landes ausging, die Macht des direkten Nachkommen (laut der offiziellen Biografie) der Königin von Saba. In der großen Palasthalle hatten sich Würdenträger und Ehrengäste aufgestellt. Ich wurde zwischen Germatschou Tekle Chawariat und meinem Dolmetscher platziert. Den Gästen wurde Champagner gereicht. Ich muss bekennen, dass ich nie wieder im Leben so wohlschmeckenden Champagner getrunken habe.

Nach den Dienern, die die Getränke verteilten, kamen in lange weiße Gewänder gehüllte Männer, die auf der Schulter zerlegte Rinder trugen. An alle Anwesenden wurden kleine scharfe Messer ausgeteilt. Der Gast musste sich vom Rind ein Stück abschneiden, das ihm gefiel, und es roh essen. Ohne Gewürze. Rohes Fleisch hatte ich vor langer Zeit oft gegessen, in meinem Heimatort Uélen, im gefrorenen oder halbgekochten Zustand. Das war also für mich nichts Neues.

Der Imperator erschien unerwartet. Wäre nicht sein ehrwürdiger Hofstaat um ihn gewesen, hätte ich ihn gar nicht bemerkt. Denn der oberste Herrscher eines der größten afrikanischen Länder, der Vertreter einer der ältesten Dynastien der Erde war ein kleiner Mann. Er trug eine Militäruniform, und auf seinem kleinen Kopf ragte eine riesige Militärschirmmütze mit steiler Krempe in die Höhe. Aber weder die hohe Mütze noch die Schuhe mit den hohen Absätzen konnten den kleinen Wuchs des Imperators kaschieren. Aber mich frappierte etwas anderes. Schwere graue Haare hingen an Haile Selassi herunter, sie quollen unter der Mütze hervor, aus den Ohren und den Nasenlöchern. Dazu kam, dass er entweder schlecht rasiert oder dass es so gewollt war – er trug einen verfitzten zottigen Bart und Schnurrbart.

Als sich der Imperator mir näherte, drückte ich aufgeregt das rohe Rindfleisch in der Faust zusammen, aber ich konnte kein Wort hervorbringen. Mein Gastgeber, der Dichter und Kronrat, stellte mich vor und drückte mir meinen Erzählungsband in die Hand. Gott allein weiß, woher der plötzlich aufgetaucht war. Ich sollte ihn dem Imperator überreichen. Haile Selassi gab das Buch an einen Begleiter weiter, ohne es auch nur eines Blickes zu würdigen.

Germatschou Tekle Chawariat versuchte indessen dem Monarchen zu erklären, aus welchem Anlass ich nach Äthiopien gekommen sei. Der ehemalige Student der Moskauer Filmhochschule, mein Dolmetscher, versuchte, so gut er konnte, zu übersetzen. »Dieser Mann ist ein Schriftsteller aus der Sowjetunion. Er stammt von den Tschuktschen ab, einem Volk aus dem hohen Norden, das in Eis und Schnee lebt«, sagte der Kronrat zu seinem Monarchen.

»Aha, ich verstehe«, sprach der Imperator, nickte und lächelte mir sogar zu. »Er ist vom Kilimandscharo heruntergestiegen!«

Der Imperator Haile Selassi der Erste schritt weiter, ich aber blieb mit meinem in der Faust warm gewordenen Stück Rindfleisch stehen. Mir blieb nichts anderes übrig, als das rohe Fleisch hinunterzuwürgen und Champagner nachzutrinken. Es war meine erste und letzte Begegnung mit einem Imperator.

Имя

nynny

NAME

Im Leben der Tschuktschen war der Name nicht einfach nur ein Klang, eine Bezeichnung, sondern etwas weitaus Größeres. Vor allem wenn es um den Namen eines Menschen ging. Es ist unmöglich, in unserem Volk irgendwelche allgemeinen Gesetzmäßigkeiten bei der Namengebung zu finden. Der eine wollte für sein Kind einen wohlklingenden Namen, dem anderen war das ganz egal, der Dritte scheute sich nicht, ein befremdliches Wort zu wählen. Wie sonst zum Beispiel kann man erklären, warum ein Knabe Ua-ua genannt wurde? Ua bezeichnet einfach nur das Schreien eines Neugeborenen, das sind die Töne, mit denen das kleine Kind weint. Oder der Name Aljapenryn, was Kot bedeutet? Oder Tynewiri – der von der Morgendämmerung heruntersteigt? Meiner Ansicht nach liegt die Erklärung oft in den Umständen, in denen der neue Mensch auf die Erde kam, in den Hoffnungen, die man in ihn setzte. Der im Namen verborgene Sinn sollte in die Zukunft weitergetragen werden, in die nächsten Generationen.

Meine Großmutter wurde Giwewnëu genannt, was die Wissende, die Bekanntheit Erlangende bedeutet. Mein Stiefvater hieß Giwëu, der Bekanntheit Erlangende. Und mich nannten sie Rytchëu – der die Bekanntheit verlor, der Unbekannte. Und meinen Onkel, den leiblichen Bruder meines Stiefvaters, nannten sie Kmol – das Wesen eines Wurms. Wo kann man hier eine Verbindung oder Gesetzmäßigkeit finden? Dahinterzukommen, ist nicht einfach.

Bei den Tschuktschen konnte alles zum Namen werden: eine Naturerscheinung, die Welt der Geister, Götter und Dämonen, das Wetter, die erhellte Seite der Erde, beseelte Gegenstände, unbeseelte Gegenstände, ein Säugetier, Reptilien, Vögel, einfach alles und jedes. Obwohl man schwer erklären kann, welcher verborgene Sinn in dem Namen Tejuttin, Gesalzener Hund, steckt.

Einige Namen waren mehr verbreitet als andere. So konnte man zum Beispiel Der Geist des Hundes häufig antreffen, bei Männern wie bei Frauen. Sehr populär war der Name, der in seiner Grundbedeutung den Stein bezeichnete. Die Tundramenschen, die Rentierzüchter, hatten in ihrem Namen oft das Wort Korany, Ren.

Doch man konnte auch anderen Namen begegnen. So lebte in der Tundra von Tschaun ein sehr verehrter und erfolgreicher Rentierzüchter namens Wyrgyrgylele, was nicht mehr und nicht weniger als Donnernder Schwanz bedeutet. Weder ihm persönlich noch seiner nächsten Umgebung bereitete dieser saftige Name Kopfschmerzen. Bis ein Mann aus der sowjetischen Nomenklatur beschloss, dass dieser wunderbare Mensch in den Gebietssowjet gewählt werden sollte. Damals arbeitete ich in der Zeitung *Magadaner Wahrheit*. Als ich von der Kandidatur meines Landsmannes für das höchste Landesorgan erfuhr, freute ich mich für ihn und übersetzte ganz unbefangen für die Zeitung seinen Namen ins Russische. Dieser Name des zukünftigen Mitglieds des Gebietssowjets gelangte in die Chefetage, und von dort kam die kategorische Anweisung nach unten, den Kandidaten mit diesem donnernden Namen aus der Liste zu streichen.

Dass das männliche Geschlecht Teil eines Männernamens ist, ist keine Seltenheit. So studierte mit mir an der Pädagogischen Hochschule in Anadyr ein Junge mit dem Kosenamen Lelekai, Kleiner Schwanz. Und im Sowchos von Enemelen gab es seinerzeit den weithin bekannten Waljäger Aleleke, Der Schwanzlose. Mir war ein gewisser Leletke bekannt, Wohlriechender Schwanz.

Niemand unter den Landsleuten machte darüber Witzchen. Wenn

es einen Wukwukai, Kleines Steinchen, gab, oder einen Lylekej, Auge, warum sollte es dann keinen Kleinen Schwanz geben? Die Aufmerksamkeit für solche angeblich unanständigen Namen begann erst mit Erscheinen der Russen, als begonnen wurde, den Sinn der tschuktschischen Namen zu ergründen. Allerdings sind mir in Frauennamen niemals weibliche Herrlichkeiten begegnet. Offenbar gab es hier ein Verbot.

Es gibt eine Familienlegende, die besagt, wie ich den Namen Rytchëu, Der Unbekannte, erhielt. Angeblich soll mein Großvater, der berühmte Uëlener Schamane Mletkin, bei meiner Namengebung ein Ritual veranstaltet haben. Im Tschottagin wurde ein heiliges Feuer entfacht, vom Rauchabzug wurde an einer dünnen Schnur aus Robbenleder ein heiliger Gegenstand herabgelassen – die Schwebenden Flügel. Ich kann dieses Ritual nur nach den Worten meiner Mutter beschreiben, da ich damals zu klein war, um mich zu erinnern. Großvater Mletkin, der sich im Schatten der Schwebenden Flügel am heiligen Feuer niedergelassen hatte, sprach langsam und deutlich verschiedene Namen aus, die er für mich ausgewählt hatte. Wenn die Götter den Namen hörten, der ihnen gefiel, sollten sie durch eine Bewegung der Schwebenden Flügel ein Zeichen ihrer Zustimmung geben. Großvater zählte die Namen von nahen und fernen Vorfahren auf, die zu Ruhm gekommen waren, dann folgten die weniger bekannten Verwandten, aber die Schwebenden Flügel bewegten sich nicht, sie reagierten nicht auf die Worte des Schamanen ...

Als mein Großvater sah, dass er nicht zum Ziel kam, sagte er: »Dann soll er Rytchëu heißen – Der Unbekannte!« So erhielt ich meinen tschuktschischen Namen. Er bestand aus einem Wort, so wie es im Volk üblich war. Alle Tschuktschen trugen Namen, die aus einem Wort bestanden, was die russischen Ankömmlinge sehr verwunderte, deren Namen aus dem Familiennamen, dem Vornamen und dem Vatersnamen bestanden. Ein Wort reichte nach unserer Auffassung völlig aus. Ein Mensch soll einen einzigen Namen haben. Das Wichtigste ist nicht die Quantität, sondern die Qualität des Namens, seine Bedeutung im Leben.

Manchmal änderten die Tschuktschen im Laufe des Lebens ihren Namen. Das geschah meist auf Anraten des Schamanen, nach einer tödlichen Krankheit oder nach einem Ereignis, das das Leben des Menschen von Grund auf veränderte.

Russische Namen, vor allem die Nachnamen, brachten meine Landsleute manchmal sehr zum Grübeln. Wenn einer, sagen wir, Petrow oder Iwanow hieß, war ja alles verständlich. Aber Mathematik unterrichtete bei uns an der Schule ein gewisser Nedowesow, was im Russischen an »nicht zu Ende gewogen« erinnert. All seine Schüler versenkten sich in Vermutungen, was denn nicht bis zu Ende gewogen worden war bei diesem sympathischen, starken jungen Mann mit dem dichten roten Bart. Überhaupt gab es in unserer Schule ein sehr beliebtes Spiel: Übersetzung der russischen Nachnamen, die irgendeinen Sinn erahnen ließen, ins Tschuktschische. Oft passte dann der Mensch überhaupt nicht zu seinem Namen, und wir versuchten an ihm verborgene Eigenschaften zu entdecken.

Mit dem Auftauchen der Russen wurde es bei uns zur Gewohnheit, sich einen zweiten, einen russischen Namen zuzulegen. Das begann in der Schule. Für die russischen Lehrer war es einfacher und bequemer, ihre tschuktschischen Schüler mit russischen Namen aufzurufen. In solchen Fällen wurde der eigentliche Name zum Nachnamen und der Name des Vaters zum Vatersnamen. So nahm mein Freund Tymnewakat – Der überallhin geht – in der Schule den Namen Anatoli an, und der Name des Vaters Kagje wurde zu seinem Vatersnamen. So hieß er nach russischem Standard nun Anatoli Kagjewitsch Tymnewakat.

Ich habe mich lange Zeit gegen einen russischen Namen gewehrt. Vielleicht weil meine Eltern lange nicht übereinkamen, welchen sie mir geben sollten. Manchmal wurde ich nach zufälligen Gästen benannt, großen Chefs oder berühmten Menschen ... Lange Zeit hieß ich Georgi, offiziell aber blieb ich immer Rytchëu, wie schon in meiner

Geburtsurkunde, die ich mit eigenen Augen sah, und im Komsomolausweis von 1944.

Zu Rytchëu, Juri Sergejewitsch wurde ich im Sommer 1946 in der Prowidenije-Bucht. Das kam so.

Ich wusste nicht, wie lange ich noch in dieser Bucht bis zur nächsten Transportmöglichkeit warten müsste, um meinen langen Weg in die Leningrader Universität fortzusetzen, wo ich mich immatrikulieren lassen wollte. Deshalb beschloss ich, mir eine Arbeit zu suchen. Der größte Arbeitgeber war dazumal der Hydrografische Stützpunkt, in der mein alter Bekannter Borindo als Hydrograf arbeitete. Er empfing mich freundlich, und einige Zeit erinnerten wir uns, wie wir gemeinsam mit meinem Hundeschlitten losgefahren waren, um die Meeresströmung unter dem Eis der Beringstraße zu messen. Borindo bot mir gleich zwei Arbeiten an – als Matrose auf dem hydrografischen Schiff Wega oder als Lastträger im Hafen.

Doch um angestellt zu werden, brauchte man einen Pass. Borindo versicherte mir: »Du wirst deinen Ausweis gleich kriegen«, und schrieb eine Notiz an den Chef der Miliz. Ich wusste, dass ich mindestens sechzehn Jahre alt sein müsste, um einen Pass zu bekommen, und ich änderte vorsichtshalber auf meinem einzigen offiziellen Dokument – dem Komsomolausweis – das Geburtsjahr 1931 in 1930 um, was keine große Kunst war. Irgendwo am Rande der Hafensiedlung machte der Eskimo Alprachtyn ein paar Fotos von mir. Damit ging ich zur Miliz. Der Chef empfing mich liebevoll und sogar recht geräuschvoll. Er begrüßte meinen Wunsch, einen sowjetischen Pass zu beantragen, und ließ sich über dieses Thema lang und breit aus: In unserem Land sei ein Mensch ohne Ausweis kein vollwertiger Sowjetmensch ... Er reichte mir einen Fragebogen. Zum Ausfüllen brauchte ich nur ein paar Minuten. Der Chef der Miliz überflog den Fragebogen und machte plötzlich ein strenges Gesicht: »Und wo ist der Name und Vatersname?«

Ich wurde verlegen. Es war mir aus unerfindlichen Gründen unangenehm zuzugeben, dass ich weder Name noch Vatersname hatte.

»Was heißt, du hast keinen Namen?«, fragte der Milizchef aufgeregt. »Wie wirst du denn gerufen? Rytchëu? Und das ist alles? Mehr nicht? So geht das nicht!«, sagte er ernst und streng. »Jeder sowjetische Mensch muss einen Namen und Vatersnamen haben.« Er griff sich einen neuen Ausweis, öffnete ihn und deutete auf eine Stelle: »Siehst du, hier steht – Name und Vatersname ... Diese Spalte kann doch nicht leer bleiben. Was ist das überhaupt für eine Art – ein einziger Name? Einen einzigen Namen haben nur Hunde oder Zaren. Mein Hund heißt zum Beispiel Pyshik, und der letzte russische Zar wurde einfach Nikolai genannt. Allerdings hatte er eine Zahl – Nikolai der Zweite. Und du hast nicht einmal eine Zahl!«

»Wo soll ich denn einen Namen und Vatersnamen hernehmen?«, brummte ich verwirrt. »Und erst noch eine Zahl ...«

»Denk nach!«, sagte der Milizchef bedeutsam und setzte seine Dienstmütze auf. »Also, wenn du einen Namen und Familiennamen gefunden hast, kommst du wieder, und wir stellen dir in Sekundenschnelle einen sowjetischen Pass aus!«

Am anderen Ufer der Prowidenije-Bucht, auf der Polarstation, arbeitete noch ein anderer alter Bekannter aus Uëlen, der Meteorologe Juri Sergejewitsch. Ich besuchte ihn manchmal, holte mir Rat bei ihm in allen möglichen Lebensfragen. Auch diesmal ging ich zu ihm hin und stellte ihm mein Problem mit dem Pass dar.

»Wo können wir bloß einen Namen und Vatersnamen für dich herkriegen?«, zerbrach sich Juri Sergejewitsch den Kopf.

Da kam mir plötzlich eine blendende Idee. »Was ist, wenn ich Ihren Namen und Vatersnamen nehme?«

Juri Sergejewitsch dachte lange nach, dann lachte er und sagte: »Warum nicht? Eine gute Idee! Mach ich gern für dich! Das Ganze hat aber bestimmt einen Haken. Ich muss dir wohl eine schriftliche Bestätigung geben. Wenn du sie brauchst, gebe ich sie dir!«

Der Mann hatte eine große Seele! Ich war glücklich.

Am nächsten Tag ging ich mit festen Schritten ins Arbeitszimmer des Milizchefs und erklärte selbstbewusst: »Mir ist es eingefallen: Ich heiße Juri Sergejewitsch Rytchëu!«

»Na siehst du!«, meinte der Milizchef zufrieden und griff nach einem funkelnagelneuen, leeren Pass. »Wir schreiben also hinein: Juri Sergejewitsch Rytchëu, geboren 1930 in der Siedlung Uëlen, Gebiet Tschukotka.«

Der Milizionär schrieb langsam und bedächtig. Er tunkte die Feder in ein Fläschchen mit spezieller Tinte und streckte von Zeit zu Zeit die Spitze seiner rosigen Zunge heraus. »Ich gratuliere, Bürger Juri Sergejewitsch Rytchëu!«, sagte er feierlich und überreichte mir den Ausweis. »Leben sollst du!«

Und so lebe ich nun schon mein ganzes Leben – als Juri Sergejewitsch Rytchëu.

Кальсоны

elgykonagte

Unterhosen

Ein entsprechendes Wort gibt es in der tschuktschischen Sprache aus dem einfachen Grunde nicht, weil dieses Kleidungsstück bei unserem Volke völlig fehlte und auch nicht für notwendig betrachtet wurde. Aber als bei uns die kommunistischen Tangitan auftauchten, die nur Stoffkleider trugen, wurde dieses neue Kleidungsstück zum Symbol der anbrechenden lichten Welt. Im neuen Leben konnte ein einfacher Tschuktsche sich mit dem gebildetsten und klügsten Tangitan auf die gleiche Stufe stellen. Und das leichteste Mittel zur Erreichung dieses Ziels war die Kleidung: Zieh dir Stoffkleider an, und du wirst wenigstens äußerlich einem kommunistischen Tangitan gleichen, dem Verkünder der Zukunft und des glücklichen Lebens.

Für mich persönlich war dieses Ziel unvorstellbar weit entfernt, in nebliger Zukunft, hinter den Grenzen unserer Schule, unseres Uëlen.

Aber da ereignete sich ein Wunder: Die Ergebnisse meines ersten Schuljahres waren so gut, dass ich zu den besten Schülern gehörte und nicht nur mit einer Urkunde ausgezeichnet wurde, sondern auch mit einer Fahrt in das Pionierlager in der Kytryn-Bucht, auf der Kulturbasis, einer speziell erbauten »vorbildlichen Siedlung«, in der es keine einzige Jaranga gab. An anderer Stelle erzähle ich noch genauer von dieser Kulturbasis, sie verdient es.

Meine Mutter nähte mir eine neue Sommerkuchljanka und Hosen aus Robbenfell.

Nach Kytryn fuhren wir mit einem ledernen Kajak, vorbei am Felsen Senlun und der Eskimosiedlung Naukan, in der meine Verwandten mütterlicherseits wohnten. Über uns flatterten Entenschwärme, die Kormorane flogen gemächlich und würdig in Richtung der unsichtbaren Inseln, manchmal querten unseren Kurs Walrossherden, Walfontänen aber begleiteten uns den ganzen Weg von Uëlen bis zur Kytryn-Bucht.

Meine Gedanken aber flogen voraus, weg von dieser gewohnten Landschaft. Ich war sehr aufgeregt. Aus unerfindlichen Gründen hatte ich vor allem Angst vor einem Bett. Ich glaubte, dass ich ganz sicher mitten in der Nacht von diesem hohen tangitanischen Schlafgestell herunterfallen würde.

Wir erblickten die Kulturbasis, kaum dass unser Kajak um die Landzunge von Nunjam und die am Steilhang stehenden Jarangas herumgefahren war. Hinter der Landzunge öffnete sich die riesige Bucht, in der das Wasser erstaunlich ruhig war, es wurde nur aufgewühlt von der lauten Fontäne eines einsamen Wals.

Wir landeten auf dem Kieselstrand. Zwei eiserne Stränge versetzten uns in Erstaunen. Sie führten zu den in zwei Reihen stehenden Holzhäusern. Diese Eisenstränge erwiesen sich als Eisenbahnschienen. Auf ihnen fuhr mit Geläut ein Eisenschlitten auf Rädern, auf der Seitenwand saß ein dünner, schwarzhaariger Tangitan. Das war der Pionierleiter, der uns zugeordnet worden war, uns, den Wilden vom Nordufer der Tschuktschenhalbinsel.

Er lud unser bescheidenes Gepäck auf den Karren. Ich verspürte den unbändigen Wunsch, auf diesem ungewöhnlichen Eisenschlitten zu fahren, doch der Pionierleiter gab uns ein Zeichen, dass wir ihm folgen sollten, selbst aber setzte er sich mitten auf unsere Sachen. Wir rannten hinter der ziemlich flott fahrenden Karre her, wobei wir noch Zeit fanden, uns in dieser ungewöhnlichen Siedlung umzuschauen. Ich stellte mir vor, dass in der lichten Zukunft, die uns die Kommunisten versprachen, mein heimatliches Uëlen genauso aussehen würde.

Auf der Kiesellandzunge würden Reihen mit Holzhäusern stehen, von der Klippe Enmyn-Eppyn bis Tepken, hinter dem sich die meteorologische Polarstation befand.

Zuallererst gingen wir ins Dampfbad, aber davon habe ich schon erzählt. Unsere alten Kleider mussten wir in der Umkleidekabine ordentlich in speziell dafür vorbereitete, sauber gewaschene amerikanische Mehlsäcke stopfen. Statt unserer gewohnten Fellkleidung lagen für uns Stapel mit tangitanischer Stoffkleidung bereit.

Sollte mein Traum wirklich in Erfüllung gehen? Ich würde tatsächlich von oben bis unten wie ein richtiger Tangitan mit Stoff bekleidet sein, und an den Füßen sollte ich statt der Robbenfellstiefel richtige Schuhe mit Schnürsenkeln tragen! Nach dem Dampfbad rannte ich, leicht und mir selbst fremd geworden, als Erster in den Umkleideraum und zog mir die neue Kluft an, so als hätte ich Angst, dass man sich anders besinnt und mir diesen Reichtum wieder wegnimmt.

Ich war zwar als Erster angezogen, doch mich erwartete eine schreckliche Enttäuschung. Als mich der Pionierleiter anschaute, fing er zu lachen an: »Du hast dich ja rausgeputzt! Hast die Unterhosen zuoberst angezogen!« Ja, ich hatte geglaubt, dass die weißen Hosen mit der Bindeschnur dafür vorgesehen waren, dass man sie zuoberst anzieht, weil sie so schön weiß waren! Als ich mich anzog, hatte ich mir vorgestellt, wie ich mit dem Boot nach Uëlen komme und unter den Leuten, die uns am Ufer begrüßen, meine Mutter steht. Und wie sie mich gleich in den weißen Festtagshosen erkennt und schon von Weitem ruft: »Söhnchen, wie schön du aussiehst! Wie ein richtiger Tangitan!«

Vor den Augen des lachenden Pionierleiters und der anderen Kinder musste ich mich umziehen und über die weißen die schwarzen Hosen ziehen, deren Stoff grob wie Robbenfell war. Mit Horngetöne und Trommelmusik begann unser Pionierleben. In Reih und Glied liefen wir durch die Tundra, durch die einzige Straße der Kulturbasis, lernten ein paar Lieder auswendig und grölten laut, zum Schrecken der Hunde.

Das neue Leben in der neuen Siedlung hing mir bald zum Hals heraus, ich bekam Sehnsucht. Ich träumte von meinem Uëlen, von der Tundra mit der Lagune und sogar von unserem einfachen, gewohnten Essen. Manchmal rannte ich in die Jaranga des alten Pakaika, die direkt auf dem Kap Kytrytkyn stand, nahm mir ein Stück Walrossfleisch und Kopalchen und kaute gierig. Dem alten Pakaika hatte einst das gesamte Ufer um das Kap herum gehört, und seine Jagdgebiete erstreckten sich über die gesamte Gegend der tief ins Land geschnittenen Bucht. Jetzt aber hielt man ihn für einen Feind der Sowjetmacht, und es hieß, er würde bald verhaftet und ins dunkle Haus gesperrt werden.

Immer öfter erschien mir Uëlen im Traum, immer öfter stellte ich mir vor, wie ich aus dem Kajak steige, ganz in Stoff gekleidet, und meine Mutter die Arme nach mir ausstreckt und sagt: »Wie schön du aussiehst, Söhnchen!«

Schließlich kam ein großes Lederkajak, um uns abzuholen. Zum Abschied wurden wir noch einmal in die Banja geschickt. Ich wusch mich mit Behagen, in dem Wissen, dass ich meine Haut nicht so schnell wieder schrubben und den Kopf waschen könnte ...

Im Umkleideraum wartete an der Stelle, wo wir die ordentlich zusammengelegten Tangitankleider hingelegt hatten, auf jeden von uns der Sack mit den alten Sachen, mit denen wir angekommen waren. Die Tangitankleider waren weg. Wir wussten nun, dass wir sie nur für die Zeit im Pionierlager hatten tragen dürfen. Das war so kränkend, dass ich meine Tränen kaum zurückhalten konnte. Wohl oder übel zog ich wieder meine Robbenfellhose an, die Fellstiefel, die Sommerkuchljanka und war bereit, wieder so ins heimatliche Uëlen zurückzukehren, wie ich drei Wochen zuvor von dort gekommen war.

Wieder fuhren wir um die Landzunge von Nunjam herum, nahmen Kurs auf das Kap Deshnjow, ließen auf der rechten Seite die Inseln Großer und Kleiner Diomid hinter uns, dann die Eskimosiedlung Naukan und erblickten hinter dem Felsen Senlun die vertraute Landzunge von Uëlen mit den Jarangas, die in zwei langen Reihen auf dem Kiesel standen.

Die Freude über das heimatliche Dorf verdrängte die Kränkung. Viele, viele Jahre habe ich Unterhosen aus verschiedensten Stoffen getragen. Doch bis heute erinnere ich mich an meine allerersten aus dem Pionierlager, die mir eine kurze Freude und das Gefühl der lichten Zukunft geschenkt hatten.

КАРТИНА
kaljejo, kelikel

BILD

Die genaue Übersetzung des tschuktschischen Wortes müsste heißen: das Aufgezeichnete, das Abgebildete. Natürlich war meinen Landsleuten die Malerei im modernen Sinne unbekannt. Glatte, saubere Flächen allerdings wurden entweder mit Ornamenten oder schemenhaften, abstrakten Zeichnungen bemalt.

Die Bilder auf der Oberfläche eines glatt polierten Walrosszahns sind für mich wunderbare künstlerische Schöpfungen meiner Uëlener Landsleute. Anfangs illustrierten sie die wohlbekannten Zaubermärchen. Vor allem solche Zaubermärchen, in denen eine fantastische Wirklichkeit erschaffen wurde und die der Vorstellungskraft keine Grenzen setzten, inspirierten sie. Der Urheber des Genres war für lange Zeit Nonno, der berühmte Erzähler der Tschuktschenhalbinsel, der auch die Grundregeln dieser Kunst bestimmte.

Fast die gesamte Folklore wurde auf der weißen Oberfläche des Walrosselfenbeins abgebildet. Die Zeichnungen waren so etwas wie eine Schrift, denn die kleinen Bildchen konnte man »lesen«. Sie gaben wie im Film Szene für Szene der Geschichte wieder. Das Prinzip der Cartoons war längst erfunden, bevor es auf den Seiten der amerikanischen Zeitungen auftauchte, ein spezieller Zweig der Kinderliteratur wurde und den Trickfilm beeinflusste.

Die Legenden von Pitschwutschin, vom Mädchen und dem Bären, von der Jagd auf Meerestiere, von der Jagd auf den Umka, den Eisbären, von der Frau in der Tundra – das sind die häufigsten Bildsujets auf einem Walrosszahn. Die Künstler malten die Bilder bunt aus, in dem sie in die eingeritzten Linien fein gemahlene natürliche Farben einrieben – Ocker, verschiedene Mischungen aus Ruß, Fett und Blut von Meerestieren und manchmal sogar den Inhalt eines Vogelmagens. Diese Walrosszähne kann man heute in vielen ethnografischen und Kunstmuseen der Welt finden. Seit dem 18. Jahrhundert erfreuen sie sich großer Nachfrage bei Touristen. Anhand dieser Walrosszähne kann man die Geschichte unseres Volkes »lesen«, unsere Kultur studieren, erfahren, womit unsere Vorfahren jagten, wie wir ausgesehen haben, an welcher Stelle vor einem Jahrhundert eine Jaranga stand. Mit besonderer Liebe gestalteten die Uëlener Künstler unsere Siedlung. Da sich die zwei Jaranga-Reihen über die ganze Länge der Kiesellandzunge erstreckten, eigneten sie sich ideal für einen länglichen Walrosszahn, der wie geschaffen dafür war. Der lang gezogene Stoßzahn ließ der Fantasie freien Raum und ermöglichte es den Künstlern, einzelne Szenen im chronologischen Ablauf darzustellen.

Ich bin ein unverbesserlicher Anhänger der realistischen bildenden Kunst. Vielleicht weil mir die Bilder zunächst als Wissensquelle dienten. Noch bevor ich lesen konnte, versenkte ich mich in die Bilder auf den Buchseiten, schöpfte aus ihnen Wissen nicht nur über meine Umgebung, sondern vor allem aus Welten, die weit entfernt waren und mich durch ihren Farbenreichtum lockten.

Als ich nach Leningrad kam, ging ich zuallererst in die Eremitage und ins Russische Museum. Stundenlang konnte ich vor Rembrandts »Danaja« stehen, vor den Landschaftsbildern Lewitans, Sawrassows. In das Porträt der Schauspielerin von Rembrandt habe ich mich buchstäblich verliebt.

Wenn ich in ein neues Land und eine neue Stadt kam, besuchte ich zuallererst die Gemäldegalerien und Kunstmuseen, sogar in kleinen Siedlungen versuchte ich etwas zu finden, was mit der Malerei verbunden war.

Einmal ergab es sich, dass ich in einer fernen burjatischen Siedlung im Süden von Tschita weilte. Es war ein wunderschöner September, wie es ihn nur in Transbaikalien gibt. Mir wurden die besten Arbeiter vorgestellt. Der gastfreundliche Vorsitzende des Kolchos zeigte mir vor dem Mittagessen den Stolz der Siedlung – den geräumigen Klub. »Hier treffen wir uns, führen Versammlungen durch, hören Konzerte unserer Künstler ...«

Als ich den Klub betrat, zog meine Aufmerksamkeit vor allem das riesige Leinwandgemälde auf sich, das die gesamte linke Wand einnahm. Als ich näher herantrat, entdeckte ich, dass es ein Gruppenporträt der bekanntesten Menschen des Kolchos und der Siedlung war. Ich erkannte viele, die mir der Vorsitzende schon vorgestellt hatte. Er selbst stand, leicht auszumachen, im Zentrum des Bildes. Das heißt, nicht direkt im Zentrum. Die Hauptpersonen waren zwei eigenartige Subjekte, wenn man das so sagen kann – zwei ganz normale Burjaten im fortgeschrittenen Alter. Sie bildeten den Kern des riesigen Gemäldes. Auf sie waren die achtungsvollen, unterwürfigen, um nicht zu sagen etwas speichelleckerischen Blicke aller anderen Abgebildeten gerichtet.

Als der Vorsitzende merkte, dass ich mich für das Bild interessierte, erklärte er mir bereitwillig: »Das ist Dulma. Erkennen Sie sie? Unsere beste Melkerin. Und das ist Borka – der Hirte. Und was für einer! Der Traktorist Zyren ... Unsere besten Leute!« Der Vorsitzende zählte alle auf, samt ihren Bestleistungen. Außer den beiden, auf die die untertänigen Blicke der besten Leute des Kolchos gerichtet waren, darunter auch der des Vorsitzenden.

»Und wer sind diese beiden?«, fragte ich und zeigte ins Zentrum des Bildes.

»Ach, die?« Der Vorsitzende winkte ab. »Einfach typische Gestalten!«

»Sind das auch bekannte Menschen?«, wollte ich genauer wissen.

»Sie waren bekannt«, sagte der Vorsitzende niedergeschlagen. Als er merkte, dass ich nicht nachließ und wissen wollte, wer diese »typischen

Gestalten« denn seien, seufzte er tief und verriet mir: »Früher standen dort Chruschtschow und Bulganin ...« Und er erzählte mir eine tolle Geschichte.

Vor einigen Jahren unternahmen zwei unserer höchsten Staatsmänner eine Reise durch den Fernen Osten – durch Indien und China. Das waren Bulganin und Chruschtschow. Auf dem Rückweg nach Moskau beschlossen sie, Transbaikalien zu besuchen, und wählten dafür den autonomen Kreis von Aginsk, der in jenen Jahren im Vergleich zu anderen Regionen des Gebietes aufblühte. Die riesige Delegation, die nicht nur aus den Moskauern, sondern auch aus den Vorsitzenden der örtlichen Partei- und Sowjetorgane bestand, verbrachte einen ganzen Tag im Kolchos. Und dieses bedeutende Ereignis wollte der Vorsitzende an der Wand des Kolchosklubs verewigen lassen.

Man holte aus Tschita einen berühmten Maler, ein Mitglied des Künstlerverbandes der UdSSR. Der Mann war, wie sich der Vorsitzende erinnerte, talentiert, doch wie jedes Talent trank er viel und meist zu unpassender Zeit.

Anfangs machte sich der Maler mit großem Enthusiasmus an die Arbeit. Er brauchte mehrere Monate, um die Porträts zu zeichnen. »Ich habe ihm eine hohe Summe im Voraus gezahlt«, erinnerte sich der Vorsitzende, »das war ein großer Fehler von mir. Der Maler fuhr in die Stadt, angeblich um Farben zu kaufen, und blieb lange verschwunden. Zu mir drangen Gerüchte, dass er pausenlos trinke. Wir hätten einen anderen holen können, aber man sagte mir, das sei der beste, und dass er trinke, das sei eben die Eigenart eines schöpferischen Menschen. Als er wieder nüchtern war, machte er sich eifrig an die Arbeit. Ich veranlasste, dass eine zusätzliche Beleuchtung in den Klub gestellt wurde, damit der Maler besser arbeiten konnte. An der Wand waren bereits die Konturen des zukünftigen Bildes zu sehen. Schon bald konnte man einige Helden erkennen. Die Leute kamen in großen Mengen in den Klub, mit Familie und Freunden, sagten laut ihre Meinung, wiesen den Künstler auf seine Fehler hin und gaben eine Menge Ratschläge.

Doch das Unglück war, dass sie den Maler bewirteten, und danach war er wieder einige Tage nicht arbeitsfähig.

Ich musste den Zugang zum Klub einschränken und eine spezielle Trennvorrichtung, so etwas Ähnliches wie einen Vorhang, anfertigen lassen, die das Bild vor fremden Augen verbarg, wenn der Maler nicht daran arbeitete.

Die Monate vergingen. Alle warteten wir geduldig auf die Beendigung dieses großartigen Kunstwerks. Wenn dem Maler das Geld ausging, tauchte er wieder auf, und es ging wieder voran. Ich hielt den Maler nicht zur Eile an, weil ich begriff, dass er Zeit für seine Schöpfung brauchte, für seine künstlerischen Lösungen.

Das Bild war fast vollendet, der Maler musste nur noch den Hintergrund gestalten, sozusagen die Landschaft unserer Siedlung. Da geschah das große Unglück: Bulganin wurde abgesetzt! Der Maler aber hatte gerade eine schöpferische Pause, und wir mussten warten. Er nahm die Nachricht erstaunlich gelassen auf. Er sagte, er würde aus Bulganin einen Burjaten machen. Dulma brachte ihm ein altes Foto ihres Vaters. Shalsarai sah Bulganin sogar ähnlich. Der Bart jedenfalls war genau gleich – weiß und ordentlich. Der Maler musste nur die Kleider und Orden ein bisschen verändern. Aber diese Korrekturen kosteten den Kolchos eine Menge Geld. Das Ergebnis war nicht schlecht. Chruschtschow war nun dem einfachen Volk sogar näher gerückt.

Aber unsere Freude währte nicht lange. Es kam die Nachricht von der Absetzung Nikita Chruschtschows. Nicht zu ändern! Der Maler aber schien sogar froh über diese politischen Verwirrspiele zu sein. Er erklärte, aus Chruschtschow wolle er noch einen Burjaten machen, das sei ein Kinderspiel und sogar billiger, als Bulganin in Großvater Shalsarai zu verwandeln. So entstand dieses Bild. Aber wir haben es überlebt. Dafür sind meine Landsleute, tüchtige Arbeiter und gute Menschen, für immer abgebildet!«

Und der Vorsitzende blickte mich stolz an.

Кино

Kino

Zum ersten Mal kam das Wanderkino zur meteorologischen Polarstation. Die Berichte meiner Landsleute, die einen Film gesehen hatten, waren so sagenhaft, dass niemand sie glaubte. Auf der Wand, auf einem großen Stück Stoff, sollten sich angeblich Menschen und Tiere bewegen, Autos sollten dort entlangfahren, das Leben brodeln. Einige besonders feinfühlige Zuschauer hielten es nicht aus und flüchteten aus der Kantine, die als Vorführsaal diente. Dies erweckte unsere Neugier, aber Kinder wurden nicht ins Kino gelassen. Versuche, durchs Fenster etwas mitzukriegen, waren ohne Erfolg: Im Zimmer war es dunkel, nur ganz hinten bewegten sich irgendwelche Schatten.

Auf der Polarstation gab es nur einen Film: *Pyschka,* »Dickerchen«, einen Stummfilm nach der Erzählung des französischen Schriftstellers Maupassant. Die gesamte Kriegszeit über kamen keine anderen Filme nach Uëlen. Aber jeden Sonnabend versammelte sich in der Kantine der Polarstation die High Society von Uëlen, die aus Lehrern, Mitarbeitern der Handelsbasis und dem Chef der Grenzwache bestand. Viele Male riss der Film und wurde geklebt, und als der Krieg vorbei war, war von ihm weniger als die Hälfte übrig. Aber die geduldigen und treuen Kinobesucher kannten den Inhalt auswendig, und wenn sich in die Vorstellung ein Gast verirrte, der die volle Fassung von *Pyschka* nicht kannte, dann erzählten ihm die Stammgäste freundlicherweise die fehlenden Szenen.

Den ersten richtigen Kinofilm sah ich im Pionierlager der tschuktschischen Kulturbasis: *Tschapajew,* der von den Ruhmestaten des legendären Bürgerkriegshelden berichtete, des Divisionskommandeurs der Roten Armee. Zum ersten Mal sah ich, wie die Tangitan miteinander kämpften, sich mit langen scharfen Messern abschlachteten, aus Gewehren und Maschinengewehren schossen. Dieses gnadenlose Morden machte auf mich solch einen verheerenden Eindruck, dass ich nachts lange nicht einschlafen konnte, mich im Bett hin und her wälzte und Angst hatte rauszufallen. Die Grausamkeit, mit der die Menschen einander töteten, traf mich tief ins Herz.

Uns wurden noch andere Filme gezeigt, und meist floss das Blut in Strömen, und die riesigen Schlachtfelder waren übersät mit Toten.

Es dauerte nicht lange, und das Wanderkino kam auch in unser Uëlen. Zur Einrichtung gehörte ein Handdynamo, der mit aller Kraft gedreht werden musste, damit der Projektor leuchtete. Das war eine höllische Arbeit, und man musste ungeheure Muskeln besitzen, um die straffe Kurbel zu drehen.

Das Kino zog meine Landsleute magisch an. Aus irgendeinem Grunde wollten sie ausgerechnet Schlachtszenen und Kriege sehen. Die innere Dramatik des Films, die Probleme zwischen den Tangitan, interessierten meine Landsleute wenig. Am populärsten waren Filme über den Krieg, in denen natürlich die Roten siegten. Sogar in den dramatischsten Augenblicken der Handlung, wenn man glaubte, es gäbe keinerlei Hoffnung mehr, wenn dem kleinen Häufchen roter Partisanen die Niederlage drohte und es bereit war, sein Leben hinzugeben, tauchten hinter dem Hügel oder aus dem Wald rote Reiter auf, und in den Händen des vordersten Reiters flatterte die Fahne der Revolution. Die roten Kavalleristen schwenkten die Säbel, schossen aus Gewehren und Revolvern. Durch das enge Klassenzimmer unserer Uëlener Schule schallte der Ruf: »Die Unsrigen! Die Unsrigen! Die Roten!«

Bald kamen auch die ersten Tonfilme. An den Winterabenden strömte das ganze Dorf, Jung und Alt, in die Schule, um sich das ferne und unwahrscheinliche Leben der Tangitan anzuschauen. Und direkt vor meiner Abreise nach Leningrad sahen wir den ersten Farbfilm – *Wassilissa die Schöne,* ein russisches Märchen. Wir dachten danach, die russischen Mädchen seien alle so schön, und meine Landsleute wunderten sich, dass in unser Dorf keine Filmschönheiten kamen, sondern nur Männer und Frauen, die überhaupt nicht unserer Idealvorstellung vom Tangitan entsprachen.

Ich erinnere mich, wie sich vor meiner Abreise im engen Zimmer unseres Dorfsowjets die ehrenwertesten Menschen versammelten, um mir einige Ratschläge mit auf den Weg zu geben. Sie rieten mir zu lernen, wie man ein großer Chef wird, Funker, Verkäufer, Lehrer. Und Kuky, unser berühmter Harpunier, sagte träumerisch: »Es wäre wunderbar, wenn du Schauspieler in einem Tonfilm werden könntest!« An diese Abschiedsworte dachte ich oft, als ich im Fernsehfilm von Anatoli Nitotschkin mitspielte: *Die schönsten Schiffe,* nach einem Roman von mir. Ich stelle den alten Mann dar, griesgrämig, aber weise. Obwohl ich zur Zeit der Dreharbeiten nicht mehr jung war, versuchten die Maskenbildner, mich noch älter zu machen. Sie dokterten manchmal stundenlang an mir herum, um aus meinem Gesicht das eines alten, weisen Rentierzüchters zu modellieren. Damals spürte ich am eigenen Leib, wie schwer der Beruf des Schauspielers ist, wie viel Geduld man braucht und wie viel Kraft, um sich anzupassen und mit unsympathischen Menschen auszukommen.

Кит

rëu

WAL

Der Wal hat dem Tschuktschen alles gegeben. Die Haut mit der dicken Fettschicht galt als erlesener Leckerbissen. Das ausgelassene Fett beleuchtete und wärmte die Wohnung, das Fleisch wurde frisch verwendet oder eingepökelt. Auch die Innereien wurden vollständig genutzt. Die Walbarten beispielsweise wurden für Schlittenkufen verwendet, außerdem konnte man eine wunderbar feste Angelschnur daraus machen, an der sich kein Reif und Eis festsetzte. Aus den mächtigen Knochen, vor allem aus dem Kiefer, wurden Möbelstücke hergestellt. Mit ihren Biegungen waren die Rippen wie geschaffen für die konische Wölbung der Jaranga, die jedem Sturm trotzte. Viele Jahre dienten die Walbarten, die die modebewussten tangitanischen Damen zur Herstellung von Korsetts verwendeten, auch als feste Valuta beim Handel der Küstenbewohner mit den amerikanischen Kaufleuten. Ein Bündel Walbarten wurde mit harten Dollars bezahlt. Und für diese harte Währung kauften meine Landsleute Feuerwaffen, Patronen, Holzboote, Zeltplanen, Feuerwasser und sogar kleine Walfangschoner.

Gleichzeitig galt der Wal als besonders verehrtes heiliges Wesen. Ihm ist ein bedeutender Teil unserer Märchen und Legenden gewidmet. Eine Legende besagt, dass das tschuktschische Volk von Rëu und der Erstfrau Nau abstammt. Zuerst gebar Nau Waljunge, die in der Lagune aufwuchsen, die folgenden Kinder aber waren bereits Menschen. Viele Lieder und Tänze sind dem Wal gewidmet. Jedes Mal, wenn es den Jägern gelang, einen Meeresriesen zu harpunieren, wurde zu Ehren des Wals ein besonderes Fest gefeiert, das manchmal Tage dauerte.

Im Verlauf meines langen Lebens hatte ich nicht oft das Glück, auf Waljagd zu gehen. Als ich noch in Uëlen wohnte, war ich zu klein, um mit der Harpune umzugehen. Aber man nahm uns Jungen auf diese verantwortungsvolle Fahrt als Hilfsarbeiter mit. Wir entwirrten die verhedderten Lederriemen und knoteten die Pychpychs daran – das sind prall aufgeblasene Blasen aus Seehundhaut –, und wir schöpften Wasser aus dem Boot. Aus dieser Zeit weiß ich, wie eine Waljagd abläuft. Zuerst wurde die Beute aufgespürt. Dazu musste man weit aufs Meer hinausfahren, sodass die Jarangas und die wenigen kleinen Holzhäuser von Uëlen aus dem Blickfeld verschwanden. Unsere Landzunge konnte man nur noch am Mast der Funkstation erkennen. Aber es kam auch vor, dass der Wal von selbst ans Ufer geschwommen kam. Dann gab der Beobachter, der mit einem starken Fernglas auf dem steilen Felsen Eppyn saß, den Jägern ein Zeichen. Schnell und fast lautlos wurden die vorbereiteten Schaluppen und Kajaks ins Wasser gelassen, und in der gesamten Siedlung galt der Befehl, absolute Stille einzuhalten. Die Hunde wurden vom Meeresufer zur Lagune gebracht, Mütter mit Kleinkindern verschwanden in den Fellpologs, damit das Schreien der Babys nicht zu hören war.

Bei Wind wurden auf den Kajaks und Schaluppen Segel gehisst, in die Dollen wurden lange Ruder geschoben.

Zuerst wurde der Wal harpuniert und die Pychpychs, die mit Luft gefüllten Blasen, an ihm befestigt, damit er nicht zum Meeresgrund tauchen konnte. Dazu musste man ziemlich nahe an den Wal herankommen und die Harpune mit der Hand hineinstechen. Manche Steuermänner fuhren so nah an das Tier heran, dass man mit der Hand die Haut berühren konnte, die mit Parasiten, kleinen weißen Krebsen, bedeckt war. Das Herz stand einem still, wenn der Walkörper aus der Meerestiefe, aus der grünen Unendlichkeit emportauchte. Er war oft zwei-, dreimal länger als das Kajak. Der Kopf schwamm schon weit vor dem Boot, die Fontäne spritzte überm Meer, die Schwanzflosse aber tauchte gerade erst aus dem Wasser.

Wenn am Walkörper vier oder fünf Pychpychs hingen, bildeten die Verfolger einen Kreis, und der Wal wurde beschossen. In alten Zeiten musste man, um den Meeresriesen zu töten, eine Lanze in eine bestimmte Stelle des langen Körpers in der Herzgegend stoßen. Das vermochte nur ein erfahrener Walfänger, der große Körperkraft besaß. Inzwischen verwendete man zum Töten Jagdgewehre, Panzerabwehrwaffen oder Walfangkanonen mit speziellen Geschossen.

Nachdem der Meeresriese seinen Geist ausgehaucht hatte, wurde er vorsichtig an das Kajak oder die Schaluppe herangezogen. Mit scharfen Messern wurden Löcher in die Schwanzflosse gebohrt, durch die die Schleppriemen gezogen wurden. Gleichzeitig schnitt man große Stücke Itgilgyn oder Mantak aus dem Körper und aß sie gleich an Ort und Stelle, auf dem Boot. Das war ein schmackhafter Leckerbissen, mit dem keine Süßigkeit mithalten kann, und sei es die beste Schweizer Schokolade. Die Schaluppen und Kajaks bildeten eine Schlange, und es begann das mühselige und langwierige Abschleppen des Riesen.

Am Ufer warteten bereits die Uëlener. Die Ehre des Empfangs der heiligen und reichen Beute gehörte Atyk, dem Sänger und Schamanen, der alle alten Bräuche kannte. Für gewöhnlich stand er an der Spitze der Menschenmenge, direkt am Wasser. Die Wellen leckten an seinen wasserdichten Stiefeln. Auf einem Holzteller lagen sakrale Geschenke – meist kleine gelbe Rentierspeckstücke. Wenn der Wal mit seinem Kopf die Kieselsteine berührte, warf Atyk die Opfergaben ins Wasser und murmelte irgendwelche Zaubersprüche, die nur ihm bekannt waren.

Während der Wal zerteilt wurde, liefen im größten Klassenraum der Uëlener Schule die Vorbereitungen für das Walfest. Die Feierlichkeiten begannen, wenn vom riesigen Gerippe das letzte Fleischstück gelöst und in die Fleischgrube getragen worden war.

Die Tamburinschellen tönten weit übers Meer, auf dessen Wellen das rote Gerippe des zerteilten Wals schaukelte. Die Töne flogen in die Ferne, bis zum Horizont, an dem noch Walfontänen zu erkennen waren. Die Sänger dankten den Walen, ihren Urahnen, für das großzügige Geschenk, für die reiche Beute, für das große Opfer. Die feierliche Zeremonie konnte bis zum Morgen dauern. In alten Zeiten wurde das Walfest in einer speziellen Jaranga durchgeführt, die Klegran hieß, in der wörtlichen Übersetzung »Männerhaus«. Im Rauch des Feuers schwammen unter dem Dach aus Walrosshaut, gleichsam wie in der Meerestiefe, die Figuren von Walen, anderen Meerestieren und Vögeln. Durch den Rauchabzug flogen die Lieder, die gedichtet worden waren von fernen Vorfahren, die sich vielleicht noch an den Urvater des tschuktschischen Volkes erinnern konnten, an den großen Rëu, der sich in einen Menschen verwandelte.

Ich war völlig davon überzeugt, dass ich vom Wal abstammte, bis ich in der Schule hörte, dass der Mensch, wie sich herausstellte, vom Affen stammt. Das erzählte uns, ohne einen Zweifel zu lassen, unser Lehrer Dunajewski. Er berief sich dabei auf den englischen Gelehrten Charles Darwin. Der Affe war auf einer Seite des Lehrbuchs für Naturwissenschaften abgebildet. Je mehr ich das Porträt meines angeblichen Ahnen betrachtete, desto mehr packte mich Widerwillen. Es war unfassbar, dass er unser Verwandter sein sollte, wenn auch ein entfernter.

In diesem aufgelösten Zustand kam ich nach Hause. Meine Großmutter sah mein trauriges Gesicht und fragte nach dem Grund für meine schlechte Laune. Ich erzählte ihr alles. Die Großmutter sann nach und sagte:

»Weißt du, unter den Tangitan gibt es verschiedene Menschen. Die russischen Popen, die versucht haben, uns ihren Gott aufzuzwingen, haben behauptet, dass er es war, der den Menschen schuf. Zuerst den Mann, und dann aus seiner Rippe die Frau. So ist es bei den russischen Tangitan. Dieser Darwin aber ist Engländer, sagst du? Dann stammen die Engländer offenbar vom Affen ab. Aber du weißt doch, dass dein wahrer Urvater der Wal ist – Rëu!«

КЛИМАТ

nagrinen wagyrgyn

KLIMA

Das tschuktschische Wort heißt in der Übersetzung »Zustand der Natur«. Denn vom Zustand der Natur, vom Wetter, hing zu allen Jahreszeiten das Leben der Luorawetlan ab. Die längste Jahreszeit war der Winter, die Zeit der Fröste, der Eisstürme, der Schneewehen und der plötzlichen Tauwetter. Der Winter begann Ende September und konnte bis Ende Mai andauern, bis zu der Zeit, wenn die aufgetauten Flächen die Schneeflächen überwogen und sich vom Ufer das Küsteneis löste und aufs Meer zurückzog. Doch sogar im Sommer konnte Schnee fallen und das Eis bis dicht ans Ufer heranrücken.

Der Frühling beginnt im März. Es taut noch nicht, aber die Schneewehen und die Schneeflächen glitzern bereits in der Sonne, die mit jedem Tag länger am Himmel steht, bis sich schließlich die Grenze zwischen Tag und Nacht verwischt. In dieser Zeit kommen die Vögel angeflogen. Manchmal verdecken die Schwärme der Zugvögel sogar den Himmel, verdunkeln die Sonne, bedecken die Uferfelsen, auf denen sie ihre Nester bauen, mit einem lebenden Teppich. Die Walrosse kommen zum Ufer geschwommen, und am Horizont sind Walfontänen zu sehen.

Im Sommer bedeckt sich die Tundra mit Blumen. Sie sieht aus wie ein bunter Teppich, in den Seen und Flüsse gewebt sind. Die noch während der Frühlingsstürme geborenen Rentierkälber stehen bereits fest auf den Beinen und rennen ihren Müttern ausgelassen hinterher. Doch diese gesegneten Tage dauern nicht länger als zwei Monate.

Bereits im September beginnen die dunklen Nächte, der erste Schnee fällt und bildet eine weiße Decke, die nicht mehr taut und auf der deutlich die ersten Schlittenspuren zu erkennen sind. Der Herbst ist in der Arktis der kürzeste Abschnitt im Jahr. Es folgt gleich der Winter, die längste Jahreszeit, die Hauptzeit.

Besonders zehrend sind Kälte und Schneestürme. Dann steckt man am liebsten seine Nase nicht aus der Jaranga. Ein Reisender, der unterwegs von einem Schneesturm überrascht wird, riskiert sein Leben zu verlieren, wenn er nicht auf die gute Idee kommt anzuhalten, sich im weichen Schnee einzugraben, sich zwischen die Hunde zu legen und geduldig zu warten, bis das Wetter besser wird. Bei solchen Schneestürmen kann man nicht aufs Meer zur Jagd, und auch die Tiere ziehen sich immer weiter vom Ufer auf die driftenden Eisschollen zurück.

Dem Zustand des Wetters gilt das Hauptinteresse der Luorawetlan. In alten Zeiten sagten die Schamanen das Wetter voraus. Sie sagten es nicht nur voraus, sondern förderten seine Besserung, wenn das Unwetter sich hinzog und den Menschen Hunger drohte. In der neuen Zeit brachten wir Jungen die täglichen Wetterberichte in den warmen Polog. Da es in der Jaranga keine Toilette gab und der große Leder- oder Blecheimer nur für die erwachsenen Männer, Frauen und kleinen Kinder vorgesehen war, so musste ich mein morgendliches körperliches Bedürfnis im Freien verrichten, hinter der Jaranga. Dazu zog ich mich nicht an, sondern rannte völlig nackt hinaus und musste in kürzester Zeit nicht nur die Toilette hinter mich bringen, sondern mir auch die Stärke und Richtung des Windes merken, die Farbe und Gestalt der Wolken, die Farbintensität des Sonnenaufgangs, um dann die Informationen haargenau den erwachsenen Männern mitzuteilen. Wenn ich irgendetwas vergaß, musste ich ein zweites Mal hinaus in die Kälte. Das hieß »nach dem Wetter schauen«.

In meiner Kindheit wurde in unserer Siedlung, die am Ufer der Beringstraße liegt, eine wissenschaftliche meteorologische Station eingerichtet. Auf einem besonderen Platz wurden sonderbare Geräte aufgebaut, Thermometer, Schneemessgeräte, Regenmessgeräte. Doch was meine Landsleute am meisten verwunderte: Die Meteorologen konnten das Wetter nicht genau voraussagen. Sie konnten nicht einmal mit einiger Sicherheit sagen, wie der bevorstehende Winter sein würde.

Unsere pfiffigen Jäger sagten: »Die Polarforscher haben viel Kohle hertransportiert, also wird es ein harter Winter.« Und zur selben Zeit beobachteten die Polarforscher aufmerksam, wie meine Landsleute die Jarangas heizten und die Fellpologs mit trocknem Gras isolierten. Sie zogen daraus ihrerseits den Schluss, dass die Schamanen offenbar einen sehr rauen Winter vorausgesagt hatten.

Eine der Hauptaufgaben der Schamanen bestand nämlich darin, langfristige Wetterprognosen zu geben. Traten Fehler auf, schoben sie sie auf die Meteorologen, die angeblich mit ihren spitzfindigen Geräten Manipulationen durchführten, die einen schädlichen Einfluss auf das Klima ausübten, auf das Gleichgewicht der Naturkräfte. Die allzu eifrigen Messungen der Stärke des Windes, des Regens, der Schneemengen, der Sonnenaktivität konnten der Aufmerksamkeit der höheren Kräfte nicht entgehen.

Die heutige Aufregung über den Klimawandel des Planeten Erde ist in vielem durch die Informationsfülle zu erklären. Dennoch muss man den Fakt zweifellos anerkennen, dass der ökologische Zustand auf unserem Planeten sich merklich verändert hat. Sogar in der schwer zugänglichen Arktis.

Wer eigentlich das Gleichgewicht der Natur stört, ist doch bekannt: Das sind die raubgierigen Unternehmen, die Erdöl fördern, Gas und Gold ... Es werden sogar die seltenen Tundrawälder gefällt. Im Gebiet Tschaunsk, dessen Territorium so groß wie das eines mittleren europäischen Staates ist, gibt es keinen einzigen Fluss mehr, in dem sich Fische tummeln. Die riesigen Weiten der Tundra erinnern an eine Mondlandschaft. Die Spuren der Raupenschlepper ziehen sich über Tausende Kilometer hin, sie sind wie nicht verheilende Wunden auf dem verletzlichen und dünnen Tundraboden.

In der Arktis ist es bisher noch nicht merklich wärmer geworden, Palmen wachsen noch nicht. Aber das Eis im Nordpolarmeer wird immer weniger, die Eisbären können nicht mehr nach Norden wandern, auf die geschlossene Eisdecke. So kommen sie auf der Suche nach Nahrung in Siedlungen und an Stadtränder, wühlen im Müll, fallen über Haustiere her und nicht selten auch über Menschen.

Ein bisschen Wärme würde der Tundra und dem Eisufer nicht schaden. Aber nur ein bisschen. Ein erwärmter Norden könnte ganze Heerscharen von raubgierigen Ausbeutern der Naturreichtümer anlocken. Der Begriff »Rauer Norden« würde verschwinden, und die Eisbären, Walrosse, Robben und die Vogelbasare auf den Uferfelsen ebenfalls.

Nein, auf eine globale Erwärmung verzichten wir lieber!

Книга
kniky, kelikel

Buch

Solange ich zurückdenken kann, gab es in unserer Jaranga Bücher. Anfangs war es eine ziemlich zerfledderte Bibel in russischer Sprache, die schon fast auseinanderfiel. Sie hatte meinem Großvater, dem großen Schamanen Mletkin, gehört. Meine Großmutter hütete sie eifersüchtig und holte sie nur sehr selten heraus, nur wenn ihr plötzlich in den Kopf kam, eine Revision ihrer versteckten Sachen zu machen. Dieses heilige Buch durfte niemand berühren, obwohl sie selbst nicht lesen konnte.

Dann tauchten bei meiner älteren Tante Lehrbücher auf, und das Erstaunlichste war, darunter gab es auch Bücher in tschuktschischer Sprache. Einige waren mit lateinischen Buchstaben gedruckt, und die erste Fibel hieß CELGYRALEKAL, was »Rotes Lesebuch« bedeutet. Diese Fibel war von den ersten Studenten des Instituts der Völker des Nordens in Leningrad zusammengestellt worden, unter ihnen auch Landsleute von uns, Uëlener. Wir kannten ihre Namen, und die wenigen des Lesens und Schreibens mächtigen Uëlener lasen mit besonderer Genugtuung die Geschichten laut vor: Wie Wukwol einen Ball wirft und Tusyna Fellstiefel näht. Das hat mich stark beeindruckt. Mir schien, als wären unsere Menschen, die ich leibhaftig kannte, auf die Buchseiten umgezogen und hätten eine andere, wundersame Existenz begonnen.

Keine einzige Erfindung der Tangitan konnte meine Neugier so stark erwecken wie das Buch, das für mich ein Zauberbrunnen war, in den Jeder steigen konnte, der des Lesens mächtig war.

Als ich noch nicht zur Schule ging und keinen einzigen Buchstaben kannte, nahm ich gern ein Buch in die Hand, spürte die Schwere der auf den Seiten eingeschlossenen Buchstaben, Gedanken und Wortbilder, der ganzen, mir noch unzugänglichen Welt, in der Menschen lebten, die ich nicht kannte. Sie redeten miteinander, arbeiteten, unternahmen Reisen, entdeckten neue Länder, überwanden schwere Wege, kletterten auf die Spitze hoher Berge.

So wurde mein wichtigstes Motiv, das Lesen und Schreiben zu beherrschen, der Wunsch, so ein wundersames und rätselhaftes Buch aufzuschlagen und in sein Inneres zu schauen. In den ersten Klassen wurde der Unterricht vor allem in Tschuktschisch durchgeführt. Ich beherrschte die Schrift ziemlich schnell. Allerdings gab es nur wenige Bücher in meiner Muttersprache. Ich erinnere mich bis heute ganz genau an sie. Das war vor allem die prächtige Ausgabe der *Verfassung der UdSSR* im Taschenformat. Obwohl das Buch in die tschuktschische Sprache übersetzt worden war, konnte ich es nur sehr schwer lesen und noch weniger verstehen. Viele Wörter, die aussahen wie tschuktschische, waren in Wirklichkeit russische, tschuktschisch waren nur die Suffixe, die Endungen. Die tschuktschischen Wörter sahen sehr merkwürdig aus und klangen auch schrecklich, wenn sie überhaupt auszusprechen waren. Besonders hässlich waren die politischen Termini, von denen die Verfassung nur so wimmelte. Ich habe mehrmals versucht, die *Verfassung der UdSSR* zu lesen und zu verstehen, ohne Erfolg. Dafür las ich mit großem Vergnügen und nicht nur ein Mal den Band mit tschuktschischen Nomadenmärchen. Für mich war das wie ein Wunder – meine Muttersprache erklang von den Papierseiten. Und noch ein weiteres wundervolles Buch gab es: *Die Abenteuer des Baron Münchhausen*. Warum man gerade dieses Buch für die Übersetzung ins Tschuktschische auserwählt hat, ist für mich bis heute ein Rätsel geblieben.

Dann machte ich mich ans Lesen der Lehrbücher. Besonders zogen mich das Lehrbuch für Arithmetik und das Lesebuch an. Doch dann war Schluss. Mehr Bücher in tschuktschischer Sprache gab es nicht. Immer öfter richtete ich meinen hungrigen Blick auf die Reihen der eng aneinanderstehenden Bücher in der Schulbibliothek und in den Regalen der Kantine auf der Polarstation. Aber das Russische beherrschte ich noch nicht, obwohl die Buchstaben die gleichen waren, die auch in der tschuktschischen Schrift benutzt wurden. Ich sprach die unbekannten russischen Wörter laut vor mich hin, »las« von links nach rechts und von rechts nach links. Manchmal ergaben sich dabei merkwürdige Lautverbindungen. Aus irgendeinem Grunde erinnere ich mich mein ganzes Leben an die Lautverbindung: Giwled Tschiwonotna Notna. Erst viele Jahre später begriff ich, dass ich den Namen des Dichters und Klassenkameraden von Puschkin im Lyzeum von Zarskoje Selo, Anton Antonowitsch Delwig, rückwärts gelesen hatte.

Das Erste, was ich in Russisch lernte, waren Schimpfwörter. Vielleicht war das für das Beherrschen der Sprache ungenügend, doch für die Aneignung der richtigen Aussprache gab es keine bessere Übung. Außerdem spielten wir häufig »Russen«, vor allem »betrunkene Russen«, bei denen Schimpfwörter das Hauptausdrucksmittel war. Wann ich endlich perfekt Russisch gelernt habe, sodass ich Bücher lesen konnte, weiß ich nicht mehr. Wahrscheinlich war das im Alter von neun, zehn Jahren. Von da an strömte ein tiefer und breiter Strom in mein Bewusstsein, eine andere Welt, die unserer so unähnlich war!

Ich las natürlich ohne System. Ich hatte Glück, dass unsere Schulbibliothek vor allem aus Klassikern bestand, sodass ich ohne Übertreibung sagen kann, dass mein literarischer Geschmack von den besten Werken der Weltliteratur geprägt wurde. Mein Lesehunger war so groß, dass ich in kurzer Zeit fast unsere gesamte Schulbibliothek ausgelesen hatte. Ich ging zu den Büchern aus der Kantine der Polarstation über. Ich versuchte sogar, Bücher von Lenin, Marx und Engels zu lesen.

Einmal hatte ich Riesenglück! Unter den Kisten, die vom Dampfer geladen wurden, waren auch einige mit Büchern! Das war eine reiche Beute! Darunter befanden sich Romane von Walter Scott, Dickens, Maupassant, ein Erzählungsband von Jack London, ein Band mit Stücken von Anton Tschechow, einige Bücher von Maxim Gorki ... Ich entdeckte auch die prachtvollen Bände von Brehms *Tierleben*. All diese Bücher wurden in die Schulbibliothek gebracht und in eilig zusammengezimmerte Regale gestellt, die mit einfachen Platten aus Furnierholz verschlossen wurden. Diese Platten konnte man mühelos mit dem Jagdmesser herausnehmen, das am Gürtel jedes Uëlener Jungen hing. Die leidenschaftlichsten Bücherwürmer, von denen ich wohl der Erste war, holten sich die Bücher sofort aus den Schränken und stellten sie, wenn sie sie ausgelesen hatten, ordentlich wieder zurück. Für mich begann eine glückliche Zeit des Leserauschs.

Ich wählte mir zwei Orte, wo ich mich mit den Büchern verstecken konnte. Diese verborgenen Plätze waren für mich so etwas wie heimliche Lesestuben. Das erste Versteck befand sich in einer kleinen Senke, die von drei Seiten verschlossen war, die vierte Seite bot einen wundervollen Blick auf das Eismeer. Das Versteck lag hinter dem alten Leuchtturm auf der Anhöhe, darunter nisteten Dickschnabellummen und Seeschwalben. Das durchdringende Vogelgeschrei störte mich kein bisschen beim Lesen und bei meinen Traumreisen in ferne Welten, Länder und Kontinente. Kaum hatte ich eine Seite aufgeschlagen, trug mich der Wind des gedruckten Wortes in die Ferne.

Die zweite heimliche Lesestube war eine alte, löchrige Schaluppe, die auf dem Kieselstrand lag. Ich machte es mir am Bug bequem, wo ich nicht nur vor fremden Augen geschützt war, sondern auch vor dem eisigen Meereswind. Das Rauschen der Wellen, ihr rhythmisches Aufschlagen begleiteten meine Wanderungen durch die Weiten der russischen Felder, unter großen Bäumen, durch die blutigen Schlachten mittelalterlicher Krieger, pompöse Bälle in Palästen und Schlössern, in denen auf glänzendem Parkett junge schöne Frauen dahinschlitterten wie auf dem Eis der gerade zugefrorenen Uëlener Lagune. Ehrbare Damen wurden von hochgewachsenen schönen Männern in Uniform geführt, ich bildete mir ein, sogar die Musik zu hören, und kein Rufen der Walrosse und kein Brausen der Walfontänen konnte sie übertönen.

Von Zeit zu Zeit unterbrach ich meine Lektüre, blickte zu den dahineilenden leichten Wolken hoch und träumte von fernen Ländern, von der Welt, die ich noch nicht kannte. Mit klopfendem Herzen dachte ich: Werde ich all das in ferner Zukunft tatsächlich mit eigenen Augen sehen? Die vergangene Welt, von der ich las, sicher nicht, aber wenigstens die heutige, die in dem weißen, manchmal auch gelben Papier verborgen war? Ich dachte auch über die Dichter nach, über die Menschen, die mit ihrer Einbildungskraft die Welt in den Büchern geschaffen hatten. Allerdings sagten mir die Namen der Schriftsteller anfangs nichts. Obwohl einige Namen eine Bedeutung hatten, vor allem die russischen. Zum Beispiel Gorki, der Bittere. Auf Tschuktschisch klang das so: Tschymijlyn. Ein Mann mit demselben Namen lebte in der Nachbarsiedlung Intschoun. Der aber schrieb keine Bücher, er jagte Walrosse, Wale und Robben.

Dann aber dachte ich darüber nach, was das wohl für Menschen waren, die die Zaubergabe hatten, auf ein weißes Blatt Papier eine wundervolle neue Welt zu malen, die voller Laute war, voller Farben und sogar voll von lebendigen Gerüchen, Leidenschaften, Freuden, Qualen, die ich beim Lesen durchlebte, so als würde das alles mit mir geschehen.

Dieser Lesehunger verschlang fast meine gesamte Freizeit. Ich begann mich vor meinen häuslichen Pflichten zu drücken. Anstatt die Hunde zu füttern oder Treibholz am Strand und Wurzeln auf den Hügeln für das Feuer zu sammeln, aus unserem Bach Wasser zu holen und die Hausaufgaben rechtzeitig zu erledigen, ging ich zu meinem Versteck und versank, kaum hatte ich die erste Seite aufgeschlagen, in der anderen Welt, in der nicht auf dem Meer gejagt wurde, keine

Hunde gefüttert werden mussten und in der man wundervolles Essen bekam, schöne Kleidung trug, andere Lieder sang.

Den Büchern zuliebe ertrug ich geduldig die Schläge meines Stiefvaters, die kränkenden Worte meiner Mutter, die verächtlichen Ermahnungen der Lehrer wegen fehlender Hausaufgaben.

Manchmal stellte ich mir vor, plötzlich unzählige Bücher vor mir zu haben, das wäre für mich das höchste Glück gewesen.

Dann kam die Zeit, wo ich mich für die Verfasser interessierte. Anfangs war ich fest davon überzeugt, dass alle Schriftsteller zu einer ausgestorbenen Gattung Mensch gehörten. Eine gewisse Zeit in der Geschichte hatte es eine Gruppe von Menschen gegeben, die mit der Gabe ausgestattet war, erregende Werke zu schaffen, ganze Welten und Kontinente, in die man sich vertiefen konnte, dazu musste man nur die Buchstaben lesen können.

Mit einem gewissen Misstrauen fasste ich die Nachricht auf, dass viele Schriftsteller noch am Leben waren und immer neue Bücher schrieben. Meine Einbildungskraft reichte nicht aus, um mir wenigstens annähernd die Gestalt eines Romanschöpfers vorzustellen. Aber dass er sich von normalen Menschen unterschied, daran zweifelte ich nicht im Geringsten. Mal stellte ich ihn mir als Schamanen vor, mal als seltsamen Tangitan mit leuchtenden blauen Augen, so ähnlich wie der Kapitän des großen Eisbrechers Josif Stalin, der eine Uniform aus dickem Tuch mit goldenen Applikationen auf Schultern und Ärmeln trug, mit einer Schirmmütze und einer Kokarde, die an eine kleine Krabbe erinnerte.

In einem Buch, vielleicht war es die Chrestomatie für Literatur, entdeckte ich endlich Porträts sowohl gestorbener als auch lebender Schriftsteller. Mich verblüffte ihr normales Aussehen. Nur Alexander Puschkin, der ungewöhnliche Kleider trug und einen Backenbart hatte, fand ich toll. Mein Interesse galt vor allem seinen Gedichten, ein neues Genre der Wortkunst, das sich mir von ganz unerwarteter Seite eröffnete. Ich verliebte mich in diese Gedichte, und es gab eine

Zeit, da ich sie sogar Prosawerken vorzog. Ungewöhnliche Bilder, leuchtende Worte und vor allem die Musik gefielen mir so sehr, dass ich mich wunderte, warum nicht alle Schriftsteller Gedichte schrieben: Sie waren doch so schön!

Lange Zeit war ich überzeugt, dass jedermann Held in einem literarischen Werk werden könnte, nur nicht meine Landsleute. Aber dass ich es einmal sein werde, der Bücher über die Tschuktschen schreibt, daran dachte ich nicht einmal im Traum.

Bis heute verehre ich das gedruckte Wort, das Buch. Für mich gibt es keine schlechten Bücher, obwohl sie wahrscheinlich sehr zahlreich sind. Aber ich finde nicht einmal den Mut, aus meiner bis ins Unendliche angewachsenen Bibliothek eine vergilbte Broschüre wegzuwerfen, die ich nie im Leben wieder brauchen werde.

Jedes Buch ist bis heute für mich ein Wunder.

Колхоз

kolchotsch

Kolchos

Dieses Wort kannte jeder in Uëlen, auch wenn er kein zweites russisches Wort beherrschte. Es war in unsere Muttersprache eingegangen und hatte viele Bedeutungen. Vor allem bezeichnete es die Organisation, die alle Bewohner der Siedlung vereinigte. Soweit ich mich erinnere, gab es keinen einzigen Nachbarn, der nicht im Kolchos organisiert war. Wer arbeiten konnte, war »Kolchosmitglied«.

Die Kollektivierung in den Meeressiedlungen von Tschukotka war lange nicht so dramatisch wie in den Rentiergebieten der Tundra und an allen übrigen Orten der Sowjetunion. Die Kolchosen am Meer wurden buchstäblich innerhalb einer Stunde gegründet, während die Kollektivierung der Rentierzüchter fast bis zum Beginn der Fünfzigerjahre des vergangenen Jahrhunderts dauerte. Für die Meeresjäger war die gemeinsame Arbeit seit alters her selbstverständlich. Einen Wal fängt man nicht allein, nicht einmal ein Walross. Die Jagd auf Meeresriesen verlangt die vereinte Kraft vieler Menschen. Um mit einem Lederkajak zu fahren, braucht man eine Mannschaft.

Offenbar fanden sich unter den Organisatoren des neuen Lebens, die zu uns gekommen waren, vernünftige Menschen, die beschlossen, dass man das Rad nicht neu erfinden müsse. Sie benannten die schon bestehenden Kollektive einfach in Brigaden um und erklärten die Siedlung zum Kolchos, der alle Bewohner vereinte.

Zu einem kleinen Zwischenfall kam es bei der Wahl des Kolchosvorsitzenden. Nach der herkömmlichen Regel der Bolschewiki musste das ein Vertreter des Proletariats sein, der ärmsten Schicht der Bevölkerung. In Uëlen erfüllten diese Forderung nur wenige Menschen – entwurzelte Faulenzer, Bettler und Säufer. Sie waren nicht nur die ärmsten, sondern auch die am meisten verachteten Mitglieder der Gesellschaft. Die anderen Uëlener weigerten sich nicht nur, den Vorsitz zu übernehmen, sondern lehnten kategorisch ab, eine Macht anzuerkennen, die über ihnen stand. Es wurde ein Kompromiss gefunden: Zum Vorsitzenden des Kolchos wurde eine farblose Person gewählt, die keinerlei Autorität besaß. Manchmal stellte man an die Spitze der Kollektivwirtschaft einen Fremden, der nicht aus dem Ort kam. Das war meist ein kleiner tschuktschischer Beamter, der sich etwas zuschulden hatte kommen lassen oder der das tangitanische Behördenleben nicht ausgehalten hatte. So wurde mein Stiefvater, der einige Jahre als Instrukteur des Gebietskomitees gearbeitet und dort mit dem Trinken angefangen hatte und auf seine Landsleute herabschaute, zum Vorsitzenden des Uëlener Kolchos gewählt. Von dort geriet er wegen Veruntreuung gesellschaftlichen Eigentums auf direktem Weg ins Gefängnis.

Im Winter jagte jeder auf eigene Faust. Nach dem Kolchosstatut hätte jeder zehn Prozent der Beute für die gemeinsame Fleischgrube abgeben müssen, aber es hielt sich kaum jemand an diese Regel. Das Kolchosleben begann erst im Frühling, wenn die Walross- und Waljagd anfing.

Höhepunkte des Kolchoslebens waren die Versammlungen, die sich durch erstaunlich unsinnige bürokratische Rituale auszeichneten. Für jede Versammlung musste ein Vorsitzender und Sekretär gewählt werden – alle mussten die Hand heben. Menschen, die im normalen Leben wortkarg und zurückhaltend waren, offenbarten auf den Kolchosversammlungen plötzlich rednerische Qualitäten, die man nie vermutet hätte. Sie wurden zu scharfen Kritikern, vor allem wenn vor der Versammlung ein Gläschen verdünnter Spiritus ausgeschenkt worden war. Kritisiert wurde in der Hauptsache das Vorgehen der Gebietsverwaltung. Höhere Mächte lagen außerhalb der Erreichbarkeit. Im Zentrum aber stand das Beschließen sozialistischer Verpflichtungen, einfacher gesagt: Die Mitglieder mussten versprechen, soundso viel Wale, Walrosse, Robben zu erlegen. Solche Versprechungen galten in der tschuktschischen Gesellschaft jedoch als lästerliche Angeberei, wusste doch jeder, dass alles vom Jagdglück abhing, das letztlich immer in der Hand der Meeresgeister lag.

Der Kolchos widersprach also im Wesentlichen nicht den alten Bräuchen der gemeinsamen Arbeit. Die Verwaltung drückte beide Augen zu, wenn sie erfuhr, dass die Brigadiere, also die Leiter, so wie es seit Jahrhunderten üblich war, die Besitzer der Kajaks und der Harpunengeschosse waren. Wenn die Beute zerteilt wurde, wurde als Erstes der »Besitzeranteil« herausgelöst, der sich in Größe und Qualität von den anderen Stücken unterschied. Danach wurde das Zehntel für den Kolchos abgezweigt, und der Rest wurde unter den Jägern aufgeteilt. Soweit ich mich erinnere, achteten die Jäger dabei streng auf Gerechtigkeit. So wurde zum Beispiel das Recht auf die Walrosshaut, die zum Decken der Jaranga, für Riemen und zum Bau der Kajaks verwendet wurde, von einem Brigademitglied an das nächste weitergegeben, sodass am Ende jeder in den Genuss kam. Das Gleiche geschah mit dem Walrosskopf und den Stoßzähnen aus Elfenbein.

In unserem Volk fanden sich sogar Menschen, die die Kolchosordnung begeistert begrüßten und verteidigten. Heute würde man sie als die besonders dynamischen bezeichnen. Sie nahmen für gewöhnlich die für die Nationalitäten reservierten Quotenplätze in den Staats- und Parteiorganen ein und standen mit Stolz im Rampenlicht. Ihre Reden auf Versammlungen waren besonders leidenschaftlich, und sie konnten sogar aus dem wichtigsten Buch für den sowjetischen Kommunisten zitieren, aus der *Geschichte der KPdSU (B)*. Gerade wegen ihres Eifers gerieten sie aber häufig in, gelinde gesagt, unangenehme Situationen.

In der Siedlung Unasik trat als Erster ein junger Bursche in die Partei ein, ein erfolgreicher Jäger, der Eskimo Aschkamakin. Er ahmte die Kommunisten nach, die zu uns gekommen waren, und nahm, wie damals üblich, einen russischen Namen an. Er hieß nun Iwan Iwanowitsch Aschkamakin. Die Macht stellte ihn allen als gutes Beispiel hin. Er war der Erste in Unasik, der mit Gabel und Löffel essen konnte, sich täglich wusch und mutig in die heiße Banja auf der Polarstation ging. Er erlernte das Akkordeonspiel und warf sein von den Ahnen geerbtes Tamburin ins Feuer und die alten Idole, die alten Götter hinterher.

Eines Tages fuhr er zu seinen Verwandten zu Besuch, die in Siwukak lebten, auf der amerikanischen Sankt-Lorenz-Insel. Die gesamte Bevölkerung dieser großen Insel stammte vom asiatischen Festland ab, genauer von Unasik. Viele Bewohner von Unasik hatten dort Brüder und Schwestern, Neffen, nahe und ferne Verwandte, und sie sprachen dieselbe Sprache. Seit Urzeiten erkannten die Bewohner beider Ufer des Irwytgyr, der Beringstraße, keinerlei Staatsgrenzen an. Bis zum Beginn des kalten Krieges zwischen den USA und der UdSSR existierte sogar eine Vereinbarung über den freien Kontakt der Bevölkerung im Gebiet der Beringstraße.

Dieses Mal war Aschkamakin ziemlich lange zu Besuch bei seinen amerikanischen Verwandten gewesen und kehrte fröhlich und zufrieden von der Insel zurück. Er teilte seinen Landsleuten nicht mit, warum er so guter Laune war, sondern machte sich gleich auf den Weg ins Gebietszentrum. »Ich habe einen neuen Kolchos gegründet!«, rief er noch auf der Schwelle dem Parteisekretär zu.

»Prachtkerl!«, lobte der Sekretär den jungen Aktivisten.

»Jetzt hängt alles von dem Verantwortlichen ab!«, bemerkte Aschkamakin besorgt. »Wir müssen einen guten Vorsitzenden finden.«

»Wo liegt denn dieser neue Kolchos?«, wollte der hohe Parteifunktionär wissen.

»In Siwukak.«

»Ist das weit von uns entfernt?«

»Ganz in der Nähe. Auf der Sankt-Lorenz-Insel«, entgegnete Aschkamakin.

»Wo? Wo?« Der Sekretär sprang sogar von seinem Platz auf.

»In Siwukak, auf der Sankt-Lorenz-Insel«, wiederholte Aschkamakin. »Die Bewohner dort sind allesamt mit uns verwandt. Sie wollen sehr gern in den Kolchos eintreten. Auf der Versammlung wurde einstimmig darüber abgestimmt.«

Der Sekretär ging schweigend zur Wand, schob den Vorhang beiseite, der vor der Geheimkarte hing, und deutete mit dem Finger auf die Insel. »Siehst du, wo die Insel liegt?«

»Ich sehe es. Auf der Karte ist sie klein, aber in Wirklichkeit ist sie groß.«

»Weißt du, wem dieses Gebiet gehört, du Dussel von Eskimo!« Dem Sekretär riss der Geduldsfaden. »Diese Insel gehört zu den Vereinigten Staaten von Amerika! Du hast also einen Kolchos auf amerikanischem Territorium gegründet! Weißt du, wonach das riecht?«

»Nein, das weiß ich nicht«, brummte Aschkamakin verwirrt. Er verstand den Zorn des hohen Parteifunktionärs nicht.

»Das riecht nach einem großen internationalen Skandal!«, sagte der Sekretär mit gesenkter Stimme. »Halte bloß deine Zunge im Zaum und erzähle niemandem, was du in Amerika angerichtet hast! Geh jetzt!«

Aschkamakin konnte wie jeder wahre Kommunist das Geheimnis für sich behalten. Und viele Jahre wusste keiner vom ersten und letzten amerikanischen Kolchos. Doch dann drang dieses Geheimnis, wie übrigens alle Geheimnisse, an die Öffentlichkeit.

Den Organisator des ersten amerikanischen Kolchos, den ersten Kommunisten von Unasik, Iwan Iwanowitsch Aschkamakin, sah ich zum letzten Mal in der Prowidenije-Bucht Mitte der Siebzigerjahre des vergangenen Jahrhunderts.

Er arbeitete als Garderobier im Gebietskomitee der Partei.

КОРАБЛИ

ytwyt

SCHIFFE

In der Kindheit war mein Lieblingsplatz am Meeresufer. Beim durchdringenden Geschrei der Meeresvögel saß ich in einer alten löchrigen Schaluppe und las. Wenn ich meinen Blick von der Buchseite losriss, entdeckte ich am Horizont häufig die Silhouette eines Schiffes. Manchmal fuhren sogar mehrere Schiffe hintereinander im Kielwasser eines mächtigen Eisbrechers. Einige ankerten auch auf der Reede vor unserer lang gestreckten Kiesellandzunge. Das waren die sogenannten »Versorger«, die Lebensmittel, Baumaterial, riesige Mengen schwarzer Kohle, Fässer mit Treibstoff brachten. Mit diesen Schiffen kamen auch neue Menschen nach Uëlen – Angestellte der Handelsbasis, Polarforscher, Grenzsoldaten, Lehrer ... Und die, deren Vertragszeit endete – meist waren es drei Jahre –, fuhren mit diesen Schiffen wieder weg.

Die Nachricht von der Ankunft eines Dampfers brachte für gewöhnlich ein spezieller Beobachter, der in einer kleinen Erdkuhle auf dem Kap Eppyn saß, von wo aus man das Meer wie auf dem Handteller ausgebreitet sah. Ausgerüstet mit einem starken Zeiss-Fernglas, das noch aus der Zeit des Handels mit den Amerikanern stammte, richtete der Beobachter seinen aufmerksamen Blick vor allem auf das östliche Viertel des Horizonts. Wenn er den Rauch oder die Silhouette eines sich nähernden Schiffes sah, rannte er Hals über Kopf den steilen Felsen herunter und schrie laut: »Ein Schiff kommt!«

Meine Freude war am größten, wenn ich das Schiff morgens entdeckte. Du trittst beim Morgengrauen aus der Jaranga, wirfst einen Blick aufs Meer und siehst plötzlich auf der gestern noch völlig leeren Wasseroberfläche ein Schiff, das vor Anker liegt. Das Herz hüpft vor Freude!

Aber am meisten faszinierten mich die am Horizont vorbeifahrenden Schiffe. Sie waren für mich die wundersamen, unerreichbaren Splitter einer anderen Welt, verschwommene Lebenszeichen ferner Länder. Diese vorbeifahrenden Schiffe waren die schönsten. Deshalb habe ich meine Novelle, in deren Verfilmung ich selbst mitspielte, *Die schönsten Schiffe* genannt.

Als ich Uëlen im Juni 1946 Richtung Leningrad verließ, begann die lange Reise mit einem Lederkajak. Der raue Frühling, der sich ungewöhnlich lang hinzog, hielt das Eis am Ufer fest. Ich musste über hochkant stehende Eisschollen steigen, über Brucheis, Packeis, über Spalten springen und Wasserlöcher umgehen. Einen Motor hatte das Kajak nicht, aber das kleine Lederboot flog unter der steifen Brise blitzschnell dahin.

Auf der ersten Zwischenstation, in Nuukan, blieb ich fast anderthalb Monate, jagte Walrosse, sammelte, auf einem Sitzriemen über dem Meer schwebend, Eier von den übers Wasser hängenden Felsenvorsprüngen, und der ätzende Kot der aufgeregten Kormorane fiel rücksichtslos auf mich nieder. Kein einziges Schiff fuhr in dieser Zeit nach Süden, ich dachte schon, ich müsste für immer in dieser gastfreundlichen Siedlung bleiben, deren Behausungen in die Felsen hineingewachsen waren. Ich kam sogar auf die Idee zu heiraten. Allerdings war das Mädchen, das mir gefiel, die Frau des Komsomolsekretärs, und sie hatte bereits ein Kind.

Mit dem nächsten Abschnitt meines Wegs nach Leningrad begann nun die richtige Schiffsreise, auf einer hölzernen Schaluppe, die in die Sankt-Lorenz-Bucht unterwegs war. Beim Abschied stand die Frau meiner Träume, Atuk, mit dem Kind auf dem Arm am Ufer. Das

Herz zog sich mir zusammen: Wahrscheinlich war sie meine erste ernsthafte Liebe.

Mein nächstes Schiff hieß Michail Wodopjanow und war ein kräftiger Schleppdampfer, gar nicht für den Transport von Passagieren gedacht. Den gesamten Weg verbrachte ich an Deck unter offenem Himmel – im Innern gab es Platz nur für die Mannschaft. Das Schiff kam früh am Morgen im Hafen der Prowidenije-Bucht an. Zum ersten Mal im Leben sah ich einen so schönen Fjord, der in die steilen Felsen geschnitten war. Auf dem glatten ruhigen Wasser standen genau die Schiffe, die ich seit Jahren an Uëlen hatte vorbeifahren sehen und bei deren Anblick sich mir das Herz vor Sehnsucht zusammenzog. Unter ihnen stach als Erstes der riesenhafte und doch schöne Körper des Eisbrechers Krassin hervor, der durch seine legendäre Fahrt auf dem Eismeer berühmt geworden war. Die Krassin hatte 1928 die Überlebenden der Nobile-Nordpol-Expedition gerettet.

Ich wollte auf einem dieser vielen Schiffe einen Platz bekommen und unverzüglich weiterfahren – nach Wladiwostok, um dort die Eisenbahn nach Leningrad zu besteigen. Aber alle Schiffe fuhren nach Norden. Durch die Beringstraße fuhren sie über die Nordpassage dann nach Westen und luden sogar im kleinsten Nomadenlager am Meer ihre Waren ab.

Durch die steilen Straßen der Hafensiedlung Prowidenije spazierten Matrosen und flirteten mit jungen Frauen, die als Freiwillige in den Fernen Osten angeworben worden waren und nun als Lastenträgerinnen am Eismeer arbeiteten. Das Aussehen der tangitanischen Seeleute enttäuschte mich ein wenig: Die meisten trugen schmutzige Matrosenuniformen und hatten zweifellos zu viel Spiritus getrunken, den es im Laden in Eisenfässern frei zu kaufen gab.

Um nicht nutzlos in der Hafensiedlung herumzuhängen, suchte ich mir auf dem hydrografischen Schiff Tempo als Deckmatrose Arbeit. Die Tempo war ein sympathischer kleiner Dampfer. Die winzige Mannschaft überprüfte die Leuchttürme in der Region und brachte

Waren zu den Polarstationen. Die Arbeit gefiel mir, und ich dachte sogar daran, für längere Zeit in der Prowidenije-Bucht zu bleiben, zumal der kurze Polarsommer seinem Ende entgegenging.

Da erfuhr ich, dass bald einer der großen, in den USA gebauten Liberty-Frachter nach Anadyr fahren würde, ins Verwaltungszentrum von Tschukotka. Ich rechnete sofort mit der hydrografischen Station ab und stieg auf den großen Eisendampfer um, die Petropawlowsk. Zum ersten Mal im Leben befand ich mich auf einem richtigen großen Ozeandampfer.

Zwei Jahre verbrachte ich in Anadyr, bis ich auf dem nächsten großen Schiff, der Saint Jores, nach Wladiwostok aufbrach. Das war am 4. August 1948. Die Saint Jores war meine letzte Schiffsstation. Nie wieder habe ich schönere Schiffe erlebt als jene, auf denen ich den langen Weg von meiner Jaranga in Uëlen zur Leningrader Universität zurücklegte.

Коррупция

Korruption

Dieses Wort gibt es in der tschuktschischen Sprache bis heute nicht. Jemanden zu kaufen, mit Geschenken zu bestechen, damit er einem gewogen war – undenkbar! Vielleicht ist das damit zu erklären, dass die Luorawetlan keine höhere Macht über sich hatten und von keinem Menschen abhingen, ob sie nun Eigentümer eines Kajaks oder einer Schaluppe waren, Besitzer einer tausendköpfigen Rentierherde oder ein Habenichts, durch dessen löchrige Jaranga alle Winde wehten.

Geschenke allerdings wurden gemacht. Aber das waren eben Geschenke und keine Bezahlung für irgendwelche Gefälligkeiten. Nicht einmal die Belohnung, die man dem Schamanen gab, galt als dessen Eigentum, sondern war eine Gabe an den guten Geist, der eine Krankheit oder ein anderes Unheil abgewendet hatte. Der Schamane war nur der Bote, das Bindeglied.

Sogar zu sowjetischen Zeiten blieb uns der Begriff Korruption dunkel und rätselhaft. Dieses Laster tauchte erst in den Jahren der Perestroika auf, in der heutigen Zeit hat es eine sagenhafte Blüte erreicht. Schmiergelder und Geschenke nehmen heute sogar Minister! Alles ist käuflich geworden, alles dreht sich ums Geld. Seit ich Auto fahre, habe ich kein einziges Mal Strafe gezahlt, sondern meine Verkehrssünden mithilfe eines Geldscheins, der augenblicklich in der Uniformtasche des Milizionärs verschwand, ungeschehen gemacht.

Mir selbst wurde noch nie Bestechungsgeld angeboten. Wofür auch? Ich habe nie einen leitenden Posten innegehabt, war nicht für die Verteilung irgendwelcher Güter zuständig und nie verantwortlich für irgendeine Geldkasse.

Heute zucken wir nicht mehr mit der Wimper, wenn wir dem Arzt, dem Klempner, dem Elektriker und Automechaniker »danken«. Aber ich erinnere mich lebhaft an einen Fall, für den ich mich bis heute schäme.

Mein erstes Schmiergeld habe ich vor fast einem halben Jahrhundert dem Leiter des Haushaltsladens in der Siedlung Rostschino bei Leningrad gegeben. Unsere Datschavermieterin erzählte meiner Frau hinter vorgehaltener Hand, dass das Geschäft zwei Kühlschränke der Marke SIL bekommen hätte. Einen davon könnten wir kriegen, wenn wir dem Verkaufsstellenleiter mit einer entsprechenden Summe »dankten«. Ein Kühlschrank war zu dieser Zeit fast ein Luxusgegenstand, ganz abgesehen von dem großen Nutzen, den er brachte, vor allem unserer Familie, in der drei kleine Kinder aufwuchsen.

Bei mir war gerade mein Kommilitone aus der Universität zu Besuch, der Kamtschadale Senja Danilow, ein sehr praktischer und findiger Mann und großer Liebhaber des Alkohols. Wir gingen zusammen in den Laden, trafen uns mit dem Leiter, zahlten das Geld für den Kühlschrank, und Senja schaffte es noch, dem Leiter ins Ohr zu flüstern: »Wir kommen später noch einmal vorbei!« Der Leiter nickte verständnisvoll, half uns mit einem Auto, und wir transportierten feierlich das große weiße Wunder zu unserer Datscha. Wir stellten den Kühlschrank auf, schlossen ihn an, und das Aggregat begann freundlich und gutmütig zu brummen. Senja kam ins Träumen: Jetzt werden wir kühles Bier trinken, und auch Wodka verträgt man im kalten Zustand besser. Allerdings sei gesagt, dass mein Freund keinerlei Schwierigkeiten hatte, jedes beliebige alkoholische Getränk in jeder beliebigen Temperatur hinunterzuschlucken. Aber seine Worte ließen den Spezialisten erkennen.

Meine Frau legte zweihundert Rubel in einen Umschlag, zehn Scheine, das war der zehnte Teil des staatlichen Einheitsverkaufspreises für den Kühlschrank. Den Umschlag sollten wir dem Verkaufsstellenleiter in die Hand drücken.

Auf dem Weg fingen mein Freund und ich an zu streiten, wer den Umschlag übergeben solle. »So was ist eigentlich Bestechung«, sagte Senja. »Eine ungesetzliche Handlung. Eine unmoralische sogar.«

»Was sollen wir machen?«, sagte ich verlegen. »Das Geld müssen wir so oder so abgeben.«

»Stimmt, das Geld müssen wir abgeben«, seufzte mein Freund wehmütig. »Im nüchternen Zustand ist das nicht zu ertragen.«

Ich verstand den Wink mit dem Zaunpfahl und sagte: »Wir haben aber kein Geld für Alkohol.«

»Wir nehmen was aus dem Umschlag!«, schlug Senja vor. »Der Mann wird doch nicht in unserem Beisein die Scheine zählen. Weißt du denn genau, wie viel wir ihm geben müssen?«

Die genaue Summe wusste ich nicht.

»Es ist nicht so schlimm, wenn der Kerl einen Zwanziger weniger bekommt«, sagte mein Freund im Brustton der Überzeugung.

Wir gingen ins Bahnhofsbüfett, bestellten Wodka und Bier. Als wir alles ausgetrunken hatten und Brot mit Sprotten nachgegessen hatten, schlug Senja vor: »Lass uns noch ein bisschen an der frischen Luft sitzen. Wir können doch nicht in diesem Zustand den Umschlag übergeben.«

Wir wählten ein abgelegenes Plätzchen auf einer Bank unter einem Radiolautsprecher, hörten uns die neuesten Nachrichten an, dann ein Wunschkonzert für die Matrosen der Pazifikflotte, und da sagte Senja plötzlich mürrisch: »Ich bin völlig nüchtern ... Vielleicht gehst du allein hin?«

Aber ich wollte den Umschlag mit dem Geld nicht allein übergeben.

»Dann müssen wir noch einen trinken«, schlug Senja geschäftig vor. »Das Gewissen mit Bier zugießen.«

Dem Bier fügten wir noch etwas Wodka hinzu, doch nach Ansicht meines Freundes war unsere Kondition nicht so, wie sie der Ernsthaftigkeit der Sache entsprach. »Wir haben zu viel getrunken«, sagte er niedergeschlagen.

Wieder mussten wir uns auf die Bank setzen, diesmal hörten wir aus dem Radiolautsprecher einen Vortrag über die erfolgreiche Erfüllung des Siebenjahresplans in der usbekischen Baumwollindustrie. Nach dem Vortrag folgte ein Konzert mit usbekischer Musik. Senja tanzte sogar und sang ausgelassen mit. Wahrscheinlich wollte er damit zeigen, dass wir die angemessene Pietät für unseren bedeutsamen Gang nicht aufzubringen imstande waren.

Die Sonne stand bereits im Zenit, es wurde heiß, und wir waren so erschöpft, dass wir nicht einmal merkten, wie wir, aneinandergelehnt, einschliefen.

Als wir aufwachten, fühlten wir uns stocknüchtern. Seele und Verstand waren glasklar. Natürlich erlaubte es das Gewissen in so reinem Zustand weder mir noch ihm, eine ungesetzliche und unmoralische Handlung zu begehen. Also mussten wir wieder zum Bahnhofsbüfett. Wir konnten und konnten die goldene Mitte nicht finden, die einerseits das Gewissen betäubt und andererseits uns genug Mut verliehen hätte, das Schmiergeld abzugeben.

Gegen Abend fiel uns auf, dass im Umschlag nur noch ein Schein übrig war. Jetzt warteten wir nicht mehr die nötige Kondition für die Übergabe des Schmiergeldes ab, sondern gingen schnurstracks in den Laden, um uns endlich der unangenehmen Pflicht zu entledigen.

Wir übergaben den Umschlag, und der Verkaufsstellenleiter nahm ihn an, steckte ihn schnell in die Tasche und lachte uns zum Abschied sogar noch freundlich und dankbar zu.

Nie wieder in meinem langen Leben habe ich irgendwem Schmiergeld gegeben. Für dieses erste schäme ich mich bis heute.

Культбаза

kulpatsch

KULTURBASIS

Die Idee zur Einrichtung von Kulturbasen im fernen Norden wurde gleich zu Beginn der Sowjetmacht im Komitee für die Belange des Nordens geboren. Mithilfe dieser Vorposten hoffte man, das neue Leben und die neue Ideologie auf dem gesamten riesigen Gebiet des Nordens zu verbreiten. Eine Kulturbasis musste ein modernes Krankenhaus haben, eine Internatsschule, ein Geschäft mit einem breiten Warenangebot, eine Ankaufstelle für lokale Produkte, ein Felllager, eine Mechanikerwerkstatt, einen Wetterdienst, eine Rundfunkstation, transportable Filmprojektoren, Kurse zur Liquidierung des Analphabetentums für erwachsene Ureinwohner, einen tierärztlichen Dienst mit weitgefächertem Profil, eine Bäckerei, eine Banja, eine Wäscherei, eine Druckerei für die Herausgabe einer Zeitung und sogar einen Zwinger für die Zucht reinrassiger Schlittenhunde. Wie man sieht, waren die Ziele durchaus edel. Vor allem auf dem Gebiet der Medizin und Bildung.

Die erste Kulturbasis auf Tschukotka wurde Anfang der Dreißigerjahre auf dem morastigen Tundraufer des Meerbusens Kytryn erbaut, oder, wie der Busen russisch hieß, in der Sankt-Lorenz-Bucht, die allerdings in der sowjetischen Umgangssprache einfach nur Lawrenti hieß. Am Ufer wurde Baumaterial für ein Dutzend Holzhäuser abgeladen. Auf dem Kieselstrand wuchs ein hoher, schwarzer Steinkohleberg. Da geplant war, die Siedlung auf der grünen Tundra-Ebene, hinter einem seichten Flüsschen, aufzubauen, legte man vom Meeresufer Schienen für eine Schmalspurbahn dorthin.

Doch hatten die Neuankömmlinge einen Umstand nicht bedacht. Obwohl es auf Tschukotka kein Eigentum an Boden gab, galt die Regel, dass das gesamte Land vom Kap Kytrytkyn bis tief in die Tundra hinein und um die Bucht herum der vielköpfigen Familie von Pakaika zur Verfügung stand, deren einsame Jaranga sich direkt am Wasser erhob. Außer Pakaika wagte es niemand, sich hier anzusiedeln. Die nächsten Orte – Akkani und Nunjamo – lagen sehr weit entfernt. Es ging das Gerücht, dass Pakaika von Zeit zu Zeit durchfahrende Handelskarawanen überfiel, vor allem, wenn sie tangitanische Waren mit sich führten. Die eigenen Leute rührte Pakaika nicht an, aber die Reisenden versuchten immer, einen möglichst großen Bogen um die einsame Jaranga zu machen.

Später ergab es sich, dass ich mich mit einigen Mitgliedern von Pakaikas Familie anfreundete – mit seiner Tochter Majunna und seinem Sohn Roltyn, dann mit dem Enkelsohn Nikolai Makotrik, der in den Siebzigerjahren sogar den Posten des Sekretärs des Gebietskomitees der Partei innehatte. Doch zu dieser Zeit existierte Pakaikas Jaranga nicht mehr. Auf dem Kieselufer hinter den Flughafengebäuden konnte man keine Spur mehr von ihr finden.

Anfangs fürchteten die Bauleute der Kulturbasis Pakaikas Nachbarschaft. Von den Tschuktschen aus der Umgebung hatten sie eine Menge über den unverträglichen Charakter des Einsiedlers gehört. Doch Pakaika verhielt sich durchaus friedlich zu seinen neuen Nachbarn, und es schien, als ob er sich sogar über sie freute.

Die Kulturbasis wurde in einer Rekordzeit aufgebaut. Im folgenden Jahr rauchten bereits die Schornsteine der neuen Holzhäuser, und das Personal übernahm seine Pflichten. Die Lehrer gingen in die Tundra und die Nomadenlager am Meer, um die ersten Schüler zu holen, und die Ärzte und Krankenschwestern schauten nach den ersten

Patienten. Sie fuhren alle zusammen auf mehreren Hundeschlitten, als einheitliche Karawane, gemeinsam mit den Händlern, die einen Warenvorrat mit sich führten. Die Luorawetlan tauschten sehr gern Pelzwerk gegen Tee, Tabak, Zucker, Mehl, Stoff für Männer- und Frauenkamlejkas, Nähnadeln ... Zu Missstimmung führte einzig, dass im Angebot der Händler kein Alkohol war. Es ging das Gerücht, der Arzt hätte Spiritus. Als er aber erklärte, diese Flüssigkeit sei nur für die äußere Anwendung gedacht, wurde er ausgelacht.

Die sowjetischen Schriftsteller, die über die Tätigkeit dieser Kulturbasen schrieben, berichteten, dass die Schamanen und andere einheimische Dunkelmänner heftigen Widerstand gegen alles Neue und Fortschrittliche geleistet hätten, das die Kulturbasen in die arktische Tundra gebracht hätten. Natürlich gab es auch Widerstand, doch richtige Feindschaft konnte man nicht beobachten. Die Tschuktschen gaben ihre Kinder gern in die Internatsschulen, zumal die tschuktschische Muttersprache damals noch nicht verboten war, und auch mit den Gewohnheiten und Bräuchen der Bevölkerung gingen die ersten Bolschewiki achtungsvoll um.

Davon zeugt ein Dokument aus dem Archiv des seinerzeit bekannten Schriftstellers Tichon Sjomuschkin, der einige Jahre als Lehrer auf der Kulturbasis in der Sankt-Lorenz-Bucht gearbeitet hat. Es handelt sich um das Protokoll einer Versammlung des Sowjets, auf der die Bitte der Bewohner des Nomadenlagers Akkani diskutiert wurde: Es möge der Familie einer todkranken alten Frau erlaubt werden, dass der nächste Verwandte sie nach altem Brauch und auf ihren eigenen Wunsch mit den Händen erwürgt. Im Protokoll steht wörtlich: »Das Erwürgen erlauben«.

Mit der Zeit verloren die Kulturbasen an Bedeutung. Fast in allen Dörfern und sogar in den Nomadenlagern der Rentierzüchter wurden Schulen, Krankenstationen und Ambulatorien eröffnet. 1942 wurde die Kulturbasis auf Tschukotka abgeschafft, in die Gebäude in der Sankt-Lorenz-Bucht zogen die Bezirksbüros von Partei und Sowjet ein, die davor in Uëlen untergebracht waren. Aber noch heute nennen einige alte Bewohner aus Gewohnheit diese Siedlung, die jetzt das offizielle Zentrum des Gebietes Tschukotka ist, Kulpatsch – Kulturbasis.

Кухлянка

iryn

Kuchljanka

Neben der Tranlampe lag besinnungslos mein Stiefvater. Er war bereits seit einigen Wochen krank und trotz der Bemühungen der jungen russischen Ärztin nicht zu Bewusstsein gekommen. Meine verzweifelte Mutter rief schließlich die Schamanin Peep. Es hieß, wenn man zu einem Kranken den Schamanen holt, ist alle Hoffnung verloren. Das sagten jedenfalls unsere russischen Lehrer.

Die Tranlampe brannte trübe, die Zunge der Flamme erinnerte auf wunderbare Weise an den einzigen Zahn im Mund der alten Schamanin, die bei der spärlichen Beleuchtung irgendetwas in ihrem Fellkherker suchte und dabei raschelte. Schließlich holte sie aus den Tiefen des Kherkers das Schamanenwerkzeug heraus, flüsterte etwas vor sich hin, hustete laut wie ein Mann, was gar nicht zu ihrem schmächtigen Körper passte, und rollte ihre wimpernlosen Schlitzaugen nach allen Seiten.

Ich saß in der Ecke, ich verbarg mich im Dunkel des schwach beleuchteten Fellpologs und beobachtete mit Schrecken und Ehrfurcht die Handlungen der Schamanin.

Aber meine Angst wurde von meinem Interesse für die Kuchljanka verdrängt, mit der der Kranke zugedeckt war. Sie war ganz neu, erst vor Kurzem hatte meine Mutter sie aus dem Fell junger Rene genäht, die im Herbst geschlachtet worden waren. Durch das dichte Fell drang kein Wind, keine Kälte, und sogar die Tropfen des Herbstregens ließen sich mühelos von der braunen Oberfläche abstreifen. Der Kragen aus langhaarigem Vielfraßfell schützte vor kaltem Wind. Mit diesem Fell waren auch die Ärmel und der lange Saum besetzt. Auf die Brust fiel ein viereckiges Stück Eisbärfell, und zur Krönung hingen an der Rückseite drei schmale Bänder aus Rentiersämischleder herab, an die Glasperlen geknüpft waren, eine blaue, eine rote und eine weiße. Als meine Mutter an der Kuchljanka nähte, warf sie mir das Fell mehrmals über, denn ich war schon fast so groß wie ein richtiger Mann. Ich fühlte mich in dieser Kuchljanka sehr wohl und träumte davon, genau so eine zu besitzen! Als mein Stiefvater krank wurde, war der erste Gedanke, der mir durch den Kopf ging und den ich natürlich keinem verriet: Nach seinem Tod bekomme ich die Kuchljanka! Nein, ich wünschte mir nicht, dass mein Stiefvater starb, obwohl er mich häufig schlug. Aber je schlechter sein Zustand wurde, desto stärker wurde meine Hoffnung, und manchmal im Leben obsiegt der Besitzerstolz eben über das Mitgefühl.

Ich sah mich schon in der Kuchljanka die einzige Straße von Uëlen entlanggehen, beginnend mit den Holzhäusern der Polarstation, vorbei an dem von einem Wintersturm zerstörten Windrad. Ich schritt dahin, ohne die Kälte zu spüren, der Wind, der sich in den langen, feinen Haaren des Vielfraßfells fing, konnte mein Gesicht nicht berühren. Ich schaute in den Laden, drängte mich zwischen den Käufern nach vorn, machte einen Bogen um die Knochenschnitzwerkstatt, einen noch größeren um das Lehrerhaus und die Schule, denn dort musste man sich ausziehen und die Hände waschen, ließ den Grenzposten und die Bäckerei hinter mir und stieg aufs zugefrorene Meer hinab, zu den aufgetürmten Eisschollen. In solch einer Kuchljanka könnte ich zu Fuß bis zur benachbarten Eskimosiedlung Naukan laufen. Was heißt bis Naukan! In solch einer Kuchljanka würde ich es bis zur Küste von Alaska schaffen, bis zum Kap Prince of Wales, das man bei gutem Wetter von unserem Uëlener Kap im blauen Dunst liegen sah. Und für eine Winterreise mit dem Hundeschlitten gab es in dieser Kuchljanka überhaupt keine Grenzen! ...

Die Schamanin entdeckte mich im Dunkeln und forderte mich streng auf, den Fellpolog zu verlassen. Im Tschottagin, dem kalten Teil der Jaranga, wo die Hunde zusammengekringelt lagen, saß auf einem Walwirbel meine Mutter, in ihren schönen Augen sah ich Leid und Sorge. Sie fragte mich mit dem Blick: Was passiert im Polog? Aber ich konnte ihr nichts antworten, da ich mich in den Vorbereitungen der Schamanin nicht auskannte. Das Einzige, was ich ihr mit Sicherheit sagen konnte, war, dass es um den Stiefvater sehr schlecht stand und seine Stunden gezählt waren.

Ich fühlte bereits die warme, weite Kuchljanka an meinem Körper, die noch den Geruch des Rentierkots und des Ockers aus der Tundra ausströmte, mit der meine Mutter das Fell gegerbt hatte. Das Fell war noch nicht vom herben Geruch des Männerschweißes durchdrungen. Ich musste nicht mehr lange warten, nur noch ein paar Stunden, im schlimmsten Fall ein oder zwei Tage.

Ich lauschte auf das Stöhnen des Stiefvaters, auf die dumpfen Geräusche hinter dem Fellvorhang und erzitterte, als das Tamburin ertönte und der laute Gesang der Schamanin und ihre Schreie zu hören waren. Der Gesang, der vom Tod kündete, wurde immer lauter und flog schließlich durch den runden Rauchabzug, um dem Menschen, der gerade noch lebendig war, den Weg in den Himmel zu bahnen. Je lauter die Schamanin sang, desto mehr war ich davon überzeugt, dass ich die Kuchljanka bekäme. Um meiner Mutter nicht meine wachsende Freude zu zeigen, ging ich ins Freie und stellte mich hinter die Jaranga, auf die Meeresseite.

Der Bäckerssohn trat zu mir, mein Schulkamerad Petka, und sagte mitfühlend: »Ich habe gehört, dein Stiefvater liegt im Sterben ...«

»Er stirbt«, entgegnete ich hoffnungsvoll. Und fügte sogleich hinzu: »Seine neue Kuchljanka bekomme ich.«

Petka schaute mich an: »Aha ...«

Wir gingen zur Bäckerei. Petka erzählte seinem Vater, dass mein

Stiefvater im Sterben läge, und Onkel Kolja bewirtete uns mit frisch gebackenem Brot und prickelndem Kwass.

»Wenn der Stiefvater stirbt, kriege ich seine neue Kuchljanka«, teilte ich dem Bäcker mit.

»Na klar!«, antwortete laut der Bäcker.

Langsam kehrte ich zu meiner Jaranga zurück. Stille fiel vom Himmel herab, und irgendwo dort oben, unter den blinkenden Sternen, irrte vielleicht schon die Seele des gestorbenen Stiefvaters umher, um ihren Platz zu finden. Es war lautlos in Uëlen, als ob nicht nur mein Stiefvater gestorben wäre, sondern alle Bewohner.

Im kalten Teil der Jaranga lagen wie tot die Hunde, sie gaben keinen Laut von sich. Ich bürstete den Schnee von den Fellstiefeln und kroch in den Polog. Eine zweite Tranlampe brannte, und warmes gelbes Licht erfüllte den Fellpolog. An der hell brennenden Tranlampe saß meine Mutter und fütterte den Stiefvater mit Rentierbrühe.

Am dritten Tag stand mein Stiefvater auf, und einige Tage später spannte er die Hunde vor den Schlitten und fuhr mit dem Hydrologen Borindo zum Kap Deshnjow, um die Eisdicke zu messen. Er trug die neue Kuchljanka, von der ich so geträumt hatte.

ΛУНА

ilgyn

Mond

Da meine Heimat auf den nördlichen Breitengraden liegt und wir fast ein halbes Jahr lang beinahe vierundzwanzig Stunden hellen Polartag haben, zeigt sich der Himmel in seiner ganzen Pracht erst, wenn die ermüdete Sonne ihren Himmelsweg beendet und den Sternen, dem Polarlicht und dem Mond die Beleuchtung der Erde überlässt.

Wenn kein Schneesturm weht und der Himmel klar ist, verleiht der Vollmond allen Dingen ringsum ein festliches Aussehen. Natürlich wird bei den Tschuktschen der Mond, wie alle anderen Erscheinungen der Natur auch, personifiziert. Er ist ein männliches Wesen, der Gegenpart der Sonne, und er wird in einigen Überlieferungen auch Sonne der bösen Geister – der Kele – genannt.

Die längste Zeit verbringt der Mond in der Unterwelt. Sie ist Keles Reich und das der Seelen der Bösewichte, Feinde, Mörder, Diebe, kurz, aller schlechten Wesen, die dort nun ein klägliches Leben fristen.

Bei Halbmond, wenn der Beobachter auf der Oberfläche der Nachtleuchte deutlich die Schatten sieht, gehen auf dem Mond wundersame Dinge vor sich. Die einen Spezialisten behaupten, dass auf der Mondoberfläche lebendige Wesen agieren. Man sieht es genau: Da rennen welche umher und fangen mit einem unsichtbaren Lasso schlechte Menschen und bringen sie in die Unterwelt, in der sie für ihre Sünden qualvolle Strafen erdulden müssen. Andere sehen auf der Mondoberfläche übermütige Jungen oder Jäger, die tote Robben hinter sich herziehen. Bei anderen wiederum lässt die Fantasie recht frivole Bilder erblühen, so zum Beispiel den Beischlaf zwischen Mann und Frau.

Was das regelmäßige Abnehmen des Mondes betrifft und das darauf folgende Zunehmen der nächtlichen Leuchte, so gibt es auch hierfür eine Menge Erklärungen. Am häufigsten wird behauptet, dass Hunde ein Stück vom Mond abbeißen. Und von diesem Mondstück bekämen sie verschiedene wundersame und magische Kräfte, unter anderem die Fähigkeit, sich in andere Tiere zu verwandeln und ihre Sprache zu verstehen. In meiner Novelle *Der Mondhund* habe ich davon erzählt.

In der Periode des intensiven Mondlichts, wenn der Glanz der Nachtleuchte durch den Widerschein auf der Schneeoberfläche verstärkt wird, sollten Kinder nicht für längere Zeit ins Freie gehen. Der Mond, so heißt es, würde die kleinen Menschen beeinflussen, sie könnten für eine gewisse Zeit, manchmal sogar für immer, den Verstand verlieren. Wir hatten solch einen Menschen in Uëlen, er hieß Umly.

Anfangs war er ein ganz normaler Junge. Mit acht Jahren kam er in die Schule und zeichnete sich durch große Auffassungsgabe aus, er lernte ausgezeichnet die tangitanischen Wissenschaften. Eines Tages fuhr er trotz der Warnungen seiner Eltern in einer hellen Mondnacht viele Stunden mit dem Schlitten vom verschneiten Abhang des Heiligen Berges herunter, am nächsten Morgen aber beobachtete man an ihm seltsame Verhaltensweisen. Er verlor jegliche Fähigkeit, Wissen zu erwerben, er hörte auf, seine Sachen in Ordnung zu halten, und konnte kaum mehr sprechen. Umly war kein Tobsüchtiger. Er ging gern am Bach Wasser holen und versorgte fast ganz Uëlen mit dem frischen Nass, stromerte am Meeresufer herum und unterhielt sich mit den Vögeln. In Vollmondnächten aber fiel er plötzlich in den Starrezustand, versteckte sich in einer dunklen Ecke der Jaranga und wartete dort, bis der Mondschein vorüberging. Das Seltsamste aber war, dass er weiterhin die Fähigkeit behielt, Schach zu spielen. Das hatte ihm der Mathematiklehrer beigebracht, Naum Solomonowitsch Dunajewski. Im Sommer konnte man häufig folgendes Bild beobachten: Auf der Sonnenseite des Schulgebäudes saßen auf einem Erdhügel in Nachdenken vertieft der Tangitan Naum und der Uëlener Umly und setzten langsam und vorsichtig die Figuren, wobei sie keinen Laut von sich gaben. Das einzig Auffällige war, dass aus Umlys Mundwinkel Speichel lief und er das nicht bemerkte.

Meist verlor Naum Solomonowitsch, und das ärgerte ihn, ja machte ihn sogar wütend. Manchmal sprach der Lehrer die Vermutung aus, dass Umly gar nicht verrückt sei, sondern sich nur verstellte, und dass sein ungewöhnliches Verhalten nur ein origineller Protest gegen die neue Lebensform sei, die die tangitanischen Bolschewiki eingeführt hatten.

Die Neugier, die der Mond in uns erweckte, wurde dadurch verstärkt, dass es unmöglich war, seine Rückseite zu erblicken. Im Zusammenhang damit gab es viele fantastische Vorstellungen.

An dem Tag, als die sowjetische Raumsonde die Rückseite des Mondes fotografierte und das Foto in vielen Zeitungen und Zeitschriften abgedruckt und weltweit im Fernsehen gezeigt wurde, war ich gerade in Alaska, in einer völlig abgelegenen kleinen Tundrasiedlung. Bei einem Eskimo entdeckte ich ein wundersames Bild an der Wand, das mich an eine Mondlandschaft erinnerte. Als ich meinen Gastgeber fragte, was dort abgebildet sei, antwortete er mir ganz gelassen: »Dieses Bild hat vor langer, langer Zeit mein Großvater gemalt und hat es ›Die Rückseite des Mondes‹ genannt.«

Die Ähnlichkeit dieses Bildes mit den Fotos der sowjetischen Mondsonde war frappierend, sogar mystisch. War vielleicht doch etwas dran an den Spekulationen über die kosmische Abstammung der kleinen arktischen Völker? Angeblich sollen wir von außerirdischen Zivilisationen aus bestimmten, uns unbekannten Gründen auf den Planeten Erde gebracht worden sein.

»Wie hat er das gemacht?«, flüsterte ich mit schlecht verhohlener Verwunderung. »War er etwa dort?«

»Kommen Sie, ich zeige Ihnen die Rückseite des Mondes!«, schlug mein Gastgeber lachend vor. Wir gingen ins Freie, verließen die Siedlung, stiegen auf einen Hügel, vor dem sich eine wundervolle Landschaft ausbreitete. Vor uns lag eine echte Mondlandschaft, mit zugefrorenen Kratern – das waren die kleinen Tundraseen – und Feldsteinen, die leicht mit frisch gefallenem Schnee bedeckt waren.

Lange stand ich auf dem Hügel und betrachtete das Bild, das sich vor mir ausbreitete. Haargenau so sah es aus auf der Rückseite des Mondes.

ΛΕΔ

gilgil, tintin

Eis

Das salzige Eis begleitet den Meeresjäger rund ums Jahr. Dieser wundersame Stoff hat die unterschiedlichsten Erscheinungsformen. Ein Meeresjäger unterscheidet es nach der Schattierung, nach der äußeren Form, nach der Zeit der Bildung und mit dem siebten Sinn sogar nach dem Salzgehalt. Das ist auch nicht verwunderlich, denn ohne diese Kenntnis des Salzeises ist der Jäger auf dem Meer verloren. Auf ihn lauern die unterschiedlichsten Gefahren. Ein Jäger sieht zum Beispiel ein ebenes Eisfeld vor sich, das leicht mit frisch gefallenem Schnee bestäubt ist. Allem Anschein nach kann er beherzt auf die glatte Fläche treten! Aber es stellt sich heraus, dass der Eindruck trügerisch war. Die Eisoberfläche ist sehr dünn, und nicht nur ein Mensch, nein, sogar ein kleiner Kieselstein kann sie zerbrechen. Gleich daneben kann ein Eisfeld sein, das auf den ersten Blick genauso aussieht, aber auf ihm kann der Jäger sich frei bewegen und sogar eine Beute hinter sich herziehen. Und wenn er mit dem Hundeschlitten unterwegs ist, kann er ohne Furcht dahinjagen.

Das Eis kann sich auf die wunderlichste Art und Weise auftürmen und dabei die seltsamsten Gebilde formen – ganze Märchenschlösser mit Höhlen und Brücken, und manchmal kann man einfach nicht glauben, dass diese Pracht von der Natur erschaffen wurde und nicht von den Händen eines Menschen. In der Kindheit haben wir oft in solchen Eisburgen am Ufer gespielt. Die aufgetürmten Eisschollen wurden in unserer Fantasie zu den Ritterburgen, von denen wir in den Romanen Walter Scotts gelesen hatten.

Es kam nicht häufig vor, dass das Salzeis die Uëlener Küste freigab. Und wenn es tatsächlich einmal wegtrieb, dann nicht weit. Es musste nur der Nordwind ein bisschen blasen, und schon zeigte sich am Horizont wieder der weiße Streifen. Aber das war kein geschlossenes Eisfeld, es bestand aus verschieden großen einzelnen Schollen. Auf einigen lagen Walrosse und sonnten sich. Manchmal konnte man in diesem Eisteppich Schollen in leuchtend blauer Farbe entdecken.

Mit dem Winteranfang kam das Eis für lange Zeit ans Ufer, zuerst klein geriebenes Eis, ein richtiger Eisbrei, der Unheil verkündend auf den Wellen schaukelte und ans Ufer geworfen wurde. Auf diese Weise froren bei starkem Frost der Kieselstrand und die Tundra mit dem Meer zusammen. Es bildete sich das sogenannte Küsteneis, ein festes Eisufer, das bis zum Frühling hielt, manchmal sogar bis zur Sommermitte.

Hinter dem festen Packeis kommt mit Unheil verkündendem Grollen das Wintereis, das seine Bewegung nie einstellt. Es ist wie ein mächtiger, unerbittlicher Fluss. An der Grenze zwischen Küsteneis und Packeis jagt meist der Eisbär die Robben. An der Kante des Packeises entstehen zwischen den Eisschollen häufig offene Wasserflächen. Und dort lauern die Eisbären und Jäger auf ihre Beute, die aus dem offenen Wasser auftaucht – Robben und Ringelrobben.

Nur ein einziges Mal habe ich erlebt, dass in Uëlen das Meer mit einer geschlossenen Eisschicht bedeckt war. Vor dem Eintritt des unerwartet starken Frostes war es ruhig und windstill, was überhaupt nicht typisch für diese Jahreszeit ist. Und als der Frost ausbrach, glänzte das Meer bis zum Horizont, und die niedrigen Strahlen der Herbstsonne spiegelten sich in der Glätte. Der Glanz war unerträglich, man musste eine Brille aufsetzen, die vor Sonnenstrahlen schützte. Wer keine Brille hatte, spannte einen Lederstreifen mit einem schmalen Schlitz vor die Augen – die uralte Brille, mit der man sich seit Urzeiten vor den blendenden Strahlen der Herbstsonne rettete. Das Eis war so durchsichtig, dass man weit in die Tiefe sehen konnte, in Ufernähe fast bis zum Grund. Wir Kinder konnten nach Herzenslust auf unseren Schlitten dahinjagen und fast bis zum Horizont fahren, dorthin, wo sich die Robben in offenen Löchern tummelten.

Doch dieses Wunder dauerte nur ein paar Tage. Eines Morgens erblickten wir statt der glatten, glänzenden Eisoberfläche bizarr aufgetürmte Eisschollen.

Das salzige Meereseis Gilgil hat nicht immer einen bitteren, salzigen Geschmack. Die Winde, Stürme und starken Fröste treiben die Salzkristalle heraus, und wenn dich auf der Jagd plötzlich Durst überkommt, kannst du ruhig die Spitze einer aufgetürmten Eisscholle abbrechen und dich am salzfreien eiskalten Wasser laben.

Weil das Meereseis so viele verschiedene Formen annimmt, birgt es viele Gefahren. Normalerweise bewegte man sich mit Welwyegyt, Rabenpfoten, auf der Eisfläche vorwärts. Das sind eigentümliche Skier oder Schneeschuhe, die aussehen wie Tennisschläger. Aber sie waren nicht das Einzige, was der Jäger in seiner Ausrüstung mittragen musste. Er hatte noch eine Stange, die Hauptstange, und daneben noch eine zweite mit einem spitzen Ende, mit der er die Festigkeit des Eises prüfte, bevor er es betrat.

Als Kind bin ich viele, viele Kilometer über Eis gelaufen, über Gilgil, wenn ich auf Robben- und Ringelrobbenjagd war. Wenn meine Großmutter und ich zu unseren Verwandten in die Eskimosiedlung Naukan zu Besuch fuhren, führte unser Weg über die Eisstraße, unter den schwarzen Felsen des Deshnjow-Massivs entlang. Eine richtige Meereslandschaft ist das im Winter, sich türmende Eisschollen, übereinandergeschobenes Brucheis – wie in einem unwegsamen Hochgebirge. Und über ihr schwebt ein eigenartiger Hauch von Ewigkeit, der an die Unzerstörbarkeit der Naturgesetze erinnert.

Tintin – dieses Wort hat einen schönen, stillen Klang, der aus der Tiefe eines weiteren Naturwunders kommt, aus dem durchsichtigen Süßwassereis. Das ist das Eis der zugefrorenen Flüsse und Bäche, der erstarrten Wasserfälle, der seichten Flussstellen, der Tundraseen, der Eiszapfen, die im Frühling an den Dächern hängen, wenn die Sonnenstrahlen bereits genügend Kraft haben, den Schnee aufzutauen.

Bis heute erinnere ich mich an die kleinsten Details eines Bildes: In den warmen Polog wurde aus der Kälte ein Klumpen blauer Tintin, Süßwassereis, gebracht. Von ihm stieg eine Frostwolke auf, die einen ganz besonderen Geruch verströmte. Diese Wolke breitete sich im gesamten Fellpolog aus und verdrängte die stickige warme Luft, die von den steinernen Tranlampen ausging, von der getrockneten Fellkleidung, von den feuchten Felllappen der Kleinkinder, die man damals anstelle der Pampers verwendete. Das Atmen wurde einem leicht, und die Stimmen erklangen lauter und voller.

Der blaue Eisklumpen wurde auf einen länglichen Holzteller gelegt, den Kemen, und man begann mithilfe eines Frauenmessers, des Pekuls, ihn zu zerkleinern. Kleine Eissplitter flogen in alle Richtungen, und unser Spiel bestand nun darin, dass wir mit weit geöffnetem Mund die Eisstückchen auffingen. Die großen Eisstücke kamen in Eimer, Teekessel und Kessel, und im stickigen Fellpolog wurde es für kurze Zeit kühl und frisch.

Das schmackhafteste und süßeste Wasser war das erste, das sich beim Auftauen des Eises bildete. Es befand sich unter dem Eisstück, man musste den Eimer etwas kippen, um die ersten Tropfen in die Tasse gießen zu können. Leichter war es, das Wasser aus der Tülle des Teekessels zu trinken, der über der Flamme der Tranlampe hing. Aber die Erwachsenen ließen den Kessel kaum aus den Augen, man musste einen günstigen Moment abpassen, um schnell einen kleinen Schluck zu nehmen.

Das beste Tintin in Uëlen wurde hinter der Lagune gewonnen, aus dem Fluss Tejuweem, was Salziges Flüsschen bedeutet. Bis heute verstehe ich nicht, warum dieser Süßwasserfluss, der seinen Anfang in der Tundra an den hohen Hügeln des Deshnjow-Massivs nimmt, diesen salzigen Namen hat.

Für gewöhnlich fuhr ich mit dem Hundeschlitten Eis holen, bewaffnet mit einem Beil und kräftigen Riemen, um die glitschige, bizarr geformte Last auf den schmalen Schlitten zu ziehen. Auf der Rückfahrt musste ich neben dem beladenen Schlitten herlaufen, denn auf den Eisberg konnte ich mich nicht setzen – da war es ungemütlich und kalt.

In der Winterzeit war das Eisholen ein gutes Zubrot: Die Tangitan kauften sehr gern Tintin vom Fluss Tejuweem. Sie verstanden etwas von gutem Wasser. Besonders aromatisch war der Tee, der mit dem Wasser aus Tintin gebrüht wurde.

Tintin und Gilgil – wie grundverschieden sind sie! Welten trennen das eine vom andern. Wie kann man bloß beides einfach »Eis« nennen, dafür das gleiche Wort verwenden ...

Математика

Mathematik

Unsere Menschen brauchten dafür kein Wort und kamen gut ohne die Weisheiten der Mathematik aus. Ihnen reichten im Leben völlig die Zahlen und Rechenoperationen, die sie seit Jahrhunderten gewohnt waren.

Die Grundlage jeder Rechnung war die Zahl Fünf. Fünf hieß Mytlynen und ist verwandt mit dem Wort Hand. Danach kam die Zwanzig – die höchste Zähleinheit in der tschuktschischen Mathematik. Die Zahl klang so: Klikkin. Dieses Wort bedeutet »Mensch«, das heißt nicht Mensch allgemein, sondern ein Mensch von männlichem Geschlecht.

»Jetzt müssen wir alles zusammenzählen!«, murrte meine Großmutter, wenn wir die Menge von etwas bestimmen mussten, meist von Geld. Für die genaue Rechnung zog sie die Stiefel aus, damit sie die natürliche Rechenmaschine vollständig überblicken konnte – die Hände und die Füße. Die Füße stellten den festen Zehner dar. Die Finger an den Händen aber konnte man einbiegen, also nur mit den Händen konnte man von eins bis zehn zählen.

Größere Zahlen wurden aus Zwanzigern zusammengesetzt. So klang die Zahl Hundert wie Mytlynklikkin, was in der wörtlichen Übersetzung heißt »fünf Menschen«, oder genauer »fünf Männer«.

»Früher haben wir das Jahr nicht eingeteilt«, murrte meine Großmutter. »Jetzt stellt sich heraus, dass es in einem Jahr soundso viel Tage gibt! Und der Tag wird sogar in Stunden eingeteilt ...«

»Und die Stunde in Minuten«, fügte ich hinzu und verwirrte meine Großmutter noch mehr.

Es ist eigenartig, aber soweit ich mich zurückerinnere, spielte das genaue Rechnen im Leben der Jarangabewohner keine Rolle. Die wichtigsten Größen blieben innerhalb der Zahl Zwanzig, das heißt in den Grenzen eines Menschenwesens. Das reichte aus für die normalen Lebensbedürfnisse.

Nur zum Zählen des Geldes wurde eine andere Rechenart benötigt. Ich erinnere mich, wie Onkel Kmol auf einen Schlag drei Eisbären erjagte und alle drei prächtigen Felle an die Handelskooperative verkaufte. Als er dafür eine für die damalige Zeit riesige Geldsumme bekam, platzierte Großmutter alle Bewohner der Jaranga um sich herum, hieß sie die Stiefel ausziehen und befahl, ihr die gespreizten Finger und Fußzehen hinzuhalten. Vom langen Sitzen in dieser Position schliefen Hände und Füße ein, ich wollte sie bewegen, aber die Großmutter befahl dem gesamten umfangreichen Rechenapparat, der aus mir, der Tante, dem Onkel, dem Stiefvater und meiner Mutter bestand, still zu halten. Wenn jemand versuchte, die ermüdeten Finger und Zehen zu bewegen, schrie sie ihn an. Das brachte sie aus dem Konzept, und sie musste mit dem Zählen wieder von vorn beginnen.

Große Zahlen verzauberten mich, in ihnen war eine geheime Kraft verborgen.

Im Jahr 1959, als ich mit dem Hundeschlitten an der Nordküste des Polarmeeres entlangfuhr, wurde mir in der Siedlung Ryrkaipi ein dickes Heft übergeben, das mit sauberen Zahlenreihen vollgeschrieben war. Auf dem Pappumschlag stand etwas in lateinischen Buchstaben, die darauf hindeuteten, dass dieses Heft der Expedition Amundsens gehört hatte und Aufzeichnungen über Magnetabweichungen enthielt. Aber die Leute, die mir das Heft übergaben, erzählten, dass sie es von einem fernen Verwandten bekommen hatten, von Kakot, der zu der Zeit, als die Norweger an der Küste von Tschukotka überwinterten, als Koch auf Amundsens Schiff gedient hatte. Eine Zeit lang sei es in den Händen der Staatssicherheit gewesen. Als die KGB-Mitarbeiter aber merkten, dass sie die Aufzeichnungen nicht dechiffrieren konnten, hatten sie das Heft den früheren Besitzern zurückgegeben.

Ich ahnte, dass Kakot eine geheimnisvolle Kraft in den ständig anwachsenden Zahlen gesucht hatte. Denn für ihn war, wie für alle unsere Landsleute, jede Zahl mit sichtbaren, begreifbaren, natürlichen Dingen oder Erscheinungen verbunden. Und da standen nun nackte Zahlen, die eine unvorstellbare Menge ausdrückten. Man konnte von ihnen das Zittern bekommen, oder Fieber, sie verwirrten das Gehirn und verursachten körperliche Empfindungen, die man nicht einordnen konnte. Ich habe nicht wenig Zeit mit diesen Ziffern verbracht, in der Hoffnung, hinter ihr Geheimnis zu kommen. Und ich schrieb die Erzählung *Kakots Zahlen*, und später den Roman *Auf der Suche nach der letzten Zahl*.

In der Schule mochte ich Mathematik, Algebra, Geometrie und Trigonometrie. Ich freute mich sehr, als man mir in der Leningrader Filiale des Verlages Utschpedgis, der Lehrbücher für die Schulen im Norden herausgab, vorschlug, ein Rechenlehrbuch in die tschuktschische Sprache zu übersetzen. Und nicht nur zu übersetzen, sondern auch für die tschuktschischen Schüler zu adaptieren. Die Rechenbeispiele sollten so angepasst werden, dass auch ein tschuktschisches Kind verstehen konnte.

Zum Beispiel kamen in einer Textaufgabe Äpfel vor. Das war eine Frucht, die ein tschuktschischer Schüler nur auf einer Zeichnung oder auf dem Etikett einer Konservendose mit Apfelkompott gesehen hatte. Die Aufgabe im Lehrbuch lautete: Drei Jungen pflücken zehn Äpfel vom Baum. Drei Äpfel essen sie auf. Wie viel Äpfel bleiben übrig?

Bevor der Lehrer zur Rechenaufgabe vorstoßen konnte, musste er den tschuktschischen Schülern erklären, was ein Baum ist, warum diese Apfelfrüchte am Baum wachsen und nicht auf der Erde wie die Tundrabeeren. Außerdem hätte er darauf hinweisen müssen, dass ein Apfel nicht so groß ist und ein normales Kind ihn durchaus aufessen kann.

Ich erinnerte mich an die Aufgaben aus dem Lehrbuch, nach dem ich in der Uëlener Schule gelernt hatte. Da war auch schon ein »Adapteur« am Werk gewesen. Er hatte nicht lange überlegt, was einem tschuktschischen Jungen wohl verständlich wäre. Natürlich ein auffälliges und bekanntes Meerestier. Und unter seiner kühnen Feder verwandelte sich die russische Aufgabe in die tschuktschische: Drei Kolchosjäger fangen zehn Wale, drei davon essen sie auf. Wie viel Wale bleiben übrig?

Als wir im Unterricht diese Aufgabe hörten, kamen wir nicht mehr aus dem Staunen heraus! Erstens, wer waren diese unerhört erfolgreichen Jäger, die mir nichts, dir nichts zehn Meeresriesen fingen? Womit hatten sie die zehn Wale gefangen? Mit großen Netzen oder mit Schlingen? Vielleicht waren das keine einfachen Jäger, sondern der Riese Pitschwun aus dem Märchen? In der Aufgabe aber stand klar und deutlich – Kolchosjäger ... Und diese einfachen Kolchosjäger hatten einen riesenhaften Appetit! Drei Wale zu essen, kann einige Jahre dauern. Sind die übrigen sieben Wale in dieser Zeit einfach verfault? Oder haben die Eisbären oder Polarfüchse sie aufgefressen, oder haben die Raben sie zerpflückt? Angesichts all dieser ungeheuren Fragen, mit denen die Schüler fertig werden mussten, rückte die Rechenaufgabe völlig in den Hintergrund.

Von Ungereimtheiten dieser Art wimmelte das »adaptierte« Rechenbuch für die ersten Klassen nur so, und bei der Neuübersetzung musste ich meine Fantasie anstrengen, bis die Rechenbeispiele in das Leben meiner kleinen Landsleute passten. Die höhere Mathematik aber ist auch für mich bis heute eine unerreichbare Wissenschaft geblieben, die Magie der großen Zahlen erregt mich und wühlt mich auf wie das Betrachten des Sternhimmels.

Бѣлый Медвѣдь

Umka

Eisbär

Lange bevor die Wintersonne aufging, lief ich von einer Jaranga zur anderen und lud die Gäste ein. Jedes Mal wiederholte ich den auswendig gelernten Satz: »Onkel Kmol lädt dich zum Treffen mit dem mächtigen Meeresherrn, mit dem Umka, ein.« Jeder wusste, was das bedeutete. Der Einladung für besonders würdig erachtet waren vor allem die Alten, die weißhaarigen Meeresjäger. Beim Flimmern des Polarlichts und dem Glitzern der Sterne strömten die Leute in unsere Jaranga. Warum es unbedingt in dieser Frühe sein musste, war mir unbegreiflich. Aber so verlangte es der alte Brauch.

In unserem Fellpolog kochte bereits auf allen drei Tranlampen das fein geschnittene Fleisch des Eisbären. Der Duft kitzelte in der Nase und versprach ein gutes Essen. Etwas abseits, in das Eisbärfell eingewickelt, lagen blutige Stücke rohes Fleisch, und das weiße Bärenfell war rot gefleckt.

Die Alten krochen würdevoll in den Polog, zogen die Kuchljankas aus und setzten sich um die lange Holzschüssel, auf die die Tante das weich gekochte Fleisch legte. Der duftende Dampf stieg nach oben und hing in Schwaden unter der niedrigen Decke aus Fell. Die Alten nahmen sich das Fleisch mit den Händen und kauten langsam, wobei sie die Augen vor Vergnügen schlossen. Das Festmahl verlief schweigend, die Stille wurde nur von lautem Schmatzen und leisem genüsslichen Stöhnen unterbrochen. Dieses Stöhnen während des Essens war obligatorisch und zeigte den Gastgebern, dass man sehr zufrieden und dankbar war.

Als die Gäste ihren Hunger gestillt hatten, begann die Zeremonie des Teetrinkens. Dabei wurden Geschichten von erfolgreichen Jagden erzählt.

Onkel Kmol nahm den Ehrenplatz im Polog ein, an der hinteren Wand, unter dem großen Porträt des Marschalls der Sowjetunion Kliment Woroschilow. Hinter dem Porträt hielt er die Schutzgeister des Hauses versteckt, die Abbildungen sagenhafter Tiere und Vögel aus Holz oder Bein. Genau an dieser Stelle war auch Tot verborgen, der dem Jäger Glück gebracht hatte.

Onkel Kmol hatte den Bären erspäht, als er eine Robbe jagte. In dieser Jahreszeit der stärksten Fröste gab es kaum offene Wasserstellen zwischen den Eisschollen, und wenn sie entstanden, überzogen sie sich schnell wieder mit jungem Eis. Die Robben fanden kaum eine Möglichkeit zum Auftauchen und Luftschnappen. Sie »pusteten« Löcher ins Eis, damit sie atmen konnten. Dazu versammelten sich mehrere Tiere und bliesen mit ihrem warmen Atem eine kleine Höhlung ins Eis. Damit diese nicht wieder zufror, schoben die Robben von oben weichen Schnee darauf. Der Schneehügel verhinderte nicht nur das Zufrieren der Öffnung, sondern war auch eine gewisse Tarnung. Um eine Robbe zu harpunieren, die für einige Sekunden auftauchte, musste man schon sehr geschickt sein und sich der Öffnung so leise nähern, dass das Tier nichts merkte. Außer dem Menschen jagte auch der Eisbär Robben, wenn sie auftauchten. Und der Umka war sich meist geschickter als der Mensch.

Ich hörte aufmerksam Onkel Kmols Erzählung zu. Schweigend lauschten ihm auch die versammelten Alten.

»Als ich den Umka sah«, fuhr Onkel Kmol in seiner Erzählung fort, »habe ich gleich begriffen, dass er ein Robbenloch entdeckt hat. Ich schlich im großen Bogen um das Tier herum, um mich so hinzustellen, dass der Wind mir entgegenblies. Aber der Umka war offenbar zu beschäftigt, um meine Nähe zu riechen. Er hatte wahrscheinlich mehrere Tage nichts gefressen. Er streckte den Körper ganz flach auf dem Eis aus, kroch zum Loch und wühlte mit seiner Schnauze im Schnee. Plötzlich hielt er inne und erstarrte. Er spürte die Bewegung der Robben in der Tiefe. Zu seinem Glück fiel leichter Schnee. Wie ihr wisst, hat ein Eisbär nur einen Versuch. Wenn ihm die Jagd misslingt, muss er den Platz verlassen und ein anderes Loch suchen – die Robben tauchen an der alten Öffnung nicht mehr auf.

Was jetzt geschah, verlief blitzschnell. Plötzlich hielt der Eisbär eine blutende Robbe in den Tatzen. Er begann gleich an Ort und Stelle, seine Beute mit den Zähnen zu zerreißen, so hungrig war er. Das war mein Augenblick. Zwei Patronen reichten, und der Umka war tot.«

Alle hörten mit großer Aufmerksamkeit zu, obwohl diese Methode der Jagd für sie keine Neuheit war. Viele der Anwesenden hatten selbst mehrere Male genau auf diese Weise einen Eisbären erlegt.

Das Schwierigste ist die Verfolgung eines flüchtenden Tieres. Einmal hatte mein Onkel ein Treffen mit dem Herrn des Eises im wahrsten Sinne des Wortes von Angesicht zu Angesicht. Der Umka schien nicht angriffslustig zu sein und mied offenbar eine nähere Bekanntschaft mit dem Jäger. Die Sache war aber deshalb so gefährlich, weil im Gewehr meines Onkels nur noch eine Patrone war. So jagte Onkel Kmol den Bären direkt in die Siedlung und schnitt ihm den Rückzug zum Ozean ab.

Der Umka kletterte auf die Landzunge von Uëlen hinter dem Windmühlenkraftwerk. Die Hunde kamen und jagten das Tier mit lautem Gebell über die Lagune. Hinter den Hunden rannten die Jäger und luden beim Laufen die Gewehre. Allen voran rannte unser Bäcker, Onkel Kolja, seine mit Mehl und Teig beschmutzte Schürze flatterte im Wind. Er war es auch, der den Umka in der Mitte der Lagune umlegte und nach altem Brauch das prächtige Fell bekam. Gut gegerbt, fand es seinen Platz im Schlafzimmer der Eheleute, wo es vor dem Ehebett lag und mit den Krallen und der schwarzen Schnauze glänzte.

Eines frühen Morgens, noch vor Sonnenaufgang, weckte mich Onkel Kmol und schickte mich nach draußen, um »nach dem Wetter zu schauen«. Als ich aus dem Frost in den warmen Polog zurückkam, legte ich mich neben die mittlere, die größte Tranlampe, konnte aber nicht mehr einschlafen. Onkel Kmol sagte, ich solle mit ihm kommen.

Zuerst dachte ich, er wolle mich mit zur Jagd aufs Meer nehmen. Weit gefehlt. Nach dem gewohnten kargen Frühstück und Teetrinken nahm Onkel Kmol vorsichtig das Porträt des Marschalls Woroschilow von der Wand, und zum Vorschein kam ein ganzer Schwarm Götter. Onkel Kmol suchte sich das für den Anlass passende Holzidol aus und wickelte es in ein Stück Rentierfell.

Außer dem Idol und einem kleinen Ledersack mit sakralen Gaben nahm mein Onkel nichts mit.

Wir gingen aufs vereiste Meer hinunter und liefen in Richtung Senlun, das ist der einzeln stehende Felsen bei Uëlen. Im Osten zeigte sich gerade der rote Streifen der aufgehenden Sonne. Er würde lange brennen und einen immer größeren Teil des Horizonts einnehmen. Erst um Mittag würde sich die obere Hälfte der großen roten Sonnenscheibe zeigen, auf dem Schnee würden lange Schatten liegen, und die Sonne würde sich dann wieder hinter dem blutroten Streifen verbergen, der zur Westseite des Horizonts wanderte.

Als wir weit genug vom schwarzen Felsen entfernt waren, blieb der Onkel stehen und wendete sein Gesicht nach Osten. Er stellte das Holzidol auf eine kleine, steil aufragende Scholle. In der Dämmerung konnte man kaum die Umrisse sehen – war es ein Mensch, war es ein Tier, das sich auf die Hinterpfoten gestellt hatte?

Onkel Kmol zog mich neben sich und begann zu singen. Ganz leise sang er vor sich hin:

Oh, Herr des Eises,
Stärkster unter den Stärksten,
Schnellster unter den Schnellen!
Mit Deinem Besuch hast Du
Meine Jaranga beglückt!
Ich verkünde Dir meinen Dank
Und schenke Dir hier
Heilige Gaben!

Mit diesen Worten schüttelte Onkel Kmol gedörrtes Rentierfleisch und gelben Speck aus dem Ledersäckchen. Dann holte er aus dem Beutel Tabak und warf ihn in Richtung des auf der Eisscholle sitzenden Idols. »Sieh genau hin und merk es dir«, sagte er zu mir.

Onkel Kmol träumte davon, aus mir einen richtigen Meeresjäger zu machen. Als ich herangewachsen war, nahm er mich oft zur Jagd auf dem Eis mit. Im Sommer saß ich am Heck der Schaluppe zu Füßen von Onkel Kmol, der den Fischkutter lenkte. Ich pumpte das Wasser mit einer Handpumpe aus dem Boot, blies die Pychpychs auf und legte die Riemen zurecht. Harpune und Gewehr wurden mir allerdings erst anvertraut, als ich in die siebte Klasse ging.

Mehrere Male begleitete ich Onkel Kmol bei der Jagd auf den Umka, den Eisbären. Aber meist kehrten wir mit einer Robbe nach Hause zurück, und auch das nur, wenn wir Glück hatten. Ein einziges Mal habe ich einen Eisbären erbeutet.

Wir sahen ihn schon von Weitem. Er lief auf der dem Wind abgewandten Seite, langsam und gewichtig, und blieb oft stehen. Offensichtlich war er auf der Suche nach einem Atemloch. Das Fell des Eisbären ist gelblich, man muss scharfe Augen haben, um ihn zwischen den Eisschollen und aufgetürmten Eisbrocken zu entdecken.

Lange verfolgten wir den Bären. Wir pirschten uns sachte an ihn heran. Der Abstand zwischen dem Tier und uns wurde immer geringer. Schließlich waren wir nah genug für einen sicheren Schuss.

»Jetzt schnappen wir uns ihn«, sagte Onkel Kmol leise und legte seinen Karabiner auf den Rand eines Eisbrockens. Der Schuss klang unnatürlich laut. Ich konnte den Bären gut sehen. Mir kam es vor, als ob er sich erstaunt umsah und sich dann langsam aufs Eis legte. Onkel Kmol sprang auf und rannte zu ihm hin. Beim Laufen legte er noch eine Patrone ein. Ich versteckte mich ängstlich hinter ihm und gab mir Mühe, nicht zurückzubleiben. Als wir näher kamen, bewegte sich der Bär noch und versuchte aufzustehen. Mit einem zweiten Schuss direkt in den Kopf streckte Onkel Kmol den Umka vollends hin.

Wir mussten das Tier ausweiden, ehe das Fleisch gefror, ihm das Fell abziehen und es auf dem Schnee ausbreiten. Darauf legten wir die besten Leckerbissen – den ganzen Bären konnten wir unmöglich wegschaffen. Onkel Kmol machte auch für mich ein kleines Bündel zurecht, das ich am Riemen hinter mir herzog.

Wir kehrten erst am nächsten Tag bei Sonnenaufgang heim. Obwohl ich eine schreckliche Müdigkeit verspürte, war mir wohl zumute.

Das Ritual des »Treffens mit dem ersehnten Gast« war vollendet. Am darauffolgenden Tag holte Onkel Kmol hinter dem Porträt von Marschall Woroschilow wieder das Idol hervor, und wir gingen aufs vereiste Meer. Dieses Mal sang ich selbst das Lied zu Ehren des Herrn des Eises.

Viele dieser Beschwörungsformeln, Bitten und Gebete sind in meinem Gedächtnis aufbewahrt. Sogar heute, wenn mir ein Manuskript nicht gelingen will, wiederhole ich in Gedanken die sakralen Worte. Ich kann es zwar nicht mit Bestimmtheit sagen, aber manchmal kommt es mir so vor, als ob sie mir helfen.

Милиция

Miliz

In meinem langen Leben konnte ich zu dieser Einrichtung der Staatsmacht nie Zuneigung gewinnen. Obwohl ich mit Milizionären schon in früher Kindheit Kontakt hatte. Damals kam aus dem Gebietszentrum mit viel Lärm eine ganze Hundekarawane nach Uëlen gefahren – eine Milizexpedition, die in die Tundra unterwegs war, um die reichen Rentierzüchter zu enteignen. Unter den großen Pelzmützen trugen die Ankömmlinge Stoffmützen mit einem roten Stern, und am Gürtel, wo für gewöhnlich das Jagdmesser hängt, steckten in kleinen Ledertaschen winzige Gewehre, die zum Töten vorgesehen waren.

Diese bewaffneten Menschen erweckten eine seltsame, ja beinahe krankhafte Neugier in mir. Ich verstand ihre Mission nicht, unter den eigenen Leuten Feinde zu finden und zu vernichten. Mehr oder weniger verständlich war mir die Rolle der Grenzsoldaten, die die Grenzen unseres Staates vor dem Eindringen fremdländischer Spione, Diversanten und allerlei geheimen feindlichen Kräften schützen sollten, denn diese Bösewichte suchten nur einen Anlass, um uns beim Aufbau der lichten Zukunft der unterdrückten Menschheit zu stören. Diese Feinde waren sogar äußerlich unangenehm und unsympathisch, das hatten wir ja in den vielen Filmen, die den Weg nach Uëlen fanden, selbst gesehen.

Aber ein innerer Feind? Sogar dein Nachbar konnte einer sein! In Gedanken ging ich all meine Landsleute durch, von den nahen Nachbarn bis zu den fernen. Unmittelbar neben uns waren die Tukkais, die Sejwutegins ... Wie Feinde sahen die nicht aus. In der letzten Jaranga, ganz nahe bei der Windmühle, die einmal Strom erzeugt hatte, aber vom Sturm umgerissen worden war, lebte Lonly. Er war einfach ein unverbesserlicher Faulpelz und empfand trotz seiner riesigen Körperkraft Widerwillen gegenüber jeder Art Arbeit, die nur ein bisschen Mühe machte. Aus ihm konnte durchaus ein Feind der Sowjetmacht werden, ein Schädling und sogar ein amerikanischer Spion. Aber aus irgendeinem Grunde stand er nicht unter Verdacht ...

Die meisten verdächtigen Personen gab es unter den Tangitan. Ich fand es sogar ein bisschen kränkend, dass keiner meiner Landsleute zu den potenziellen Feinden gehörte. Sogar diejenigen, die im Alkoholrausch auf die Sowjetmacht und die Bolschewiki schimpften, wurden nicht angerührt. Die Miliz machte aus irgendeinem Grund um unsere Uëlener Ruhestörer und Kritiker einen großen Bogen.

Die Miliz-Karawane zog weiter nach Südwesten, in den kurzen hellen Tag, und verschwand für lange Zeit in den Tälern der fernen blauen Berge. Erst im Frühling kehrte sie zurück, als sich in den Schlittenspuren bereits Tauwasser bildete. Sie brachten zwei verhaftete alte Männer mit, beide waren Rentierzüchter. Sie waren hochgewachsen, ihre Kleider gepflegt und schön. Man sperrte sie in die ungeheizte Banja. Es gab noch einen dritten Verhafteten. Er lag, festgebunden mit einem Riemen aus Robbenhaut, auf dem Schlitten. Er war zwar jung und kräftig, fiel aber durch seine ungewöhnliche Blässe auf. Ich trat ziemlich nahe an ihn heran. Die Augen des jungen Mannes waren geschlossen, und die Schneeflocken auf seinen Wimpern tauten lange nicht.

Plötzlich öffnete er die Lider und schaute mich durchdringend an. Er lächelte schwach und bat kaum hörbar: »Leg mir ein Stückchen Schnee in den Mund ...«

Ich schaute mich um: Auf der Straße war niemand zu sehen. Schnell stieß ich mit der Stiefelspitze ein Stück Schnee los und ging vorsichtig zu dem gebundenen jungen Mann. Sein Mund war kochend heiß.

Am frühen Morgen des folgenden Tages ging ich wieder zum Schlitten. Neben ihm stand ein Milizionär. Das Gesicht des jungen Mannes war unter einem Fellstück verborgen, bedeckt vom Schnee, der in der Nacht gefallen war.

»Er ist gestorben«, sagte der Milizionär. Er sagte das so ruhig und gleichgültig, als rede er von irgendeinem nichtigen Tier oder Insekt. Tief in mir begann sich ein Gefühl für die Grausamkeit der Macht zu regen, besonders der Macht, die gegen das Innere der Gesellschaft gerichtet war, die vorgab, das existierende System und die bestehende Ordnung zu schützen. Von ihr ging eine Kälte aus wie von einer Eiswand. Und diese Kälte drang in alles ein.

Meine zweite Begegnung mit der Miliz hatte ich auf meinem Weg zur Universität. Ich kam in die Sankt-Lorenz-Bucht, wo sich mein Vetter Terkije niedergelassen hatte. Er war als Gefangener dorthin gekommen, nachdem er im Alkoholrausch einen Mitarbeiter der Polarstation, den Trinkwasserfuhrmann Mellenberg, zusammengeschlagen hatte. Im Kreisgefängnis blieb er nicht lange, und als er freikam, wickelte er den Milizchef derart mit seiner Bildung, mit seiner guten Auffassungsgabe und Körperkraft um den Finger, dass der ihn als Wächter der Isolationszelle anstellte und ihm als Familienvater ein Einzelzimmer im Wohnheim gab. Terkije hatte es nämlich in der kurzen Zeit geschafft, die Erzieherin des Kindergartens Werwune zu heiraten, ein Mädchen aus der Nachbarsiedlung Akkani.

Die Verwandtschaft nutzend, zog ich bei Terkije ein. Er spielte sich auf mit seinem neuen Amt und teilte mir flüsternd mit, dass er sogar den Vorsitzenden des Kreissowjets, unseren Landsmann Otke, mühelos verhaften und ins dunkle Haus einsperren könne.

Der erste Dampfer in diesem Sommer brachte neue Uniformen für die Miliz. Als Terkije sich die neuen Stoffhosen, die Militärjacke und die glänzenden Stiefel anzog und die Mütze mit dem lackierten Schild und dem roten Stern auf den Kopf setzte, tat mir mein Körper weh vor Neid. Milizionär zu werden und diese wunderbare Uniform zu tragen, schien mir das höchste Glück. Ich überredete Terkije dazu, mich die Uniform anprobieren zu lassen. Sie war mir zu groß, aber ich fühlte mich in ihr gleich als ein anderer Mensch, der zu großen Heldentaten und Abenteuern fähig war. Ich stellte mir vor, wie ich am Ufer von Uëlen aus dem Kajak steige und meine Mutter, die mich anfangs nicht erkennen würde, vor Freude in Tränen ausbricht, denn ihr traten immer und zu jedem Anlass Tränen in ihre schönen Augen. Es war also beschlossen: Ich bleibe in der Sankt-Lorenz-Bucht und werde Milizionär, wie mein Vetter Terkije.

Gemeinsam gingen wir zum Chef der Miliz. Der wohlbeleibte Mann mit dem breiten Gesicht lobte meine Absicht und sagte wichtigtuerisch: »Die nationalen Kader entscheiden alles!« Mit gesenkter Stimme fügte er hinzu: »Das sagt der große Stalin.«

Ich füllte blitzschnell den Fragebogen aus. Der Milizchef studierte ihn aufmerksam und sagte enttäuscht: »Du bist noch zu klein, Jüngelchen! Fünfzehn Jahre erst. Da musst du noch drei Jährchen warten... Siehst älter aus.«

Von den vielen Enttäuschungen in meinem Leben war das eine der schmerzhaftesten, und ich denke jedes Mal mit Trauer daran zurück. Ich habe also die Milizlaufbahn aufgegeben. Und wie sich zeigte, für immer!

Ein weiterer Zusammenstoß mit der vordersten Front der Staatsmacht ereignete sich bereits in Leningrad, auf dem Eis der Newa. Der Frühling hatte begonnen. Der Weg, auf dem wir die Newa überquerten, begann an der Admiralität und endete an der Granittreppe gegenüber der Akademie der Wissenschaften. Der Schnee taute bereits, die Sonne schien heiß auf den Kopf, und der gleißende Schnee blendete die Augen.

Als ich am Granitufer die Treppe hochstieg, empfing mich ein Milizionär und kommandierte: »Stehen bleiben!« Ich gehorchte erschrocken und überlegte schnell, was ich wohl verbrochen haben könnte. Der Milizionär trat an mich heran, legte seine rechte Hand an die

Fellmütze mit dem roten Stern und sagte streng: »Das Gehen auf dem Eis ist streng verboten! Fünfundzwanzig Rubel Strafe!«

Zu jener Zeit war das eine ungeheure Summe: Ein Halbliterbecher Bier an einem Straßenkiosk kostete vierzig Kopeken. »Das habe ich nicht gewusst! Ehrenwort, ich habe das nicht gewusst!«, versuchte ich den Milizionär von meiner Unschuld zu überzeugen. »Ich bin schon gestern hier langgegangen ...«

»Gestern war es noch erlaubt, aber seit heute ist es verboten!«

»Woher soll ich das wissen?«, brummte ich bestürzt.

»Am gegenüberliegenden Ufer hängt genau so ein Plakat wie hier!«, sagte der Milizionär und zeigte auf einen abgebrochenen Skistock mit einem Pappschild, auf dem stand: »Das Gehen auf dem Eis ist verboten! Gefahr!«

Dieses Plakat hatte ich tatsächlich nicht bemerkt, weder hier noch am anderen Ufer. »Was soll ich jetzt machen? Ich bin Student ... Woher soll ein Student so viel Geld nehmen?«

»Dann gehen Sie zurück!« Ich konnte den Milizionär nicht erweichen. Unerbittlich und streng wiederholte er: »Hast du kein Geld, dann geh zurück!« Ich musste mich dem Befehl beugen.

An der Admiralität entdeckte ich, versteckt unter dem Steinlöwen, tatsächlich das Pappschild und begriff, dass Milizionäre ihre eigene Logik haben! Vielleicht liegt es an dieser Logik, dass die Tschuktschen für die Miliz nie ein eigenes Wort gefunden haben.

Mope

Meer

Sein Rauschen war die erste natürliche Stimme, die ich in meinem Leben hörte. Unsere Jaranga stand in der dem Meer zugewandten Reihe der uralten Wohnzelte, der Jarangas, die auf dem länglichen Kieselufer der Uëlener Landzunge aufgebaut waren. Sogar an stillen Tagen, an denen sich kein Lüftchen regte, drang sein mächtiges, beständig brausendes Atmen durch die dünnen Wände aus Walrosshaut und vermischte sich mit den Menschenstimmen.

An Sturmtagen aber, wenn das Meer wütete, schlugen die Wellen mit solcher Kraft auf die Kiesellandzunge, dass alles ringsum erbebte, die Flammen in den steinernen Tranlampen wild flackerten und sogar die still gewordenen Hunde zitterten und ihre erschrockenen Schnauzen tiefer ins Fell steckten.

Besonders laut und intensiv erinnerte das Meer im Spätherbst an seine Macht, bevor der winterliche Eispanzer es einzwängte. Manchmal rollten die Wellen bis zu unserer Jaranga, und es gab Jahre, in denen wir unsere Wohnung verlassen und zu Verwandten ziehen mussten, die auf der Lagunenseite lebten.

Wenn das Meer für kurze Zeit ruhiger geworden war, gingen die Menschen zum Ufer und suchten nach seinen Gaben. Meist wurde frischer Meereskohl gesammelt oder kleine Krebse und Holz. Es kam auch vor, dass ein ganzes Walross oder ein Seehund ans Ufer geworfen wurde. Meist war das Tier nicht mehr frisch, taugte aber durchaus noch als Köder für Pelztiere. Das tote Tier wurde in die Tundra gebracht und neben die gespannten Fangeisen und Fallen gelegt.

Während meiner Zeit in Uëlen machte uns das Meer mehrere Male ein unschätzbares Geschenk – einen toten Wal. Fast den ganzen Winter über schnitten wir aus dem im Eis eingefrorenen Meeresriesen gelbe Speckklumpen, machten daraus Tran und fütterten die Hunde damit. Von dem Fleisch ernährten sich viele Tundratiere – Polarfüchse, Füchse, Wölfe und Vielfraße.

Das Meer ernährte die Eskimos, es ernährte die Tschuktschen. Ohne das Meer hätten sie an der von allen Winden gerüttelten Küste nicht leben können. Fast alle Ufersiedlungen und Nomadenlager waren auf offenen, weit ins Meer ragenden Kaps und Kiesellandzungen gebaut. Wenn sich eine Herde Walrosse zeigte oder eine Walfontäne, so dauerte es nicht lange, und schon schwamm ein Kajak auf dem Wasser. Im Winter musste man nicht lange über das Packeis steigen, um zu den offenen Wasserlöchern zu gelangen, wo sich fette Robben tummelten.

Die Eskimosiedlung Unasik lag auf einer langen Kiesellandzunge, die sich mehrere Kilometer ins Meer hineinstreckte. Dieser Platz war gefährlich – bei starkem Sturm rollten die Wellen über die schmale Landzunge, spülten die Jarangas weg und zerstörten die Wirtschaftsbauten. Auch Menschen fielen ihnen zum Opfer. Aber nichts konnte die Bewohner dazu bewegen, freiwillig diesen für die Jagd so wunderbaren Ort zu verlassen, von dem aus das Meer nach beiden Seiten der Landzunge zu überschauen war, von Horizont zu Horizont.

Die sowjetischen Behörden mussten die Bewohner von Unasik beinahe mit Gewalt umsiedeln. Der Hauptgrund bestand darin, einem Kontakt mit den amerikanischen Eskimos vorzubeugen, die genau gegenüber der Landzunge auf der Sankt-Lorenz-Insel lebten.

Wenn sich festes Küsteneis gebildet hatte, nahm mich Onkel Kmol zur ersten Opferreichung für die Meeresgötter mit. Wir bereiteten uns schon am Tag davor auf diesen heiligen Brauch vor. Am Abend krümelte meine Tante auf einen besonderen Holzteller getrocknetes Rentierfleisch und gab auch noch weiße Speckstücke und Robbenspeck hinzu. Diese »heilige Speise« verblüffte mich durch ihre Armseligkeit. Einmal teilte ich meinem Onkel meinen Eindruck mit, aber er hielt mich einer Antwort nicht für würdig.

Angetan mit weißen Kamlejkas, gingen wir beim Licht der Morgensonne, das sich auf der Ostseite des Horizonts als heller roter Streifen zeigte, langsam und würdig auf das zugefrorene Meer hinunter, stapften an den schwarzen Felsen vorbei und gingen zum allein stehenden Felsen Senlun, der aus der Eiswüste herausragte.

Hier machte Onkel Kmol halt, wandte sich zum aufblühenden Morgenrot und schwieg. Dann fing er zu flüstern an. Wie sehr ich mich auch konzentrierte, ich konnte kein Wort verstehen. Manchmal schien mir, dass er in einer anderen, mir unbekannten Sprache redete. Es war so still, dass ich den Schnee, der über Nacht gefallen war, vom Felsen Senlun rutschen hörte. Ich vernahm sogar das Rascheln der Sterne und das Schlagen des eigenen Herzens.

Manchmal unterbrach Onkel Kmol sein Gebet durch seltsame Rufe, die wie eine Tierstimme klangen. Ich zitterte, und heimliche Angst stieg in mir hoch. Mir schien, als ob hinter uns, ein bisschen höher als wir, unsichtbare Wesen standen, und zwar genau die, die man Meeresgeister nannte.

Nach jeder erfolgreichen Jagd, egal ob im Kollektiv mit einem Kajak oder allein auf dem Eis, wurden den Göttern solche Opfer gebracht.

Nach einem Zwischenfall wunderte ich mich nicht mehr über die Ärmlichkeit der Gaben, die der Mensch unserem Ernährer, dem Meer, und den Meeresgeistern darreichte.

Wir fuhren mit dem Hundegespann über das Küsteneis. Die Schlitten waren mit frischem Walrossfleisch beladen. Mein Gespann fuhr hinter dem Schlitten des alten Rytschyp. Ich war noch Schüler, und ein erfahrener Begleiter war bei der Fahrt zwischen den kleinen hoch-

stehenden Eisschollen hindurch nicht überflüssig. Wie leicht konnte
der Schlitten umstürzen.

An dem gewohnten Platz neben dem Felsen Senlun machte Rytschyp halt, rammte einen Stock in den feuchten Frühjahrsschnee und ging, in der Hand das Holzgefäß mit den Opfergaben, zur Seite. Kurze Zeit unterhielt er sich mit den Göttern. Offenbar bedankte er sich für die erfolgreiche Jagd. Als er das Opferfleisch in den Schnee geworfen hatte, kehrte er zu seinem Schlitten zurück und trieb die Hunde an. Meine Hunde indes, die mit mir zusammen die Opferung sehr aufmerksam verfolgt hatten, rissen den Schlitten herum, rannten zu den Fleischstückchen und fraßen im Nu die heilige Speise auf. Ich war äußerst bestürzt und sehr erschrocken.

Als wir bei den Jarangas ankamen, brachte ich mein Gespann neben dem Rytschyps zum Stehen und erzählte ihm mit zitternder Stimme, was geschehen war. Zu meiner Verwunderung hörte sich der Alte ganz ruhig meine Mitteilung an und lachte: »Die Hunde haben nichts mehr abgekriegt ...«

»Aber ich habe es doch gesehen«, widersprach ich.

»Denkst du etwa, die Hunde sind flinker als die Geister?«

Noch vor einer Minute war ich fest davon überzeugt gewesen, dass ich genau gesehen hatte, wie die Fleischstücke in den Hundemäulern verschwunden waren. Aber nach Rytschyps Worten begann ich zu zweifeln: Wirklich! Wie konnten die Hunde flinker sein als die Meeresgeister!

Die geheimnisvolle Verbindung der Erwachsenen mit den Meeresgeistern weckte meine Neugier und erzeugte in meinem Herzen zugleich eine scheue und angstvolle Ehrfurcht vor den sagenhaften Kräften, die in der Meerestiefe verborgen waren.

Wenn ein Meeresjäger auf dem Eis ausrutschte und ins Wasser fiel oder wenn im Sommer das wilde Walross ein Loch in die Holzschaluppe oder ins Lederkajak gebohrt hatte und die Mannschaft zu ertrinken drohte, dann beeilte sich niemand, sie zu retten. Es hieß, ein

Mensch, der ins Wasser falle, sei eine Beute oder ein Opfer der mächtigen, grausamen Kräfte, die für das menschliche Auge nicht sichtbar waren.

Mein ganzes Leben konnte ich dieses furchtbare Bild nicht vergessen. Es geschah in Uëlen, im Spätherbst des Jahres 1940. Der Südwind hatte eine driftende Eisscholle vom Ufereis losgerissen. Es bildete sich eine im Winter ungewöhnlich große offene Wasserfläche, in der keine einzige Eisscholle schwamm. Robben und Ringelrobben und vereinzelte, von der Herde zurückgebliebene Walrosse kamen nahe an die Kante des Ufereises herangeschwommen. Die größte Ansammlung von Tieren wurde am Felsen Senlun beobachtet. Dorthin machte sich eine Gruppe junger Jäger auf den Weg. Die sorglosen jungen kraftstrotzenden und übermütigen Männer waren so vertieft in ihre erfolgreiche Jagd, dass sie nicht merkten, wie die große Eisfläche, auf der sie standen, vom Küsteneis wegbrach und ins offene Meer trieb.

Anfangs fielen die Jäger nicht in Panik, zumal das Eis von der Strömung und dem Wind in Richtung des Ufers getrieben wurde. Das Unglück entdeckte der Beobachter, der wie immer auf der Felsenklippe Eppyn saß. Fast die gesamte Bevölkerung von Uëlen versammelte sich an der Eiskante. Ein Tangitan schlug vor, ein Kajak ins Wasser zu lassen und zu versuchen die Verunglückten zu retten. Der Älteste von Uëlen schaute ihn verständnislos an. Aber was konnte man von einem Russen schon erwarten, er kannte ja den Brauch nicht: Dem Meer durfte die Beute nicht genommen werden!

Die Eisscholle schwamm zur Küste, und die Hoffnung flackerte wieder auf. Die Jäger machten sich bereit, auf das feste Küsteneis zu springen, das an das Ufer zementiert war. Aber das Wunder trat nicht ein: Die Eisscholle schwankte merkwürdig und wurde mit unerhörter Geschwindigkeit am Ufer vorbeigetragen. Sie schwamm hinaus auf das brodelnde Meer. Die tangitanischen Männer und Frauen schrien und stöhnten, die Alteingesessenen von Uëlen aber standen da, als hätten sie sich in steinerne Götzen verwandelt. Die Eisscholle entfernte sich mit großer Geschwindigkeit, die Umrisse der Menschen waren bald kaum mehr zu erkennen, sie verschwammen im weiten Meer, in dem alles zu einer weißlichen, eisigen Farbe zusammenfloss.

Die Tangitan verstummten, nur das Heulen des Windes war zu hören, es erinnerte an das laute Weinen eines Menschen, an einen kummervollen Aufschrei, der den für immer von uns gegangenen Landsleuten hinterhergeschickt wurde. Die winterliche Dunkelheit sank hernieder, es fiel Schnee, der die Landschaft einhüllte.

Das Meer hatte sich sein Opfer geholt, und der Mensch, der von ihm abhing, war machtlos.

Морж

ryrky

Walross

Wenn es an der Küste Walrosse gab, brauchte man sich früher um die Nahrung und um Brennstoff für die Tranlampe keine Sorgen zu machen. Man musste nicht darüber nachdenken, womit man die Jaranga deckt, das Kajakgestell bezieht, woher man feste, elastische Riemen nimmt und das Material für wasserdichte Umhänge. Schließlich musste man nicht herumrätseln, womit man das wichtigste Zugtier des arktischen Menschen füttert – die Schlittenhunde.

Immer haben die Walrosse unser Leben begleitet. Bereits zu Beginn des Frühlings tauchten sie an unserer Küste auf, als das noch feste Ufereis die driftenden Eisschollen vom Festland trennte. Die Vorbereitungen auf die erste Walrossjagd im Frühling waren von feierlichen Riten begleitet, den Geistern des Meeres wurden Opfer dargereicht. Auf langen Hundeschlitten wurden die Jagdschaluppen und Kajaks zum offenen Meer gebracht. Für uns Jungen war das ein richtiges Abenteuer, wenigstens indirekt nahmen wir an der Walrossjagd teil.

Wenn das Ufer endgültig eisfrei war, wurde das Walross von Eisschollen aus gejagt, die im offenen Wasser schwammen. Zuerst musste es harpuniert werden, dann wurde es mit einem Gewehr erschossen. Die getöteten Walrosse wurden an die Schaluppen oder Kajaks gebunden und zum Ufer geschleppt, wo sich bereits die Frauen, Alten und Kinder in Erwartung einer reichen Beute versammelt hatten.

Mit gemeinsamer Kraft wurden die Tiere aufs Ufer geschleift. Das Schlachten begann mit dem riesigen Bauch, mit dem Aufschneiden des Magens. Das Walross ernährt sich vor allem von kleinen Weichtieren, und im Magen eines satten Walrosses befinden sich mehrere Kilogramm davon. Die halb verdauten Mollusken galten als besondere Leckerbissen. Meistens wurden sie den Kindern gegeben, auch Stücke der frischen, noch warmen Leber. Wer wollte und geeignetes Geschirr bei sich hatte, konnte auch vom frischen warmen Blut trinken.

Ich erinnere mich bis heute an den Geschmack des Fleisches vom ersten Walross im Frühling. Es wurde in einem großen Kessel gekocht, der an einer langen Kette über dem Feuer hing. Das Fleisch wurde klein geschnitten, so klein wie das bekannte tangitanische Gericht Bœuf Stroganoff. Das Wasser verkochte fast vollständig, es blieb ein dicker Brei übrig, den man mit den Händen schaufeln konnte. In das Gericht kamen keinerlei Gewürze, nicht einmal Salz, nur die grünen Tundrablätter, genannt Tschipet.

Ich mochte vor allem das kalte Fleisch. Wenn du draußen herumgetobt bist, müde und hungrig in die Jaranga kommst, tauchst du einfach deine Hand in den Kessel, der über dem erloschenen Feuer hängt, und schaufelst den dicken Brei heraus. Du verschlingst das Fleisch, leckst die Brühe von den Händen, die manchmal sogar bis zum Ellenbogen rinnt, und rennst wieder hinaus.

Die Sommerjagd ging mit einer kleinen Pause im Hochsommer in die Herbstjagd über. Im Herbst schwammen die Walrosse in großen Herden zu ihren Liegeplätzen auf dem Kieselufer der Tschuktschenhalbinsel. Aber getötet wurde das Walross weit entfernt vom Ufer, auf keinen Fall in der Nähe des Liegeplatzes. In der Nähe des Liegeplatzes durfte weder geschossen, Lärm gemacht noch geschrien werden. Wenn jemand dieses Verbot verletzte, konnte er sogar umgebracht werden. Der Grund lag darin, dass die Walrossbeute vom Liegeplatz für die Küstenmenschen lebenswichtig war: Das Walross versorgte sie mit allem, was sie für den langen Winter dringend brauchten.

Die Walrosse wurden mit langen Lanzen getötet. Man musste das Tier mit dem ersten Schlag niederstrecken, der verwundete Koloss durfte auf keinen Fall ins Meer flüchten. Das war eine Aufgabe für starke und erfahrene Männer.

Im Herbst wurden die Walrosse auf eine etwas andere Weise zerlegt als im Frühjahr und Sommer. Die dicke Fettschicht wurde zusammen mit dem Fleisch an der Haut gelassen. Das war das sogenannte Kopalchen. In den Werken der tangitanischen Schriftsteller und Journalisten wird häufig dessen »ekelerregender« Geruch beschrieben. Er kann einen Fremden tatsächlich umhauen.

Kopalchen wird folgendermaßen zubereitet. Die Haut wird zusammen mit dem Fleisch und dem Speck zu einer eigentümlichen Roulade gerollt. Manchmal werden noch Leberstücke und Nierenstücke hineingestopft. Es entsteht so etwas wie ein Paket, das mit einem dünnen Lederband, das aus derselben Haut herausgeschnitten wurde, zusammengenäht wird. Dieser Batzen wiegt ungefähr dreißig, vierzig Kilo. Er wird in der Erde vergraben, im Dauerfrostboden, oder in die Siedlung gebracht, in der jede Familie ihre eigene Fleischgrube besaß. Diese Grube war nicht tief. Dort reifte der Kopalchen und nahm den Geruch an, der den Tangitan so verhasst war. Jede Familie stellte so viele her, wie sie für den langen Winter brauchte. Der Kopalchen diente ja nicht nur dem Menschen als Nahrung, sondern auch den Hunden. Aus ein und demselben vereisten Stück wurden für die Familie wie für die Schlittenhunde die benötigten Brocken herausgehauen.

Für gewöhnlich bekamen wir am Morgen jeder ein Stück gefrorenen Kopalchen, das mit dem Frauenmesser ganz fein geschnitten war. Diese Mahlzeit reichte voll aus, wir verspürten den ganzen Wintertag über an der Frostluft keinen Hunger.

Wenn der Schlittenführer, der Kajur, sich zu einer Reise fertig machte, legte er ein großes Stück auf den Schlitten. Und wenn ein sehr langer Weg bevorstand, nahm er einen ganzen Kopalchen mit. Dieser Vorrat versorgte ihn und die Hunde mit ausreichender Nahrung.

Ich erinnere mich noch gut, wie ich die Hunde nach einem langen Weg fütterte. Die an die Kette gelegten Tiere warteten geduldig auf die Nahrung. Sie gähnten nervös und winselten leise.

Ich öffnete den Deckel der unterirdischen Fleischgrube. Als Deckel wurde meist ein Schulterblatt des Wals benutzt. Der scharfe Geruch des im engen Raum eingeschlossenen Kopalchen schlug mir entgegen. Ich holte einen heraus und nahm ein scharf geschliffenes Beil. Zuerst hackte ich den runden, gefrorenen Brocken in zwei Teile, und dann hackte ich große runde Scheiben zurecht. Der Winterkopalchen, der mehrere Monate im Dauerfrostboden gelegen hatte, sah als geschnittene Scheibe durchaus appetitlich aus: außen war die Schicht der grauen Haut recht dick, anderthalb bis zwei Zentimeter, dann kam die Speckschicht, etwas gelblich und fest, und dann das rosige Fleisch mit eingelagertem Fett. Diese drei Schichten waren durch eine grünliche, ungewöhnlich scharfe Schimmelschicht getrennt, die an den Geschmack von gutem Roquefort erinnerte. Beim Anblick dieses Schimmels floss einem der Speichel im Mund zusammen. Ich konnte mich nie beherrschen und schnitt mir selbst eine hauchdünne Scheibe ab, so dünn wie Frühstücksspeck, und legte sie auf die Zunge. Die Hunde blickten mich neiderfüllt an und knurrten dumpf, so als wollten sie mich daran erinnern, dass der Kopalchen eigentlich für sie bestimmt war.

Auf dem festen Schnee oder einem Holzstück zerhackte ich den Brocken in einzelne faustgroße Portionen. Dann warf ich sie in die weit aufgerissenen Hundeschnauzen. Nie nahm ein Hund dem anderen das Fressen weg oder biss, wenn er glaubte, dass er zu kurz gekommen war. So konnte ich mich beim Füttern der Hunde selbst auch satt essen, in der Jaranga trank ich dann immer einen großen Becher starken Tee nach.

Im Winter war der Kopalchen unser Hauptessen. Er wurde zum Frühstück gereicht, am Tage und abends, wenn es kein frisches Robbenfleisch gab. Wer in seiner Fleischgrube genug davon aufbewahrte, wusste, dass er sich vor nichts zu fürchten brauchte, nicht einmal, wenn die Winterjagd auf Robben oder Eisbären mehrere Wochen oder sogar Monate hintereinander erfolglos sein würde.

Ich bin im wahrsten Sinne des Wortes mit Kopalchen groß geworden.

Was das Walross mir alles schenkte, als ich noch in Uëlen lebte: Das Dach meiner Jaranga war gedeckt mit in breite Streifen geschnittener Walrosshaut. Wenn nach einigen Jahren die alte Haut durch eine neue ersetzt wurde, war das ein richtiger Feiertag. Die alte Bedeckung diente dann als Fußboden weiter, unterlegt mit gut getrocknetem Moos. In den Tranlampen glänzte der flüssige Walrossspeck und erfüllte die Jaranga mit warmem gelben Licht. Über dem Feuer hing der Kessel, in dem das Walrossfleisch kochte ... Auf hohen Gestellen trockneten die Kajaks, die mit Walrosshaut bezogen waren, zwischen den Masten hingen als Girlanden die mit Luft gefüllten Walrossdärme, aus denen die Frauen wasserdichte Umhänge nähten. Bevor es Eisen gab, wurden aus den Walrosshauern Spitzen für Pfeile und Lanzen hergestellt, Ringe und Knöpfe gefeilt. Und danach wurden die Elfenbeinhauer mit Sujets aus alten Märchen bemalt. Aus dem Walrossmagen wurde die lautstarke Trommel hergestellt, deren Klang mit dem Krach der Meeresbrandung wetteifern konnte. Sogar der Walrosspenis wurde für alle möglichen handgefertigten Gegenstände verwendet. Wegen seiner Festigkeit und Größe ist er heute ein teures Souvenir, Touristen aus fernen Ländern reißen sich darum. Kurz gesagt – für den Luorawetlan bedeutet das Walross Leben!

Музей

Museum

Das erste Museum, das ich besuchte, befand sich in Anadyr gegenüber der Pädagogischen Fachschule und war ein armseliges, bis zu den winzigen blinden Fenstern in die Erde gewachsenes Häuschen, das wahrscheinlich schon von den ersten Russen erbaut wurde, die nach Tschukotka gekommen waren. Es bestand nur aus einem einzigen Zimmer, das angefüllt war mit einem Sammelsurium von allerlei Plunder, der teilweise direkt vom Abfallhaufen einer normalen tschuktschischen Siedlung zu stammen schien. Überraschend viele Schamanenkleider wurden gezeigt, Kittel, die mit langen Streifen aus Rentiersämischleder geschmückt waren, mit rotem Ocker gefärbt und mit bunten Glasperlen verziert. Daneben standen wunderliche Masken, Tamburins aller Größen, von riesigen bis zu winzig kleinen, die eher wie Spielzeug wirkten. Ein eigenartiges Gerät fiel besonders auf – das Modell eines Flugzeugs mit dem eingearbeiteten Stutzen einer Winchester, angefertigt von einem tschuktschischen Schamanen. Das Gerät sollte die tschuktschische Bevölkerung in Angst und Schrecken versetzen, als Symbol für das Böse der neuen Ordnung, die die Bolschewiki mithilfe der fliegenden Eisenvögel und der Feuerwaffen dem tschuktschischen Volk aufgezwungen hatten.

In den Ecken des finsteren Zimmers hingen verstaubte Vögel, und auf dem Boden standen ausgestopfte Vierbeiner. Unter dem Fenster grüßte auf drei Beinen ein riesiges Rentier mit kahlen Stellen im

Fell, windschiefem Geweih und riesigen flaschengrünen Glasaugen. Unter den vielen Gegenständen aus Walrosselfenbein war sogar ein geschnitztes Modell des Segelschiffes Maud, das dem norwegischen Forscher Roald Amundsen gehört hatte, der in den Zwanzigerjahren im Meerbusen von Tschaunsk auf der tschuktschischen Halbinsel überwinterte.

Das zweite Museum in meinem Leben war gleich eines der größten und reichsten der Welt, die Eremitage in Petersburg, dem damaligen Leningrad. Es beeindruckte mich durch seinen unwahrscheinlichen Prunk und machte mich nachdenklich: Braucht der Mensch solchen Überfluss? Einer, der aufgewachsen ist wie ich, könnte in solch einem Luxus, umgeben von diesem majestätischen, größenwahnsinnigen Prunk, nicht leben. Die Menschen, die auf den Bildern dargestellt waren, eingerahmt in massivem Gold, sahen den gewöhnlichen Leningradern nicht ähnlich, die das Museum besuchten und in weichen Filzpantoffeln auf dem glatten Parkett an ihnen vorbeigingen. Sie wirkten wie aus einer ganz anderen Welt, ja von einem anderen Planeten. Nach dem ersten Besuch in der Eremitage war ich von den chaotischen Eindrücken so erschreckt, dass ich viele Jahre keine Gemäldegalerien mehr besuchte.

Mit banger Vorsicht ging ich in die Kunstkammer und in das Museum für Ethnografie, beide noch gegründet von Peter dem Großen. Das Museum lag am Universitätskai gleich neben unserer Fakultät. Hier gab es ganz andere Dinge zu besichtigen als in der Eremitage. Mit goldenem, kaum sichtbaren Staub angefüllte Dämmerung herrschte im Raum. Aus diesem Halbdunkel traten die Figuren von Menschen heraus, die wunderliche Kleider trugen. Anfangs dachte ich, es seien echte, auf besondere Weise getrocknete und einbalsamierte Menschen. Es waren vor allem Männer und Frauen orientalischer oder afrikanischer Herkunft, aber aus irgendeinem Grunde war ich ihnen zugeneigt, als seien sie meine fernen Verwandten. Und wie sich herausstellte, gab es tatsächlich Verwandte. In einem der Säle entdeckte ich ein Jägerkajak, darin saßen Menschen, die Umhänge aus Walrossdärmen trugen. Die Jäger schwiegen, hielten in den Händen Harpunen, und auf ihren Gesichtern lag goldener Museumsstaub.

Mein Herz zog sich vor Mitleid mit meinen arktischen Landsleuten zusammen, die aus ihrer gewohnten Umgebung herausgerissen worden waren. Ich litt unter der Erniedrigung, in einem Museum Ausstellungsobjekt zu sein und von allen betrachtet zu werden. Unsere Leute waren für die Zuschauer Demonstrationsobjekte aus einem anderen Leben, seltsam und interessant zwar, aber vor allem wild! Ich erinnerte mich an Erzählungen, die ich in der Kindheit gehört hatte: Mein Großvater, der Uëlener Schamane Mletkin, war Ende des 19. Jahrhunderts auch einmal lebendiges Ausstellungsstück auf der Weltausstellung in Chicago gewesen. Ich konnte mir gut seine seelischen Leiden vorstellen, wenn die satten, selbstzufriedenen Chicagoer geschniegelt und gebügelt an ihm vorbeiflanierten und sich laut ihre Eindrücke mitteilten, die mein Großvater, der die englische Sprache beherrschte, sehr gut verstand.

Meine Museumsmenschen hörten und verstanden nichts, aber die Bemerkungen über sie unterschieden sich nicht von denen, die mein Großvater seinerzeit im fernen Amerika über sich hatte ergehen lassen müssen. In mir entstanden Rachegedanken: Warum sollte man nicht in Anadyr oder Uëlen ein Museum des weißen Menschen eröffnen, sein Auto ausstellen, sein Fahrrad, seine Anzüge, seine Krawatte, last but not least die weißen Unterhosen ... Am besten gleich eine Attrappe in voller Montur, mit dem sauber rasierten Gesicht und der im Mundwinkel hängenden Papirossa Marke Belomorkanal. Auch ich würde dann an seiner Vitrine mit der Aufschrift *Nicht berühren!* vorbeischlendern und über dieses seltsame Menschenwesen staunen ... Das wäre komisch und traurig zugleich.

Den größten Teil ihrer ethnografischen Trophäen hatten die Museen für ein paar Groschen erworben, meistens sogar aus heiligen Grabstätten geraubt. Genau auf diese Weise bekam der bekannte

Arktisforscher James Cook bei den Polareskimos seine Kollektionen zusammen, die im Museum für Wissenschaftsgeschichte in New York ausgestellt sind. Während die orientalischen Kollektionen der europäischen Museen in der Hauptsache aus Kriegstrophäen bestanden oder aus gestohlenen Schätzen unterworfener Völker, so wurden die arktischen Kollektionen der meisten Museen der Welt durch Lug und Betrug zusammengetragen.

Ich habe in meinem langen Leben viele Museen besucht, mit reichen Sammlungen zur Kultur der arktischen Völker, darunter auch der Luorawetlan. In Kanada, in den Vereinigten Staaten, in den skandinavischen Ländern, in Finnland, Deutschland, Frankreich ... Fast jedes Mal hatte ich das Gefühl: Was hier für jedermann ausgestellt war, hatte man mir persönlich entwendet.

Den größten Schock erlebte ich in Paris Anfang der Siebzigerjahre. Ich wurde mit dem berühmten Polarforscher Jean Mallory bekannt gemacht, der damals Direktor des Französischen Arktisinstituts war. Er lud mich herzlich zu sich ein. Seine Wohnung befand sich in einem alten Haus ohne Fahrstuhl im Zentrum der Stadt, wir stiegen lange die knarrende Holztreppe mit dem glänzend polierten Treppengeländer hinauf. In der geräumigen hellen Diele, in die durch große Fenster Licht fiel, empfing mich ein Meeresjäger in einer Fellkuchljanka, Robbenlederhosen und mit Speer. Das kam so unerwartet für mich, dass ich erschrak und zurückwich.

Aber das war natürlich nur eine Attrappe, eine gekonnt nachgemachte Wachsfigur. Kein ausgestopfter Balg, so was macht man nur mit Tieren ... Als ich wieder zu mir kam, malte ich mir aus, dass in der engen Diele meiner Leningrader Wohnung eine Attrappe dieses Jean Mallory stünde, im dunklen Kostüm, blank geputzten Schuhen, mit Metallbrille und Aktentasche in der rechten Hand ...

Музыка

ejnen

Musik

Die Wurzel des tschuktschischen Wortes *ejnen* bedeutet Ruf, Bitte, Flehen. So sehe ich meinen Vorfahren vor mir: auf einer Anhöhe stehend, an einem steilen Abhang, die Hände wie einen Trichter am Mund und jemanden rufend. Er kann nicht nur seine Kameraden rufen, sondern auch ein Tier. Er kann sich an die unsichtbaren Kräfte wenden mit Lauten, die sich in Melodien verwandeln, in Töne, die dem Ohr schmeicheln.

Man könnte denken, dass in einer Welt, in der der Schneesturm hinter der Fellwand der Jaranga tost und alles übertönt, keine zarten und fließenden Melodien existieren können, keine Wiegenlieder, keine traurigen oder frohen Weisen. Ganz im Gegenteil, von Geburt an begleitet den kleinen Luorawetlan die zärtliche Melodie des Wiegenlieds der Mutter, darauf folgt, wenn ein Tier erlegt wurde, das kämpferische Lied, dann die wundersame und hypnotisierende Stimme des Schamanen, die oft mit überraschender Genauigkeit Tierstimmen und Geräusche der Natur nachahmt. Sogar bei absoluter Stille, wenn am Himmel nur der farbige Vorhang des Polarleuchtens gleißt, hört der Luorawetlan das »Flüstern des Lichts«. Die Luorawetlan glauben, wenn man laut pfeife, dann werde die Bewegung des vielfarbigen Lichtes schneller, und dann müsse man besonders vorsichtig sein, denn wer aus Versehen die untere Ecke des Lichts berühre, verbrenne sich, und diese Wunde heile nie ...

Die Meeresbrandung bestimmte den Rhythmus, und die Schläge der Schellentrommel fielen in diesen Ton ein, der einem Fremden zuerst eintönig erscheinen mochte. Meeresbrandung und Trommel maßen die Zeit und teilten den ewigen Strom des Lebens in einzelne Abschnitte ein.

Möglicherweise war es auch die Meeresbrandung, die den tschuktschischen Tänzen den Rhythmus schenkte und die Tanzbewegungen der Meeresjäger von der Beringstraße bestimmte. Ich war Zeuge des Schöpfungsprozesses einiger Sänger, unter denen vor allem Rentyrgin und Atyk großen Ruhm erlangten. Rentyrgin lebte in der Tundra und nomadisierte mit einer kleinen Herde Rentiere südlich von Uëlen, dort, wo die Tschuktschenhalbinsel endete. Er kam oft zu uns und wohnte dann meist in unserer Jaranga. An den Abenden, beim Licht der verlöschenden Tranlampe, probte er mit leiser Stimme improvisierte Melodien, so als wolle er die Töne unseren Ohren anpassen. Immer wieder veränderte er etwas in seinem Entwurf, manchmal verstummte er für lange Zeit und richtete seinen Blick in die Ferne, sah durch die Wände des Fellpologs hindurch. Wenn die Melodie schließlich feststand, schmückte er sie noch mit Akzenten aus, und dann war die Zeit des Tanzes gekommen. Der Schöpfer brauchte nun viel Platz, und die Bewohner des engen Pologs drängten sich an den Wänden zusammen. Die Bewegungen des Tänzers waren sparsam, sie bestanden aus wenigen, seit Jahrhunderten festgesetzten Gesten. Der Inhalt des Tanzes wurde von der Reihenfolge dieser Gesten bestimmt. Sie waren so etwas wie die sieben Töne, aus denen sich die Melodie zusammensetzte.

Nachdem der Tanz und das Lied vom »künstlerischen Rat« unserer Jaranga für gut befunden worden waren, brachte Rentyrgin sein Werk zu den jungen Tänzern, die die Melodie und den Tanz auswendig lernten und den Anweisungen des Autors folgten. Das neue Werk wurde auf dem alljährlichen Lieder- und Tanzfestival aufgeführt, das in Uëlen in der kurzen Ruhezeit durchgeführt wurde, wenn die Frühlingsjagd auf das Walross bereits vorbei war und der Walfang und die Jagd der Walrosse im Herbst noch nicht begonnen hatten. Für gewöhnlich hatte zu dieser Zeit das Eis die Küste verlassen, und der Kieselsteinstreifen lag sauber da, die bunten Steinchen, von den kalten Wassern des Polarmeeres glatt poliert, leuchteten in allen Farben.

Zum Festival kamen Gäste aus fern und nah. Gern gesehene Gäste und Konkurrenten waren die Nachbarn von der anderen Seite der Beringstraße, die Eskimos vom Großen und Kleinen Diomid, aus Uëls, Kygmin und von der Sankt-Lorenz-Insel. Die Gäste schlugen ihre Zelte gleich auf dem Kieselstrand auf, kippten ihre geräumigen Lederkajaks auf die Seite, um die Flamme des Lagerfeuers vor dem unaufhörlich blasenden Wind zu schützen. Gleich daneben, im Windschatten der Kajaks, wurden die Zelte aufgeschlagen und mit dicken Rentierfellen ausgelegt.

Bei gutem Wetter wurde der Tanz- und Liederwettbewerb im Freien durchgeführt. Dazu wurden große Segelbahnen auf die Erde gelegt. Bei schlechtem Wetter wurde die Veranstaltung ins Schulgebäude verlegt. Wenn zwei benachbarte Klassenzimmer zusammengelegt wurden, hatte man einen recht großen Saal. Normalerweise wurden nur neue Werke vorgestellt, alte Lieder und Tänze und klassische Musik nur auf besonderen Wunsch der Zuschauer.

Schon längst sind diese grandiosen Tanz- und Liederfestivals auf dem Kieselstrand der Uëlener Landzunge Geschichte geworden. Die Namen der drei herausragenden Sänger und Tänzer sind nur noch im Gedächtnis der alten Generation erhalten geblieben: Atyk, Rentyrgin und der Eskimo Mylygrok von der Insel Kleiner Diomid. Alle drei Klassiker des Liedes und Tanzes vom Beringmeer haben die Welt schon verlassen. Aber manchmal taucht in den Nummern des staatlichen Ensembles der Tschuktschen und Eskimos »Ergyron« eine alte Melodie auf, und in einem modernen Tanz entdeckt der Zuschauer plötzlich eine längst vergessene Bewegung.

Europäische Musik kam mit dem Grammofon in unsere Jarangas. Man nannte es auch Victrola und Patephon. Meine Landsleute kauften gerne Grammofone oder tauschten sie gegen Walbarten, Walrosselfenbein und Pelze ein. Opernarien, Mandolinenklänge, Spirituals, Militärmärsche und vor allem die amerikanische Staatshymne klangen sehr seltsam im abendlich stillen Uëlen, das von den niedrigen Strahlen der hinter dem Kap von Intschounsk untergehenden Sonne beleuchtet war. Russische Musik kam erst mit der Sowjetmacht zu uns. Aus unerfindlichem Grunde hatte zunächst jemand eine relativ große Sammlung jüdischer Volkslieder mitgebracht, und erst einige Zeit später kamen auch russische Volkslieder.

Doch lange vor den professionellen Sängern hörten wir russische Lieder aus dem Mund der Tangitan, die in Uëlen lebten. Meist sangen sie, wenn sie eine ordentliche Portion anregender Getränke geschluckt hatten. Die wichtigsten Lieder dieser Jahre waren: »Die Binsen rauschten, die Bäume bogen sich im Wind«, »Als ich auf der Poststation als Kutscher diente«, »Floh ein Vagabund aus Sachalin«. Manchmal wurden Revolutionslieder gesungen und Lieder aus dem Bürgerkrieg. Diese Lieder lernten wir in der Schule, in der Stunde für musikalische Erziehung.

Das erste richtige russische Lied hörte ich von einer alten Schallplatte, die wie durch ein Wunder nach Uëlen gelangt war und die schon einen Sprung hatte. Es wurde von der berühmten russischen Sängerin Irma Jaunsem gesungen. Trotz der eindeutig karelischen Wurzel ihres Namens war sie die Vorläuferin anderer berühmter Interpretinnen russischer Volkslieder – Lidija Ruslanowa, Ljudmila Sykina. Diese Stimmen verschafften dem russischen Lied einen festen Platz in meinem Herzen, es gibt für mich nichts Innigeres als die russische Volksweise, die die Weite und Farbigkeit der russischen Landschaft und die ganze Breite menschlicher Gefühle ausdrücken kann: Trauer, Sehnsucht und Freude, Zorn und Sanftheit zugleich. Die russischen Lieder haben mich mein ganzes Leben lang verzaubert.

Ich weiß nicht, wem diese Idee in den Kopf gekommen war, aber buchstäblich im letzten Sommer vor Kriegsausbruch kam plötzlich das Sinfonieorchester der Leningrader Philharmonie in voller Besetzung nach Uëlen. Das Orchester war so groß, dass sogar das Beseitigen der Wand zwischen den beiden größten Klassenzimmern nicht ausreichte, um es unterzubringen. Deshalb wurde beschlossen, das Konzert ins Freie zu verlegen, direkt an den Strand des Ozeans. Kein einziges Sinfonieorchester hatte je Gelegenheit, in einem solch fantastischen Bühnenbild zu spielen. Im Rücken der Musiker breitete sich das Polarmeer mit den Eisbergen aus, die im grünen Wasser aussahen wie weiße, von der niedrigen Sonne beleuchtete Spritzer. Auf dem grünen Tundragras standen die Jarangas, hinter ihnen glitzerte die glatte Wasseroberfläche der Lagune, und dahinter lag die Tundra – grün, hügelig, übersät mit Strömen und Seen. Auf den Kieselstrand hatte man Segel gelegt und sie an den Rändern mit kleinen Feldsteinen beschwert. Das Wetter war gut, fast windstill. Die Hörer hatten Stühle mitgebracht, Hocker, Walwirbel, die sich zum Sitzen eigneten.

Die Musiker trugen einen schwarzen Anzug und eine weiße Chemisette und erinnerten an einen Schwarm Breitschnabellummen, der sich auf dem Felsen Senlun niedergelassen hatte. Die Sonnenstrahlen fielen auf die polierten Resonanzkörper der Saiteninstrumente und blendeten. Die kupfernen Posaunen, die großen und kleinen Trommeln spiegelten matt den blassblauen Nordhimmel. Der Dirigent trug ebenfalls das Kostüm der Breitschnabellumme, doch in der Hand hielt er ein kleines dünnes Stöckchen, ganz ähnlich dem Stöckchen, mit dem die Hausfrau den Docht in der steinernen Tranlampe richtet.

Als die Musiker still wurden und das Klingen der Instrumente verstummte, hob der Dirigent das Stöckchen, und es trat völlige Stille ein. Sogar die Schwalben verstummten und all die vielen Bewohner des Vogelbasars am Felsen Senlun. Nur die Wellen rauschten leise, und das mächtige Atmen des Ozeans war zu hören.

Da zuckte der Dirigent plötzlich am ganzen Körper, so als springe er in die Höhe, und die Luft füllte sich mit Tönen, die an diesem Ort noch nie erklungen waren. Denn die Vogelschreie, das rhythmische Schlagen der Wellen, das schwere Atmen des in der Ferne vorbeischwimmenden Wals und das Grunzen der Walrösser waren wir so gewohnt, dass das menschliche Gehör das nicht mehr als Ton wahrnahm, sondern es für einen Teil der Landschaft hielt.

Das Orchester spielte Fragmente aus der Ersten Sinfonie von Peter Tschaikowski – »Winterträume«. Es gab keinen Einführungsvortrag, keine Erklärungen vorab, jeder Zuhörer erlebte die Musik auf seine Weise – die Vergangenheit, Gegenwart und Zukunft. Ich hatte nie einen grünen Wald gesehen, nie ein endloses Feld, langsam dahinfließende breite Flüsse, die ihre Wasser bis zum weiten Meer trugen, aber als ich die Klänge hörte, erstand all das vor meinem Auge. Hat Musik die Macht, so die Fantasie zu wecken, dass du dir sogar etwas vorstellen kannst, das du nie gesehen hast? Es gibt eine süße Sehnsucht nach der Zukunft, nach dem Unbekannten und Ungesehenen, die Erwartung eines kommenden ungewöhnlichen Glücks – all das war in dieser Musik verborgen.

Als die letzten Töne verstummten, blieb es lange still. Kein Applaus. Wer von meinen Landsleuten kannte schon dieses Zeichen der Dankbarkeit? Dann klatschte einer der Lehrer, dann die Mitarbeiter der Polarstation, dann die Uëlener Tangitan, und zuletzt schlossen sich auch meine Landsleute an.

Die ersten Takte der Ersten Sinfonie von Peter Tschaikowski sind in meinem Gedächtnis eingebrannt. Und das Orchester auf dem Strand, die weißen Segel auf den nassen Kieselsteinen, der matte Glanz der polierten Instrumente, das blendende Licht der kupfernen Posaunen – das alles lebt bis heute in mir.

Dennoch bin ich damals kein großer Liebhaber der klassischen Musik geworden. Die wenigen Werke, die ich danach meist im Radio hörte, ließen mich kalt, berührten mein Herz nicht. Bis etwas geschah, was mich erschütterte. Das war, als ich nach Leningrad kam, um zu studieren.

Damals war es üblich, dass die Studenten des ersten Studienjahres, bevor die Vorlesungen und Seminare begannen, einen Monat zum Ernteeinsatz in die Kolchosen fuhren. Der Herbst war warm, und es machte mir Spaß, Getreidegarben zu binden, zu mähen, an der Dreschmaschine zu stehen und ein Pferd zu lenken. Als der Monat vorüber war, sollten wir alle nach Leningrad zurückkehren. Auf der Bahnstation stellte sich heraus, dass der Zug erst am nächsten Morgen fuhr. Ich beschloss, die Nacht auf einer Bank zu verbringen, nicht im Wartesaal, sondern im Freien, unter einem Mast, an dem ein Lautsprecher hing, der keinen Augenblick verstummte und den man auch nicht abstellen konnte. Das war damals so üblich – das Radio sendete rund um die Uhr, und die Bürger der Sowjetunion konnten den Nachrichten über den Aufbau und das Leben im riesigen Land nicht entfliehen. Zwischendurch gab es Konzerte, manchmal konnte man sogar die Übertragung eines ganzen Theaterstücks verfolgen oder eine Oper mit berühmten Stimmen hören.

Die Nacht war warm und still, ich dämmerte vor mich hin, manchmal war ich hellwach, doch die meiste Zeit schlief ich friedlich.

Aber plötzlich riss mich etwas aus dem Schlaf. Musik!

Sie kam aus dem schwarzen Lautsprecher, der am Holzmast hing. Es spielte ein Sinfonieorchester. Von der ersten Sekunde an verzauberten mich die Töne, trugen mich fort vom Bahnhofspark in eine wundervolle Traumwelt, lösten mich auf und machten mich zum Teil dieses wundervollen Klangs. Das war wahrhaft *ejnen*, der Ruf in eine Zauberwelt.

Um mich herum lief das Leben wie gewohnt, Leute gingen vorüber, manchmal drangen sogar Gesprächsfetzen an mein Ohr, weit, weit weg weinte ein Kind, muhte eine Kuh, aber diese Töne stammten aus einer anderen Welt, zu der ich nicht mehr gehörte.

Ich hatte das Gefühl, als schwebte ich über der Erde, und für einen Augenblick blitzten in meinem Bewusstsein Gesichte aus einem vergangenen Leben auf – die Kiesellandzunge von Uëlen mit den zwei

Reihen Jarangas, bestrahlt von der untergehenden Sonne, das Eis auf der Lagune, die Pfützen auf dem Eis, die herbstliche Meeresbrandung, das Licht des Leuchtturms, das die Jarangas aus der Dunkelheit reißt, mein Hundegespann, und ich sah mich selbst, mit meiner Großmutter Giwewnëu auf dem Schlitten sitzend, der unter den schwarzen Felsvorsprüngen des Kap Eppyn dahinglitt … Der große schwarze Dampfer Jean Jaurez, auf dem ich von der Prowidenije-Bucht nach Süden fuhr, nach Wladiwostok … Noch einmal durchlebte ich die Trennung von der Heimat, die Sehnsucht nach meiner Welt, die ich mit dem Gefühl, dass es für immer sei, verlassen hatte. Plötzlich tauchte das Gesicht meiner Mutter auf, das von der Kapuze der bunten Kalmlejka halb verdeckt war … Ich war in der Welt der Musik eingeschlossen, schwamm auf den Wellen des wundervollen Zusammenklangs der Töne, zugleich in der Vergangenheit und in der Gegenwart, in diesem Bahnhofspark mit dem Holzmast, an dem der schwarze Lautsprecher hing.

Eine ungewöhnliche Erregung hatte mich erfasst, ich fühlte ein Zittern durch meinen Körper gehen. Als die Geigen verstummten, die Posaunen, die Trommel, als die Töne sich auflösten in der Dunkelheit der warmen Herbstnacht, begriff ich erst gar nicht, dass die Musik vorbei war.

Natürlich dachte ich zuerst an das Konzert auf den weißen Segeln in Uëlen viele Jahre zuvor. Aber hier, in der kleinen russischen Provinzstadt, hatte ich die Musik ganz anders wahrgenommen. Der Sprecher verkündete, das Sinfonieorchester der Moskauer Philharmonie habe die Erste Sinfonie von Kalinnikow gespielt. Diese Sinfonie ist voller russischer Melodien, ergreifender Motive, Gefühle, die im Herzen eines Menschen entstanden, der mit der großen russischen Kultur groß geworden ist. Dieses erschütternde Erlebnis hat lange in mir nachgehallt.

Einige Zeit wohnte ich ganz in der Nähe der Leningrader Philharmonie und ließ mehrere Saisons hindurch keine Aufführung dieses wundervollen Orchesters aus. Ich bin allerdings ein völliger Dilettant geblieben. Noten kann ich nicht lesen, und auch mit Musiktheorie habe ich mich niemals befasst. Allerdings gab es einmal eine Zeit in meinem Leben, als ich mit meinem Freund Shenja Burakow aus Magadan den Radio-Zyklus »Gespräche über Musik« in die tschuktschische Sprache übersetzte. Shenja schrieb die Texte auf Russisch, ich übersetzte sie und sprach sie auf Band. Aus irgendwelchen Gründen wurde später unsere Radiosendung abgeschafft. Viele meiner Landsleute erinnern sich an mich als einen Kenner der ernsthaften Musik und bedauern, dass ich mich nur noch mit Literatur befasse, statt ihre Ohren mit den besten klassischen Werken zu verwöhnen.

Ich wohne in Petersburg in der Nähe der Smolny-Kathedrale, das ist eines der bedeutendsten Architekturdenkmäler des Barock. Dieses Gebäude besitzt einen schönen Konzertsaal mit einer wunderbaren Akustik. Die Kuppel schwebt in unvorstellbarer Höhe, und durch sie steigen die zauberhaften Töne zum Himmel. Diese Kathedrale ist für mich so etwas wie ein privater Konzertsaal, ich kann hingehen, wann ich will.

So begleitete die Musik mich durch mein ganzes Leben. Sie ist für mich *ejnen*, wie ein Zuruf, wie eine Inspiration beim Schreiben. Und ich füge mich diesem Ruf, ich gebe Antwort.

Нерпа

memyl

Ringelrobbe

Neben dem Walross gehört die Ringelrobbe zur wichtigsten Beute des Meeresjägers und ist folglich eine der Hauptnahrungsquellen der Urbevölkerung von Tschukotka, vor allem in der Winterzeit, wenn die Vorräte an Walrossfleisch, die im Sommer angeschafft wurden, zu Ende gehen.

Es gibt mehrere Arten der Ringelrobbe, die Hauptart ist die Largha-Robbe oder getüpfelte Hundsrobbe, auf Tschuktschisch *lygememyl* – die wahre oder gewöhnliche Robbe.

Robben wurden mit Feuerwaffen gejagt oder in langen Wintern bei starkem Frost mit Netzen, die aus dünnen Lederriemen geknüpft waren.

Die Vorbereitung auf die Robbenjagd war ein feststehendes Ritual mit geheimnisvoller Bedeutung. Bevor der Jäger auf das Meereseis ging, brauchte er eine detaillierte Beschreibung des Wetters. In der Kindheit musste ich diese schwere Rolle des Meteorologen übernehmen. Das hieß, dass ich vor allen anderen das warme Rentierbett mit der großen kahlen Stelle in der Mitte des Fells verlassen musste. Sogar noch vor meiner Tante, die im Fellpolog die steinernen Öllampen anzündete und den Teekessel übers Feuer hängte. Ich sprang nackt und barfüßig nach draußen. In kurzer Zeit musste ich nicht nur meine Notdurft erledigen, sondern auch sehr aufmerksam den Horizont betrachten, die Wolken, ihre Formen, ihre Farbe, die Windrichtung und

Windstärke bestimmen, die Intensität der Morgenröte über den steil aufgetürmten Eisschollen hinter dem Deshnjow-Bergmassiv. Alle gesammelten Informationen teilte ich Onkel Kmol mit, der bereits das karge Frühstück zu sich nahm, das aus einem kleinen Stück kalten, mit eingelegten Kräutern gewürzten Fleisch und Kopalchen bestand. Das Frühstück wurde mit einer großen Tasse starkem Tee und winzigen Zuckerstückchen beendet. Der Jäger nahm keinen Proviant mit. Das war eine feste Regel.

Onkel Kmol zog die unteren Hosen aus dem weichen Fell junger Rentiere an, dann die Fellstiefel, die oberen Hosen aus gut gegerbter Robbenhaut, das untere Fellhemd, die obere Fellkuchljanka und darüber noch die Kamlejka aus festem weißen Stoff. Die Jagdausrüstung bestand aus einem Gewehr, das in einer weißen Hülle aus Robbenhaut lag, und aus einer Rolle mit dünner Lederschnur, an der ein Akyn hing. Ein Akyn ist eine Holzbirne, die mit scharfen Haken versehen ist. Mithilfe dieses Akyns wurde die erlegte Robbe aus dem Wasser gezogen. Der Jäger nahm noch einen langen Stock mit einem Haken mit und einen zweiten Stock mit scharfer Spitze, mit dem er die Festigkeit des Eises prüfte.

So bewaffnet, ging er beim Licht der Morgensterne auf das Meereseis, meist in Richtung Nordost, unter die Schwarzen Klippen. Dann bog der Jäger am Felsen Senlun in Richtung Meer ab. Manchmal musste er mehr als einen Kilometer laufen, um zu den driftenden Eisfeldern, den Wasseröffnungen und den breiten Eisspalten zu gelangen. Er wählte eine Wasseröffnung, baute einen Hinterhalt aus festem Schnee, hinter dem er Schutz suchte. Dieser Schutz bildete zur Seite des offenen Wassers einen Wall, damit die Robbe, die auftauchte, um Luft zu schnappen, den Jäger nicht wahrnehmen konnte. Es dauerte manchmal Stunden, bis sich eine Robbe zeigte. Es kam sogar vor, dass sich die Oberfläche des eisigen Wassers den ganzen Tag nicht bewegte. Die Robbenjagd an einem Eisloch – das war eine höllische Geduldsprobe.

Aber was für eine Freude war es dafür, wenn plötzlich mit einem leichten Spritzer der glänzende, glatte, wie polierte Kopf der Robbe aus dem Wasser auftauchte! Ihre Augen blickten unverwandt zum Eisufer. Hatte die Robbe sich davon überzeugt, dass keine Gefahr bestand, begann sie in dem kleinen Loch zu schwimmen, ohne zu merken, dass das schwarze Visierkorn des Jagdgewehrs ihr folgte.

Dann erschallte ein lauter Schuss, der das weiße Schweigen zerriss. Es schien, als würde der Himmel platzen, die aufgetürmten Eisschollen und Eisberge zerbrechen.

Die Robbe liegt unbeweglich auf der Wasseroberfläche. Der Jäger rollt schnell den Akyn ab und wirft die Holzbirne ins Wasser, sie muss genau hinter der Beute eintauchen. Der Jäger fasst die Beute mit den Haken des Akyn, zieht sie zu sich heran und dann aufs Eis. Nachdem er die Robbe vom Rand des Eislochs weggezogen hat, nimmt er wieder seinen Platz hinter dem Schneewall ein und wartet reglos.

Es kam selten vor, dass noch ein weiterer Kopf aus dem Eisloch auftauchte. Das galt als großes Glück. Ein Jäger, der zwei Beutetiere schleppte, lief langsam. Schon aus der Ferne konnte man ahnen, dass er zwei Robben am Riemen hinter sich herzog.

Der Jäger kehrte meist in der Abenddämmerung nach Hause, in der steinernen Tranlampe wurde für ihn eine kleine Flamme als Leuchtfeuer angezündet. Bevor der Jäger die Beute zum Zerlegen in den warmen Polog zog, wurde das Ritual »des Empfangs« durchgeführt. Die Frau trug eine Kelle mit Wasser hinaus, in dem unbedingt ein kleines Eisstück schwimmen musste. Der Jäger goss dieses Wasser über den Kopf der Robbe und trank den Rest selbst aus, die letzten Tropfen aber spritzte er zusammen mit dem Eisstück in Richtung Meer. Der Frost hatte das Robbenfleisch bereits gehärtet, es musste eine Weile gewartet werden, bis es im warmen Polog wieder aufgetaut war. Aber über den Tranlampen hingen bereits die Kessel, in denen das Wasser für das frische Fleisch langsam heiß wurde. Für gewöhnlich wurde das Fleisch nicht bis zu Ende gegart. Das heiße rote Blut musste herausfließen, nur so konnte man den wahrhaften Geschmack frischen Robbenfleisches genießen. Die Tangitan mochten Robbenfleisch nicht, sie sagten, es rieche nach Fisch. Die Hauptnahrung der Robben ist tatsächlich Fisch, aber ich habe nie an Fisch gedacht, wenn ich meine Zähne in das weiche, saftige, heiße Fleisch grub.

Wie beinahe jede Beute wurde nach tschuktschischem Brauch auch die Robbe fast vollständig verwertet. Von ihr blieb praktisch nichts übrig. Die Haut nahm man für Kleidung, vor allem für Stiefel, und feine Riemen wurden aus ihr geschnitten. Das Fleisch wurde bis auf die letzten Knöchelchen abgenagt. Gleiches geschah auch mit den Innereien. Robbenleber war sogar bei den Tangitan sehr beliebt. Besonders gut schmeckte sie im gefrorenen Zustand, in einem steinernen Mörser zerstoßen. Die festen Leberstücke tunkte man in zerlaufenes Robbenfett. Das Gedärm wurde gründlich gereinigt und über die steinernen Tranlampen gehängt. Getrocknet galt es als besonderer Leckerbissen und ersetzte Konfekt.

Die Flossen erforderten eine besondere Zubereitung. Sie wurden vom Robbenkörper abgetrennt und an einem warmen abgelegenen Ort im Fellpolog aufgehängt, wo sie im Verlauf einiger Tage, manchmal einiger Wochen, »reiften«. Die Reife wurde danach bestimmt, wie leicht sich die Haut von der Pfote ziehen ließ. Wenn sie sich so leicht wie ein Handschuh abstreifen ließ, dann war die Flosse reif zum Verspeisen. Sie galt als besondere Delikatesse, das Fleisch wurde bis zur letzten Faser von den Knochen und den rosigen Krallen abgenagt.

Die Augen aber waren für mich der größte Leckerbissen. Wir Kinder saßen im Kreis um die auftauende Robbe herum. In Erwartung des unbeschreiblichen Genusses floss uns der Speichel im Mund zusammen. Die Augen wurden noch vor dem endgültigen Auftauen herausgeschnitten. Meine Tante schnitt mit einem scharfen Frauenmesser, mit der breiten Klinge, den Augapfel heraus und reichte ihn mir. Ich saugte mich gierig an der Öffnung fest und suckelte die etwas salzige Flüssigkeit mit den kleinen Eisstücken heraus. Dann rollte der kleine

Apfel in meinen Mund, und ich zerbiss ihn. Es dauerte eine lange Zeit, bis dieses Kügelchen, der sogenannte Glaskörper, verzehrt war. Dann kam die Netzhaut an die Reihe, die recht hart und fest war. Mehrere Stunden kaute ich auf diesem Rest des Robbenauges herum.

In meinem langen Leben habe ich japanische Sushi verzehrt, vietnamesische Riesengarnelen, Austern, rohes Kalbsfleisch auf dem feierlichen Empfang beim Imperator Haile Selassi in Addis Abeba, blutige amerikanische Beefsteaks, zartes Rentierfleisch, Walross-Kopalchen, unzählige verschiedene Fische, ganz zu schweigen von all den Pflanzen und Gemüsen, die mir oft völlig unbekannt waren. Aber der größte Leckerbissen war und ist für mich das kalte Robbenauge!

НАКАЗАНИЕ

Bestrafung

In der tschuktschischen Gesellschaft fanden sich, wie in jeder Gesellschaft, Menschen, die die zwar nicht aufgeschriebenen, doch allgemein verbindlichen Gesetze und Regeln verletzten. Und es gab strenge Maßnahmen gegen die Übeltäter.

In der tangitanischen Literatur über die Luorawetlan wurde immer, besonders in der ersten Zeit, ihre ungewöhnliche Ehrlichkeit hervorgehoben. Aber das stimmte nicht ganz. Wenn einem Tschuktschen anvertraut wurde, etwas zu bewachen, oder ihm eine Bürgschaft übertragen wurde, konnte man sicher sein, dass alles unversehrt blieb. Aber gleichzeitig zögerten meine Stammesgenossen nicht, Dinge an sich zu nehmen, wenn nicht klar war, wem sie gehörten. Stahl aber jemand heimlich beim Nachbarn, und wenn es das kleinste Ding war, galt das als schlimme und schändliche Handlung, und der Schuldige fiel deswegen der allgemeinen Verachtung anheim.

Ich erinnere mich an die große Familie der Kymyrgins aus unserer Siedlung, die nach Enurmin, einem Ort an der Nordküste der Tschuktschenhalbinsel, umziehen musste, weil der älteste Kymyrgin aus einem fremden Fangeisen einen Polarfuchs genommen hatte und dieser Diebstahl bemerkt wurde. Niemand richtete die Kymyrgins, die Handlung des Familienoberhaupts wurde nicht angeprangert, aber in Uëlen wussten es alle: Kymyrgin hat gestohlen. Und die gesamte Familie war isoliert, keiner redete mehr mit ihnen, keiner grüßte sie mehr, die Leute wichen ihnen aus und wandten sich von ihnen ab. Und so zogen die Kymyrgins weg.

Aber aus irgendeinem Grunde dachten die Tschuktschen, einen Tangitan zu bestehlen, sei nicht so schändlich wie der Diebstahl an eigenen Leuten. Als der Spiritus nach Uëlen kam, wurde vor allem Feuerwasser gestohlen. Das galt sogar als Heldentat, als besonders wacker.

Diebe, die in den Warenlagern erwischt wurden, verhaftete und verurteilte man und überstellte sie ins Gebietszentrum. Bevor sie ins Gefängnis eingeliefert wurden, hielt man sie in der ungeheizten Banja fest oder schloss sie für eine Nacht im Häuschen des Sowjets ein. Solche Diebe konnten sich des Mitleids ihrer Landsleute sicher sein.

Die zweite Kategorie der Gesetzesbrecher bestand aus Rowdys und Raufbolden. Die Vergehen wurden fast alle im betrunkenen Zustand begangen. Mein Vetter Terkije saß sechs Mal im Lager, und in den Pausen dazwischen schaffte er es, sieben Kinder zu zeugen. Seine »Verbrecherkarriere« verlieh ihm eine eigentümliche Aura.

Ich habe drei Fälle erlebt, wo meine Landsleute für Wirtschaftsdelikte bestraft wurden – für eigenmächtige Ausgabe und Diebstahl von Geldmitteln. Diese Vergehen wurden allerdings eher aus Ahnungslosigkeit begangen und weil die Erfahrung fehlte. Politische Verbrechen gab es bei den Tschuktschen nicht, wenn man von der »Entkulakisierung« der reichen Rentierzüchter absieht, und wir hatten auch keine Dissidenten.

Am meisten fürchteten meine Landsleute Verurteilungen durch die Partei.

Ich hatte einen guten Bekannten namens Tanat, der in Uëlen auf einer Tierfarm arbeitete. Das war eine für Tschukotka neue Einrichtung, denn früher hatten sich die Tschuktschen die Pelze in der Tundra geholt – mit Fangeisen oder der Jagd auf Polarfüchse.

Tanat war ein angesehener Mann und erfreute sich großer Autorität – er wurde sogar als Kandidat für die kommunistische Partei empfohlen. Alles lief gut, aber unglücklicherweise trank Tanat an einem revolutionären Feiertag, als der Alkohol in Strömen floss, ein bisschen zu viel, und in ihm erwachte plötzlich großes Mitleid mit seinen Schützlingen, den Schwarzfüchsen. Er lief zur Tierfarm, wobei er unterwegs immerzu rief: »Freiheit für die Tiere! Sie sind freie Geschöpfe, und es ist eine große Sünde, sie gefangen zu halten! Jedes Tier ist seiner Natur nach frei!« Tanat stieß den Wächter zur Seite und begann die Käfige zu öffnen. Er schaffte es, fast ein Dutzend Füchse freizulassen, doch dann packten die herbeieilenden Männer den Betrunkenen, rieben ihn mit Schnee ein, bis er wieder zu sich kam, und brachten ihn nach Hause.

Am nächsten Morgen holten sie Tanat ins Sowchoskontor, putzten ihn gehörig herunter und sagten, er müsse für die entlaufenen Füchse bezahlen. Tanat verbarg vor Scham sein Gesicht, stimmte demütig allem zu, doch da trat der Sekretär des Parteikomitees ins Kontor und erklärte, das sei erst der Anfang der Strafe. »Du wirst dich noch auf der Parteilinie rechtfertigen müssen!«, meinte der Parteisekretär sehr streng. Tanat wusste nicht, was das ist, die »Parteilinie«. Aber dem Ton und dem Gesichtsausdruck des Parteisekretärs nach zu urteilen, bedeutete das nichts Gutes.

Einige Tage vergingen. Die Hälfte der entwichenen Füchse wurde gleich bei der Tierfarm eingefangen, sie hatten es vorgezogen, in der Nähe ihrer Nahrungsquelle zu bleiben. Zwei fand man zerrissen, offenbar hatten die Hunde ihre Zähne am Fuchsfell ausprobiert. Praktisch musste Tanat also nur für fünf Felle bezahlen, und er hatte sich schon fast beruhigt und versuchte, nicht an sein schändliches Handeln zu denken. Er hörte auf zu trinken und hielt sich von seinen Landsleuten fern, die gern mal einen hoben.

Aber plötzlich, als das Ereignis beinahe völlig vergessen war, kam aus dem Kreiskomitee der Partei ein Telegramm: Tanat Wassili Iwanowitsch, Kandidat der KPdSU, hat in einer persönlichen Angelegenheit auf der Versammlung des Büros zu erscheinen!

Tanat rannte zu seinem nächsten Nachbarn, dem Knochenschnitzer Tukai. Der war einst ein hoher Parteifunktionär gewesen, sogar einer der Sekretäre des Gebietskomitees, aber dann war etwas geschehen, und seine Parteikarriere wurde abgebrochen. Er hatte sogar im Lager gesessen. Aber er war ungebeugt nach Hause zurückgekehrt, sogar weiser geworden durch diese Lebenserfahrung, und die gesamte Bewohnerschaft des Nomadenlagers kam zu ihm, um Rat zu holen.

Tanat zeigte Tukai das Telegramm und fragte: »Was droht mir?«

Tukai drehte das Telegramm lange in den Händen hin und her, las es mehrere Male, studierte genau jedes einzelne Wort und fragte dann: »Hast du schon mal vor Gericht gestanden? Nein. Hattest du schon einmal ein Parteiverfahren? Nein. Hast du den Verlust ersetzt? Hast du. Gut. Ich denke, dir droht nichts Schlimmes. Wahrscheinlich werden sie dich an den Pranger stellen ...«

»Was heißt das – an den Pranger?«

»Ach, das ist so eine Parteistrafe«, erklärte Tukai verschwommen. »Das ist die leichteste Strafe.«

Aber Tanat konnte das ganz und gar nicht beruhigen. Früh am Morgen spannte er die Hunde ein, versorgte sich mit Proviant und fuhr zur Sankt-Lorenz-Bucht, wo sich das Parteibüro befand. Der Frühling löste schon den Winter ab, und auf Tschukotka hatte die Zeit des Lichts begonnen, die Sonne stand den größten Teil der Tages- und Nachtzeit am Himmel. Das Sonnenlicht wurde vom Schnee gespiegelt, und ohne Sonnenschutz konnte man leicht erblinden. Tanat hatte sogar zwei Sonnenschutzbrillen dabei.

Das Gespann überquerte die verschneite Lagune und fuhr zwischen den Tundrahügeln dahin. Der Weg war ausgefahren, lange Zeit hatte kein Schneesturm geweht, und hin und wieder waren sogar die Spuren von Schlittenkufen zu sehen. Tanat machte es sich auf dem Schlitten bequem, er saß seitlich zur Fahrtrichtung. Wie gern hätte er ein bisschen geschlummert, aber schwere Gedanken beunruhigten sein Herz. Er stellte sich vor, wie er ins Arbeitszimmer tritt, das geschmückt ist mit den Porträts der Mitglieder des Politbüros. Wie er sich vor die Mitglieder des Kreiskomitees stellt, die an einem langen Tisch Platz genommen haben. An einem anderen Tisch mit drei Telefonapparaten wird der erste Sekretär, Iwan Petrowitsch Budinzew, sitzen und ihn, den Schuldigen, streng anschauen. Tanat war schon einmal in diesem Zimmer gewesen, als er seinen Kandidatenausweis bekommen hatte. Damals wurden viele gute Worte zu ihm gesprochen. Es hatte sich herausgestellt, dass die Kommunistische Partei der Sowjetunion nur auf den Moment wartete, dass Tanat, der Tierpfleger, ihr Mitglied wurde. Diesmal aber würde er als Verbrecher vor den Funktionären stehen, der die Erwartungen an einen zukünftigen Kommunisten aufs Schmählichste mit Füßen getreten hatte.

Soweit Tanat die russische Sprache verstand, bedeutete der Ausdruck »an den Pranger stellen«, dass der Schuldige an einen Ort gestellt würde, an dem viele Menschen waren – auf einen Platz zum Beispiel, damit alle Vorübergehenden ihn sehen können. Sicher würden auch viele extra zu diesem Platz kommen, um ihn zu sehen. Würde man ihn gefesselt dort aufstellen? Wahrscheinlich würde ein Milizionär ihn bewachen, oder ein Parteiaktivist. Was für eine Schande! Im Gebietszentrum hatte Tanat eine Menge Bekannte. Sicher würde mancher Mitleid mit ihm haben, aber andere würden sich schadenfroh ins Fäustchen lachen.

Es tauchte das Kap Nunjam auf. Tanat fuhr bis zum Leuchtturm und hielt dort das Gespann an. Es war noch früh am Morgen. Von hier bis zum Gebietskomitee würde er nicht mehr als eine Stunde brauchen. Er wollte die Hunde füttern, wer weiß, wann er wieder Zeit finden würde, sich um sie zu kümmern. Tanat setzte sich auf den Schlitten und hatte plötzlich solches Mitleid mit sich selbst, dass Tränen über seine Wangen liefen.

Indes hatten sich im Gebietskomitee bereits die Mitglieder des Parteibüros versammelt. Die erste Frage wurde schnell durchgesprochen, die zweite kam an die Reihe. Der Rentierzüchter aus der Kurupkiner

Tundra, Kutai, wurde mit einer Ehrenurkunde ausgezeichnet. Die persönliche Angelegenheit des Parteikandidaten Tanat stand unter dem Punkt »Verschiedenes«.

Als sein Fall an der Reihe war, kam plötzlich ein Milizionär in einer Felljacke ins Zimmer gerannt. Er war sehr aufgeregt. »Genosse Budinzew! Die Nunjamer Jäger haben eben auf dem Leuchtturm Tanat aus der Schlinge genommen, den Jäger aus Uëlen. Er ist tot. Der Leichnam wurde in die Leichenhalle gebracht.«

Der Sekretär des Gebietskomitees schwieg eine Weile und sagte dann mit ruhiger Stimme: »Dann können wir unsere heutige Bürositzung schließen.«

Немцы

nemzy

Deutsche

Dieses Wort tauchte in der tschuktschischen Sprache erst Anfang der Vierzigerjahre auf, als der Große Vaterländische Krieg begann. In unserer Siedlung wurden Lebensmittelkarten eingeführt, und die Jäger mussten eine Militärausbildung absolvieren. An die Wände der Holzhäuser und der Läden wurden Plakate geklebt, die zur Wachsamkeit aufriefen: »Der Feind schläft nicht.« Ich stellte mir lebhaft diesen nie schlafenden Feind vor, und sein Leid war mir verständlich und vertraut, obwohl ich das natürlich keinem verriet. Die Sache war die, dass ich oft den Auftrag erhielt, die auf der Erde oder auf dem Schnee ausgebreiteten rohen Walrosshäute und Robben- und Eisbärfelle zu bewachen, damit die Hunde sie nicht anknabberten. Gegen den Schlaf anzukämpfen, war quälend. Die Augen offen zu halten, tat direkt körperlich weh.

Aber der Krieg und die Deutschen waren weit weg. Als unsere nächsten Feinde galten die Japaner. Aber plötzlich stellte sich heraus, dass ein Deutscher ganz in der Nähe war! Und nicht nur das, er wohnte in unserer Siedlung, in einer kleinen Jaranga auf der Seite der Lagune.

Wie dieser Deutsche tatsächlich in unsere Siedlung geraten war, wusste keiner mehr. Vielleicht gehörte er zu den Goldsuchern von Alaska, die hofften, unberührte Vorkommen am asiatischen Ufer der Beringstraße zu entdecken. Er war mit der Tschuktschin Minu verheiratet, und sie hatten zwei goldgelockte Kinder in meinem Alter – Wolodja und Nadja, die in meine Klasse gingen. Ihr Nachname war Mellenberg!

Mellenberg arbeitete als Trinkwasserfuhrmann auf der Polarstation. Im Sommer lud er ein Fass auf einen Räderschlitten, spannte Hunde davor und transportierte laut polternd das Wasser vom Uëlener Bach bis zur Polarstation. Im Winter transportierte er auf einem Schlitten Eisblöcke vom fernen Ufer der Lagune. Mellenberg zeichnete sich durch große Schweigsamkeit aus. Niemand in unserer Siedlung konnte sich damit rühmen, dass es ihm gelungen sei, sich mit dem Trinkwasserfuhrmann zu unterhalten. Mellenberg war feuerrot und bis zu den Augen mit einem dichten Bart zugewachsen. Von ferne sah er aus wie ein exotisches Tier. Das Jagdhandwerk hatte er schnell erlernt, er fing Robben und Seehunde auf dem Meereseis, im Sommer aber schloss er sich einem Kajak an und stand mit einer Walharpune am Bug. Er setzte viele Uëlener dadurch in Erstaunen, dass er sehr zärtlich zu seiner kränklichen Frau Minu war und versuchte, ihr jede schwere Arbeit abzunehmen, er trug selbst die schwere Schüssel mit dem Hundefutter, hackte Holz. Nadja und Wolodja waren durch die Fürsorge ihres Vaters stets ordentlich gekleidet, sie waren strebsame, gute Schüler.

Keiner schenkte Mellenberg besondere Beachtung, bis der Krieg ausbrach. Erst als Deutschland die Sowjetunion überfiel und vom Festland beunruhigende Nachrichten über die Grausamkeiten in den eroberten Gebieten zu uns drangen, erinnerte sich jemand, dass Mellenberg Deutscher war.

Ein Deutscher in Uëlen! Diese Neuigkeit verbreitete sich wie ein Lauffeuer. Gleich erinnerte man sich an Merkwürdigkeiten im Benehmen des schweigsamen Trinkwasserfuhrmanns, an seine Gewohnheit, auf den Felsen Eppyn zu klettern und von dort mit einem Fernrohr den Meereshorizont zu beobachten, und an seine hartnäckige Weigerung, an längeren Gesprächen teilzunehmen. Man erinnerte sich, dass er schlecht Russisch sprach und Tschuktschisch fast gar nicht. Sofort wuchs der Verdacht, dass Mellenberg ein waschechter deutscher Spion sei, den man schon vor Jahren eingeschleust hatte. Sogar den auffällig zärtlichen Umgang mit seiner Frau hielt man für einen deutlichen Beweis seiner Fremdartigkeit.

Die russischen Funktionäre in Uëlen wussten eine Weile nicht, wie sie sich verhalten sollten. Nach einer Beratung mit den Gebietsfunktionären beschlossen sie, den Deutschen für alle Fälle zu isolieren. Er wurde in der Banja der Polarstation eingeschlossen. Ein Wachmann wurde allerdings nicht aufgestellt, und jeder, der wollte, konnte ihn besuchen, ihm etwas zu essen bringen, und seine Frau übernachtete sogar mit ihm in der Gefängnisbanja.

Nadja und Wolodja mussten nun auf einer gesonderten Bank sitzen, aber unser Verhältnis zu ihnen änderte sich kaum.

Von Zeit zu Zeit verließ der Deutsche Mellenberg das Gefängnis, spannte die Hunde vor den Schlitten und fuhr ans andere Ufer der Lagune, um Süßwassereis zu holen. Obwohl er Kriegsgefangener war, erfüllte er weiterhin seine Pflicht. Einmal in der Woche, wenn die Banja angeheizt wurde, durfte Mellenberg sowieso nach Hause gehen und konnte sich von seiner Haft erholen. Man plante, den verhafteten Deutschen mit dem ersten Dampfer wegzubringen, sobald das Ufereis taute und die Schifffahrt begann. Obwohl auch davon geredet wurde, dass man ihn lieber gleich mit dem Flugzeug weggeschafft hätte.

Die Zeit verging, der Winter überschritt seinen Höhepunkt, die Sonnentage wurden länger, und die Menschen in Uëlen hatten sich bereits daran gewöhnt, dass sie einen gefangenen Deutschen hatten. Anfangs kamen Neugierige aus den benachbarten Nomadenlagern angefahren, um sich einen lebendigen Faschisten anzusehen, aber dann ging das Interesse an Mellenberg völlig verloren. Doch eines Tages wurde Mellenberg weggebracht. Nicht mit einem Dampfer, sondern mit dem hydrografischen Schoner Wega.

Vor einigen Jahren saß ich wegen schlechten Wetters in der Siedlung Gishiga im Norden des Gebiets Magadan fest. Als ich den Korridor der Flughafenbüros entlangging, entdeckte ich an einer Tür ein Schild: N. Mellenberg, Leitender Meteorologe. Tatsächlich, es war meine Klassenkameradin aus der Uëlener Mittelschule, Nadja Mellenberg! Sie freute sich über unsere Begegnung und erzählte mir noch am selben Abend die Geschichte ihres Vaters.

Es hatte sich herausgestellt, dass Otto Mellenberg gar kein Deutscher war. Er stammte von den Mordwinen ab, die an der Wolga lebten. Als kleiner Junge war er unter die verwahrlosten Kinder geraten, die von einer Station der großen sibirischen Bahnlinie zur anderen zogen. Von Zeit zu Zeit machte die Staatsmacht Jagd auf die Gruppen, schickten sie zwangsweise in Heime, wo sie gewaschen, gereinigt, entlaust und ihnen saubere Sachen angezogen wurden, aber einige Tage später floh der größte Teil der Halbwüchsigen und vagabundierte wieder. Auf diese Weise kam Mellenberg in die gerade gegründete Wolgarepublik der Deutschen, wurde wieder einmal gejagt und kam unter die Fittiche des Arztes Otto Mellenberg, eines ethnischen Deutschen, der sich nicht nur des unglücklichen Waisenjungen annahm, sondern ihm auch seinen Namen gab. So trat Nadjas Vater mit dem Namen Otto Mellenberg ins Erwachsenenleben ein. Auf unergründlichen Wegen verschlug es ihn in den Fernen Osten. Er arbeitete eine gewisse Zeit im Hafen von Wladiwostok, ließ sich dann als Matrose auf einem Dampfer anheuern, der nach Tschukotka fuhr.

In Uëlen begegnete er während des Entladens Minu und verliebte sich in das tschuktschische Mädchen. Er beschloss, im tschuktschischen Nomadenlager zu bleiben, lebte in der Familie eines Meeresjägers, erlernte das schwere Handwerk der Jagd und ließ sich dann als Wasserfuhrmann auf der Polarstation anstellen. »Er hatte goldene Hände, er konnte alles«, erzählte Nadja. »Aber vor allem zeichnete er sich durch die Zärtlichkeit zu seiner Frau aus, er trug sie auf Händen.

Außerdem konnte er leeres Geschwätz auf den Tod nicht leiden und galt deshalb als schweigsam, obwohl er ausgezeichnet Russisch und Tschuktschisch sprach. Die deutsche Sprache aber kannte er nicht.«

Otto Mellenberg verschwand spurlos im Gulag und kehrte nie wieder nach Uëlen zurück. Von ihm blieben Nadja und Wolodja ... Die Mutter, die die kummervolle Trennung nicht verkraftete, starb bei Kriegsende ...

Обычай

wagyrgyn

Brauch

Das tschuktschische Wort bedeutet Lebensführung, Lebensart, Regeln der Lebensführung. Die Bräuche bestimmten das gesamte Leben des Luorawetlan. Und das nicht nur in dieser Welt, sondern auch in den anderen Welten, in die seine Seele strebte, wenn sie das Erdenleben verließ. Ohne Befolgung des gesamten Kodex, der nirgendwo aufgeschrieben, jedoch recht umfangreich ist, gab es für den Menschen keine Existenz. Nur so wusste man, wie man sich im Leben zu verhalten hatte. Ein großer Teil der Bräuche und Rituale hat heute den ursprünglichen Sinn, die tiefere Bedeutung verloren. Trotzdem werden die Bräuche eingehalten, und wenn man sie missachtet, leidet die Seele an Disharmonie.

Ich kann nur nach eigener Erfahrung über die ungeschriebenen Regeln urteilen. In der Zeit meiner Kindheit und Pubertät ist sicher vieles meiner Aufmerksamkeit entgangen und blieb mir verschlüsselt, und zu einigen Geheimnissen hatte ich wegen meines geringen Alters sowieso keinen Zutritt.

Vom Moment der Geburt an umgibt den Luorawetlan eine geheimnisvolle und magische Aura, die von den Bräuchen und Riten ausgeht. Die Geburt eines Kindes vollzog sich buchstäblich vor den Augen aller Bewohner der Jaranga, hinter einem symbolischen Vorhang. Ich erinnere mich: Als meine Tante Rytlyrgyn in den Wehen lag, hat meine Großmutter sie mit ihrem Körper verdeckt. Der Geruch von angesengter Flossenbaumrinde füllte den engen Fellraum aus – mit ihr brannte man den Nabel des Neugeborenen aus, die Nabelschnur selbst steckte man in ein speziell für diesen Zweck genähtes Ledersäckchen.

Wenn das Neugeborene zum ersten Mal an die Mutterbrust gelegt wurde, kamen die Gäste. Und jeder Gast zeigte seinen kleinen Finger. Die Bedeutung dieser Geste habe ich nie herausgefunden. Dabei wurden zur Ankunft des lange erwarteten und teuren Gastes Gratulationen ausgesprochen, womit man darauf anspielte, dass der Neuankömmling einen langen Weg hinter sich hatte, aus einem reichen Land kam und bestimmt nicht mit leeren Händen. Der Gratulant erhielt ein Geschenk, eine unbedeutende, symbolische Kleinigkeit, oder einen Schluck Feuerwasser, das man speziell zu diesem Zwecke bereitgestellt hatte, oder eine Tasse starken Tee, eine Portion Kautabak oder Rauchtabak, eine Papirossa, selten ein ganzes Päckchen Zigaretten.

Als ich heranwuchs, wurde meine Knabenfreiheit durch vielerlei Regeln und Festlegungen eingeschränkt. Wenn ich nachts ins Bett gemacht hatte, so musste ich am Morgen das nasse Rentierfell mehrere Male rund um die Jaranga schleppen. Auf diese Weise habe ich dieses Leiden schnell überwunden.

Viele Regeln bezogen sich auf das Essen und Trinken. Das Trinken wurde streng eingeschränkt. Ich erinnere mich noch gut, dass die Zeremonie des Teetrinkens lange Zeit nur aus einer einzigen Untertasse mit der erfrischenden Flüssigkeit und einem winzigen Stückchen festen russischen Zuckers bestand, den man so in der Backe lagern musste, dass er für mehrere Teezeremonien reichte. Der war bitter dran, der die Tantalusqualen nicht aushielt und den wertvollen Leckerbissen genussvoll in süße Spucke verwandelte, die von selbst die Kehle hinunterlief.

Die schmackhaftesten Teile von Robbe und Walross waren den Erwachsenen vorbehalten, bei der Mahlzeit aus der gemeinsamen Schüssel durfte man nur das nehmen, was einem am nächsten war.

Eine Missachtung dieser Regel konnte traurige Folgen haben: Auf der Jagd konnte deine Harpune das Ziel verfehlen. Gewisse Knochen des Tieres durfte ein Kind nie abnagen, sonst würden die entsprechenden Knochen in seinem eigenen Skelett brechen.

Aus der großen Sammlung der ungeschriebenen Regeln erinnere ich mich aus irgendeinem Grunde vor allem an die komischen, oft absurden. So galt es zum Beispiel als höchst unanständig, einen Nackten zu betrachten. Wenn ein Mensch gerötete Augen hatte, so zeugte das davon, dass er einen Blick auf einen nackten, fremden Hintern geworfen hatte.

Läuse auf dem Kopf waren eine recht gewohnte Sache, waren es aber übermäßig viele, so wurde das nicht gern gesehen, man nahm an, die Quelle dieser gierigen Insekten sei die Leber des Menschen. Natürlich wurden die Älteren geachtet, ihnen widersprechen oder ins Wort fallen durfte man nicht.

Wenn während eines Festmahls jemand in die Jaranga kam, so wurde er nie zu Tisch gebeten. Es verstand sich von selbst, dass er sich ohne überflüssige Zeremonien zu den Essenden setzte, wenn er hungrig war.

Wenn man sich begegnete oder trennte, wurden keine Umstände gemacht. Besondere Worte für Begrüßung und Abschied gab es nicht. Keinen Händedruck, keinen Kuss, keine Umarmung! Wenn dennoch ein Begrüßungswort gesagt wurde, kam es immer von dem, der den anderen empfing. Er sagte *etti*, was einfach bedeutete: »Du bist gekommen.« Manchmal fragte man den Gast: *rapynyl?* – »Welche Neuigkeiten gibt es?«

In der tschuktschischen Sprache gibt es keine schmutzigen Schimpfwörter. Beleidigende Worte wurden fast gar nicht benutzt. Einen Menschen mit einem Körperteil zu vergleichen – das war völlig absurd. Aber es gab in der tschuktschischen Sprache eine furchtbare Beleidigung, und wenn sie ausgesprochen wurde, griffen die Streitenden manchmal sogar zum Messer: *tschkalwan walegyt!* Wörtlich bedeutete das: Du bist keinem ähnlich! Gleichermaßen beleidigend war *tanno neli* – du bist wie ein Tangitan, du gleichst einem weißen Mann, einem Wesen niedriger Ordnung unter dem Geschlecht der wahren Menschen ...

Vielleicht wären unsere Bräuche und Rituale nicht so streng befolgt worden, wäre es nicht zur Begegnung mit der neuen Kultur der Tangitan gekommen. Von Anfang an wurde erklärt, sie stehe höher als unsere Kultur. »Ein Überbleibsel alter Zeiten«, »schamanische Vorurteile«, »wilde Sitten«, das wurde uns in der Schule beigebracht. Und als großes Beispiel wurden die Altersgenossen hingestellt, die nicht zur heiligen Opferbringung gingen, die nicht am Fest des Kajaks teilnahmen, wenn die Boote ins Wasser gelassen wurden, oder am Walfest, wenn der erste gefangene Wal geehrt wurde. Von unseren Kleidern wurden die Amulette und Schutzfiguren entfernt. Als meine Mutter aus Anlass meiner Aufnahme in die Pionierorganisation vom Rücken meiner Kuchljanka das Hermelinfell entfernte, zuckte mein Herz vor Freude. Die Löcher in meinen Ohrläppchen wuchsen wieder zu, ohne dass sie je das Gewicht der schützenden Ohrringe verspürt hatten.

Ehrlich gesagt, ich gab mir die größte Mühe, fortschrittlich zu sein, dem Geist und dem Buchstaben des neuen Lebens zu folgen. Doch sogar in meiner kindlichen Seele blieb ein unerklärlicher Rest übrig, den ich insgeheim ganz deutlich fühlte. Alle diese Riten und Bräuche hatten doch zu meinem Leben gehört!

Die alten und die neuen Bräuche vermischten sich oft merkwürdig, und das lief nicht immer friedlich ab. Mein Großvater, der berühmte Schamane Mletkin, wurde vom Vorsitzenden des Tschuktschischen Revolutionskomitees Choroschawzew getötet. Durch unsere Siedlung wurden die verhafteten Schamanen und sogenannten Kulaken, die wohlhabenden Rentierzüchter, transportiert.

Als ich meine erste Robbe nach den Regeln des alten Brauchs erlegt hatte, wurde ich zum Meeresjäger geweiht, das war eine besondere

Zeremonie. Meine Beute hatte ich gegenüber vom Felsen Senlun erjagt, in einem Wasserloch, im Frühjahr. Es war eine junge Robbe, die ich nicht nur eigenhändig erschossen, sondern auch selbst aus dem Wasser gezogen hatte, bevor sie unterging. Onkel Kmol half mir, den Schleppriemen durch speziell in die Bartschnauze geschnittene Löcher zu ziehen, und ich schleppte mit geschwellter Brust und überirdischer Freude meine erste Beute in die Siedlung. Meine Seele und mein Herz sangen an diesem warmen Sonnentag, das Gewicht des Tieres spürte ich kaum, die Robbe glitt leicht über den nassen, tauenden Schnee. Wenn der Moment nicht so feierlich gewesen wäre, wäre ich losgestürmt und hätte wie verrückt getanzt. Doch ich ging gemächlich, mit feierlichem Schritt, bemüht, mit Onkel Kmol, der mit seiner eigenen Beute vor mir ging, Schritt zu halten.

Meine Mutter stand schon mit einer Blechkelle in der Hand vor der Jaranga. Im durchsichtigen Tauwasser schwamm ein Eisstückchen und stieß an das Blech, der leise Klang dieses Eisstückchens empfing den Mann und seine erste Beute. Als ich die Robbe vor die Jaranga gezogen hatte, schüttete meine Mutter vorsichtig Wasser über ihre Schnauze und ließ auch etwas für meinen Durst übrig. Ich trank den Rest des Wassers, die letzten Tropfen aber spritzte ich zusammen mit dem Eisstückchen in Richtung Meer.

Als die Robbe aufgetaut war, schnitt meine Mutter sie auf und malte mit dem dicken Blut einen Strich auf meine Stirn. Dieses Zeichen der Weihe zum Meeresjäger durfte nicht abgewaschen werden, es musste von selbst verschwinden, auf natürliche Weise.

Als ich mit diesem Zeichen in der Schule erschien, schauten mich meine Altersgenossen achtungsvoll an, sogar der russische Junge Petka, der Bäckerssohn. Nur unser Lehrer Tatro, ein Landsmann, sperrte vor Verwunderung den Mund auf, als er auf meiner Stirn den blutigen Strich sah, und ihm wäre fast der Kautabak aus dem Mund gefallen.

»Was ist das?«, fragte er laut.

»Das wissen Sie doch«, antwortete ich leise.

»Das ist ein Schamanenzeichen! Ein Überbleibsel der Vergangenheit! Es fehlte noch, dass du mit einer Schellentrommel in der Schule erscheinst!« In dem zornigen Pädagogen konnte man nur schwer unseren ruhigen, sogar etwas schüchternen tschuktschischen Lehrer erkennen, der den russischen Namen Iwan Iwanowitsch angenommen hatte.

Auf das Geschrei hin kam der Schuldirektor Lew Wassiljewitsch Belikow angerannt. In seinem Mund blitzte drohend ein goldener Zahn, der schon immer meine Neugier erregt hatte. Ich wollte unbedingt wissen, woher er kam, ob er von selbst gewachsen oder als Zeichen besonderer Weisheit eingesetzt worden war.

Unser bester Schüler Atschiwantin hob die Hand und erklärte dem Direktor die Bedeutung des blutigen Strichs auf meiner Stirn.

»Geh und wasch das Blut ab!«, schrie Iwan Iwanowitsch Tatro, es war nicht zu übersehen, dass er sich beim Goldzahn einschmeicheln wollte.

»Nein!«, sagte unerwartet und milde Lew Wassiljewitsch. »Wenn das Brauch ist, dann soll er bis zum Unterrichtsschluss mit diesem Zeichen sitzen bleiben. Aber das nächste Mal musst du dich waschen, bevor du zur Schule gehst.« Der Direktor ging, aber Tatro sah mich noch lange wütend an.

Heute, da meine Tage gezählt sind, fällt es mir auf: Dies war die letzte Zeremonie, der ich gefolgt bin. Meine Mutter malte mir den blutigen Strich auf die Stirn als Zeichen dafür, dass ich in die Gilde der Meeresjäger aufgenommen war. Auf alle Zeiten wurde ich damit verantwortlich für den Wohlstand und das Wohlergehen meiner Familie.

Перевод

illetylyn

Übersetzung

Illetylyn bedeutet wörtlich sprachgewandt, geschickt beim Übersetzen von einer Sprache in die andere. Ein Polyglott genoss in der tschuktschischen Gesellschaft große Achtung. Besonders, wenn er tangitanische Sprachen beherrschte – Englisch und Russisch.

Die Mehrheit der Uëlener konnte sich mit den Eskimos aus der Nachbarsiedlung Naukan verständigen, und die Naukaner ihrerseits konnten alle Tschuktschisch sprechen. Dies, weil die Naukaner die tschuktschische Sprache dringender brauchten, um Tauschhandel mit den nomadisierenden Tschuktschen führen zu können, von denen sie Rentierfelle, Sehnen zum Nähen, zartes und schmackhaftes Rentierfleisch bekamen, das als Opfergabe für die Meeresgötter verwendet wurde.

Die Eskimosprache ist im Unterschied zur tschuktschischen in viele Dialekte eingeteilt, die Aussprache unterscheidet sich manchmal so stark, dass ein Eskimo von Sirenikow oft große Schwierigkeiten hatte, sich einem Eskimo von der Insel Großer Diomid verständlich zu machen.

Aus dem Tschuktschischen gingen im Verlauf des jahrhundertelangen Kontakts eine Vielzahl von Wörtern und Wendungen in die Eskimosprache ein. Viele Eskimos der asiatischen Küste trugen tschuktschische Namen. Die Tschuktschen ihrerseits übernahmen von den Nachbarn fast die gesamte Meeresterminologie. Tschuktschische

Namen findet man übrigens auch bei den Ureinwohnern Alaskas, vor allem bei denen, deren Vorfahren auf der Insel Siwukak lebten, auf der Sankt-Lorenz-Insel.

Aber das Interesse an fremden Sprachen wurde erst dann richtig lebendig, als die »haarmündigen« Kosaken mit ihrer klangvollen, zunächst unverständlichen Sprache in der Tundra und an der Meeresküste auftauchten. Die Tschuktschen erwiesen sich als sehr sprachbegabt, sie eigneten sich die russische Rede im Handumdrehen an, denn sie ließen sich gern auf Gespräche ein und bemühten sich, den weit gereisten Gast zu verstehen. Als zweite Fremdsprache breitete sich danach das amerikanische Englisch schnell in den Nomadenlagern an der Küste aus und drang tief in die Tundra ein.

Zunächst ging es natürlich um die nächstliegenden Dinge: der Weg, die Richtung, Flüsse, Seen, die Gestalt der Küste, das Wetter, die vorherrschenden Winde, Tiere. Und die Tauschobjekte: Fleisch, Häute, Fell, Walrosselfenbein, warme Fellkleidung. Die Werkzeuge der Tangitan erfreuten sich einer unerhörten Nachfrage, man war bereit, das Beste, was man hatte, für ein einfaches Eisenbeil, einen Metallkessel, einen Kupferkessel, ein Stahlmesser herzugeben. Auch die Frauen waren zu allem bereit für eine Handvoll bunter Glasperlen oder einige geschliffene Nadeln, mit denen sie so leicht die dicken Häute der Meerestiere nähen konnten. Später tauchten im Tauschhandel die Feuerwaffen auf, die Harpunenkanonen für die Waljagd, Bootsmotoren und sogar kleinere Fischfangschiffe, die vor allem gegen Walbarten getauscht wurden.

Von da an hatten die Übersetzer großen Einfluss auf die Ureinwohner. Doch die größte Nachfrage nach Spezialisten der tangitanischen Sprache kam mit der Einrichtung des neuen sowjetischen Staates. Die Gesetze, die Regeln des neuen Lebens, politische Losungen, verschiedenste Instruktionen, Lehrbücher für die Schule mussten erläutert werden.

Einige meiner Landsleute waren beim Übersetzen so pfiffig, dass sie sogar in der Lage waren, »vorab zu übersetzen«, das heißt, sie sprachen die tschuktschischen Worte aus, bevor der russische Redner seinen Mund öffnete. Das lag daran, dass die politischen Reden und Verkündungen sich durch erstaunliche Primitivität und Schablonenhaftigkeit auszeichneten. Diese angeblichen Übersetzer machten Karriere und bekamen hohe Posten in der politischen Hierarchie.

Manche hatten sogar den Mut, den Inhalt der politischen Reden zu kritisieren: Sie kürzten eigenmächtig, flochten eigene Kommentare ein und passten die Rede aktuellen Gegebenheiten an. Manchmal zogen die in Ekstase geratenen Übersetzer Beispiele aus der Folklore heran, zitierten auswendig alte Legenden und Märchen.

Aber die politische Zensur war wachsam. Ich erinnere mich an einen Fall, bei dem ein Lied über Stalin eine Rolle spielte.

Es war beschlossen worden, zu einem der Revolutionsfeiertage ein Konzert vorzubereiten, auf dem ein nationales Lied über Stalin gesungen werden sollte. Der Auftrag wurde gleich mehreren hervorragenden Sängern und Dichtern von Uëlen erteilt. Aber entweder hatten meine Landsleute diesen ehrenvollen Auftrag vergessen, oder jeder hoffte auf den anderen. Am Ende jedenfalls stellte sich heraus, dass das Lied zum festgesetzten Zeitpunkt nicht fertig war. Da schlug sich der erfinderische Ryppel plötzlich an die Stirn und erklärte, dass es ja schon ein Lied gäbe, es würde schon seit vielen Jahrhunderten gesungen, aber bisher habe kaum jemand seine wahre Bedeutung verstanden.

Das war das feierliche Lied über den Raben, der die Welt erschaffen hat.

Am Tag der festlichen Aufführung nahmen die Sänger wie immer ihre Plätze auf der langen Bank ein und stellten die großen Schellentrommeln vor sich hin.

Die tschuktschischen Liedertänze sind wortkarg. Wörter werden nur in großen Intervallen ausgestoßen. Zum Übersetzer auf diesem wichtigen und feierlichen Konzert wurde der junge Gonom bestimmt, ein Kenner der russischen Sprache. Allerdings hatte er einen Fehler: Er mischte gern russische Schimpfwörter in seine Übersetzung und hielt das für durchaus zulässig.

Anfangs ging alles gut. Der Rabe Stalin trug einen angeklebten Schnurrbart – er sollte ja dem großen Führer ähnlich sein – und flog über einen dunklen, stillen und leeren Raum, bereit, sein Schöpfungswerk zu vollbringen. Im Original besteht die Schöpfung darin, dass der Rabe seine Ausscheidungen, seinen Kot und seinen Urin, fallen lässt. Aus den großen Stücken des Kots entstehen die Berge und ganze Erdteile, und aus dem Urin die Meere, Ozeane und Flüsse. Der Liedtanz wurde von den Körperbewegungen des bekannten Tänzers Atyk illustriert, er stellte sehr naturgetreu dar, wie der Rabe Stalin sich bei der schöpferischen Ausscheidung anstrengt, mal setzt er sich nieder, mal fliegt er auf. Gonom übersetzte den Liedtext ungefähr so:

> *Der große Stalin, unser Führer und Lehrer!*
> *Er schiss und pisste von oben herab*
> *Schuf Berge und Meere.*
> *Wir rühmen seine Arbeit, seine Weisheit*
> *Seine Kraft und seine Freigebigkeit!*

Die Uëlener Zuschauer nahmen das neue, moderne Tanzlied mit Begeisterung auf, und viele sangen sogar mit oder stampften mit den weichen Lederstiefeln zum Takt der Schellentrommeln. Der Sekretär des Uëlener Parteikomitees Lokke aber sprang plötzlich zum Bühnenrand und winkte mit den Armen: »Sofort aufhören! Sofort mit dieser Verleumdung aufhören!«

Die Sänger ließen die Schellentrommeln sinken, der Tänzer, seines rhythmischen Halts verlustig gegangen, sackte in sich zusammen. »Das ist doch völlig unmöglich!«, donnerte Lokke. »In dieser Form unseren großen Führer darzustellen! Das wird ein Nachspiel haben!« Nun sah jeder, dass Lokke, der dem tangitanischen Handel sehr nahe stand, weil er im Handelskontor arbeitete, vor Beginn des Fests schon einen gehoben hatte und davon wachsam und hellhörig geworden war.

Solcherart »Verleumdung« erklang recht häufig von der Tribüne verschiedener Versammlungen herab, mit denen das sowjetische Leben uns reichlich beschenkte. Aber noch mehr »Verleumdungen« schlichen sich auf den Seiten politischer Literatur ein, die ins Tschuktschische übersetzt werden musste. Oft verwendete der Übersetzer das erste Wort, das ihm einfiel, und dachte nicht über die Vieldeutigkeit des Sinnes nach, ihm war nicht bewusst, dass man es auch ganz anders auslegen konnte.

Einmal erhielt ich eine Broschüre über Kuba, ich las, dass das Volk dort, inspiriert von der großen Sowjetunion, sich »von der Kette losgerissen hatte« und nun den Sozialismus aufbaue. Warum hatte sich das Volk »von der Kette losgerissen«? Offenbar hatte im Original »frei« oder »befreit« gestanden. Doch in der tschuktschischen Sprache gibt es keinen abstrakten Begriff für »Freiheit«. Freiheit und Abhängigkeit müssen etwas ganz Konkretes sein. Offenbar hatte sich der ungeübte Übersetzer frei auf der Straße herumlaufende Hunde vorgestellt, die sich von der Kette losgerissen hatten. Und so wurde aus den freiheitsliebenden Kubanern ein Volk von streunenden Hunden.

Ich selbst habe recht viel ins Tschuktschische übertragen: Gedichte und Märchen von Puschkin, Erzählungen von Tschechow und Gorki, Werke sowjetischer Schriftsteller von Michail Scholochow bis hin zu Michalkow und Sjomuschkin. Diese Arbeit war für mich eine echte literarische Schule und ersetzte mir in gewisser Hinsicht das »Schriftstellerinstitut«.

Печать

Stempel

Ein analoges Wort gibt es in der tschuktschischen Sprache nicht, obwohl die Sache auch bei uns weit verbreitet und jedermann wohlbekannt ist. Jeder weiß um die Macht von Siegel und Stempel, selbst wenn er auf dem Blatt Papier kaum mehr zu erkennen ist. Schon das Papier als solches übt große Macht aus. Sie wächst um ein Vielfaches, wenn unten, meist in der linken Ecke, ein runder Stempel zu sehen ist. Und wenn dieser Stempel noch ein Wappen hat, reicht die Macht ins Unermessliche. Daneben gibt es noch den einfachen Stempel. Er wird meist in die obere Ecke eines offiziellen Papiers gesetzt und macht es zu einem rundum perfekten Dokument.

Ein Papier zu besitzen, das mit Siegel und Stempel geschmückt ist, ist der Traum eines jeden von uns. Jede Bescheinigung, die auf solche Weise ausgestattet ist, erlangt magische Kraft und übt eine besondere Wirkung auf Beamte aus. Ich habe mehr als ein Mal erlebt, wie ein großer tangitanischer Chef vor einem Blatt Papier mit Stempel ganz klein wurde. Eine Geschichte aus der fernen tschuktschischen Siedlung Kynnot demonstriert anschaulich die Kraft dieses magischen Zeichens.

Der lange tschuktschische Frühling begann mit einem Übermaß an Sonnenlicht, das sich tausendfach im tauenden Schnee und in den mit Eis bedeckten Seen spiegelte. Der Schulunterricht war gerade vorbei, und das große Gebäude war in ungewöhnlicher Stille versunken, so als sei es in Frühlingsstarre gefallen.

Dafür ging es im kleinen Gebäude des Dorfsowjets umso lebhafter zu. Es war geschmückt mit der während der langen Winterschneestürme ausgeblichenen roten Fahne. Vor dem Tisch des Vorsitzenden hatte sich eine kleine Schlange von Menschen gebildet, die unbedingt eine Bescheinigung mit einem runden Wappensiegel bekommen wollten. Zwischen den Beinen der Anwesenden rannte der große Zottelhund namens Fidel herum, der Liebling des Sowjetvorsitzenden. Dieser Hund war dem Chef der Gebietsverwaltung als Welpe geschenkt worden, da es aber gefährlich war, ihn in einer städtischen Siedlung zu halten, lebte er bei seinem früheren Herrn im Dorf. Für Hunde war das Stadtleben darum so gefährlich, weil die Obdachlosen, die meist in Heizkellern hausten, auf sie Jagd machten. Aus ihrem Wuschelfell nähten sie prächtige Wintermützen. Um ihre Lieblinge zu retten, rasierten manche Hundebesitzer einen Streifen in das Fell, was seinen Wert wesentlich herabsetzte. Fidel drohte dieses Schicksal nicht: In der tschuktschischen Siedlung wurden Hunde nicht getötet, um Fellmützen aus ihnen zu machen, im Gegenteil, man liebte sie und kümmerte sich um sie beinahe so rührend wie um Familienmitglieder.

Bevor der Vorsitzende sich den Dienstpflichten zuwandte, wollte er mit Fidel spielen. Er wedelte mit dem schwarzen Säckchen, in dem sich das runde Siegel befand, vor dessen Schnauze herum. Der Hund sprang am Vorsitzenden hoch, schnappte nach dem Säckchen und versuchte im Spaß, es dem Vorsitzenden aus der Hand zu zerren. »Aha!«, sagte der Vorsitzende lachend. »Du willst wohl ein richtiger Chef werden! Willst wohl deinen eigenen Stempel haben?« Der Hund hüpfte umher, schnappte und schnappte und zeigte dabei seine prächtigen weißen Zähne. Es sah aus, als ob er lachte.

Alle amüsierten sich und freuten sich über den Hund. Der lange dunkle Winter war vorbei, vor den Menschen lag der zwar kurze, aber relativ warme Sommer, und für einige wenige Glückliche bedeutete das eine Fahrt in warme Gegenden, ans warme Meer. Um Lohn und Urlaubsgeld zu erhalten, brauchte es aber eine Bescheinigung vom

Dorfsowjet. Außerdem waren zwei Dienstreisende aus dem Kreis gekommen: Ihnen musste der Ausweis bestätigt werden, der Vorsitzende sollte auf ihre abgenutzten Dokumente einen Stempel setzen. Das Dorf lag im Grenzgebiet und wurde besonders kontrolliert, deshalb spielten die bürokratischen Formalitäten eine so wichtige Rolle und wurden streng eingehalten.

Da stieß der Vorsitzende plötzlich einen seltsamen Schrei aus und sprang zu Fidel, der schwanzwedelnd aus dem engen Raum hinausrannte. Anfangs begriff keiner, was los war. Dann hörte man draußen den durchdringenden Schrei des Vorsitzenden: »Fidel! Fidel! Gib den Stempel her!«

Aber Fidel war schon weit weg und rannte die Straße entlang, die vom frühlingshaften Sonnenlicht überflutet war. Er rannte an einer Menschenmenge vorbei, die vor dem Einkaufsladen stand, ließ einen Berg Steinkohle hinter sich und wetzte zum Meeresufer, wo hinter einer niedrigen Wand von aufgetürmten Eisschollen die kleinen schwarzen Umrisse der Angler zu sehen waren.

Andere Hunde rannten Fidel hinterher, und die kleine Siedlung war angefüllt mit lautem Gebell, durchdringendem Kindergeschrei, Frauengezeter, russischen Schimpfwörtern. Allen voran rannte der Vorsitzende, der Fidel ermahnte und rief, ihm alle möglichen Leckerbissen versprach, darunter auch die von Fidel so geliebte rohe Robbenleber.

Weit rannte der Hund nicht. Er strich zwischen den Anglern auf dem Eis herum, die starr über ihren Löchern saßen, kletterte wieder ans Ufer und sauste an der Schule vorbei zurück zum Dorfsowjet. Hier blieb er in Erwartung des Vorsitzenden stehen. Aus der weit geöffneten Schnauze tropfte dicker weißer Speichel auf den Schnee. Der Stempel war nicht mehr in der Hundeschnauze.

»Wo ist der Stempel!«, fragte der Vorsitzende drohend. Fidel riss freundlich seine Schnauze noch weiter auf, und viele glaubten zu erkennen, dass er schuldbewusst lachte. »Er hat ihn verschluckt!«, stöhnte der Vorsitzende. »Ach du Mistkerl!«

Fidel war keine reinrassige Laika. Einen reinen Schlittenhund, der im Laufe von Jahrhunderten gezüchtet worden war, trifft man heute kaum noch in unserer Gegend, in der eine Laika früher das wichtigste Zugtier war. Die Tangitan brachten neue Tiere mit, die teilweise gar nicht an das Leben im rauen Frost angepasst waren und im ersten Winter eingingen. Aber sogar in kurzer Zeit schafften es die Laika-Rüden, viele dieser neuen kurzhaarigen Hündinnen zu befruchten. In der ersten Zeit bekamen die Menschen einen Schreck vor der seltsam hybriden Nachkommenschaft, aber dann gewöhnte man sich allmählich an sie. Fidels Eltern jedoch waren offenbar nicht von der schlechtesten Sorte. Deshalb war der Hund relativ groß, kräftig und hatte langes warmes Fell.

Die wartende Menge vor dem Dorfsowjet wurde unruhig. Als herauskam, dass der Vorsitzende keine einzige Bescheinigung, kein einziges Dokument beglaubigen konnte, ging durch die Menge ein empörtes Murren. »Was sollen wir jetzt tun?«, heulte als Erste die Lehrerin Rukoktak. »Ich muss nach Amerika fliegen, nach Nome, auf einen Kongress der Lehrer für Eskimosprache. Das Flugzeug kommt übermorgen in die Prowidenije-Bucht. Was soll ich bloß machen?«

»Bis übermorgen fällt uns schon was ein«, sagte der Vorsitzende kläglich.

»Das Flugzeug wird nicht auf mich warten«, weinte die Lehrerin.

Da fingen alle zu schreien an, aber die gellende Stimme des Heizers des Kesselhauses unterbrach das Gezeter: »Warum so lange fackeln! Der Hund wird erdrosselt und das Siegel aus dem Magen geholt!«

»Fidel gehört dem Chef der Bezirksverwaltung«, erklärte der Vorsitzende. »Ich kann ihn nicht töten.«

Indes wurde die Schlange immer länger. Das Leben der Siedlung war abhängig von allen möglichen und unmöglichen Dokumenten, Bescheinigungen, Erlaubnissen und Verboten. Und allen wurde plötzlich mit Schrecken bewusst, dass das Leben ohne den Stempel, der jetzt im Magen des Hundes lag, zum Stillstand kam. Der Vorsitzende selbst spürte plötzlich, dass seine ganze Macht von diesem schwarzen Stummel aus Hartgummi abhing, seine Kraft ruhte nun im Magen von Fidel, der sich offenbar seiner Schuld bewusst war und still neben dem Stahlsafe lag.

»Da das Siegel nicht mehr vorhanden ist und ich kein einziges Dokument beglaubigen kann, bitte ich Sie, das Büro zu räumen!«, befahl der Vorsitzende.

Aber keiner ging.

Da schlug sich der Heizer an die Stirn und rief: »Wozu lange fackeln? Wir müssen Fidel einen Einlauf machen!«

Jemand fragte ungläubig: »Kann man einem Hund denn einen Einlauf machen?«

»Warum denn nicht?« Der Heizer ließ nicht locker.

Es wurde nach dem Tierarzt geschickt. Aber im Dorf war nur der Rentierdoktor anwesend, der die Durchführung dieser Operation kategorisch ablehnte. Man wandte sich an die Arzthelferin, die aber riet dem Vorsitzenden, sich selbst einen Einlauf zu machen.

Die Sache war in eine Sackgasse geraten. Jemand riet, bei der Bezirksverwaltung Rat zu holen. Am Telefon sagte der Cheftierarzt, man solle Geduld walten und die Sache ihren natürlichen Lauf nehmen lassen. Man sollte nur den Hund beobachten, damit er das wertvolle Staatszeichen nicht irgendwo zwischen den Eisschollen oder an einem anderen unzugänglichen Ort fallen ließ.

Alle gingen mit finsteren Gesichtern nach Hause.

Wundersamerweise war es an diesem Tag im Dorf auffallend still. Sogar vor dem Einkaufsladen, wo sich für gewöhnlich die Dorfalkoholiker versammelten, war es leer: Alkohol wurde nur zu bestimmten Zeiten verkauft, und zwar nach schriftlicher, mit einem Siegel beglaubigter Anweisung des Vorsitzenden.

Der erste sonnige Frühlingstag schien endlos. Unmerklich ging er in die Nacht über.

Der Vorsitzende ließ Fidel nicht von seiner Seite, hielt ihn die ganze

Zeit an der Leine und gab ihm ausgiebig zu fressen. Zur Nacht nahm er ihn mit in sein Schlafzimmer und band ihn am Bein des Bettes fest.

Am frühen Morgen sah man den Vorsitzenden zwischen den aufgetürmten Eisschollen am Ufer. Es machte den Eindruck, als zeige er Fidel an seinem persönlichen Beispiel, was er zu tun habe. Möglicherweise brachte dies die Sache voran, denn bald sah man den Vorsitzenden fröhlich zum Sowjet rennen, und hinter ihm her lief Fidel mit lautem Gebell, froh darüber, endlich die Leine los zu sein.

Zu Beginn des Arbeitstages versammelten sich vor dem Dorfsowjet wieder alle, die dringend Bescheinigungen und Dokumente brauchten. Der Vorsitzende saß wichtig hinter seinem Schreibtisch, und der Stempel thronte an exponierter Stelle auf dem Tintenpolster neben ihm. Noch von Weitem sah man, wie sauber er war und welch makellose staatliche Würde er ausstrahlte.

Der Heizer legte als Erster sein Dokument vor. Der Vorsitzende studierte es gründlich. Dann griff er langsam mit der rechten Hand nach dem Holzgriff des Stempels, hauchte ihn lange an und presste ihn genauso lange auf das schwarze Tintenkissen. Den Stempel selbst setzte er schnell, geräuschvoll drückte er ihn auf das Papier.

»Hier haben Sie Ihre Beglaubigung!« Der Vorsitzende reichte dem Heizer die Bescheinigung. Doch bevor dieser das begehrte Dokument zusammenfaltete, roch er demonstrativ daran und lachte zufrieden.

Das Leben im Dorf ging wieder seinen Gang!

Писатель

tekelinylyn

Schriftsteller

Tekelinylyn bedeutet wörtlich: Büchermacher. Als ich Bücher näher kennenlernte und zu lesen begann, besonders die sogenannte schöngeistige Literatur, tauchte nach einer gewissen Zeit in meinem Kopf die Frage auf: Wer sind die Menschen, die Bücher schreiben, die eine völlig neue Welt erschaffen, die so wundersam ist, so schrecklich interessant, dass man am liebsten ganz in sie eintauchen möchte? Ich begann mich für die Persönlichkeit der Autoren zu interessieren, Informationen über sie zu sammeln und stellte verwundert fest, dass diese Menschen ganz normale Wesen waren, die allerdings die Gabe hatten, etwas zu schaffen. Davor war ich überzeugt, dass Schriftsteller eine besondere Menschenart seien, die ausgestorben ist und ein wundervolles Erbe hinterlassen hat – eine große Anzahl von Büchern aller Art.

Die erste Enttäuschung für mich war die Entdeckung, dass viele Schriftsteller noch lebten und auch weiterhin Bücher schrieben.

Einer meiner Kindheitsträume war der Wunsch, irgendwann einmal einen echten lebenden Schriftsteller zu Gesicht zu bekommen. Und diese Gelegenheit bot sich mir gleich im ersten Jahr meines Studiums an der Leningrader Universität.

In dieser Zeit erschien der Roman des russischen Schriftstellers Tichon Sjomuschkin *Alitet geht in die Berge*, der nicht nur in Russland sehr populär wurde, sondern auch in vielen anderen Ländern. Das Buch wurde mit dem höchsten sowjetischen Preis ausgezeichnet, mit dem Stalinpreis. Ich schrieb dem Autor, ohne auf eine Antwort zu hoffen. Doch plötzlich erhielt ich von ihm die Einladung, zu ihm nach Moskau zu kommen, in die Schriftstellersiedlung Peredelkino. Und da sah ich meinen ersten echten lebenden Schriftsteller. Er hatte ein eigenes Auto, einen »Pobeda«, mit Fahrer. Nach dem späten Mittagessen, das die Hausangestellte servierte, gingen Tichon Sjomuschkin und ich durch die Schriftstellersiedlung spazieren. Als Erstes begegneten wir einem kurzbeinigen Dicken, der sich als der Partisanengeneral Pjotr Werschigora vorstellte, Verfasser eines populären Buches über die Heldentaten der belorussischen Partisanen. Dann grüßten wir einen sehr dünnen langen Mann, der sich mir sehr freundlich als Boris Pasternak vorstellte, und hinter ihm kam Walentin Katajew aus seinem Garten, der Verfasser von *Es blinkt ein einsam Segel,* das ich noch in der Jaranga gelesen hatte. Vor einer Bretterbude, in der Bier verkauft wurde, begegneten wir dem rotgesichtigen Alexander Fadejew. Mit jedem Schriftsteller, der uns begegnete, stand Tichon Sjomuschkin auf gutem Fuße, er scherzte mit ihm und vergaß nicht, mich als Studenten der Leningrader Universität vorzustellen, der »höchstpersönlich aus der Tschukotka« gekommen war, über das er in seinen Büchern schrieb. Solch eine große Menge lebender Schriftsteller zu sehen, deren Bücher ich zum großen Teil kannte, hatte ich nicht erwartet, ja, ich hatte mir nicht einmal in meinen kühnsten Träumen vorgestellt, ihnen je zu begegnen.

Es war natürlich schade, dass ich nicht die Gelegenheit hatte, in ihre Laboratorien zu schauen und zu beobachten, wie sie in den Zustand schöpferischer Inspiration geraten, in Ekstase, ohne die, wie ich dachte, kein Literaturwerk entstehen könnte. Mein Gastgeber, Tichon Sjomuschkin, passte nicht zu diesem Bild, auch äußerlich war er ein völlig normaler Mensch. Und er schrieb keine einzige Zeile! Weder am Morgen noch am Abend noch am hellen Tag! Obwohl in seinem Arbeitszimmer ein großer Schreibtisch mit wunderschönen alten Schreibutensilien und einem Hefter für Papier stand. Mit einem verstohlenen Blick konnte ich sogar ein paar beschriebene Blätter erspähen. Dank den hohen Auflagen und vielen Nachauflagen seiner beiden Bücher – dem frühen Werk *Tschukotka* und dem Roman *Alitet geht in die Berge* konnte er sorglos leben, war sogar recht wohlhabend für die damalige Zeit. Er hatte ein Auto, eine Datscha, einen persönlichen Fahrer. Der Schriftsteller weihte mich zwar nicht in seine schöpferische Arbeitsmethode ein, dafür versuchte er auf alle erdenkliche Weise, mich an die Zivilisation »heranzuführen«. Mehrere Male führte er mich in Moskau in die luxuriöse Sandunow-Banja und in einige der vornehmsten Restaurants. Wenn wir zu jemandem zu Besuch kamen und uns an den Tisch setzten, betonte mein Gastgeber jedes Mal, dass ich erst vor Kurzem gelernt hätte, mit Messer und Gabel zu essen. Nach diesen Worten war die ganze Aufmerksamkeit der am Tisch Sitzenden auf mich gerichtet, mir verging vor Verlegenheit der Appetit. Ich legte Messer und Gabel neben den Teller, und Sjomuschkin rief aus: »Er mag kein gebratenes Fleisch! Gib ihm ein Stück rohes, er wird es in einer Sekunde wegputzen! Oder Kopalchen. So heißt ein Essen bei den Tschuktschen. Ein Geruch, sage ich euch! Drei Kilometer gegen den Wind! Ich habs gekostet! Mir fallen keine Worte ein, mit denen ich den Geschmack und den Geruch beschreiben könnte!«

Bald merkte ich, dass ich dem Schriftsteller als Demonstrationsobjekt diente, und wenn ich nicht dem Bild des naiven, etwas dümmlichen tschuktschischen Jungen entsprach, der sich über alles wundert, dann wunderte sich Sjomuschkin seinerseits und zürnte mir sogar.

Ich hatte einen etwas seltsamen Eindruck von Schriftstellern gewonnen. Diejenigen, die in Peredelkino wohnten, wurden viel gedruckt, ihre Bücher erschienen in prächtigen Ausgaben, sie lebten im Wohlstand und wurden von der Macht umschmeichelt. Allerdings habe ich nie einen bei der Arbeit gesehen, geschweige denn bei schöpferischen Qualen. Ich begriff, dass das Wichtigste hinter den Wänden der Holzhäuschen passierte, deren Bretterwand die Schöpfer vor neugierigen Augen und hellhörigen Ohren schützte. Ich verließ Tichon Sjomuschkin in einem etwas verwirrten Zustand.

Ich begann eigene Werke zu schreiben, und zwar für die Lesebücher der tschuktschischen Schulen. Natürlich in tschuktschischer Sprache. Anfangs waren das Übersetzungen russischer Texte, dann aber, als ich mutiger geworden war, schrieb ich selbst Gedichte über die Jahreszeiten und ein paar kurze Erzählungen. Natürlich las ich auch weiterhin viel. Doch die Literatur über unser tschuktschisches Volk, auch Sjomuschkins Bücher, riefen meinen Protest hervor. Die Luorawetlan erscheinen hier als merkwürdige Menschen, die mir ganz fremd vorkamen. Manchmal waren sie naiv bis zur Dummheit oder äußerten altklug abgedroschene Banalitäten, die der russische Schriftsteller als äußerst weise Entdeckungen ausgab. Der Held war ehrlich und rein wie Kristall, log niemals, er war uneigennützig und bereit, den Tangitan freundlich aufzunehmen und ihm für eine Nacht seine Frau abzutreten. Der Tschuktsche war Feuer und Flamme für die Ideen der Sowjetmacht und des künftigen Kommunismus, denn dann konnte er arbeiten, wann er wollte und musste nie mehr unter Hunger und Kälte leiden.

Ich dagegen wollte versuchen, meine Leute so darzustellen, wie sie in Wirklichkeit waren. Aber in meinen ersten Erzählungen entfernte ich mich nicht weit von den üblichen Schemen der Sowjetliteratur, des sozialistischen Realismus, bei dem das Gewünschte als Realität dargestellt wurde. Allein in der autobiografischen Novelle *Zeit der Schneeschmelze* gelang es mir, dem echten Bild meines Volkes näher zu kommen.

Das Leben schenkte mir später noch viele Gelegenheiten, Schriftstellern von Weltklasse zu begegnen. Und bis heute hat sich eines nicht geändert: Jedes Mal, wenn ich ein neues Buch zu schreiben beginne, frage ich mich: Bin ich wirklich ein Schriftsteller wie die anderen?

Плавание
alekatgyrgyn

Schwimmen

Es wirkt unglaublich, aber die Luorawetlan, die seit Menschengedenken an der Meeresküste, an den zahlreichen Tundraseen und Flüssen leben, konnten in der Mehrzahl nicht schwimmen. Und sie versuchten auch nicht, es zu lernen. Bei den Meeresbewohnern gab es sogar den Aberglauben, dass ein Mensch, der ins Wasser fällt, nicht gerettet werden darf. Der Geist des Meeres fordert ein Menschenopfer. Mehr als ein Mal habe ich davon gehört, wie Jäger, die in Seenot geraten waren, weil ein wütendes Walross mit seinen Stoßzähnen die Lederhaut des Kajaks durchstoßen oder ein Wal mit seiner Fluke das Boot umgestoßen hatte, sich gegenseitig umbrachten, um nicht die Qual eines langsamen Todes im eiskalten Wasser erleiden zu müssen.

Der erste Mensch in meiner Heimatsiedlung Uëlen, der schwimmen konnte, war Onkel Kolja, der russische Bäcker. Einmal ging er am frühen Morgen zur Uëlener Lagune, um junge Enten zu jagen. Er schoss auf eine vorüberfliegende Vogelschar und traf ein bis zwei Enten. Die fielen meist weit weg vom Ufer ins Wasser. Der Bäcker überlegte nicht lange, zog sich nackt aus – zum Glück war zu dieser frühen Morgenstunde noch kein Mensch draußen – und schwamm zu seiner Beute.

Zu dieser Zeit trat Kaljatsch aus seiner Jaranga, er hatte beschlossen, zum Mittagessen einen Wildvogel zu erlegen. Lange kam kein Vogelschwarm geflogen, aber plötzlich entdeckte der Jäger auf der glatten Wasseroberfläche einen Kopf, der an den Kopf eines schwimmenden Seehundes erinnerte. Solch eine Beute wäre weitaus wertvoller gewesen als irgendeine Ente. Deshalb zielte Kaljatsch lange und mit Bedacht, um den Seehund sicher zu treffen. Aber plötzlich hörte er zu seiner Verwunderung, wie der schwimmende Kopf die saftigsten russischen Schimpfwörter ausstieß. So laut und überzeugend konnte nur der Bäcker Onkel Kolja fluchen.

Und tatsächlich, Kaljatsch erkannte ihn! Er ließ die Winchester sinken und entschärfte mit zitternder Hand das Gewehr. Onkel Kolja krabbelte aus dem Wasser, schüttelte sich wie ein Hund, hielt die geschossenen Enten Kaljatsch vor die Nase und ging sich anziehen.

Meine Landsleute beobachteten mit großem Interesse, wie die Tangitan schwammen, und staunten ordentlich. Die eigene Unfähigkeit erklärten sie damit, dass das Wasser im Ozean viel zu kalt sei. Das stimmt ja auch. Aber die Tundraseen erwärmen sich im Verlauf des Sommers, und die Bewohner plätscherten an den Sand- und Wiesenufern im Wasser. Mit dem warmen Wasser wuschen sie den Schweiß und den Schmutz ab. Es machte ihnen gar nichts aus, wenn sie mit den nackten Füßen manchmal kleine Eislinsen berührten, die nicht einmal im Sommer tauten, obwohl die Sonne Tag und Nacht schien. Aber vom Ufer aus auf den See hinauszuschwimmen – davon konnte nicht die Rede sein.

Ich selbst habe nie richtig schwimmen gelernt. Einige Male habe ich es versucht, ging unter, und einmal verlor ich sogar das Bewusstsein.

Das erste Mal ging ich im Trainingsschwimmbecken der Leningrader Universität unter, als ich die Sportprüfung ablegte. Der Sportlehrer hatte mich und meinen Landsmann Kajo vor die Wahl gestellt – entweder zwanzig Meter schwimmen oder vom Turm springen.

»Ich schaffe nicht einmal einen Meter«, flüsterte mir Kajo zu.

»Ich auch nicht.«

»Springen wir«, schlug Kajo vor. »Kann doch nicht schlimm sein, drei Meter! Besser als zwanzig Meter schwimmen.«

Der Sprungturm sah von unten überhaupt nicht Angst einflößend aus. Wir beobachteten, wie andere Studenten, tangitanische Jungen und Mädchen, kühn heruntersprangen und wie eine Robbe in einem Eisloch wieder auftauchten. Von Weitem sah das verführerisch leicht aus. Als ich aber auf den Turm gestiegen und an den Rand des Sprungbretts getreten war, begriff ich, dass von oben her gesehen drei Meter sehr, sehr viel sind. Aber einen Rückweg gab es nicht. In meinem Nacken schnaufte aufgeregt und ungeduldig Kajo, der in seinem Leben noch nie im Wasser war.

Auf das Kommando des Trainers sollten wir einer nach dem anderen springen.

Ich schloss die Augen, und als ich das Kommando hörte, blieb mein Herz stehen, und ich sprang. Das Wasser, das mir immer wie eine weiche Flüssigkeit vorgekommen war, erschien mir jetzt härter als Eisen. Ich schrie vor Schmerz, verlor das Bewusstsein und sank auf den Grund des Schwimmbeckens. Durch den Luftmangel und das in die Lungen fließende Wasser kehrte mein Bewusstsein wieder zurück. Ich wollte wieder aufschreien, schluckte aber immer mehr warmes, scharf nach Chlor riechendes Wasser und versank wieder im Nichts.

Als ich am Beckenrand wieder zu mir kam, erblickte ich zuerst das rote, schweißtriefende Gesicht des Trainers, der seine Hände mit aller Kraft auf meine Brust und meinen Bauch presste, so als wolle er mich erdrücken. Aus dem Mund, den Nasenlöchern und, wie mir schien, sogar aus den Ohren spritzte das Wasser wie eine Fontäne. Etwas abseits stand Kajo, auf seinem Gesicht stand noch die Angst geschrieben, die er vor seinem Sprung hatte, der auf meinen hätte folgen sollen.

Als der Trainer merkte, dass ich die Augen öffnete, drehte er mich auf den Bauch, schlug mit aller Kraft auf meinen Hintern, drehte mich wieder auf den Rücken und fragte mich zornig: »Bist du schon einmal vom Turm gesprungen?«

Ich schüttelte den Kopf.

»Und kannst du schwimmen?«

»Er schwimmt wie ich!«, meldete sich Kajo.
»Wie denn?«
»Wie ein Beil!«
»Wo kommt ihr denn her, Jungs?«
»Von Tschukotka«, antwortete Kajo mit schuldbewusstem Lächeln und fügte hinzu: »Bei uns kann keiner schwimmen.«
»Darauf könnt ihr ja stolz sein«, knurrte der Trainer.
»Soll ich auch springen?«, fragte Kajo mit zitternder Stimme.
»Um Gottes willen!«, schrie der Trainer und fügte hinzu: »Zieht euch an, und dass ich euch hier nie wieder sehe!« Aber auf unseren Schein trug er ein, dass wir die Schwimmprüfung bestanden hätten.

Полет

renagyrgyn

Flug

Der ewige Traum des Menschen ist es, wie ein Vogel fliegen zu können. In unzähligen Werken der Folklore, in Liedern und Gebeten kommt er vor. Sogar der Tod, der Weggang ins Nichts, wurde von einigen arktischen Stämmen als »Verwandlung in einen ewigen Vogel« gesehen. Menschen sprangen von hohen Felsen, obwohl sie wussten, dass der Ausgang tödlich war oder sie zu Krüppeln werden konnten. Sie erfanden die ausgeklügeltsten Fluggeräte. Sie flogen mit Ballons in die Höhe, befestigten an ihrem Körper Flügel aus Vogelfedern, und dennoch gehört der freie Vogelflug nach wie vor in die Welt der Träume und der Zauberei. Aber irgendwann schaffte es der Mensch doch, in den Himmel zu steigen, aber mithilfe der Technik.

Das erste Flugzeug sah ich in meiner frühen Kindheit. Anfang der Dreißigerjahre sank ganz in unserer Nähe im Polarmeer der Dampfer Tscheljuskin. Die Besatzung kletterte auf eine Eisscholle. Zu ihrer Rettung wurden riesige Mittel eingesetzt, darunter auch Flugzeuge. Sie schafften es, die zum Untergang verurteilten Menschen aufzufischen.

Das Flugzeug tauchte als dunkler Punkt über der verschneiten Lagune auf und verwandelte sich allmählich in einen riesigen eisernen, brummenden Märchenvogel. Die von Menschen gefertigte Maschine konnte vielleicht schneller als ein Vogel fliegen, aber sie konnten nicht in der Luft schweben und sich frei hin und her bewegen. Ganz Uëlen rannte auf die Straße, um die Flugmaschine zu beobachten, die mit den Kufen langsam auf der glatten Ebene der Lagune aufsetzte, die am Tag zuvor von Schneewehen und Eissplittern befreit worden war.

Als das Flugzeug ans Ufer kam und der Propeller stehen blieb, tauchte in der Eisentür das rote, fröhlich lachende Gesicht des bärtigen Piloten auf. Mir war es gelungen, mich in die erste Reihe der Neugierigen vorzudrängen. Der Pilot packte mich und setzte mich auf den Flügel des Eisenvogels. Ich war damals fünf Jahre alt, erschrak fürchterlich und fing an zu heulen. So verlief meine erste Begegnung mit dem fliegenden Eisenvogel.

Später musste ich ziemlich häufig fliegen, mit all unseren verschiedenen Passagierflugzeugen bis hin zur Concorde, in der ich schneller als der Schall von New York nach London flog. Und ich flog gerne.

Einmal aber traf ich einen Menschen, dem es im Himmel nicht gefiel.

Es war fast ein Jahr vergangen, seitdem die Amerikaner Saigon verlassen hatten, das damals noch nicht Ho-Chi-Minh-Stadt hieß. Saigon war ganz anders als Hanoi und hatte sich noch einiges aus dem vergangenen Leben bewahrt: Auf den Straßen fuhren noch luxuriöse Limousinen, die mit einem samowarähnlichen, nach oben gebogenen Auspuff aus Blech versehen waren. Doch die Scheinwerfer waren eingeschlagen, die Türen herausgerissen, die früheren Firmenaufschriften schlecht übertüncht. Es gab keinen richtigen Treibstoff, aber die erfinderischen Vietnamesen hatten einen Ersatz entwickelt. An jeder Ecke wurde Essen verkauft, und ein scharfer Wodka, der allerdings ein Selbstgebrannter aus mir unbekannten tropischen Gewächsen war. Er trieb einem die Tränen in die Augen. Außerdem gab es im Überfluss feinstes amerikanisches Toilettenpapier zu kaufen. Die Leute auf der Straße trugen gebrauchte amerikanische Jeans, und die Frauen fielen einem durch grellbunte Kleider ins Auge. Von überallher tönte aus tragbaren Transistorgeräten westliche Musik. Eine der zentralen Straßen der Stadt war mit einer endlosen Reihe von Marktständen gesäumt, die Schmuggelwaren aus dem Westen feilboten.

Ich war gerade von einer langen und anstrengenden Reise ins Mekong-Delta zurückgekehrt und genoss den kurzen Aufenthalt in einem Luxuszimmer des völlig leeren Hotels. Das Dienstpersonal verneigte sich ehrfürchtig vor dem einzigen Gast.

Der letzte Abend brach an. Das Abschiedsessen sollte unter freiem Himmel stattfinden, im Garten der Villa eines südvietnamesischen Generals, der zusammen mit den Amerikanern das Land verlassen hatte. Ich ging mit meinem Dolmetscher Nguen Wan, einem Absolventen des Moskauer Filminstituts, etwas früher hin. Wir setzten uns an einen Tisch, auf dem eisgekühlte Getränke standen, darunter lange, schwitzende Flaschen des herrlichen Saigoner Biers. Nach und nach trafen die Gäste ein. Der Gastgeber dieses Abends, ein ehemaliger Partisanenkommandeur, der nun Bürgermeister der Stadt war, führte eine elegante Dame zu unserem Tisch.

»Madam spricht Englisch.«

»Ann Ko«, stellte sich die Frau vor und streckte mir ihre schmale Hand mit den langen Fingern einer Musikerin hin. Und tatsächlich, es stellte sich heraus, dass Ann Ko Sängerin war. Sie sprach fließend Englisch, und wir unterhielten uns sehr lebhaft ohne den Dolmetscher. Ann Ko interessierte sich für meinen Beruf und nickte zufrieden, als ich ihr sagte, ich schriebe Bücher. In der ganzen Erscheinung dieser zarten Frau lag etwas Geheimnisvolles, Seltsames, Überirdisches. Auffallend war vor allem ihr durchdringender Blick, der voller Liebe und Mitgefühl war. Ihre sanften und zärtlichen Augen liebkosten und erregten mich, eine tiefe Sehnsucht nach dem unerreichbaren Ideal des Schönen erfüllte mich. In meine Augen traten Tränen der Rührung, ein Krampf schnürte mir die Kehle zu, und ein Gedanke blitzte durch meinen Kopf: Wie schön wäre es, mit dieser Frau irgendwohin zu fahren, weit weg, vielleicht auf eine unbewohnte Insel, oder mit ihr auf einen Berg zu steigen bis in die Wolken, die still über der tropischen Nacht hingen, oder in eine Höhle im Norden des Landes zu klettern, in der der große Führer des vietnamesischen Volkes die unsterbliche

Arbeit eines anderen großen Führers, nämlich die *Geschichte der Kommunistischen Partei (Bolschewiki)* des Genossen Stalin aus dem Französischen übersetzt hatte.

Ihre Stimme floss dahin wie ein Bergbächlein, manchmal spritzten Töne hoch, und manchmal kam sie aus der Tiefe der wundervollen Brust, um sich dann wieder in die Höhe zu schwingen. Sie steigerte sich wieder zu kristallenen Tönen und bohrte sich mit einem blendenden schillernden Strahl in meine Ohren. Eigentlich sprachen wir über nichts, unsere Blicke flossen ineinander, wir brauchten keine Worte. Ich fühlte, dass ein Gefühl, von dem ich dachte, dass ich es nie wieder erleben würde, wie durch ein Wunder neu in mir geboren wurde und mich tief in der Seele erregte.

Die Musiker kamen und begannen eine zarte, bekannte Melodie zu spielen, die mich noch mehr in Erregung versetzte. Ann Ko zuckte zusammen, berührte meinen Arm und sagte leise: »Heute werde ich nur für Sie singen ...«

Die Gäste setzten sich gesittet an die Tische, die unter einer bunten Lichterkette standen, man trank auf den Sieg, auf die Wiedervereinigung des Landes, auf die Verwirklichung des Traums des großen Führers Ho-Chi-Minh. Die Kellner räumten auf leisen Sohlen die leeren Teller ab und brachten neue Gerichte, jedes davon zeichnete sich durch einen ungewöhnlichen, feinen, mir neuartigen Geschmack aus. Von Zeit zu Zeit drang aus der tiefschwarzen tropischen Nacht ein durchdringender Vogelschrei. Ich suchte Ann Ko, aber ich sah sie nirgends und dachte sogar mit Bedauern und Trauer, dass die Organisatoren des Abends es sich anders überlegt hatten und sie nicht auftreten ließen.

Doch da erschien sie. Sie verbeugte sich leicht in meine Richtung, nickte den Musikern zu und begann zu singen. Vietnamesische Musik klingt für das Gehör eines Europäers oft ungewöhnlich. Mir aber war sie sehr sympathisch, vielleicht weil sie mich an die heimatlichen Klänge von der Beringstraße erinnerten.

Ann Ko schaute mir beim Singen direkt in die Augen, als ob es in diesem schwülen Garten, der von der bunten Lichterkette beleuchtet war, außer mir keinen gab. Ein Lied folgte dem anderen, von Zeit zu Zeit verließ die Sängerin die Bühne, dann spielten die Musiker allein.

Ich fühlte bereits, wie ich von den Getränken und Speisen immer schwerer wurde, obwohl die Portionen winzig waren, gerade wie für ein Vögelchen gedacht. Nach einer kleinen Pause betrat Ann Ko wieder die Bühne, fing meinen Blick auf und lächelte. In diesem Lächeln lag so viel unausgesprochene Trauer, so viel Seelenschmerz, dass sich mein Herz zusammenzog. Sie begann wieder zu singen.

Mein Dolmetscher legte seine Stäbchen hin. »Jetzt singt sie ein sehr interessantes Lied«, sagte er. »Ich versuche es Ihnen zu übersetzen.«

Flieg nicht weg! Verlass die Erde nicht,
Wo uns das Schicksal zusammengebracht hat,
Wo alles uns gehörte:
Der stille, warme Abend
Umhüllte uns wie eine warme Decke.

Flieg nicht weg! Verlass die Erde nicht.
Der Himmel hier ist des Menschen Feind.
Dort warten auf dich die Todesschützen,
Und du kannst dich in einer Sekunde
In Asche verwandeln.

Flieg nicht weg! Verlass mich nicht.
Denn der gerade entstandene Keim der Liebe
Braucht die Erde ...
Flieg nicht weg, verlass mich nicht, Liebster!

Ann Ko weinte fast, als sie das Lied zu Ende gesungen hatte, ich sah ganz deutlich Tränen in ihren Augen glänzen, in denen sich die bunten Lampen der Lichterkette spiegelten. Als die letzten Töne in der dunklen tropischen Nacht verschwanden, trat eine solch bedrückende und schreckliche Stille ein, dass man nur noch das Zirpen der vielen Insekten hörte, die vom Licht der Lämpchen angezogen wurden.

Ich stand auf und klatschte. Einige Zeit war mein Beifall der einzige, dann schloss sich mein Dolmetscher an, und etwas später applaudierten träge die übrigen Teilnehmer des Abschiedsbanketts. Ann Ko schaute zu mir hin, und Tränen glitzerten in ihren Augen. Ich hielt es nicht mehr aus, ich rannte zur Bühne, nahm die Hand der Sängerin und drückte sie an meine Lippen.

»Danke«, sagte Ann Ko leise und zart und entfernte sich. Ich hoffte, dass sie sich wieder zu uns setzen würde, aber ich wartete den ganzen Abend vergeblich. Ann Ko tauchte nicht mehr auf, obwohl ich nach ihr fragte, aber man antwortete mir mit einem seltsamen Blick, dass ich gleich begriff: lieber nicht weiterfragen.

Bis zum Morgen wälzte ich mich schlaflos in meinem Luxusbett und dachte an das zarte Gesicht der Sängerin, an ihre feuchten traurigen Augen, an ihre Stimme und an das Lied mit der Bitte: »Flieg nicht weg!« Man kann mich nicht so leicht betrügen und mich mit unaufrichtigen Worten verführen, ich hatte verstanden: Ann Ko bat mich wirklich: »Flieg nicht weg!« Nie zuvor bin ich mit solchem Widerwillen zum Flughafen gefahren.

Der Abflug verzögerte sich. Nguen Wan, mein Dolmetscher, und ich gingen zum Büfett, ich bestellte zwei Gläser Cognac. Der Dolmetscher schaute sich scheu um, trank hastig sein Glas leer und stellte es auf den Nachbartisch, damit niemand merkte, dass er getrunken hatte.

»Warum ist Ann Ko gleich nach dem Konzert verschwunden?«, fragte ich ihn, immer noch voll innerer Anspannung.

»Sie wurde gleich weggebracht.«

»Wohin denn?«

»Wahrscheinlich zurück ins Gefängnis ...«

»In welches Gefängnis?«

Nguen Wan schaute mich aufmerksam an. Ich ging zum Tresen, um noch zwei Gläser Cognac zu holen. »Weil sie«, sagte Nguen Wan, »die Frau eines amerikanischen Piloten ist, der von einer sowjetischen Rakete abgeschossen wurde. Sie hat immer noch die Hoffnung, dass ihr Mann lebt und irgendwo im Norden sitzt, in einem Kriegsgefangenenlager. Deshalb ist sie in Vietnam geblieben und nicht mit den anderen Verrätern geflohen, die mit den Amerikanern kollaboriert haben. Weil sie noch die Hoffnung hat ... Ann Ko ist eine berühmte Sängerin!« Dann fügte Nguen Wan langsam hinzu: »Wenn sie nur nicht die Frau eines amerikanischen Piloten wäre ...«

Das dritte Glas trank ich allein am Tresen aus. Jetzt wusste ich, wen Ann Ko angefleht hatte, nicht wegzufliegen.

Портрет

kelilulkyl

PORTRÄT

In den alten Zeiten waren hin und wieder Lithografien von Heiligen, dem Erlöser oder der Mutter Gottes bis in die Jarangas vorgedrungen. Manchmal nahmen sie einen Platz neben unseren antiken Idolen ein. Man behandelte sie dann genauso wie die eigenen Götter, ihre Gesichter wurden mit Blut und Tran beschmiert, man bat sie darum, Jagderfolg herabzusenden, gutes Wetter, und wenn ein Tschuktsche zornig war, konnte er die Abbildung sogar bestrafen und zerreißen.

Die Sowjetmacht brachte neue Gesichter in die Siedlungen der Luorawetlan – die Porträts der Führer. Das größte Porträt unter allen war das des großen Führers der gesamten progressiven Menschheit, Josif Wissarionowitsch Stalin. Daneben hing meist Lenin. Manchmal konnte man auch Marx und Engels finden. Die Gesichter der beiden erinnerten durch ihren dichten Bartwuchs an die »haarmündigen« Kosaken. Vor allem der Begründer des wissenschaftlichen Kommunismus erschien uns wie ein echter Kosake.

So hing zum Beispiel im Polog meines Onkels Kmol das Porträt des Marschalls der Sowjetunion, Kliment Woroschilow, in Uniform, mit all seinen Orden und Medaillen. Er schmückte die Rückwand, und das flache steinerne Tranlämpchen beleuchtete sein nachdenkliches Gesicht. Niemand aber ahnte, dass Onkel Kmol hinter diesem Porträt eine ganze Versammlung von Hausgöttern, Schutzgeistern und heiligen Fabeltieren versteckt hielt. In den Stunden des häuslichen

Schamanengebets hängte Onkel Kmol Marschall Woroschilow vorsichtig ab, und ich bekam die Holzidole zu sehen, die beinernen Götzen, die seltsamen Vierbeiner und die magischen Vögel mit den spitzen Schnäbeln. Nach den Schamanengebeten kehrte Woroschilow an seinen angestammten Platz zurück.

Einmal machte ich in der winzigen Siedlung Kynnot – Harte Erde – am Ufer des Polarmeeres während einer Reise mit dem Hundeschlitten halt, damit sich das Gespann ausruhen und ich selbst auch wieder Kraft sammeln konnte. Auf der Polarstation wurde für mich die Banja angeheizt, im Internat ein großartiges Abendessen vorbereitet – mein Lieblingsessen: im Mörser zerstoßene, gefrorene Robbenleber. Während der drei Ruhetage weilte ich fast in jedem Häuschen, in jeder Einrichtung und besuchte sogar die Geburtsabteilung des winzigen Krankenhauses, in der sich eine glückliche Mutter nach der Geburt erholte. Sie bat mich, an dem Ritual der Namensgebung des neugeborenen Jungen teilzunehmen. Wir dachten über einen passenden Namen nach. Plötzlich entdeckte ich an der Wand des Krankenzimmers das Porträt meines Lieblingsschriftstellers Nikolai Wassiljewitsch Gogol. Er war im Profil abgebildet, und seine charakteristische Silhouette hob das durchgeistigte Gesicht des großen Schriftstellers hervor. Man sah die scharfe Nase, den etwas schelmischen Blick, die glatten langen Haare und den charakteristischen, leicht erkennbaren »gogolschen« Schurrbart.

»Nennen wir ihn Nikolai!«, rief ich. »Zu Ehren des großen russischen Schriftstellers Nikolai Wassiljewitsch Gogol, des Autors der *Toten Seelen* und der unsterblichen Komödie *Der Revisor*. Da hängt sein Porträt!« Ich zeigte der jungen Mutter das Bild über ihrem Bett.

»Ein schöner Name – Nikolai«, sagte die glückliche Mama zärtlich und beugte sich über ihren Jungen: »Kolenka …« Ich war zufrieden und glücklich, dass ich für einen Neuankömmling auf dieser Erde, für einen neuen Bewohner der arktischen Küste einen Namen gefunden hatte.

Als ich im winzigen Arbeitszimmer des Dorfsowjets saß, machte ich dem Chef davon Mitteilung. Hinter seinem Rücken hing an der Wand haargenau das gleiche Porträt wie im Krankenhauszimmer. »Ihm zu Ehren!«, sagte ich feierlich. »Zu Ehren des großen Schriftstellers der russischen Erde, Nikolai Wassiljewitsch Gogol!« Das Neugeborene wurde auf diesen Namen eingetragen.

Dann war ich wieder mit dem Hundeschlitten unterwegs. Nach einiger Zeit spürte ich, wie Unruhe in mir aufkam. Etwas stand mir die ganze Zeit vor Augen und ging nicht weg. Anfangs schob ich es auf die Wirkung der eintönigen weißen Schneefläche. Aber bald hatte ich es herausgefunden. Es lag an Gogol, an Nikolai Wassiljewitsch, genauer an seinem Porträt. Es verfolgte mich überall. Es hing in fast jedem Haus, in jedem Klassenraum, im Dorfsowjet, im Laden, in den Häusern der wenigen Tangitan. Gogol hatte es mit List und Tücke sogar geschafft, in die Jarangas vorzudringen, in die Fellpologs.

»Warum ausgerechnet Gogol?«, fragte ich den Chef des Dorfsowjets.

»Daran ist Ope schuld«, seufzte der Funktionär. »Er hat alles durcheinandergebracht.«

Ope war ehemals Rentierzüchter gewesen. Er war in der Tundra groß geworden, musste aber nach dem Tod seiner Eltern in eine Meeressiedlung ziehen. Der junge Mann war von Geburt an taubstumm, aber sehr wissbegierig und knüpfte gern Kontakt. Als er in die Meeressiedlung zog, nahm er sein wunderbares Hundegespann mit. »Nach dem Krieg entdeckten wir plötzlich«, fuhr der Funktionär fort, »dass wir kein einziges Porträt des Genossen Stalin besaßen. Das heißt, nicht wir haben das entdeckt, sondern ein Tangitan, der aus dem Gebietszentrum zu uns kam. Er hat uns einen strengen Verweis erteilt. Wir haben in aller Eile Ope für eine Fahrt ins Gebietszentrum ausgerüstet. Er sollte mit seinem Hundegespann Stalin-Porträts holen. Mit den Fingern haben wir ihm erklärt, was wir brauchen. Der Zeichenlehrer hat ihm sogar Stalin auf ein Blatt Papier gemalt. Und Ope machte sich mit seinem wunderbaren Hundegespann ins Gebietszentrum auf. Er kam bald wieder, sehr zufrieden, dass er den Auftrag erfüllt hatte. Auf dem Schlitten lag ein Stapel gut verschnürter Porträts. Als wir sie allerdings auspackten, blieb uns die Spucke weg. Das war nicht Stalin. Unter dem Porträt stand: Nikolai Wassiljewitsch Gogol. Aber wir konnten die Bilder doch nicht wegwerfen! Wir haben sie an alle verteilt, die eine Abbildung des Schriftstellers haben wollten. Übrigens: Nach diesem Zwischenfall wurden die wenigen Gogol-Bücher, die in der Bibliothek waren, sehr populär. Die Leute standen sogar Schlange nach ihnen.«

So wurde Nikolai Wassiljewitsch Gogol dank Opes Fehler der Lieblingsschriftsteller der Siedlung Kynnot.

Похороны

rylakwyrgyn

Beerdigung

Die erste große und feierliche Beerdigung habe ich Ende der Vierzigerjahre in Leningrad miterlebt, als das Akademiemitglied Professor Berg zur letzten Ruhestätte geleitet wurde. Die Uferstraße war von der Palastbrücke bis zum Hauptgebäude der Zwölf Kollegien verstopft durch unzählige schwarze Limousinen, unter denen die langen, eleganten »Sils« auffielen. Eine große Menschenmenge lief schweigend über die Newa-Brücke, die trauernden Gestalten verdeckten den grauen Granit. Melancholisch seufzte das Blasorchester, die musikalischen Schluchzer breiteten sich über den dunklen Wassern aus. Die Menschen, die den berühmten Professor zur letzten Ruhe geleiteten, trugen feierlich-dunkle Kleider, die dem Augenblick des ewigen Abschieds entsprachen. Ich staunte über diese Form von Beerdigung...

Die Beerdigung Stalins habe ich nur in der Filmchronik und in Spielfilmen gesehen, die auf der Leinwand den Abschied vom Führer wieder erstehen ließen. Sie haben einen schrecklichen und bedrohlichen Eindruck auf mich gemacht. Es heißt, die Realität sei viel schlimmer gewesen, die Menschen hätten sich totgetreten.

Die tangitanischen Bestattungen unterschieden sich sehr von den unseren.

Als meine Großmutter Giwewnëu starb, war sie nicht viel älter als sechzig Jahre, galt aber als Mensch im fortgeschrittenen Alter. Sie hatte einen besonderen Sack aus Robbenleder, in dem sie alle Sachen aufbewahrte, die sie auf ihre Reise durch die Wolken mitnehmen wollte. Eifersüchtig hütete sie den Inhalt dieses heiligen Sackes vor fremden Augen, aber als sie älter wurde, holte sie die Sachen häufig heraus und sortierte sie. Etwas legte sie weg, anderes fügte sie hinzu. Die Totenkleider bewahrte sie gesondert auf, sie waren aus den feinsten weißen Rentierfellen genäht, und meine Großmutter hängte sie von Zeit zu Zeit zum Trocknen und Lüften ins Freie. All diese Handlungen schienen uns selbstverständlich und beeinflussten auch keineswegs die Lebensfreude meiner Großmutter.

Ihr Tod war natürlich, obwohl er unverhofft kam. Sie ging im Schlaf aus dem Leben. Sie wachte einfach am Morgen nicht mehr auf, lag unbeweglich in der Ecke des Fellpologs, ihrem angestammten Platz.

Erst als ich aus der Schule kam, erfuhr ich, dass Großmutter tot war. In der Jaranga herrschte friedliche Stille. Zuerst waren die Hunde aus dem Tschottagin gebracht worden, und alle redeten mit leiser Stimme. Meine Tante erlaubte mir, die Tote zu sehen, mich von ihrem Körper zu verabschieden. Die Tote lag im Polog, bedeckt mit einer weißen Rentierdecke, das Gesicht war verborgen unter Felllappen eines Eisbären. Die Tante schlug das Fell zurück. Es kam mir vor, als ob Großmutter fest schlief. Auf ihren tief liegenden und fest zusammengekniffenen Augen lagen schwarze Schatten.

Im Tschottagin wurde ein Feuer angezündet und der größte Teekessel über die Flammen gehängt. Auf ein niedriges Tischchen, das direkt am Kopfbalken stand, wurden Tassen und zerstoßener Zucker gestellt. Jeder Besucher saß eine Weile am Tischchen, trank Tee und redete über völlig andere Dinge, die mit der Toten überhaupt nichts zu tun hatten. Nicht einmal ihr Name wurde genannt. Dann kam die Schamanin Peep und blieb für eine Weile allein mit der Toten. Ich erriet, dass Peep Großmutter die Totenkleider anzog. Als sie ihre Arbeit beendet hatte, wurde die Vorderwand des Pologs hochgehoben und mit einem Stab abgestützt, sodass das Innere des Pologs zu sehen war. Großmutter lag in ihrem weißen Festtagskherker da, als wollte sie auf eine lange Reise gehen. Das einzig Störende war der Felllappen mit der Eisbärpfote, der immer noch das Gesicht bedeckte.

Dann kam Atyk, der Sänger und Tänzer, der alle Rituale kannte. Er nahm den Stock, den ihm meine Tante hinhielt. Er hatte in der Mitte einen Schlitz, in den ein scharfer Steinsplitter geschoben wurde. Mit solch einem Werkzeug wurden Felle bearbeitet, die Haare beseitigt, harte Robben- und Seehundfelle weicher gemacht. Aber diesmal war kein Steinsplitter im Schlitz eingeklemmt. Atyk machte es sich umständlich auf dem Kopfbalken bequem und legte ein Ende des Stocks unter den Kopf der Toten. Als er schließlich eine passende Stellung gefunden hatte, erstarrte er. Er saß mit zusammengekniffenen Augen da und flüsterte etwas, das die Menschen in der Jaranga nicht verstehen konnten. Dann legte er den Stab so hin, dass er wie ein Hebel wirkte: Die Mitte lag auf Atyks Knie. Nun fing er mit lauter Stimme zu sprechen an, damit alle es hörten.

Zunächst fragte er die Großmutter, ob sie auf einen ihrer Verwandten oder Freunde böse sei. Nachdem er diese Frage gestellt hatte, ruckte er mit dem Stab, aber der Kopf der Verstorbenen bewegte sich nicht, so als sei er an den Kopfbalken angeklebt. Atyk schaute mit konzentriertem Blick alle anwesenden Verwandten an und verkündete feierlich: »Sie ist keinem von euch gram!« Das war die wichtigste Frage des Rituals, alle atmeten erleichtert auf.

Dann »äußerte« Großmutter den Wunsch, zwei wichtige Dinge mitzunehmen, die sie unbedingt brauchte: eine Eisenschatulle, in der ihr Nähzeug lag – Garnrollen, Nadeln, Fingerhüte, Bündel von trockenen Rentiersehnen, aus denen sie besondere Fäden zum Nähen von wasserdichtem Schuhwerk wand. Das zweite Ding war eine Schachtel aus Birkenrinde mit Kautabak und einem winzigen Stückchen Zucker, der bereits vergilbt war. Völlig unerwartet kam der Wunsch der Großmutter, ein Foto ihres toten Mannes, des Schamanen Mletkin, mitzunehmen, das in seiner Jugend in San Francisco gemacht wurde, als er Harpunier auf einem amerikanischen Walfangschoner war.

Als Atyk sein »Gespräch« mit der toten Großmutter beendet hatte, übergab er den Stock der Tante und half den Körper hinauszutragen, wo vor dem Eingang bereits der Totenschlitten wartete. Nach altem Brauch wurden keine Hunde vorgespannt, sondern die Last musste ein naher Verwandter ziehen, in diesem Fall der Sohn der Toten, mein Onkel Kmol. Ich erinnere mich, dass keiner weinte, keiner eine Träne vergoss. Nur manchmal war in den Augenwinkeln der Tante ein feuchtes Glitzern zu sehen. Das Gesicht des Onkels war wie versteinert und drückte keinerlei Gefühle aus, als er den Körper der Großmutter mit Riemen am Schlitten festband. Ihr Gesicht war noch immer mit dem Eisbärfelllappen zugedeckt. Atyk und ich gingen hinter dem Schlitten her, den Onkel Kmol zog.

Am Ufer der Lagune entlang gingen wir bis zum Fuß des Berges Linlinnej – dem Hügel der ewigen Ruhe. Das war unser alter Uëlener Friedhof. Alles war mit Schnee bedeckt. Aber ich wusste, dass der Berg mit Knochen und weißen Schädeln übersät war, die schreckliche Augenhöhlen hatten. Auf dem gesamten Friedhof gab es in diesen Jahren nur ein einziges tangitanisches Grab, und zwar das des ehemaligen Vorsitzenden des Revolutionskomitees, Choroschawzew, der meinen Großvater erschossen hatte, den Mann von Großmutter Giwewnëu. Wenn der Schnee taute, würde man im grünen Gras eine Menge von Dingen sehen, die die durch die Wolken Gegangenen mitgenommen hatten, besonders viele Lanzen, Harpunen, Jagdausrüstungen, Köcher, Pfeile und sogar Feuerwaffen. Die Gewehre hatte man vorsichtshalber so bearbeitet, dass man nicht mehr mit ihnen schießen konnte.

Der Aufstieg auf den Berg ging langsam voran. Onkel Kmol blieb von Zeit zu Zeit stehen, um Atem zu schöpfen, er sah zurück, auf das unter uns liegende Uëlen, und sein Gesicht war noch immer unbeweglich und finster. Er wählte eine Stelle fast auf dem Gipfel des Berges, ein bisschen abgelegen von den übrigen Grabstätten, und vor allem mit großem Abstand zum Grab von Choroschawzew. Der Sperrholzobelisk des Russen stand schon seit Langem schief und war ausgeblichen, aber an seiner Spitze leuchtete immer noch der fünfzackige Metallstern, ausgeschnitten aus einer Blechbüchse für Kautabak Marke »Prinz Albert«.

Onkel Kmol musterte den Platz für Großmutter und scharrte mit den Füßen den Schnee von einer kleinen Fläche weg. Auf dem Gipfel des Berges war der Schnee nicht tief, weil er vom Wind weggeweht wurde. Dann rief er mich zu sich und sagte streng: »Was ich jetzt mache, sollst du nicht sehen. Geh also weg und schau nicht hierher.«

Ich gehorchte und ging zum Rand des Abgrunds, von wo aus ich das mit dickem Eis bedeckte, unendliche Polarmeer sah. Alles war weiß und leblos. Ich wusste, was Onkel Kmol mit dem Körper seiner Mutter tun würde. Er würde Steine sammeln, aus ihnen ein Nest bauen und den Körper hineinlegen. Dann würde er mit einem scharfen Messer die Kleidung aufschneiden, den weißen Kherker und die mit Perlen besetzten Fellstiefel in grobe Stücke schneiden. Er würde seiner Mutter die Kleider vom Leib ziehen, bis sie völlig nackt dalag. Dann würde er die Kleider in kleine Stücke zerschneiden, neben die Großmutter legen und sie mit einem großen Stein beschweren. Die Schachteln und Schatullen mit den persönlichen Habseligkeiten würde er ihr zu Häupten legen, ihre Lieblingstasse aber, die mit den großen Wal-Hieroglyphen, würde er zerschlagen.

Das Ritual dauerte ziemlich lange. Als ich die Stimme Onkel Kmols vernahm, drehte ich mich um. Im Innern des Steinnests erblickte ich etwas Dunkles und Unförmiges.

Der Rückweg ging schneller, da wir bergab liefen. Am Eingang zur Jaranga brannte ein kleines Feuer, dessen Flamme im hellen Sonnenlicht nicht zu erkennen war. Doch wir alle – Onkel Kmol, Atyk und ich – schüttelten uns gründlich über dem reinigenden Feuer, bevor wir die Jaranga betraten. Der Tschottagin kam uns nach dem grellen Tageslicht dunkel vor. Im Polog, neben dem Kopfbalken, war bereits das niedrige Tischchen gedeckt – eine einfache Mahlzeit aus gedörrtem Rentierfleisch, zerstoßener Robbenleber und Tee.

Es wurde mit halblauter Stimme über alles Mögliche geredet. Aber der Name des Menschen, der für immer diese Welt verlassen hatte, wurde nicht erwähnt. Ich war gekränkt, und die Großmutter tat mir leid, und als ich die Untertasse mit dem warmen süßen Tee ausgetrunken hatte, ging ich hinaus. Am Eingang zur Jaranga brannte das kleine Feuer langsam herunter, und ein schwacher Wind trug die leichte Asche davon.

Поцелуй

ukwet

Kuss

Die Tschuktschen kannten keine großen Zärtlichkeiten. Der stärkste Gefühlsausdruck nach einer langen Trennung konnte eine enge Umarmung sein, zaghafte Tränen (nur bei Frauen), leise Ausrufe, die Freude ausdrückten oder Verwunderung: *kako! ynnatal! koljo mej!* Zum Abschied sagte man *atau*. Es wurde keine gute oder angenehme Reise gewünscht, zumal es keine angenehme Reise geben konnte, wenn Winter war und der Reisende große Entfernungen durch die verschneite Tundra oder auf dem Meereseis zwischen aufgetürmten Eisschollen zurücklegen musste. Ständig musste er gefasst sein, dass das Wetter umschlug und ein Schneesturm ausbrach. Aber auch im Sommer war es nicht leicht, in einem offenen Kajak auf dem Meer zu fahren, die Wellen waren hoch und stark, und eiskalte salzige Spritzer machten das Paddeln schwer.

Die herzlichste Freude kam natürlich auf, wenn man sich nach einer langen Trennung wiedersah. Aber das, was sich *ukwet*, Kuss, nannte, hatte nichts gemein mit einer zärtlichen Berührung der Lippen oder gar dem Zungenkuss der Europäer. Ein Kuss auf Tschuktschisch bedeutete, dass man die Nasen aneinanderrieb, sich dabei laut beschnüffelte und die Luft einzog.

Meist wurden Kinder auf diese Weise begrüßt, und das Objekt des leidenschaftlichen *ukwet* war nicht nur die Nase, sondern meist die Genitalien der kleinen Jungen. Aber nur bis zu einem bestimmten

Alter, bis die Jungen Hosen anzogen oder auf andere Art ihr Geschlecht verbargen. Erwachsene beschnüffelten und küssten sich sehr selten, vor allem wenn andere Menschen dabei waren. Einen Kuss gaben sich in der Dunkelheit des Fellpologs Eheleute oder Verliebte, aber dass man je sich küssende Tschuktschen gesehen hätte ... Nein! Und wenn es doch einmal geschah, waren die Kusspartner mit Sicherheit stark angetrunken.

Wie konnte von Zärtlichkeit auch die Rede sein, wenn das Werben um die Braut folgendermaßen ablief:

Der Bräutigam oder genauer gesagt, der Anwärter auf die Hand und das Herz eines Mädchens fragte die Eltern nicht um Erlaubnis. Meist gab es ein geheimes Abkommen zwischen den jungen Leuten. Der junge Mann ging in die Tundra, lud so viel Holz auf, wie er tragen konnte, und erschien so beladen in der Jaranga der Braut. Wenn das an der Küste geschah, brachte der Bräutigam meist eine Beute in die Jaranga der Geliebten. Davor gab es keinerlei Werbung oder Seufzer bei Mondlicht, keine heimlichen Blicke, hastigen Küsse, Umarmungen, überflüssigen Geschenke.

Wenn die Eltern und die Braut ihr Einverständnis gaben, dann drückte sich das lediglich darin aus, dass man den jungen Mann nicht wegjagte, sondern seine Dienste mit Freude annahm. Aber man behandelte ihn kein bisschen besser als einen Hund, man erlaubte ihm höchstens, im Polog den von der Braut am weitesten entfernten Platz einzunehmen.

Und das ging drei Jahre so! Die ganze Zeit sah man auf den Bräutigam von oben herab, beim Essen bekam er das schlechteste Stück, seine Kleidung war so verschlissen, dass er ständig fror. Man versuchte mit allen Mitteln, die Geduld des armen Bräutigams auf die Probe zu stellen, und es kam auch vor, dass der eine oder andere die grausamen Prüfungen nicht aushielt und lange vor dem Ende der festgesetzten Zeit aus der Jaranga floh.

Dafür erwartete den, der die Prüfungen, die Entbehrungen, die

Härte der Eltern überstand, die wohlverdiente Belohnung. Die Braut zog ihr Festtagskleid an, bereitete dem Bräutigam ein besonderes Essen zu, reichte ihm die schmackhaftesten Leckerbissen und war auf alle erdenkliche Weise zärtlich zu ihm.

Aber das war noch nicht alles! Wenn das Festmahl vorbei war, sprang die Braut plötzlich aus der Jaranga und begann schnell um das Fellzelt herumzulaufen. Und der vom guten Essen schwer gewordene junge Mann begann sie zu jagen. Natürlich war diese Jagd mehr ein Vorspiel der Liebesnacht. Wenn der junge Mann die Erwählte eingeholt hatte, warf er sich, Leidenschaft vortäuschend, auf sie, manchmal zerriss er sogar ihre Kleider, um zu den ersehnten Orten des Mädchenkörpers vorzudringen, und dann begann der Augenblick des wahrhaften *ukwet,* des Kusses, das Beschnuppern des nackten Körpers, der intimen Stellen. Dabei gab der Bräutigam Laute von sich, die an einen mächtigen Staubsauger erinnern.

Meist war mit der Liebesnacht der Brauch des Liebeskusses vorbei, und es begann der raue Alltag des Familienlebens.

Праздник
getschewatgyrgyn, kritschmyn
Feiertag

Das erste tschuktschische Wort bedeutet tatsächlich Feiertag und wird wörtlich mit Belustigung übersetzt. Das zweite Wort aber ist das verballhornte englische *Christmas*, es wurde zweifellos von den Küstenbewohnern beim häufigen Kontakt mit den Weißen übernommen. An hohen Revolutionsfeiertagen flatterte auf dem Haus des Dorfsowjets in Uëlen stolz die säuberlich auf Kattun gemalte Losung *matschynan konpy nytwarkyn Mainyoktjabrken Kristmess!* – Es lebe die große Oktoberchristmas! Und keinem kam der Gedanke, an der revolutionären Bedeutung dieses Volksfeiertages zu zweifeln.

Natürlich hatten die Tschuktschen Feiertage, die in die alten Zeiten zurückreichten. Manche wurden vom gesamten Volk begangen, zum Beispiel Kilwej, das Frühlingsfest, das sich bei mir vor allem durch den guten Geruch des Essens eingeprägt hat – gekochtes Rentierfleisch, das hoch oben auf den verräucherten Balken der Jaranga gedörrt worden war, und der Duft von frischem Entenfleisch, vom Fleisch junger Robben ...

Jeder Feiertag hatte seine eigenen Riten, der lustigste und schönste Festtag war das Walfest, es wurde gefeiert, wenn es gelungen war, einen Wal zu fangen, und zog sich manchmal über mehrere Tage hin. Am Strand wurden Feuer angezündet, und alle Menschen aßen sich an Itgilgyn satt, der leckeren Walhaut mit der weißen Fettschicht. Im Schulsaal wurden dann die Schellentrommeln geschlagen, heisere

Männerstimmen vermischten sich mit grellen Frauenstimmen. Das Lied, in dem den Meeresgöttern gedankt wurde und das gleichzeitig an die großen Vorfahren, die Wale, gerichtet war, flog aufs Meer hinaus, dorthin, wo das Blau des Wassers mit dem des Himmels zusammenfloss.

Viele traditionelle Feiertage waren eher Opferbringungen und dienten nicht der Volksbelustigung. Von den neuen Feiertagen konnte man das nicht sagen. Diese neuen Belustigungen verdrängten sehr schnell die alten Feiern. Es gab davon ziemlich viele. Es begann in der Wintermitte – dieser Festtag hieß Neujahrsfest. An sich war er weder Fisch noch Fleisch. Keiner wusste etwas damit anzufangen. Aber man musste fröhlich sein, um einen künstlichen Tannenbaum herumtanzen, der aus Treibholz zusammengebaut, mit Papierfransen geschmückt und grün angestrichen worden war. Den Kindern wurden Geschenke in Leinwandsäckchen überreicht – Konfekt und andere Süßigkeiten. Die Erwachsenen tranken Alkohol, das verstand sich von selbst. Zuerst musste das alte Jahr verabschiedet werden, und um Mitternacht begann dann die Begrüßung des neuen. Wegen der ungeheuren Breite des Landes zog sich das lange hin. Es begann bei uns, im äußersten Osten, und endete mit Moskau, da war es bei uns schon zehn Uhr früh. Die Mehrheit meiner Landsleute schaffte es nicht bis zum Moskauer Neujahr, ja in den meisten Fällen nicht einmal bis zu unserem Neujahr. Die Menge des Alkohols war zu groß. Dieses Versäumnis wurde dann gleich am ersten Tag des neuen Jahres nachgeholt, der ein Feiertag war.

Noch kein Monat war vergangen, da wurde der Tag der Roten Armee gefeiert. Und zwei Wochen später bereits der 8. März, der Internationale Frauentag. Dann der Erste Mai – der Tag der Solidarität mit den Werktätigen der ganzen Welt. Dann kam eine große Pause, und im Spätherbst der 7. November, der Feiertag der Oktoberrevolution, der besonders festlich begangen wurde. Da dieser Herbstfeiertag auf die Zeit fiel, wenn in den Speichern des Vaterlandes noch genug

Alkohol vorhanden war – der Schnaps wurde während des Sommers nach Tschukotka eingeflogen –, übertraf das Besäufnis an diesem Tag alle anderen, und nicht selten waren Menschenopfer zu beklagen.

Einmal ging ich in Anadyr in das Gebietsmuseum, das damals noch im alten Gebäude gegenüber dem Hotel untergebracht war, in dem ich für gewöhnlich abstieg. An diesem Tag wurde im ersten Stock die Ausstellung der Knochenschnitzer von Uëlen eröffnet. Die Ausstellungsstücke nahmen die gesamte Etage ein, ich verbrachte eine Menge Zeit dort und bewunderte die Meisterschaft der Künstler, von denen ich viele persönlich kannte. In einer Vitrine entdeckte ich einen mächtigen Walrosszahn aus Elfenbein, der durch die Zeit schon ein wenig vergilbt war. Auf ihm war ein »Feiertag in Uëlen« abgebildet, so stand es auf dem Schild. Ich schaute mir die Schnitzerei genauer an und erkannte die verschneite Lagune und die Jarangas auf der Landzunge. Auf den Holzhäusern flatterten Fahnen, an der Schule hing ein Plakat, das den Feiertag des Roten Oktobers pries. Wie es die Tradition verlangte, waren die Sujets auf dem Elfenbein als Filmsequenzen eingeritzt. Auf dem langen Walrosszahn war zuerst das Panorama von Uëlen zu sehen und eine Menschenmenge, die Fahnen, Transparente und Porträts der Staatsführer trug. Das nächste Bild zeigte die Demonstranten bereits vor der Tribüne, die aus Schneeblöcken gebaut worden war und entfernt an das Leninmausoleum erinnerte. Auf der Schneetribüne standen die Oberhäupter der Siedlung. Den einen oder anderen konnte ich sogar wiedererkennen, zum Beispiel Ewjak, den Vorsitzenden des Dorfsowjets. Einer der Führer, natürlich ein Tangitan, hielt eine Rede. Das konnte man an seinem weit aufgerissenen Mund sehen. Das nächste Bild lenkte die Aufmerksamkeit des Betrachters auf den Schulsaal, in dem ein Festkonzert stattfand. Die halb nackten männlichen Tänzer waren so dynamisch eingeritzt, dass man direkt ihre ungestümen Bewegungen fühlte, die voller geheimnisvoller Bedeutungen waren. Im Vordergrund tanzten Kinder in leuchtend bunten Kamlejkas. Im Hintergrund saßen auf einer langen Bank die

Sänger, und an ihren weit geöffneten Mündern konnte man ablesen, wie laut sie sangen.

Noch ein zweites Bild war dem Festkonzert gewidmet. Auf ihm sangen und tanzten die Tangitan.

Das Fest schwappte auf die verschneite Straße hinaus, auf den kleinen Platz vor dem Einkaufsladen. Die Schlange derer, die in den Laden wollten, reichte fast bis zur Lagune. Der Laden selbst war in aufgeschnittener Form abgebildet, damit man die Wand mit der Vitrine sehen konnte, die mit allerlei Flaschen vollgestellt war – die begehrteste Festtagsware. Dieses Bild nahm entsprechend seiner Wichtigkeit den größten Raum auf dem Walrosszahn ein.

Das letzte Bildchen zeigte ein trauriges Schauspiel: Betrunkene lagen auf der Straße von Uëlen herum und wurden von Hunden beschnuppert. Andere gingen über die Straße und hielten sich aneinander fest. Sie waren von dem Künstler so detailgetreu eingeritzt worden, dass man nicht lange über ihren Zustand rätseln musste.

Leider betrachteten meine Landsleute die meisten tangitanischen Feiertage als Vorwand für Trinkgelage. Wobei ganz unklar war, was viele Feiertage eigentlich bedeuten sollten. Was sollte das zum Beispiel für ein Feiertag sein: »Der Tag der offenen Tür«? Oder »Der Tag der Vögel« mitten im Winter, wenn außer Rebhühnern und Raben in der Tundra oder auf dem Eispanzer des Meeres kein einziges Vögelchen herumflog? Aber im Kreiskomitee der Partei waren für das ganze Jahr schon alle Feiertage festgelegt worden, und es gab genaue Richtlinien, wie sie zu begehen waren.

Einmal war ich an einem frostigen Wintertag in der alten Eskimosiedlung Unasik. Vor dem Laden standen Leute nach Alkohol an. Nach dem festgelegten Plan sollte die Verabschiedung des russischen Winters laut und fröhlich gefeiert werden. Warum eigentlich des russischen Winters? Das war mir unverständlich. Als ob wir nicht genug eigene Fröste und Schneestürme hätten, die viel stärker waren als die russischen.

Einen Umstand sollte man allerdings nicht vergessen. So gesundheitsschädigend die neuen Feiertage auch waren, sie endeten oft damit, dass unsere Lieder gesungen und unsere Tänze vorgeführt wurden. Dadurch ist die alte Kunst der Luorawetlan bis zum heutigen Tag lebendig geblieben. Vielleicht sollte man darin den tieferen Sinn all dieser Feiertage sehen.

Президент

Präsident

Diesen Begriff gibt es in der tschuktschischen Sprache nicht. Unter großem Vorbehalt könnte man ihn mit *erym* übersetzen – Chef oder Natschalnik. Die Bedeutung der Wurzel von *erym* ist »der Stärkste«. Ich persönlich habe nie einen Präsidenten getroffen. Mit einem jedoch, der später Präsident werden sollte, habe ich Anfang der Siebzigerjahre in Frankreich kurz geredet. In dieser Zeit bewarb sich der Vorsitzende der Sozialistischen Partei François Mitterand um die Präsidentschaft. Wir trafen uns in der Wohnung meiner Übersetzerin Monique Salzmann, deren Mann ein enger Mitarbeiter Mitterands war. Unser Gespräch war kurz. Mitterand teilte mit, dass ein Band mit meinen Erzählungen in französischer Sprache auf seinem Nachttisch läge und er ihn lesen wolle. Diese Wahlen verlor François Mitterand, er wurde erst später Präsident. Ob er meine Erzählungen gelesen hat, bleibt auf immer Staatsgeheimnis der Französischen Republik.

Allerlei anderen kleinen und größeren Präsidenten bin ich auch begegnet, von Handelsunternehmen, Organisationen, Behörden aller Art. Und einige Zeit war ich sogar selbst Präsident – ich stand der Petersburger Filiale des Internationalen P.E.N.-Clubs vor.

Vor einigen Jahren waren meine Frau und ich zu Besuch bei meinem jüngsten Sohn Alexander, der in einer Gebietszeitung von Tschukotka in der Prowidenije-Bucht arbeitete. Eines Morgens läutete in aller Frühe in unserer Wohnung das Telefon. Ich nahm den Hörer ab.

Das Fräulein von der internationalen Telefonstation teilte mit vor Aufregung zitternder Stimme mit, dass der »amerikanische Präsident« mit mir sprechen wolle.

Meine Frau wachte auf und fragte mich verschlafen, mit wem ich so früh am Morgen spräche. Ich antwortete ihr, mit dem Präsidenten, und sie brummte: »Hätte er sich nicht eine andere Zeit aussuchen können?«

Zum Ende des Gesprächs wiederholte ich mehrere Male: »Goodbye, Mister President.«

Mein Schlaf war verflogen, und ich trat zum Fenster. Diese Wohnung hatte ich persönlich ausgewählt, weil die Fenster direkt zur Prowidenije-Bucht hinausgingen. Vor mir tat sich ein so schönes Panorama auf, wie man es nur selten findet. In der engen Bucht, die ins Eis geschmiedet war, überwinterten zwei hydrografische Schoner – die Wega und die Majak. Die Steilküste mit den kaum sichtbaren Gebäuden der Grenzstation und den Antennen der Polarstation ging in der Ferne in einen felsigen Steilhang über, von dem der scharfe Winterwind herblies. Wenn man den Blick weiter nach rechts richtete, konnte man die Landebahn des Flughafens sehen und den mit Eis bedeckten See Estichet, das wichtigste Wasserreservoir von Anadyr. Das Wetter war still und schön. Der Morgen hatte nicht schlecht begonnen.

Beim Frühstückstee klingelte erneut das Telefon. »Wieder der Präsident?«, fragte meine Frau ironisch. Es war nicht der Präsident. Aber doch ein hoher Chef, nämlich Sliskin, der erste Sekretär des Gebietskomitees der Kommunistischen Partei höchstpersönlich. In jener Zeit hatte ein Parteifunktionär wie er alle Macht, die Organe der Sowjets, die Komsomolbüros und Gewerkschaftsbüros dienten nur als Dekor der sowjetischen Demokratie. Sliskins Stimme war ungewöhnlich freundlich, so als hätten wir erst gestern gemütlich beisammengesessen und eine Menge getrunken. Dabei war meine Beziehung zum wichtigsten Chef des Gebietes alles andere als freundschaftlich ...

»Das ist ein Wetterchen!«, sagte Sliskin fröhlich. »Sphärenmusik! Millionen Prozent Sicht! Bei mir sitzen welche, die zum Eisangeln wollen. Im engsten Kreis sozusagen … Zum See Estichet … Wollen Sie sich uns anschließen?«

Das Angebot kam unerwartet. »Ich hätte nichts dagegen«, entgegnete ich. Ich wollte tatsächlich schon seit Langem mal zum Eisangeln, so ein Zufall!

»Eine Ausrüstung haben wir für Sie!«, teilte Sliskin hastig mit. »Ein warmer Halbpelz und Pelzstiefel. Frieren müssen Sie nicht.«

Eine halbe Stunde später kam ein Geländewagen mit Raupenketten zu meinem Haus gerattert. Ich kletterte ungeschickt durch die Hintertür in den Passagierraum. Er war wie der Passagierraum in einem Business-Flugzeug oder einem luxuriösen Firmenauto eingerichtet. Wände und Decke waren mit Rentierfell ausgeschlagen, um die Wärme zu halten. Felle lagen auch auf den Metallsitzen. Ein Tisch nahm die gesamte Länge des Wagens ein. Daran saßen der Sicherheitschef des KGB von Anadyr, Wladimir Minenko, der Chef der Miliz, Sergej Lopata, und der Instrukteur des Gebietskomitees der Partei, Leonid Ljaljujew, dem die Erfüllung besonders delikater Aufträge des Ersten Sekretärs oblag. Es hieß sogar, dass Sliskin keinem anderen anvertraute, die Banja am Friedhof für ihn einzuheizen.

Ich wurde mit lautem Hallo begrüßt.

Die Fahrt zum Estichet dauerte nicht länger als zwanzig Minuten. Wir fuhren um die Bucht herum, am Meeresufer entlang, an den Gebäuden des Grenzpostens vorbei, an den Antennen der Landebahn des Flughafens und auf den zugefrorenen See hinaus.

In der Mitte des Sees blieb der Geländewagen stehen. Hier war das Eis nicht mit Schnee bedeckt und glänzte schwarz. Der Fahrer Wolodja holte den Bohrer aus dem Kofferraum und begann ein Loch in das Eis zu bohren. Ljaljujew packte den Proviant aus. Zuvor hatte er auf der warmen Motorhaube des Wagens eine gestreifte Plastikdecke ausgebreitet. Offenbar tat er so etwas nicht zum ersten Mal. Geschickt öffnete er die Konservendosen, packte die verschiedensten Wurstsorten aus dem Papier aus, dazu geschnittenen Käse, Brot, Butter. Zum Abschluss stellte er eine Flasche Wodka, made in Magadan mit Walrosskopf auf dem Etikett, auf die Motorhaube, daneben selbst gemachten Multbeerensirup und Gläser.

Derweil war Wolodja bis zum Wasser vorgedrungen, vorsichtig holte er den Bohrer aus dem Loch und schöpfte mit einem normalen Aluminiumsieb das Eismehl von der Wasseroberfläche. Es wurde beschlossen, kein zweites Loch zu bohren, zuerst wollte man es mit diesem versuchen. Der Sicherheitsmann Minenko tauchte sein Angelgerät in das Loch und zog es hin und her. Alle standen stumm und warteten. Ergebnislos.

»Wir wollen uns inzwischen mit Feuerwasser aufwärmen!«, schlug Sliskin vor.

Der Fahrer Wolodja goss Wodka ein. Das erste Glas wurde geleert und leicht gesalzener Rotlachs nachgegessen. Bei diesem blendenden, sonnigen Frost trank sich der Wodka wie Wasser.

Der Fahrer füllte die Gläser zum zweiten Mal, da schlug Sliskin plötzlich vor: »Ich möchte einen besonderen Toast ausbringen. Wir wollen auf unseren Landsmann trinken, auf den berühmten Schriftsteller, den man sogar in Amerika kennt!«

Alle leerten vereint die Gläser, krächzten, aßen Rotlachs nach, und Minenko sah mich forschend an.

Ein Jahr zuvor war ich auf Einladung der Zeitschrift *National Geographic* durch Amerika gereist. Damals war ein hoher amerikanischer Chef auf die Idee gekommen, mich zu beauftragen, einen Artikel über den äußersten Norden der Sowjetunion zu schreiben, über die kleinen Völker, die hier wohnten. Von dieser Amerikareise, vom Besuch Alaskas, von den Eskimos, die in den Siedlungen Inalik, Siwukak, Siwung, der Stadt Nome und in Fairbanks leben, hatte ich meinen Landsleuten schon des Öfteren erzählt, darunter auch den Männern, mit denen ich heute trank.

»Jaja«, sagte Sliskin. »Amerika! Unser mächtiger Nachbar. Da liegt es!«, und er zeigte mit der Hand in Richtung Sankt-Lorenz-Insel, die man bei klarem Wetter vom Kap Kiwak aus sehen konnte.

Vor dem dritten Glas war die Pause etwas länger. Noch einmal wurde die Angel ins Loch gehalten, aber erfolglos.

Als Wolodja die dritte Flasche öffnete, sah mich Minenko wieder prüfend an und sagte plötzlich laut: »Warum diese Geheimnisse! Hättest es uns ruhig sagen können!«

Es war nicht schwer zu erraten, dass die unerwartete Einladung zum Angeln und die Freundlichkeit mir gegenüber mit dem morgendlichen Telefonanruf zusammenhingen. Da blitzte es in meinem Kopf auf! Richtig, das Gespräch war ja in Englisch geführt worden, die Abhörer hatten offenbar nichts verstanden.

»Hättest uns ruhig sagen können, worüber geredet wurde«, fuhr Minenko fort. »Wir sind doch unter uns.«

Ich beschloss, den Sicherheitsmann ein bisschen auf den Arm zu nehmen. »Welches Gespräch?«

»Mit dem amerikanischen Präsidenten ... Heute Morgen.«

»Ihre Mitarbeiter haben doch bestimmt schon längst gemeldet, worum es im Gespräch ging. Sie haben es abgehört und aufgenommen.«

Minenko wurde verlegen. Er zog sogar seinen Hals ein, als sei ihm ein Eisstückchen in den Kragen gerutscht. »Unser Genosse kennt die Sprache sehr schlecht«, bekannte Minenko mürrisch. »Er hat nichts verstanden. Er bestätigt nur das eine – dass mit dem Präsidenten gesprochen wurde. Über irgendeine Reise.«

»Es geht doch darum ...«, mischte sich Sliskin ein. »Schon allein der Fakt. Ein tschuktschischer Kamerad spricht mit wem!? Mit dem Präsidenten der Vereinigten Staaten!«

»Ich habe nicht mit dem Präsidenten der Vereinigten Staaten gesprochen«, sagte ich ruhig.

»Es reicht mit der Heimlichtuerei!«, kicherte Minenko. »Das hat unser Genosse jedenfalls rausgefunden – es war der Präsident.«

»Mit dem Präsidenten, das stimmt!«, entgegnete ich. »Aber nicht mit Carter.«

»Mit wem denn sonst?«

»Mit dem Präsidenten der Geografischen Gesellschaft«, antwortete ich.

Es wurde still. Nur in der Ferne knackte irgendwo das Eis. Schweigend stiegen wir in den Geländewagen und fuhren zurück ins Gebietszentrum. Meine Begleiter versuchten krampfhaft, einander nicht in die Augen zu schauen. Sie hatten jegliches Interesse an mir verloren.

Der Geländewagen hielt vor meinem Haus. Zum Abschied sagte Sliskin: »Schade, dass kein Fisch angebissen hat.«

Премия

perejo

Preis

Wer möchte nicht gern einen Preis bekommen? Wer nicht gern Erfolg haben mit seinen Talenten? Die besondere Auszeichnung macht aus einem normalen Menschen eine Persönlichkeit ...

In der tschuktschischen Sprache wird Preis mit *perejo* übersetzt – das beim Rennen Gewonnene. Es gibt bei uns Wettrennen, die für gewöhnlich über weite Strecken durchgeführt werden, sie sind mit dem Marathonlauf vergleichbar. Der Sieger bekommt einen Preis. Manchmal ist das ein Rentierfell, das samtweiche Fell eines jungen Rentiers, neue Kufen für den Schlitten, ein Bündel Walbarten, ein geschlachtetes Ren, ein guter Schlittenhund und manchmal sogar ein lebendiges Rentier. Alle diese Preise werden am Ziel auf einen Schneehügel gestellt, damit alle sie sehen können, und der Erste im Ziel nimmt sich, ohne Entscheidung einer Jury, den Preis, der ihn anlacht.

In der sowjetischen Zeit wurden Preise für alle möglichen Erfolge verteilt, sogar für völlig nichtige. In meiner Kindheit zum Beispiel waren Wettbewerbe in Sauberkeit und Ordnung sehr populär. Das betraf sowohl die Jaranga als auch die Stoffkleidung. Dann kamen die mannigfaltigen Auszeichnungen im sozialistischen Wettbewerb. Die Menschen übernahmen Verpflichtungen – zum Beispiel soundso viel Tiere zu jagen, soundso viel Walrosse auf dem Herbstliegeplatz zu töten, soundso viel Pelz abzuliefern. Diese Verpflichtungen wurden, schön formuliert, zu Papier gebracht und an die Wand gehängt.

Später, als ich professioneller Schriftsteller wurde, erfuhr ich, dass es sogar Literaturpreise gibt und der höchste der Stalinpreis ist! Damals studierte ich noch an der Leningrader Universität, und unsere Lehrer vermittelten uns das Alphabet der neuesten revolutionären künstlerischen Methode, des sozialistischen Realismus. Professor Lew Plotkin, der Vorlesungen zur modernen Sowjetliteratur hielt, erläuterte am Beispiel des damals bekannten Romans von Wassili Ashajew *Fern von Moskau* das Konzept des Fortschritts in der sowjetischen Literatur: Der reflektierende Held der vorrevolutionären Literatur wird abgelöst vom lichten Beispiel des neuen Helden. Solche Helden waren Pawel Kortschagin in Nikolai Ostrowskis Roman *Wie der Stahl gehärtet wurde,* Lewinson in Alexander Fadejews Roman *Die Neunzehn,* und die Arbeiter und Kolchosbauern aus den Werken Michail Scholochows. Die nächste, höhere Entwicklungsetappe des sozialistischen Realismus war das Arbeitskollektiv. Aber das war noch nicht alles! Die Vollendung des sozialistischen Realismus lag in der Geburt eines völlig neuen Helden, den es zuvor nie gegeben hatte. Der Hauptheld war nicht mehr eine einzelne Person, auch nicht das Kollektiv, sondern der Gegenstand der Arbeit selbst. Im Roman *Fern von Moskau* von Wassili Ashajew zum Beispiel war es die Erdölleitung! »Jawohl, jawohl!«, rief Professor Plotkin in den Saal. »Die Erdölleitung mit großen Buchstaben!«

Ich schrieb nicht über Erdölleitungen, und die Helden meiner ersten Erzählungen und Novellen vollbrachten keine besonderen Taten, sodass ich wenig Hoffnung auf einen Literaturpreis hatte. Deshalb war es eine große Überraschung für mich, als die Novelle *Zeit der Schneeschmelze,* abgedruckt in der Zeitschrift *Oktober,* auf der Auswahlliste für den Lenin-Literaturpreis stand. Das war Ende der Fünfzigerjahre. In Zusammenhang mit Stalins Tod und dem Kampf gegen den Personenkult war der Stalinpreis abgeschafft und durch den Leninpreis ersetzt worden. Vor der Preisverleihung wurde eine Liste mit den Kandidaten abgedruckt, was in jener Zeit sehr demokratisch wirkte.

Über meine Kandidatur für diesen sehr geachteten Preis erfuhr ich am Kap Ryrkaipij, an der Küste des Polarmeeres. Ich war von der Zeitung *Magadaner Wahrheit* zur Recherche dorthin geschickt worden. Ich war also sozusagen am Ende der Welt. Hier gab es nur ein kleines tschuktschisches Nomadenlager an der Spitze des Kaps, dafür aber eine majestätische Landebahn, auf der auch das modernste strategische Bombenflugzeug landen konnte. Hierher kam einmal im Monat die Post. Wer eine Zeitung abonniert hatte, ordnete zunächst den Stapel nach Datum und verschlang der Chronologie nach die verspäteten Neuigkeiten. In einer Zeitung, ich glaube, es war die *Iswestija,* waren die Kandidaten für den höchsten Literaturpreis des Landes genannt. Ich erfuhr als Letzter von dieser umwerfenden Nachricht. Und das kam so: Ich übernachtete damals in einem Gemeinschaftsraum des Flughafenhotels Seite an Seite mit zwölf anderen Menschen, die wie ich das Ende des Schneesturms abwarteten. Der Chef des Flughafens, Juli Schulejew, kam plötzlich aufgeregt angerannt und rief mich in den Korridor. Er erklärte mir unter dem Siegel der Verschwiegenheit, dass er mich in ein Einzelzimmer verlege.

Dieses Zimmer hatte nichts Besonderes, wenn man von dem breiten Holzbett und dem elektrischen Teekocher absah. Die Toilette, zu der man über eine Schneewehe steigen musste, lag sowieso hinter dem Hotel.

Das Interessanteste war, dass sich das Verhalten der Leute, die wie ich wegen des Sturms auf dem Kap Ryrkaipij festsaßen, völlig änderte. Sie sahen mich vieldeutig und respektvoll, ja sogar etwas befangen an. In der Kantine wurde ich an einen besonderen Tisch gesetzt, der für das Flugpersonal reserviert war, und mir wurden kleine weiße Knoblauchzehen auf einem Tellerchen hingestellt. Und abends war es im Korridor seltsam still. Es kam mir sogar vor, als ob die Leute auf Zehenspitzen an meiner Tür vorübergingen, um die Ruhe des zukünftigen Leninpreisträgers nicht zu stören.

Ich zweifelte sehr daran, dass mein Name auch noch auf der folgenden Auswahlliste stehen würde, und ich betete zu allen tschuktschischen Göttern, sie sollten es so einrichten, dass ich bis zum Eintreffen der nächsten Post schon weggeflogen war.

Die Götter erhörten mich. Ich konnte das Kap Ryrkaipij rechtzeitig mit dem Flugzeug verlassen und blieb in den Augen meiner Flughafenkameraden bis zum letzten Tag der zukünftige Leninpreisträger.

Danach war ich oftmals Kandidat für andere Preise. Einige davon habe ich sogar bekommen, sogar einen Preis, den das Turbinenwerk der Stadt Leningrad stiftete. Und kurz bevor die Sowjetunion aufhörte zu existieren, hätte ich fast den Staatspreis der UdSSR für Literatur bekommen. Das war damals der höchste Kunstpreis.

Gerüchten zufolge soll ich sogar bis in die Endrunde gekommen sein, und Leute, die den Beschluss der Regierung in den Händen gehalten hatten, flüsterten mir zu: »Morgen kannst dus in der Prawda lesen!«

Am Kiosk kaufte ich gleich fünf Exemplare, schloss mich in meinem Arbeitszimmer ein und schlug bewegt die Seite auf, wo die Glücklichen genannt wurden. Dort standen die Namen von Wissenschaftlern, Musikern, Schauspielern, Architekten, Malern, Bildhauern und natürlich auch von Schriftstellern. Mein Name war nicht darunter.

Ich verließ die Wohnung, ging zu einem anderen Zeitungskiosk und kaufte eine ganze Sammlung zentraler Landeszeitungen. Zu Hause breitete ich sie auf dem Diwan aus und studierte sie gründlich. Mein Name war nicht dabei! Aber ich habe den Schlag überlebt!

Einige Tage später war ich in Moskau und traf im Schriftstellerverband das damalige Oberhaupt der sowjetischen Schriftsteller Georgi Markow, der gleichzeitig Vorsitzender des Komitees für Literaturpreise war. Unser Verhältnis zeichnete sich nicht durch besondere Wärme und Herzlichkeit aus, aber plötzlich umarmte er mich und führte mich an der verwunderten Sekretärin vorbei in eine versteckte Kammer hinter seinem pompösen Arbeitszimmer. Hier holte er aus einem grauen Metallsafe eine Flasche Cognac und füllte zwei winzige

Silberbecher. Ich bin es nicht gewohnt, aus solch kleinen Gefäßen zu trinken, aber der Tropfen strömte angenehm warm durch meinen Magen.

Georgi Markow teilte mir mit gesenkter Stimme mit: »Das Ganze ist mir äußerst unangenehm ... Weißt du, alle Unterschriften unter den Beschluss der Regierung waren bereits da, es mussten nur noch die Mitglieder des Politbüros informiert werden. Eine Formalität. Da ruft plötzlich aus Taschkent Genosse Scharaf Raschidow an und sagt zu Kossygin: ›In diesem Jahr hatte Usbekistan eine Rekordbaumwollernte. Die Kolchosbauern und Bäuerinnen, die Arbeiter und Leiter der Betriebe haben gut gearbeitet. Wir haben sie auf Republiksebene und auf Staatsebene ausgezeichnet. Nur unsere talentierten Schriftsteller wurden vom Zentralkomitee der Partei und von der Regierung nicht genügend beachtet. Ich denke, es ist noch Zeit, dieses Versäumnis nachzuholen.‹ So mussten wir statt deiner in den Beschluss der Regierung den Namen eines usbekischen Dichters einsetzen!«

Ich kannte diesen mächtigen, gutherzigen Usbeken. Wahrscheinlich ist er ein guter Dichter und hatte die höchste Literaturauszeichnung der Sowjetunion verdient. Aber ich war trotzdem gekränkt.

»Das nächste Mal bekommst du auf alle Fälle den Preis!«, versprach Markow leidenschaftlich.

»Ein nächstes Mal wird es nicht geben«, sagte ich.

Markow sah mich fragend an.

»Weil auf Tschukotka, egal welches Wetter wir haben, keine Baumwolle wächst!«, sagte ich, jedes einzelne Wort betonend. Doch bevor ich das Zimmer verließ, leerte ich noch ein Glas vom exquisiten Cognac.

Радио

wetgawelgyn

Funk

Wetgawelgyn, so wurde auf Tschuktschisch der Funk genannt, obwohl vor dem Erscheinen der Tangitan an Funkgeräte nicht zu denken war. Aber den Namen erhielt er sofort, als man von ihm erfuhr. »Gerät für Gespräche mit der Ferne« – so kann man das tschuktschische Wort ungefähr übersetzen.

Der Funk kam zusammen mit der Polarstation nach Uëlen, wie übrigens auch die anderen technischen Neuheiten, die an ein Wunder grenzten – der Film und der elektrische Strom. Auf einer freien Fläche wurden hohe Antennenmaste aufgestellt, die mit Stahldrähten in der Erde verankert waren. Außerdem wurden überirdische Leitungen gezogen, die ein eigenartiges Netz bildeten. Es war sogar für mich, einem Schüler der Grundschule, nicht schwer zu erraten, dass diese Leitungen die durch die Luft fliegenden, aus weiter Ferne kommenden Gespräche auffingen. Ich habe nicht wenig Zeit mit dem Versuch verbracht, diese schnell fliegenden Worte aufzuschnappen. Ich habe die hängenden Leitungen angestarrt, bis mir die Augen wehtaten. Aber es ist mir kein einziges Mal gelungen, auch nur ein Wort zu erhaschen.

Die Funkstation war in einem gesonderten Gebäude untergebracht, und genau zu diesem Gebäude liefen die Leitungen. Einige Male war es mir gelungen, in das Funkzimmer hineinzuspähen. Es war angefüllt mit unheimlichen Apparaten, bunte Lämpchen blinkten, und das Verwunderlichste war, man konnte ein eigenartiges Vogelgezwitscher hören. Es kam mir so vor, als seien aus aller Welt Federtiere in diesen Raum geflogen, um Neuigkeiten von allen Ecken und Enden zu bringen. Wie ich herausfand, bedeuteten diese andauernden Piepstöne menschliche Wörter. Ihren Sinn entzifferte und dechiffrierte das blonde russische Fräulein mit den großen Augen. Wenn sie die schwarzen Kopfhörer aufsetzte, blickten diese großen Augen plötzlich in unbekannte Fernen. Sie schrieb die Worte in ein dickes Heft. Ich konnte die Augen nicht von dieser Funkerin abwenden, die mir wie ein Geschöpf aus einer völlig anderen Welt vorkam, in der man sich in der Vogelsprache unterhielt und dabei ein seltsames Gezwitscher erzeugte und dazwischen plötzlich aufheulte, sodass einem Angst und Schrecken in die Knochen fuhren. Mit der rechten Hand drückte sie mit sagenhafter Schnelligkeit auf einen besonderen Knopf. Es sah aus, als ob ihre Hand zitterte. Aber die Augen ... Die Augen schauten in die Ferne, zu den Vogelstimmen, die am hohen Himmel, in unvorstellbarer Ferne dahinflogen. Die Mitteilungen, die nach Uëlen kamen, stammten nicht nur aus der Sankt-Lorenz-Bucht, aus Petropawlowsk-Kamtschtsk, Chabarowsk, sondern auch aus Moskau und Leningrad.

Und plötzlich erfuhr ich eine unglaubliche Neuigkeit: Über Funk konnte Geld geschickt werden! Mein Stiefvater sollte für Wintertransporte ein Gehalt von der Gebietsbehörde bekommen, und dieses sollte über Funk geschickt werden! Sogar der Tag war genau angegeben!

Anstatt in die Schule zu gehen, machte ich mich an diesem Morgen zur Polarstation auf und versteckte mich unter der höchsten Antenne hinter einem aufgeschaufelten Schneewall. Ich trug eine weiße Kamlejka, wie ein Jäger, der Pelztiere fangen will. Ich war ja auch ein Jäger, ich jagte fliegendes Geld. Vielleicht könnte ich wenigstens einen Schein fangen! Als ich es mir in meinem Versteck gemütlich gemacht hatte, schaute ich mich aufmerksam um und überzeugte mich, dass ich ganz bestimmt nichts verpassen würde, was aus dem Süden angeflogen kam. Das Gebietszentrum befand sich nämlich in südlicher Richtung, und der Wind wehte direkt von dort her, wenn auch nicht sehr stark. Es war zu merken, dass er sich bis zum Abend kaum drehen würde.

Ich wartete geduldig und stellte mir vor, wie das Geld gerade flog. Kleine Scheine würden bestimmt wie ein Schwarm Meeresschwalben oder Rebhühner fliegen. Waren es größere, würden sie wie Enten oder Kormorane fliegen. War es ein ganz großer Schein mit Leninporträt, würde er wie ein einsamer Rabe oder eine Tundraeule fliegen.

Das Wetter war klar, durch dünne Wolken schien das Blau des Himmels, nichts würde mich also stören, das Wunder des fliegenden Geldes zu sehen. Über meinem Kopf summten die Antennenleitungen, und an ihrem Ton erkannte ich die wachsame Bereitschaft des Funks zum Empfang der Scheine.

Indes drang der Frost durch meine nicht sehr passende Kleidung, und ich musste mein Versteck verlassen und um die große Antenne herumlaufen, um warm zu werden. Beim Laufen versuchte ich, den südlichen Teil des Himmels nicht aus den Augen zu verlieren, um das fliegende Geld nicht zu verpassen. Aber es kam nichts angeflogen, es bewegte sich nicht einmal etwas aus dieser Richtung. Sogar der Wind flaute ab, und das machte mir wirklich Sorgen. Wahrscheinlich würde das Geld ziemlich lange brauchen, um die Entfernung von der Sankt-Lorenz-Bucht bis Uëlen zurückzulegen.

Ich stellte mir vor, welche Gefahren den fliegenden Geldscheinen auflauerten. Raubgierige Winterraben könnten sie für etwas Essbares halten, fangen und zerreißen. Oder ein Mensch könnte sich ihrer bemächtigen. Auf dem Weg des Geldes lag das Nomadenlager Keniskun. Dort lebten einige Familien, die meisten waren Nachkommen der Eskimos aus Naukan. Für die Jagd auf fliegende Vögel benutzten sie Netze, die auf einen Ring gezogen waren, der an einem sehr langen Stock befestigt war. Die Vogelfänger versteckten sich in den Felsen. Vielleicht stand schon einer der Keniskuner auf einem Felsen am Meer und schaute mit gezücktem Fangnetz in den Himmel.

Das Laufen um den Mast und die Gedanken hatten mich erwärmt, und ich bezog erneut meine Stellung zwischen den Schneehaufen unter der Hauptantenne. Nach meiner Berechnung musste es schon zur großen Pause geklingelt haben, meine Schulkameraden tranken bestimmt schon süßen Tee und aßen dazu ein Stück Weißbrot, das dick mit Butter bestrichen war. Ich schluckte den Speichel hinunter und bedauerte ein bisschen, dass ich es vorgezogen hatte, den Flug des Geldes zu beobachten.

Nachmittags fuhr unser Briefträger Ranau mit dem Hundeschlitten vorbei. Ich verkroch mich im Schneehaufen, damit er mich nicht sah. Ranau ging ins Funkzimmer und fuhr dann zurück in die Siedlung.

Ein Wintertag ist kurz. Die Sonne hatte sich nur zur Hälfte am Horizont gezeigt, über den bizarren Linien des fernen Bergmassivs, und war dann wieder untergegangen, einen blutroten Streifen am Himmel zurücklassend, der von Stunde zu Stunde glühender wurde.

Die Kälte wurde unerträglich. Immer öfter verließ ich mein Versteck und rannte um den Antennenmast. Es wurde immer dunkler. Beunruhigende Gedanken begannen sich meiner zu bemächtigen. Wenn das Geld in recht großer Höhe flog, konnten sich die Papierchen durchaus verirren. Vielleicht flogen sie über unsere Uëlener Landzunge hinweg, verloren sich zwischen den aufgetürmten Eisschollen und landeten irgendwo auf der amerikanischen Seite. Morgen früh würde ein Jäger von Alaska aufs Eis gehen, noch beim Licht der Sterne und des Polarfeuers, und würde auf dem Eis die bunten, festgefrorenen Geldscheine sehen. Der würde sich freuen! Das wäre für ihn ein richtiges Himmelsgeschenk, das leider sonst nur in Märchen vorkommt. Damals wusste ich noch nicht, dass die Amerikaner anderes Geld hatten – Dollar.

Aus dem Häuschen kam die Funkerin und ging zum großen Haus, in dem die Kantine war. Es war also schon Zeit fürs Abendessen … Wer aber würde das Geld empfangen, wenn sie nicht am Platz war?

Ich stellte mir sehr lebhaft einen vollen Teller mit Suppe vor. Ich war mir sicher, dass die Funkerin Borschtsch essen würde. Ich hatte diese Suppe noch nie probiert, aber den Geruch kannte ich. Die russischen

Kinder, die mit uns zur Schule gingen, behaupteten, es gäbe nichts, was besser schmeckt als Borschtsch.

Zur Kälte kam jetzt noch der Hunger. Ich träumte von einem guten Stück Robbenbrust von der gestrigen Beute Onkel Kmols, von dünn geschnittenen Scheiben Kopalchen, die mit den weißen Fettstreifen und den roten Fleischstreifen sehr appetitlich aussahen, von grünen Blättern des Kuklunet, in den reichlich Robbenfett gestopft war, und von starkem Tee mit Zucker und einem runden Brötchen.

Die Finsternis breitete sich schnell aus. Bald konnte ich die Antennendrähte nicht mehr erkennen, die meiner Vorstellung nach das Hauptauffangnetz für das fliegende Geld sein mussten, und dann verlor ich auch die Spitze der Hauptantenne aus den Augen. Lange Zeit konnte ich mich nicht mit meinem Misserfolg abfinden. Ich ging am Ufer entlang nach Hause und schaute immer wieder zu den Antennen zurück.

Schon von Weitem hörte ich aus unserer Jaranga laute und fröhliche Stimmen dringen. Im Tschottagin brannte eine helle Lampe, die fast einen ganzen Monat wegen Petroleummangel nicht benutzt worden war. An den Stimmen konnte ich ganz deutlich die Wirkung des üblen, lustig machenden Wassers erkennen.

Meine Mutter empfing mich im Tschottagin. »Wo warst du bloß? Du bist ja ganz erfroren! Und bestimmt hungrig?«

»Ist das Geld gekommen?«, fragte ich.

»Schon lange«, antwortete meine Mutter. »Noch am Tage. Der Briefträger Ranau hat es von der Funkstation geholt.«

Wie hatte ich das fliegende Geld bloß verpassen können? Vielleicht waren die Papierchen mit einer so hohen Geschwindigkeit geflogen, dass meine Augen sie nicht verfolgen konnten?

Als ich gegessen hatte und warm geworden war, legte ich mich in die äußerste Ecke des Fellpologs, weit weg von den feiernden Eltern und Gästen, und dachte lange über das fliegende Geld nach, bis ich in einen tiefen Schlaf sank.

Рубашка

mytschykwyn

Hemd

Das tschuktschische Wort bedeutet Läusefänger, das heißt, eine Vorrichtung zum Fangen von Läusen. Das Hemd kam schon vor langer Zeit zu uns, bei den ersten Begegnungen, als die russischen Missionare den Tschuktschen den orthodoxen Glauben aufschwatzen wollten. Aus dieser Zeit sind viele Erzählungen überliefert, von denen die meisten recht ironisch und kritisch von den christlichen Werten berichten.

Die größte Taufe war auf dem berühmten Markt von Anjuisk. Die Missionare schlugen ein Zelt auf, stellten einen Wanderaltar und ein Becken auf und füllten es mit Wasser aus dem Fluss Anjui. Im Wasser schwammen Eisstücke, und die Taufe selbst versprach keine besonderen Annehmlichkeiten. Meine Landsleute hatten ein bestimmtes Ziel im Auge, wenn sie den russischen Glauben annahmen: Geschenke, die der Bekehrte überreicht bekam. Unter diesen Geschenken war außer einem Bündel Tabak und einem Zinnkreuz ein weißes Stoffhemd aus grobem Leinen.

Die getauften Tschuktschen zogen diese ungewohnte Kleidung auf den nackten Körper, den sie fast nie wuschen, und fühlten sich in der ersten Zeit sehr unwohl.

Die tangitanische Kleidung war zu nichts recht nutze. Vor allem wärmte sie nicht, sondern kühlte die Haut. Manchen schien es, dass sie die zarte tschuktschische Haut sogar kratzte, denn im Unterschied zu den Europäern und den Vertretern der südlichen Völker ist unsere Haut nicht behaart. Aber eine Sache fiel gleich ins Auge: Auf dem weißen Stoff waren die Läuse sehr gut zu sehen! Die Jagd auf dieses unersättliche, geisttötende Insekt nahm viel Zeit und Kraft in Anspruch. Die Läuse versteckten sich in den Rentierfellen, aus denen man sie nur schwer entfernen konnte. Auf den glatten weißen Hemden aber konnte man sie leicht entdecken, sogar wenn sie sich in den Nähten versteckten. Man sah sie wie eine Tundramaus auf weißem Schnee!

Auf diese Weise hatten die Besitzer eines Hemdes einen großen Vorteil gegenüber denen, die ihre Läuse weiterhin umständlich aus den Fellhaaren klauben mussten. Für gewöhnlich war man viele lange Abende damit beschäftigt, wenn draußen der Schneesturm heulte. Beim Läuseablesen unterhielt man sich und lauschte alten Sagen und Märchen.

Eines dieser Märchen hörte ich in der Kindheit von dem bekannten Erzähler Nonno, der in unserer Jaranga zu Besuch war. Später habe ich dann herausgefunden, von wem und von welcher Zeit darin die Rede war.

Es geschah ungefähr zwei Jahrhunderte vor unserer Zeit, während einer der langen Polarnächte auf dem Kap Ryrkaipij, das die Tangitan zwei Mal umbenannt haben. Mal nannten sie es Nordkap, dann zu Ehren des Polarforschers Otto Schmidt – Kap Schmidt. Zum reichen Armagirgin dort kamen russische Reisende – Ferdinand Wrangel und Matjuschkin, der Lyzeumsfreund des großen Puschkin.

Bei dem Licht von drei Tranlampen wurden die Insekten in hoch konzentrierter Arbeit vernichtet. Das Ungeziefer nistete nicht nur in der Kleidung, sondern auch in den Fellhosen und Strümpfen der russischen Gäste. Das Knacken der zerdrückten Läuse vermischte sich mit dem Heulen des Schneesturms. Und wie es sich gehörte, wurde in aller Ruhe ein Gespräch geführt, das von einem Gegenstand zum anderen sprang. Wrangel interessierte die geheimnisvolle Insel, die angeblich im Norden von Ryrkaipij liegen sollte. Armagirgin behauptete, man könne die Insel wunderbar sehen, man müsse nur Geduld haben und bis zum Beginn der Sonnenzeit warten, wenn das Wetter klar war. Aber bei den Tangitan war wie immer die Zeit knapp, sie hatten es eilig und mussten so viel Informationen wie möglich über das geheimnisvolle Land herausbekommen. Armagirgin erzählte, dass jeden Frühling riesige Schwärme von weißen Gänsen zu dieser Insel fliegen und im Winter ganze Rudel von Polarfüchsen und eine Herde wilder Rentiere übers Eis dorthin ziehen. Es ging das Gerücht, dass dort einst Menschen aus dem Stamm der Ankalinen gelebt hatten, der Meeresmenschen.

Als Armagirgin die Neugier der reisenden Tangitan gestillt hatte, zerdrückte er wollüstig mit dem gelben Nagel des Daumens das nächste Opfer und fragte höflich: »Gibt es bei euch auf dem großen Festland auch Läuse?«

Nach einer kurzen Denkpause erklärte der hohe Gast mit Bestimmtheit: »Nein.«

Armagirgin schaute ihn ungläubig an und fragte nach: »Es gibt also nicht die kleinste Laus?«

»Nein.«

Armagirgin seufzte und sagte mitleidig: »Das ist ja ein langweiliges Leben! Womit befasst ihr euch denn an den langen Winterabenden, wenn der Schneesturm so tobt, dass der Mensch nicht einmal seine Nase rausstecken kann?«

»So ist eben unser Leben«, bestätigte Ferdinand Wrangel.

Armagirgin, ein nicht dummer Mann, dachte nach und kam zu dem Schluss, dass es bei den Russen einst doch Läuse gegeben haben musste. Als sie aber den orthodoxen Glauben angenommen und weiße Läusefänger angezogen hatten, waren die Parasiten ausgerottet worden. Vielleicht war das einerseits gut, man hatte weniger Aufregung. Aber andererseits: wie langweilig! ...

Mein erstes Hemd zog ich an, als ich in die Schule kam. Beim Lernen wurden immer Hemden getragen. Meins war aus dunklem Stoff genäht und eignete sich nicht als Läusefänger. Außerdem musste ich es ausziehen, wenn ich aus der Schule kam, und auch am Wochenende durfte ich es nicht tragen. In den Ferien und im Sommer, wenn kein Unterricht war, vergaß ich es überhaupt.

Heute tragen natürlich alle modernen Tschuktschen Hemden. In allen Farben und Formen. Noch immer heißen sie Läusefänger. Die Läuse wurden glücklicherweise ausgerottet, aber die Abende sind langweiliger geworden.

Русские

tangitan

Russen

Die Luorawetlan hatten verschiedene Nachbarn. Im Osten waren es die Aiwanalin, die Eskimos, im Süden die Korjaken und Lamuten, im Westen die Jakuten. Aber äußerlich unterschieden sie sich alle kaum von den Luorawetlan. Nur ihre Sprache war eine andere, und viele Bräuche kamen uns seltsam und sogar primitiv vor. Das in ethnischer Hinsicht uns am nächsten stehende Volk waren die Korjaken. Sie hüteten ihre Rentierherden im Norden der Kamtschatka-Halbinsel und berührten sich mit den Luorawetlan in der Südhälfte des Laufes des großen tschuktschischen Flusses Anadyr. Wir hätten also freundschaftliche Beziehungen zueinander haben müssen, aber wie das oft üblich ist unter Nachbarn, galten die Korjaken viele Jahrhunderte hindurch als die erbittertsten Feinde der Luorawetlan. Das lag vor allem daran, dass die Korjaken das erste Volk im Nordosten Asiens waren, das Rentiere zähmte. Die großen Rentierherden erforderten nur ein Minimum an Pflege, während die luorawetlanischen Meeresjäger, die ihre Nahrung im stürmischen Meer oder auf driftenden Eisschollen suchten, sich viel mehr anstrengen mussten. Und deshalb beneideten sie die Korjaken. »Ihr Essen weidet direkt vor den Wänden der Jaranga!«, behaupteten die neidischen Luorawetlan. Nachdem sie beschlossen hatten, sich ebenfalls Rentiere anzuschaffen, fiel ihnen nichts Besseres ein, als ihren Nachbarn die Herden mit Gewalt wegzunehmen und sie auf die unberührten Tundraweiden zu treiben. Außer den Renen eroberten die Luorawetlan bei ihren kriegerischen Überfällen auch Frauen und Kinder, die Männer töteten sie. Die verzweifelten Korjaken suchten Schutz bei der russischen Zarin. Damals saß Katharina die Große auf dem Thron. Die weise Zarin schloss mittels ihrer Gesandten mit den Tschuktschen einen Vertrag ab, dass diese ihre räuberischen Überfälle einstellen sollten. Dafür durften die Tschuktschen ihre Autonomie behalten und wurden vom Jassak befreit, den Pflichtabgaben, die für gewöhnlich aus Pelzen und Walrosselfenbein bestanden. Mit diesen Bedingungen waren die Luorawetlan einverstanden.

Die Begegnungen mit den Weißen indes wurden immer häufiger. Die erste Benennung dieser rätselhaften Wesen war »Haarmünder«. Der üppige Haarwuchs verbarg sogar die natürlichen Öffnungen im Gesicht. Viele stiegen von geflügelten schwimmenden Inseln aus Holz ans tschuktschische Ufer, andere kamen über die Bergmassive und durchquerten die Täler der Tundraflüsse von Jakutien. Anfangs war das Eindringen der Russen in tschuktschisches Land recht kriegerisch. Es kam auch zu blutigen Schlachten. Die wenigen Kosakenabteilungen mussten grausame Niederlagen hinnehmen, denn die Luorawetlan waren gut bewaffnet. Und ihre Waffen erwiesen sich als stärker als die Feuerwaffen der Russen, die von der tschuktschischen Urbevölkerung noch einen weiteren Namen bekamen – *melgitangit*, was »Feuertangitan« bedeutet.

Dennoch versuchten die Russen, sich die Luorawetlan nicht nur mit Waffen zu unterwerfen, sondern vor allem mit Waren. In den Tälern der Flüsse Keperweem und Anjui wurden großartige Märkte abgehalten, wenn es eine geschlossene Schneedecke gab und die Tschuktschen sich mit Hundeschlitten vorwärtsbewegen konnten. Auf diesen Märkten begegneten sich Menschen, die gestern noch Feinde waren. Der Tauschhandel wurde in friedlichen Verhältnissen durchgeführt.

Die russischen Missionare nutzten die Gunst der Stunde und versuchten die »wilden Nomaden« zum orthodoxen Glauben zu bekehren. Der Erfolg war allerdings minimal. Die Luorawetlan, ein findiges und bis zu einer gewissen Stufe zynisches Völkchen, ließen sich gerne taufen, aber nur zum Schein, um die Geschenke zu bekommen, die ein Bekehrter erhielt – das Taufhemd, ein Bündel Tabak und ein Metallkreuz, das die Luorawetlan mit ihren goldenen Händen leicht in einen Angelhaken verwandeln konnten. Was die religiösen Predigten betrifft, so wurde offen über sie gelacht, und die Lithografien der Heiligen bekamen im besten Falle einen Platz neben den verräucherten Idolen.

Nach einiger Zeit begannen die Luorawetlan zu begreifen, dass die Tangitan sich in viele Stämme unterteilen. Es gab die amerikanischen Tangitan, es gab die russischen Tangitan. Man konnte sogar die Vertreter des Kaukasus und der mittelasiatischen Völker als Tangitan einordnen.

Aber die wichtigsten Tangitan waren die Russen. Seit Beginn der Sowjetmacht leiteten sie sogar die Rentierzucht und die Meeresfischerei, von der sie rein gar nichts verstanden. Aber immer hieß es, sie seien die klügsten und von allen Tangitan die tangitanischsten. Wie konnte es auch anders sein? Die meisten Lehrer, Händler, Mitarbeiter der Polarstation, Schiffsmatrosen, die Waren und Kohle nach Uëlen brachten, waren Russen.

Übrigens galt es bei den luorawetlanischen Frauen als großes Glück, einen Russen zu heiraten, auch wenn es nur für kurze Zeit war, für die Periode der Überwinterung. Sehr gern waren Kinder aus Mischehen gesehen, sie wurden genauso behandelt wie die übrigen tschuktschischen Kinder.

Doch das tangitanische Leben war ganz anders. Erstens wohnten die Tangitan in Holzhäusern und nicht in Jarangas. Ihre Kleidung sah anders aus, und ihr Essen bestand fast nur aus Leckerbissen – Borschtsch, Brot, Butter, Zucker, Marmelade, süßer Sirup. Sie schliefen auf Betten, die wiederum auf Beinen standen. An solche Schlafstätten konnten sich meine Landsleute nur schwer gewöhnen, selbst wenn sie in Holzhäuser umzogen.

Aber immer fühlten sich die Luorawetlan den Tangitan gegenüber heimlich überlegen. Vor allem, weil der Tangitan nicht für das raue nördliche Leben geeignet war. Viele Dinge beherrschte er einfach nicht, und ohne Hilfe der Tschuktschen hätte er leicht umkommen können. Ein Luorawetlan, der von den alten Bräuchen abgekommen war und die Gewohnheiten der Ureinwohner verloren hatte, wurde verächtlich »Mensch, der einem Tangitan ähnlich geworden ist« genannt. Dieser Name drückte den höchsten Grad der Verachtung aus und bedeutete, dass dieser Mensch aus der Gesellschaft der »wahren Menschen« ausgestoßen wurde.

Das historische Gedächtnis der Menschen sitzt sehr tief. Besonders bei Völkern, die aufgrund der fehlenden Schriftsprache keine Geschichtsschreibung kennen. So wurde das Epos – die Legenden von der Vergangenheit – zur Quelle allen Wissens über das vergangene Leben. Dennoch ist das tschuktschische Heldenepos fast unbekannt geblieben.

Wahrscheinlich liegt das vor allem daran, dass es wie alle Epen von Kriegen berichtet, in denen die Luorawetlan natürlich nie unterlegen waren, sondern nur siegten. Und in den alten Erzählungen von den kriegerischen Ereignissen wurden die Siege über den Feind oft sehr naturalistisch beschrieben. Die Qualen und Foltern, denen die tangitanischen Gefangenen ausgesetzt waren, wurden sehr genau wiedergegeben. Und die Tangitan selbst wurden als feige und verlogene Menschen dargestellt, die zu allen möglichen Gemeinheiten und Verrätereien fähig waren.

Wenn ein Wissenschaftler die tschuktschische Folklore studierte und sich ein bisschen in der tschuktschischen Sprache auskannte, begriff er sehr gut, dass vor allem die Russen negativ dargestellt wurden. Und so wurden diese Epen in Russland nicht aufgeschrieben und nicht gedruckt.

Dennoch begegnet man in den Aufzeichnungen der Folkloristen Fragmenten. So fand ich in einem Sammelband, der von dem Schriftsteller Dmitri Nagischkin zusammengestellt worden war, einen Auszug aus einem tschuktschischen Heldenepos. Dabei hat sich der Herausgeber scharfsinnig und geschickt aus der Affäre gezogen, indem er kein einziges Mal die Russen als alte Feinde des tschuktschischen Volkes erwähnte. In den Texten waren diese Feinde ja mit dem tschuktschischen Wort Tangitan bezeichnet worden. Und mit diesen mystischen Tangitan nun rangen die tapferen, unbesiegbaren luorawetlanischen Krieger. Sie errangen natürlich den Sieg und machten die Tangitan zu Sklaven. Der normale Leser wusste natürlich nicht, dass er selbst einer dieser Tangitan war.

Am Ende des Bandes gab es ein kleines Glossar, in dem die tschuktschischen Wörter und Eigennamen erklärt wurden. Dort fand ich auch, dass die Tangitan ein »den Tschuktschen feindlich gesinnter, längst ausgestorbener Stamm« seien.

Русский язык
tannywetgaw

Russische Sprache

Als ich die russische Sprache noch nicht beherrschte, klang sie in meinen Ohren wie das Murmeln unseres Uëlener Bachs, das Pfeifen des Windes, das Trommeln des Regens und das rhythmische Schlagen der Meeresbrandung. Die fremde Rede strömte wie ein Fluss dahin, und ich konnte keinen einzigen Laut auffangen, der einen Sinn gehabt hätte. Und dennoch hörte ich gern, wenn ein Russe redete. Die Sprache kam mir sehr melodisch, musikalisch vor. Sie floss ohne Unterbrechung, und lange Zeit konnte ich keine einzelnen Wörter heraushören.

Noch bevor ich zur Schule kam, war eines unserer Lieblingsspiele das »Russenspiel«. Wir ahmten die russische Sprache nach und schmückten sie mit Flüchen, von denen wir damals dachten, sie seien lediglich ein phonetischer und semantischer Akzent.

Meine Aneignung des Russischen ging allmählich vor sich, aber bis heute scheint es mir so, dass ich die Sprache ganz plötzlich beherrschte, so als ob es mir wie Schuppen von den Augen gefallen wäre und ich mit einem Mal ihren ganzen Reichtum entdeckte, den tiefen, unerschöpflichen Ozean, den ich bis dahin nur von außen kannte.

Zuallererst lernte ich Russisch zu lesen. Es zu sprechen traute ich mich wegen meiner Schüchternheit lange nicht. Dann kam die Zeit, als ich die Metaphorik und Vieldeutigkeit der russischen Rede begriff.

Viele tschuktschische Ausdrücke haben nur eine direkte Bedeutung, sie tragen einen konkreten Sinn, obwohl es falsch wäre zu sagen, das Tschuktschische wäre primitiv. Die luorawetlanische Sprache hat viele Forscher mit ihrer großen und konkreten Bildhaftigkeit in Erstaunen versetzt. Aber der Gebrauch von Metaphern war für mich etwas ganz Neues.

Wenn ich zum Beispiel die ersten Zeilen des berühmten Gedichts *Verse vom Sowjetpass* von Wladimir Majakowski hörte – »Mit Wolfszähnen wollte ich den Bürokratismus fassen ...« –, so erstand vor meinen Augen der Dichter persönlich mit großen Wolfszähnen, die in den Bürokratismus bissen. Das Schwierige war, sich diesen »Bürokratismus« vorzustellen. Mit großer Fantasie dachte ich mir an dieser Stelle das Bild eines Mitarbeiters aus einem Handelsbüro aus, meist Shukow. Das war ein hochgewachsener, hagerer Mann, der nur noch wenige gelbe Zähne hatte. Wenn ich mir das Bild der Wolfszähne vorstellte, hörte ich sogar Majakowskis unterdrücktes Gebrüll. Das Majakowski-Porträt im Buch erinnerte mit dem etwas schielenden Blick tatsächlich an einen Wolf. Und die Zigarette im Mundwinkel wirkte wie ein scharfer Reißzahn, der den Bürokratismus in Shukows Gestalt zerreißen wollte. Ein Ausdruck wie »einen Blick werfen« rief in meiner Fantasie folgendes Bild hervor: Ein Mensch reißt sich den Augapfel aus der Höhle und schleudert ihn in die Richtung, wohin er den »Blick warf«.

Einmal hörte ich in der Sankt-Lorenz-Bucht die bekannte Melodie eines russischen Liedes. Die Worte waren tschuktschisch und bedeuteten in direkter Übersetzung ins Russische »O, du, die du bist wie der Atem, schöne junge Frau!«. Es verging einige Zeit, bis ich begriff, dass das Zeilen aus einer bekannten russischen Romanze waren, die im Original so hießen: »Ach du, meine Seele, schönes Mädchen!« Seele wurde ins Tschuktschische mit Atem übersetzt.

Als ich allmählich in den Ozean der russischen Sprache tauchte, war das für mich ein überwältigendes Gefühl, vergleichbar mit der Entdeckung einer neuen Welt, eines neuen Weltalls, in das ich immer mehr eindrang. Dort gab es noch viele unentdeckte Inseln, sogar ganze Kontinente, aber mein Schritt wurde immer sicherer, obwohl in mir lange noch die Angst vor den unbekannten Tiefen der russischen Sprache saß.

Das freie Schwimmen beherrschte ich erst spät. Dafür brauchte ich mehr als ein Jahrzehnt.

Meine ersten Erzählungen schrieb ich in Tschuktschisch, erst dann übersetzte ich sie ins Russische und gab sie einem erfahrenen Lektor zum Redigieren. Nach einiger Zeit fiel mir auf, dass meine »Redakteure« und »autorisierten Übersetzer« mit wenigen Ausnahmen die russische Literatursprache nicht beherrschten. Also versuchte ich es mit einigen Erzählungen gleich in russischer Sprache und veröffentlichte sogar einen Sammelband *Das Walross der Zwietracht* in russischer Sprache.

Aber meine erste große Arbeit, die ich von Anfang bis Ende in Russisch schrieb, war der erste Teil der autobiografischen Trilogie *Zeit der Schneeschmelze*. Das Schreiben fiel mir schwer, oft geriet ich in einen düsteren Zustand, ich fühlte meine Machtlosigkeit und war enttäuscht von meiner Schwäche. Ich hatte einen Vertrag mit der Zeitschrift *Oktjabr*, sie wurde damals vom bekannten sowjetischen Schriftsteller Fjodor Panfjorow geleitet. Den Vorschuss hatte ich sehr schnell ausgegeben. Meine Taschen waren leer, und sicher würde ich von einem Gericht zur Rückzahlung des Geldes gezwungen werden.

Im Frühling beschloss ich, eine Reportage für die Zeitschrift *Sowjetfrau* in Magadan anzunehmen, um vor den drohenden Unannehmlichkeiten zu fliehen. Bevor ich wegfuhr, schaute ich noch einmal bei *Oktjabr* vorbei und legte mein Manuskript auf den Tisch des Redakteurs. In der Eile merkte ich nicht, dass das letzte Kapitel in meiner Aktentasche liegen geblieben war. Als ich es später entdeckte, konnte ich mich nicht überwinden, ein zweites Mal zur Redaktion zu gehen.

Damals dauerte die Flugreise nach Magadan mehrere Tage. Als ich ankam, erwartete mich im Hotel bereits ein Telegramm von Fjodor

Panfjorow. Obwohl ich es schon lange verloren habe, kann ich mich noch genau an den Inhalt erinnern: »Manuskript gelesen. Danke für die Liebe zur Heimat und zum tschuktschischen Volk. Erster Teil erscheint in Nummer 6.«
Ich rannte zu meiner Aktentasche, in der ein zweites Exemplar des Manuskripts lag. Ich fand auch das letzte Kapitel. Ich las alles noch einmal aufmerksam durch und begriff: Das letzte Kapitel war überflüssig.

Als ich in russischer Sprache zu schreiben begann, ließ ich große Vorsicht walten. Mit jedem Wort ging ich sehr sorgsam um, jeder Satz, jede Wendung wurde genau geprüft. Mir war, als ob ich ein gefährliches, scharfes, mächtiges Werkzeug in den Händen hielt, mit dem ich sehr vorsichtig umgehen musste. Vielleicht hat mich diese übertriebene Vorsicht zunächst ein bisschen eingeengt, es verging noch viel Zeit, bis ich mutiger wurde und mich freier fühlte. Heute bin ich meinem Schicksal dankbar, dass es mir diese Sprache schenkte, in der ich mich wie in der Muttersprache zurechtfinde.

Сскс

koimogyrgyn

SEX

Auch bei diesem Wort sehen die Luorawetlan eher die konkrete Handlung im engeren Sinne, und weniger die philosophischen Weiterungen. Die Handlung bei Tieren, Hunden und Renen beobachteten die Menschen genau und begriffen den Sinn sehr gut.

Das *koimogyrgyn* der Menschen aber war umgeben von der Aura des Geheimnisses, vollzog sich im Dunkel des Fellpologs und ging nur die zwei beteiligten Menschen an. Trotz der Enge des Schlafpologs, in dem die Menschen eng aneinandergedrückt lagen, habe ich nie stoßweises Atmen gehört oder rhythmische Töne, geschweige denn wollüstige Rufe und Stöhnen. Vielleicht hatte ich in der Kindheit einfach nur einen festen Schlaf? Aber selbst als Halbwüchsiger und später als junger Mann, der sich aktiv für diese Seiten des Lebens interessierte, konnte ich niemals eine offene sexuelle Handlung beobachten.

Über Sex wurde auch nicht gesprochen. Eine Ausnahme bildeten die anzüglichen Gespräche der jungen Männer. Aber dabei wurde mehr über tangitanischen Sex geredet, über die gigantische sexuelle Kraft der Weißen und ihre Bereitschaft, in jeder Lage Sex zu haben. Den Ureinwohnern der Meeresküste fiel das sofort auf: Die Seeleute, die lange Zeit fern von ihren Frauen unterwegs gewesen waren, waren von sexuellem Hunger besessen und bereit, für die Gewogenheit einer Frau teuer zu bezahlen.

Wenn ein Schiff sich dem Ufer näherte, lange bevor es Anker geworfen hatte, fuhren schon die Lederkajaks zu den Ankömmlingen hin. Als Erste stiegen die schönen Mädchen und Frauen an Bord, die sich für das bedeutsame Ereignis herausgeputzt hatten. Und erst nach ihnen kamen die Eltern und Ehemänner aufs Schiff. Sie waren es auch, die für die Liebesdienste die Bezahlung von den Seeleuten entgegennahmen. Als Folge dieser Kontakte wurden blonde, hellhäutige Kinder geboren, die die Bewohner der Küste nicht von den eigenen Kindern unterschieden. Manch Reisender war verblüfft, wenn er in einem Lederkajak plötzlich einen hellen skandinavischen Typ erblickte oder tief in der Tundra einen krausköpfigen dunkelhäutigen Hirten, der die Herde bewachte.

Heute findet man in den Jägersiedlungen am Meer kaum den anthropologisch reinen Typ des Luorawetlan, denn die Bevölkerung des weit ins Meer ragenden Kaps, das auf der Route der Walfängerschiffe liegt, hat sich über viele Jahrzehnte und sogar Jahrhunderte mit den tangitanischen Seeleuten vermischt. Es entstanden sogar besondere ethnische Typen. So vermischten sich die Ureinwohner von Kamtschatka, die hauptsächlich aus Itelmen bestanden, mit den russischen Kosaken, sodass sich der besondere Typ des Kamtschadalen herausbildete, der einerseits kein Kosak war und andererseits die Züge der Urbevölkerung samt der uralten Bräuche, dem Glauben und sogar der Sprache verloren hat.

Auf ähnliche Weise entstand der Stamm der Tschuwanzen am Oberlauf des Flusses Anadyr, der sich aus russischen Kosaken, die noch Ende des 17. Jahrhunderts dorthin gekommen waren, und tschuktschischen Rentierzüchtern zusammensetzte. Diese Tschuwanzen leben fast ausschließlich in der Siedlung Markowo, hängen dem orthodoxen Glauben an und reden Russisch in einem wunderlichen Dialekt, der bis heute archaische Formen und das Vokabular aus der Zeit der alten russischen Forschungsreisenden bewahrt hat.

Die Russen, die mit der Sowjetmacht zahlreich in die ursprünglich rein tschuktschischen Siedlungen kamen – Funktionäre, Lehrer,

Ärzte, Zootechniker –, propagierten zwar höhere Moral, zeichneten sich aber nicht gerade durch sexuelle Zurückhaltung aus. Sie interessierten sich stark nicht nur für junge schöne Frauen, sondern auch für Schülerinnen der obersten Klassen der Dorfschule.

Oft wurde mir folgende Frage gestellt: Stimmt es, dass bei den Tschuktschen der Gastgeber dem Gast, wenn er ihm gefiel, aus Achtung und dem Brauch der alten Gastfreundschaft folgend für eine Nacht seine Frau abtrat? Tatsächlich, das war der Nachhall eines sehr alten Brauchs, des sogenannten Frauentauschs. Aber zu dieser Handlung war es nur in sehr seltenen Fällen gekommen. Der Grund dafür konnte die Unfruchtbarkeit eines der Eheleute sein. In anderen Fällen war dieser »Tausch« das Ergebnis geheimnisvoller Beziehungen, die Fremden nicht zugänglich waren, wenn sie nicht in die Bedeutung dieses Brauchs eingeweiht waren.

Mir persönlich ist nur ein einziger Fall bekannt. An beiden Ufern der Beringstraße waren in den Jahren meiner Kindheit und frühen Jugend zwei Dichter sehr bekannt, zwei große Schöpfer und Interpreten alter Tänze – der Luorawetlan Atyk aus Uëlen und der Eskimo Mylygrok, gebürtig auf einer der Diomid-Inseln in der Beringstraße. Ich habe beide noch erlebt und hatte die Ehre, ihre rituellen Tänze sehen zu können. Atyks letzten Tanz erlebte ich in Uëlen im Sommer 1959 beim Walfest. Und Mylygrok, der seinem Namen noch das amerikanische Dwight hinzugefügt hatte, sah ich im Februar 1978 in der Schulturnhalle auf der Insel Kleiner Diomid zum letzten Mal tanzen. Beide Tanzvorstellungen fanden also in zwei verschiedenen Ländern statt: Atyk tanzte in der Sowjetunion, und Mylygrok in den Vereinigten Staaten.

Als die beiden noch jung waren, waren die Menschen noch nicht durch die Beringstraße getrennt, im Gegenteil, das Meer verband die Nachbarn. Auf dem Wasser traf man sich auf der Wal- und Walrossjagd, hielt Freundschaft und half sich gegenseitig. Erst später haben die Tangitan die Beringstraße zu einer Grenze zwischen den Staaten gemacht. Und Atyk und Mylygrok lebten plötzlich in zwei verschiedenen Ländern.

Obwohl sie Brüder waren. Wenn man sie bei ihren gemeinsamen Auftritten sah, war nicht schwer zu erkennen, dass sie sich äußerlich sehr ähnlich sahen. Und wenn sie ihren berühmten Freundschaftstanz aufführten, konnte man sie glatt verwechseln.

Zum ersten Mal hatte mir meine Großmutter von ihnen erzählt. Vor vielen, vielen Jahren, als die Kajaks noch keine Außenbordmotoren hatten, wurde das Jagdboot von Atyks Vater durch ein Eisfeld zur Insel Inalik, dem Kleinen Diomid, gedrückt. Die Inselbewohner empfingen die verunglückten Uëlener freundlich und verteilten sie auf verschiedene Heimstätten.

Wie die Männer sich einig wurden, welches Gespräch zwischen ihnen stattfand, das weiß keiner. Aber das Resultat des mehrtägigen Aufenthalts der Uëlener war, dass die Frau, die lebte, wo Atyk übernachtet hatte, schwanger wurde und neun Monate später einen gesunden Jungen zur Welt brachte. Im selben Sommer waren die Eskimos lange in Uëlen zu Besuch, und einer der Gäste wohnte in der Jaranga von Atyks Vater. Und neun Monate später ...

Die Familien, durch die Verwandtschaftsbande vereinigt, schlossen für immer Freundschaft, nur die Staatsgrenze trennte die Brüder für einen langen Zeitraum von vierzig Jahren.

Atyk schied als Erster aus dem Leben, und mir wurde die Pflicht übertragen, die traurige Nachricht Mylygrok zu überbringen.

Mylygrok weilt ebenfalls schon lange nicht mehr unter den Lebenden, aber alle, die die Legenden der Beringstraße kennen, erinnern sich an dieses wundervolle Paar, das die Frucht eines uralten Brauchs war, der weit ins Altertum zurückreichte und nichts gemein hatte mit Gruppensex und One-Night-Stands von heute.

Heute geht es in meiner Heimat nicht viel anders zu als in allen anderen Ländern. Es gibt allerdings sehr viele uneheliche Kinder. Viele Tangitan schaffen sich während ihrer Zeitarbeit im Norden vorübergehend Freundinnen an und verlassen dann diese Frauen und Kinder leichten Herzens wieder. Nur selten erinnern sie sich an ihre heranwachsende Nachkommenschaft im Fernen Osten.

Es ist noch gar nicht so lange her, dass mir ein Sozialarbeiter von Tschukotka eine interessante Geschichte erzählt hat. Er wollte in Erfahrung bringen, woher die vielen Waisenkinder in einem der Bezirke kamen. Er fand heraus, dass diese offiziellen Waisen in Wirklichkeit zwei Eltern hatten, ja mit ihnen oft im gleichen Haushalt lebten. Dieser offensichtliche Betrug war auf die tschuktschische Findigkeit zurückzuführen, die viele Jahrhunderte zurückreicht: Es galt keineswegs als ehrenrührig, die Tangitan hinters Licht zu führen. Die offizielle Eheurkunde und der Stempel im Pass haben in den Augen der Luorawetlan nicht die geringste Bedeutung, aber die Bescheinigung, dass eine alleinerziehende Mutter durch ihr uneheliches Kind stark belastet ist, führt zur finanziellen Unterstützung durch den Staat, was bei dem schmalen Budget der tschuktschischen Bevölkerung eine große Hilfe ist.

Die Tschuktschen- und Eskimomädchen zeichnen sich von den anderen Vertreterinnen der nördlichen Urvölker durch besonderen Liebreiz aus. Wenn sie heiraten, egal ob einen Stammesgenossen oder einen Tangitan, dann sind sie so treue Frauen und liebevolle Mütter wie alle anderen auch. Und was den Sex betrifft, so meint mein alter Freund Tototto, dass die Liebe nicht nur eine Frage des Beischlafs sei, wichtig sei das, was über den Liebenden schwebe. Ein anderer tschuktschischer Freund von mir hat sich kürzer ausgedrückt: »Sex gibt es auch bei den Mücken, aber Liebe nur beim Menschen.«

Сказитель
lymnylyn

Erzähler

Jawohl, ich habe den großen Nonno noch gesehen und ihn sogar gehört. Und ich kann mit Bestimmtheit sagen, dass es einen zweiten wie ihn in unserem Volk nicht gab. Mit Nonnos Tod ist einer der echten luorawetlanischen Enzyklopädisten verschwunden, ein Künstler des Wortes, ein Improvisator, der den schöpferischen Reichtum unseres Volkes bewahrt hat.

Alle sogenannten tschuktschischen Märchenerzähler, die nach Nonno kamen, waren, wenn nicht Plagiatoren im reinen Sinne, dann auf jeden Fall unechte Künstler. Und wenn ihr angebliches mündliches Volksschaffen von Ethnologen und Sammlern auf Tonband aufgezeichnet wurde, dann war es meist nur ein Geschäft, mit dem die »Sänger« Geld machen wollten. In den letzten Jahren hat diese sogenannte Volkskunst vor allem bei stark trinkenden Ureinwohnern Verbreitung gefunden. Wenn ein Folklorist irgendwo in einer fernen Siedlung mit einem Tonbandgerät auftauchte, war das ein richtiger Festtag für die chronischen Alkoholiker. Meist beherrschte der Ethnologe die Sprache nicht, und er fing mit seinem Tonbandgerät nur trostlose primitive Nacherzählungen der nordischen Märchen und Legenden in russischer Sprache ein, die der Erzähler irgendwo irgendwann einmal aufgeschnappt hatte. Das Erstaunlichste ist, dass diese »Beispiele der tschuktschischen Folklore« sogar publiziert wurden.

Vor vielen Jahren, im Hotel in Magadan, klopfte es am frühen Morgen an meine Zimmertür, ich öffnete, und vor mir stand ein schwankender Landsmann. »Bist du Schriftsteller?«, fragte er mich, und als er meine positive Antwort vernahm, fragte er weiter: »Interessierst du dich für Märchen?«

Ich sagte ihm, im Prinzip ja.

»Fünf Rubel!«

»Wofür fünf Rubel?«

»Na, es geht auch für drei Rubel zwanzig Kopeken ...« Genauso viel kostete eine Halbliterflasche vom billigsten Portwein. »Wir wollen keine Zeit verlieren«, drängte er mich. An seinem Gesicht konnte man ablesen, dass seine Qualen die höchste Stufe erreicht hatten. Er tat mir leid: Mir war dieser Zustand gut bekannt.

Der Gast räusperte sich und begann: »Der Rabe tritt vor Gott und sagt: Hoher Chef!«

»Das reicht!«, unterbrach ich meinen Gast. »Wie lange hast du gesessen?«

»Drei Jahre wegen Rowdytums ...« Der Gast steckte die fünf Rubel, die ich ihm gab, in die Tasche und sagte zum Abschied: »Das ist ein großer Fehler, dass du das Märchen nicht hören willst ... Mein Großvater hat mir gesagt, er hat es von Nonno persönlich gehört!«

Nonno kam aus Janrakynnot, einer Siedlung, die auf »einzeln stehender felsiger Erde steht«, wie es der Name sagt – auf dem weit ins offene Meer ragenden Kap der Insel Yttygran, an einer Meerenge. Die Insel heißt auf den offiziellen geografischen Karten zu Ehren des russischen Seereisenden Senjawin-Insel.

Yttygran wurde vor noch nicht allzu langer Zeit zum Nationalpark erklärt. Hier befindet sich die berühmte Wal-Allee, ein heiliger Zeremonialweg für besonders feierliche Opferungen. Sie ist rechts und links gesäumt von Walkieferknochen, Walrippen und mächtigen Schädeln der Meeresriesen, die von der Zeit und den Winden verwittert sind.

Janrakynnot ist der nationalen Herkunft der Bevölkerung nach eine tschuktschische Siedlung, aber die Bewohner haben sich im Laufe von

Jahrhunderten mit Eskimos vermischt, mit den Walfängern aus Unasik, Sireniki und Imtuk. Die Bewohner von Janrakynnot waren verwegene Walfänger und Meeresjäger, die sowohl die Erfahrungen der Tschuktschen als auch die der arktischen Eskimos übernommen haben. Auch die Kultur dieser Menschen war ein wundersames Zusammenspiel von Tschuktschen- und Eskimomotiven, sowohl in der darstellenden Kunst als auch in den Liedern und Tänzen und in der mündlichen Dichtung. Niemand kümmerte sich mehr darum, welche Tradition zu welchem Volk gehört hatte. Die großen Meerestiere – Walrosse, Robben, Seehunde, Eisbären, der Wal – waren das Hauptthema dieser Kunst. Rene kamen seltener vor, Tundratiere überhaupt nicht.

Nonno beherrschte seine tschuktschische Muttersprache wie ein Dichter. Außerdem kannte er fast alle Dialekte der Eskimosprache, die an der asiatischen Küste der Beringstraße verbreitet waren. Davon konnte ich mich persönlich überzeugen, als ich hörte, wie der große Erzähler in unserer Jaranga mit meiner Tante sprach, die aus der benachbarten Eskimosiedlung Naukan stammte. Aber Nonno kannte auch die russische Sprache und Grammatik. Seine Kunst nährte sich auch aus diesem Sprachreichtum.

Äußerlich war er ein sehr anziehender Mann und hatte Erfolg bei Frauen. Er war größer als ein normaler Tschuktsche, trug einen ordentlich gestutzten Schnurrbart, den Bart aber rasierte er immer ab, ich denke, mit einem scharf geschliffenen Rasiermesser, so wie es mein Onkel Kmol immer tat. Onkel Kmols Rasiermesser war so scharf, dass er mir am Vorabend meiner Einschulung innerhalb von wenigen Minuten den Kopf kahl rasierte. Unter der Stahlklinge, die Onkel Kmol nur ein bisschen nachschärfte, flogen die Haarsträhnen mit lautem Knistern auf den Boden.

Nonno kam in unsere Jaranga, als der Winter zu Ende ging und die Sonne bereits recht hoch über den Horizont stieg. Wahrscheinlich war es März. Sein Gespann tauchte hinter der Lagune auf, verschwand dann aber wieder zwischen den schneebedeckten Hügeln, um dann, für alle sichtbar, auf das glatte Eis zu fahren. Die Kleidung, die Stiefel, die obere Stoffkamlejka, alles sah bei Nonno ordentlich und gepflegt aus. Vor sein Gespann hatte er acht Hunde und noch einen Ersatzhund gespannt, der nicht am Hauptriemen angebunden war, sondern direkt am Schlitten.

Jeder Bewohner von Uëlen wollte Nonno begrüßen und ihn aufnehmen, seine Hunde füttern, seine Kleider trocknen und ausbessern, ihn auf alle mögliche Weise verwöhnen, ihm das beste Essen reichen und ihn auch mit dem üblen, fröhlich machenden Wasser bewirten. Doch soweit ich weiß, war Nonno kein Liebhaber dieses Teufelsgetränks, obwohl er davon kostete. Ich war noch zu klein und zu naiv, um zu begreifen, warum sich Nonno ausgerechnet unsere Jaranga aussuchte. Meine seit vielen Jahren verwitwete Großmutter Giwewnëu und Nonno nämlich verband ein zärtliches Gefühl, was ich als kleiner Junge noch nicht verstehen konnte.

Mit seinem Einzug in unsere Jaranga änderte sich unser alltägliches Leben völlig. Alles drehte sich nur noch um den teuren Gast, obwohl Nonno weder verwöhnt noch anspruchsvoll war. Er ging sogar zusammen mit Onkel Kmol auf die Jagd, und die Beute zog er wie ein vollberechtigtes Mitglied unserer Familie hinter sich her und schleppte es in die Jaranga.

An den Abenden begann das »Konzert«, zu dem die Uëlener in unsere Jaranga kamen. Noch bevor es dunkel wurde, versammelten sich bei uns alte Männer und Frauen, Jäger, die gerade von der Jagd zurückkehrten, und sogar der Vorsitzende des Kolchos, Tatro, und der Vorsitzende des Dorfsowjets Jewjak. Auch Anos schaute herein, unser Landsmann, der zur Handelsschule ging, um später die Handelsbasis zu leiten und einen hohen Posten in der Uëlener Hierarchie einzunehmen. Es kam der Schuldirektor, Lew Wassiljewitsch Belikow, mit einem dicken Heft, das er mit großer Fingerfertigkeit aus Teeverpackungen genäht hatte – während des Krieges war Papier in Uëlen Mangelware, und jedes Blatt wurde hoch geschätzt.

Im Polog wurde es so heiß, dass sich alle nackt auszogen. Die Frauen behielten nur kleine Höschen an. Die Männer, die sich von allem befreit hatten, warfen sich ein Stück Fell zwischen die Beine, um ihre Scham zu bedecken. Über allen drei Tranlampen hing je ein Teekessel, und das aus schwarzen Briketts kräftig aufgebrühte Getränk wurde großzügig in die Tassen und Gläser gefüllt. Der Zucker war streng eingeteilt, deshalb bekam jeder nur ein kleines Stück, das von einem großen Brocken abgeschlagen wurde, der fast so hart war wie Stein. Viele gewiefte Teetrinker schafften es, dieses Stück Zucker bis zum letzten Schluck zu bewahren, indem sie es in die Backen steckten. Besonders sparsam in dieser Hinsicht war Großmutter Giwewnëu, die das bereits dunkel gewordene Zuckerstück behutsam aus dem Mund nahm und es bis zum nächsten Tee in eine Schatulle aus Birkenrinde legte, in der sie auch ihren Kautabak aufbewahrte.

Die Vorstellung begann erst, als alle Gäste ihren Durst gestillt hatten. Nonno lag feierlich auf einem weißen Rentierfell.

Als er mit seiner Erzählung begann, schien es mir, als verließe er die Jaranga, den engen, stickigen Polog, der mit dem Nebel von menschlichen Ausdünstungen und Tabakrauch und vom scharfen Geruch von Fellkleidung, Stiefeln und Fellstrümpfen angefüllt war. Seine Seele und sein Geist flogen in die Tundra oder ans Meeresufer, auf den Ozean hinaus, zu den Bergen und auf felsige Höhen. Pfeilschnell flog Nonno über den Seen dahin, hinweg über breite Flüsse und verschneite Täler, verschmolz mit dem weißlichen Winterhimmel, im Sommer aber mit dem bunten Teppich der Tundrablumen, die ausgebreitet unter ihm lagen. Und ihm folgten Vogelschreie, Tiergebrüll, Laute und Stimmen unbekannter Tiere und Naturkräfte, die nur er sah und hörte.

In Nonnos Händen lag eine kleine Schellentrommel, die er während der Zeit der unerbittlichen Kampagnen gegen den Schamanismus auf wundersame Weise hatte retten können. Großmutter Giwewnëu hatte sie zum Andenken an ihren Mann, den großen Schamanen, meinen Großvater Mletkin, aufbewahrt. Aber der Sänger schlug nur sparsam mit seinen knochigen Fingern auf die straff gespannte Haut, so als wolle er Rhythmus in den Fluss seiner Rede bringen.

Anfangs sprach Nonno recht monoton, aber alle Anwesenden lauschten aufmerksam, ja sie saugten die Intonation der Erzählung, die immer lebendiger und musikalischer wurde, geradezu in sich auf. Wenn die Stellen kamen, wo die handelnden Personen miteinander sprachen, verwandelte sich der Erzähler, es war, als nehme er die Gestalt des Wals, des Teryks, des Riesen Pitschwutschin an, als werde er zum Fuchs, Hasen, Vielfraß, zum Raben. Jedes Lebewesen erhielt von Nonno ein eigenes Gesicht und eine eigene Stimme. Wenn er sich vom Rhythmus hinreißen ließ, begann er mit heiserer Stimme zu singen, und seine lange Erzählung wurde zum rhythmischen Lied.

Als ich später an der Universität studierte, begriff ich, dass Nonnos Erzählungen Fragmente aus Heldenepen waren. Wie in jedem anderen Heldenepos wurde die Tapferkeit und der Mut der Menschen besungen, die ihr eigenes Volk verteidigt hatten. Sie kämpften nicht nur mit anderen Stämmen, die am Rande von Tschukotka wohnten, nein, ihre kriegerischen Interessen reichten bis ans andere Ufer der Beringstraße, bis zum amerikanischen Festland. Meine kriegerischen Vorfahren interessierten sich nicht nur für materielle Trophäen, sondern vor allem für Frauen, die dann die Ehefrauen der Eroberer wurden. In diesen Erzählungen war nur von Siegen über den Feind die Rede. Die Feinde waren die nächsten Nachbarn der Tschuktschen – die Korjaken, die Ewenken, die Jakuten und die Eskimos. Die Hauptfeinde jedoch waren die russischen Kosaken, die neue Länder eroberten. Sie zeichneten sich durch besondere Grausamkeit aus und verspotteten die gefangenen Luorawetlan.

Nonno erzählte die Geschichten aus dieser ruhmreichen Zeit mit besonderem Vergnügen. Von Zeit zu Zeit verstummte er, um auszuruhen und seine Kehle mit starkem Tee zu befeuchten.

Einige Märchen und Legenden kannte ich schon aus dem Mund meiner Großmutter Giwewnëu und anderer Uëlener Erzähler. Aber alles, was Nonno erzählte, nahmen wir wie ein völlig neues Werk auf. Aus seinem Mund zeichnete es sich durch malerische Schönheit, lebhafte Details und sogar durch eine besondere Intonation aus. Erst viel später begriff ich, dass Nonno viel selbst eingebracht und sogar improvisiert hatte.

Für uns war das ein wahrhaftes Theater, obwohl wir nicht die geringste Ahnung hatten, was Theater eigentlich ist, außer dem Schuldirektor Lew Wassiljewitsch Belikow, der in der Ecke des Fellpologs saß, bis auf die Unterwäsche ausgezogen, genauer bis zu den langen weißen Unterhosen, und seine mit rotem Haar bewachsene magere Brust den neugierigen Blicken der Tschuktschen zur Schau stellte. Anfangs lenkte diese Brust die Gäste und Bewohner der Jaranga ab, aber mit der Zeit gewöhnten sich die Menschen an den ungewöhnlich starken Haarwuchs auf der Brust des Tangitan und vergaßen, ihre Späße vom Tierfell zu machen, das angeblich den Körper des Direktors bedeckte.

Nonnos Erzählung dauerte manches Mal bis weit nach Mitternacht. Oft schlief ich, überwältigt von den Eindrücken, ein, fiel sozusagen aus dem Erzählfluss heraus, und wenn ich einige Zeit später wieder erwachte, war ich wieder mitten im Strom der Ereignisse, die in alten Zeiten stattgefunden hatten.

Ein großer Teil von Nonnos Märchen und Legenden wurde später von den Uëlener Knochenschnitzern auf poliertes Walrosselfenbein geritzt. Die Tradition stammte aus alten Zeiten, lange bevor bei den Amerikanern der »cartoon« erfunden wurde. Diese Walrosshauer konnte man von vorn bis hinten »lesen«. Aber der Meister brauchte großes Talent, um den gesamten Inhalt der Märchen und Legenden in zwanzig kleinen Bildern wiederzugeben.

Nonno konnte selbst gut zeichnen und malte auf Bitten des Direktors der Schnitzwerkstatt Leontjew einige Märchen und Legenden auf, die dann von anderen Uëlener Künstlern kopiert wurden. Meist »vergaßen« sie dann, den wahren Autor zu nennen. In vielen Sammlungen fand ich Nonnos Vorlagen, ohne dass sein Name genannt wurde.

In unserer Jaranga wurde ein großer Zeichenblock aufbewahrt, der noch aus der guten Vorkriegszeit stammte. Er hatte meiner früh verstorbenen Tante Kesik gehört. In diesem Block waren noch viele Blätter leer. Einmal nahm Nonno einen alten Bleistift, spitzte ihn mit seinem Jagdmesser an, sodass er eine ganz feine Linie ziehen konnte, und begann zu zeichnen. Onkel Kmol hatte ihn darum gebeten, er wollte eine Vorstellung vom Aufbau des Weltalls bekommen.

Der Vorgang des Zeichnens vollzog sich ganz im Geheimen. Gäste durften dabei nicht anwesend sein, ja selbst meine Tante und meine Großmutter durften nicht auf die Zeichnungen schauen. Nonno konnte wunderbar mit dem Bleistift umgehen. Ich durfte das Wunder beobachten, wie auf dem alten, bereits etwas vergilbten Papier eine Geschichte entstand. Wahrscheinlich weil ich noch sehr jung war. Wie schade, dass ich mich nicht mehr an alles erinnere. Zuerst entstanden auf dem Papier mehrere Sphären, die die verschiedenen Welten darstellen sollten. Mit halblauter Stimme erklärte Nonno meinem Onkel Kmol, worin sie sich unterschieden. Die wichtigste Welt war die obere, der Hort nicht nur der höchsten Mächte, sondern auch der Ort der Sterne, der Himmelslichter, die das irdische Leben widerspiegelten. Und zwar nicht nur das der Tiere, sondern auch das der Menschen, die die Erde verlassen hatten, also der Gestorbenen. In unmittelbarer Nähe des Polarsterns wohnten die Seelen derer, die durch einen heroischen Tod von uns gegangen waren, die ihr Leben in den Schlachten mit den Korjaken, Eskimos und Tangitan geopfert hatten. Irgendwo dort wohnte auch unser Vorfahre, der Vater meines Onkels, mein Großvater, der große und letzte echte Schamane von Uëlen – Mletkin. Die Seelen waren körperlos und unsichtbar, man konnte sie weder entdecken noch spüren.

Zwischen der oberen Himmelssphäre und der Erde befanden sich die guten Kele, die beseelten Spiegelbilder irdischer Gegenstände und Tiere. Sie waren so dicht beisammen, dass nur der heilige Wind sie über den Himmel treiben konnte. Dabei bildeten sie rätselhafte Wolken.

Die Menschen und ihre irdische Umgebung – die Tiere und Pflanzen – waren auf der irdischen Sphäre beheimatet. Hier war mir alles bestens vertraut. Nonno brauchte ziemlich viel Zeit, um die menschlichen Figuren und auch die wichtigsten Tiere zu malen: Wale, Walrosse, Robben, Eisbären ... In der von Bergen umgebenen Tundra weideten Rentierherden, jagten Wölfe, flogen Vogelschwärme über zahlreiche Seen, Bäche und dahinströmende Flüsse. Hier und dort hatte Nonno in allen Details sogar Pflanzen hingesetzt – die Junew, die goldene Wurzel, Kukunet, Tschipet, die Polarbirke und Weidensträucher an den Ufern der Flüsse und Seen.

Unter der irdischen Sphäre lag die unterirdische verborgen, der Hort der bösen Kele, der Teufel, die die Wärme liebten und die blutige Menschenleber. Diese schiefbeinigen Wesen mit den großen Köpfen, den weit aufgerissenen Mündern, in denen viele scharfe Reißzähne saßen, schauten mit böser Gier nach oben, zur irdischen Sphäre, und suchten nach Opfern. Einige böse Kele waren mit ihrer Beute abgebildet – mit zerrissenen menschlichen Leibern. Die unterirdische Sphäre flößte mir große Angst ein, ich schaute ein einziges Mal hin, ein zweites Mal traute ich mich nicht, die schrecklichen Bilder anzusehen. Dorthin kamen die gestorbenen Diebe und Räuber, Lügner und Betrüger, Spitzbuben aller Art und natürlich die Mörder, und sie alle wurden von den bösen Kele zerrissen. Darunter gab es eine ganze Menge Tangitan. Nonno zeigte mir sogar Choroschawzew, den Vorsitzenden des Tschuktschischen Revolutionskomitees, der meinen Großvater Mletkin ermordet hatte.

Diesen Zeichenblock zeigte mein Onkel Kmol nicht jedem, am wenigsten einem Tangitan. Wohin er bloß verschwunden ist? Liegt er in den Archiven des Museums von Anadyr? Ich besitze die amerikanische Ausgabe der *Tschuktschen* von Bogoras, in den Kapiteln über die religiösen Schamanenvorstellungen sind Zeichnungen abgebildet, die an Nonnos Bildchen im Zeichenblock meiner Tante Kesik erinnern.

Nonno wohnte mehrere Wochen in unserer Jaranga. Dann fuhr

er weiter, immer an der Küste des Eismeeres entlang bis zur Kolju-
tschinsk-Bucht, und schlug dann den Rückweg ein, diesmal durch die
Tundraniederungen, an den Gabelungen und Läufen der zugefrorenen
Flüsse entlang, von einem Rentierlager zum anderen. Seine Erzählungen und Legenden wurden später von Mund zu Mund weitergegeben,
wanderten aus einer Jaranga in die andere, aus einer Siedlung in die andere, denn die wichtigste Pflicht eines Reisenden bestand darin, Neuigkeiten mitzuteilen und weiterzugeben, aber nicht nur Neuigkeiten,
sondern auch Legenden und Märchen. Großmutter Giwewnëu und
ich waren zum Beispiel oft in der benachbarten Eskimosiedlung Naukan zu Gast, und abends, wenn im Polog bereits die Tranlampen erlo-
schen, fing sie mit ihren langen Erzählungen an. Viele ihrer Berichte
hatte sie von ihrem Mann übernommen, dem Schamanen Mletkin,
aber einen großen Teil hatte sie auch bei Nonno gehört.

Nonnos Erzählungen haben sich in meinem Gedächtnis so tief eingegraben, dass ich sie bis auf den heutigen Tag fast wörtlich wiederge-
ben kann. Und nicht nur den Text, ich habe noch die Atmosphäre von
damals im Blut, die heute für immer verschwunden ist.

Wie schade, dass es von Nonno keine Tonaufzeichnungen gibt. Es
existieren zwar alte Aufnahmen von tschuktschischen Legenden, die
der bekannte Wissenschaftler, Linguist und Schriftsteller Wladimir
Bogoras auf Wachswalzen vorgenommen hat. Sie werden im Archiv
des Ethnografischen Instituts in Sankt Petersburg aufbewahrt, ihre
Qualität ist jedoch im Laufe der Zeit so schlecht geworden, dass es
schwierig ist, die Töne zu verstehen. Außerdem hat Bogoras diese
Aufzeichnungen zufällig gemacht, mit beliebigen Erzählern. Soweit mir bekannt ist, haben sich die Wege von Bogoras und Nonno
nie gekreuzt.

Welche Schätze Nonno in die andere Welt mitgenommen hat, kann
man nur ahnen!

Солнце

tirkytir

Sonne

Die Luorawetlan sehen die Sonne als männlichen Körper, und viele ihrer Taten auf der Erde sind hervorgerufen durch ihre Manneskraft. Aber ihr wichtigstes Anliegen ist das Wohl der Menschen, ihre unendliche Güte dehnt sie auf alle Lebewesen ohne Ausnahme aus. Sie scheint allen, wärmt alle, steigt am Horizont auf, wenn sie es für nötig hält, und betrügt niemanden – egal ob es eine kleine Tundramaus oder der Riese Pitschwutschin ist.

Die Sonne nimmt eine so außergewöhnliche Position ein, dass sie ihrer Bedeutung nach dem *wagyrgyn*, der Natur, fast gleichgestellt ist. Ihre Strahlen sind so stark, dass sie blendet und niemand sehen kann, wer den Sonnenball heute über das Himmelszelt trägt. Ist es ein Hundeschlitten oder ein Rentierschlitten? Bei Sonnenaufgang oder -untergang allerdings kann man schon die bronzefarbenen Hörner der riesigen Rentiere entdecken. Zu den irdischen Frauen hat der Sonnenball eine besondere Beziehung. Deshalb gibt es so viele Legenden über die Kinder des Sonnenballs, unter denen die Sonnentöchter einen besonderen Platz einnehmen. Während ihres irdischen Lebens führen sie Aufträge des Sonnenballs auf der Erde aus, indem sie zum Besipiel das Nachtlicht, den Mond, dirigieren. Die Töchter des Sonnenballs zeichnen sich durch besondere Schönheit aus, und es gibt eine große Anzahl von Jünglingen auf der Erde, die die Sonnentöchter erobern wollen. Sogar die Wölfe möchten gern mit dem Sonnenball verwandt sein und Tirkynëu, das Sonnenmädchen, heiraten.

In meinem Gedächtnis habe ich die Legende von Tirkynëu aufbewahrt, die in einer einfachen Jaranga mit ihrer Mutter lebte, einer der vielen Frauen des Sonnenballs. Der Vater schenkte ihr als Spielzeug den Mond, und das Mädchen rollte ihn jeden Abend an den Himmel. Ich habe darüber die Novelle *Der Mondhund* geschrieben.

Wenn sich der Sonnenball allmählich vom Himmel zurückzieht, überlässt er dem Winter den Raum. Sein Weg über die Erde wird kürzer und kürzer. Dafür nehmen Morgenröte und Abendröte immer mehr Raum ein. Da Uëlen nur einige Breitengrade südlich des nördlichen Polarkreises liegt, beginnt dann die Zeit, wenn die Morgenröte sich mit dem Horizont vermischt. Der Sonnenball erscheint dann nur wenige Minuten am Tag und ist ungewöhnlich groß und feuerrot, seine Strahlen jedoch spenden keine Wärme. Eilig verschwindet er wieder hinter dem Horizont, dann beginnt gleich die Abendröte, die sehr, sehr lange dauert und Himmel und Erde zusammenschweißt, bis sie vom Mondlicht, vom Polarlicht und vom Glanz der reinen und riesigen Sterne in den Hintergrund verdrängt wird. Das Nachtlicht ist manchmal so hell, dass man problemlos einen Text mit großen Buchstaben lesen kann. Und die Spuren von Tieren und Vögeln kann man ohne Weiteres auf dem weißen Schnee erkennen. In solchen Nächten hören manche Menschen geheimnisvolle Stimmen, inspirierte Schamanen gehen zu versteckten Orten, zu denen Fremde keinen Zutritt haben, und treten in engen Kontakt zu den Göttern.

Im Norden von Tschukotka, am Ufer des Eismeeres, zeigt sich im Winter der Sonnenball nicht einmal für eine kurze Zeit. Wenn er im Frühjahr wieder am Himmel erscheint, sind die Menschen aufgewühlt. Das ist ein richtiger Feiertag.

Ende Februar 1959 war ich auf der Wrangel-Insel und stand mit meinem alten Freund Wladimir Jetuwgi, der damals Verwaltungschef der Insel war, am Ufer auf einer hohen Schneewehe. Es war so still, dass es uns vorkam, als hörten wir Schneeflocken fallen. Aber der Himmel war klar, nur eine einzige schwarze Wolke mit merkwürdigen Umrissen verdunkelte die Nordseite der Insel. Wir warteten auf das Erscheinen des Sonnenballs nach der Polarnacht, die mehrere Monate gedauert hatte. Wir wollten die ersten Strahlen der lang erwarteten Quelle von Wärme und Leben nicht verpassen. Im dunklen Fellpolog hatte ich oft beim schwachen Licht der Tranlampe, beim Heulen des Schneesturms Sehnsucht nach dem Sonnenball gehabt und an den ruhigen Sonnentag gedacht, der hier mehrere Monate dauert.

Ich merkte, wie Jetuwgis Hände sich krampfhaft um einen Holzstab klammerten, der am Ende mit einem Rengeweih verziert war. Als ob er Angst hätte, dass der Sonnenball es sich plötzlich anders überlegen und an diesem gesegneten Tag nicht erscheinen könnte. Aber da schlug hinter einem fernen Eisberg ein Funke hervor, der sich schnell in einen langen Strahl verwandelte. Der Strahl breitete sich weiter und weiter auf der vereisten Meerenge aus. Den Sonnenball selbst aber konnten wir nicht sehen, weil unsere Augen von dem grellen Licht geblendet wurden, das den gesamten Raum vom Horizont bis zum Bergmassiv erfüllte, das die arktische Polarinsel teilt. Zudem waren unsere Augen nicht an Sonnenlicht gewöhnt, sie hatten sich an die blinkenden Sterne, das Mondlicht und das farbige Polarlicht angepasst. Für kurze Zeit schlossen wir die Lider, aber der Sonnenball zog unsere Blicke an, obwohl die Betrachtung des neugeborenen Lichts zur Schneeblindheit führen kann. Hastig warfen wir noch einen Blick auf die blendende schmale Sichel, die am Horizont aufstieg, der von Eisbergen zerklüftet war. Dann setzten wir die Sonnenbrillen auf.

In diesem Moment begann die längste und schönste Jahreszeit, der Polarfrühling. Mehr als einen Monat würde es noch dauern, bis sich an der Südseite der Holzhäuser und der Jarangas die ersten Tautropfen bildeten, auf der Erde dunkle Flecken entstanden und der grüne Strahl eines Grashalms den heißen Sonnenstrahl begrüßte. Dann würden sich die Küstenfelsen das zarte Flechtenfell anziehen, und eines schönen Morgens, wenn der Sonnenball schon hoch über der Südhälfte des Horizonts stand, würde sich der erste Vogelschwarm zeigen.

Und der Sonnenball würde gar nicht mehr hinter dem Horizont verschwinden, so als wolle er das Versäumte nachholen. Er würde rund um die Uhr leuchten. An diesen Tagen geschehen geheimnisvolle Dinge, verborgen vor den Augen Fremder. Den guten Geistern, die der Sonnenball schickt, werden Opfer gebracht.

Denn der Sonnenball ist die Quelle allen Lebens auf der kalten Erde.

Wenn am Polarkreis Hochsommer herrscht, kann man nicht glauben, dass schon zwei Monate später die Sonne sich wieder zurückzieht und die Zeit kommt, wo sie lange Monate hinter dem Horizont verschwindet. Aber in den Herzen der Menschen wohnt die große Hoffnung, ja die Gewissheit, dass das Leben spendende Licht wiederkommt.

Телефон

Telefon

Ich hatte viel von diesem Apparat gehört und ihn einmal sogar auf unserer Polarstation gesehen. Aber benutzen durfte ich ihn nicht, ja ihn nicht einmal berühren. Nähere Bekanntschaft mit diesem wunderbaren Gerät machte ich erst als Student in Anadyr. Ich wusste damals schon von den elektrischen und physikalischen Gesetzen, durch die der Apparat funktionierte. Aber einen Telefonhörer hatte ich noch nie in der Hand gehalten.

Unsere Pädagogische Hochschule war in einem langen Holzgebäude untergebracht. Hier befanden sich die Unterrichtsklassen, das Lehrerzimmer, die Bibliothek und Wohnräume, eine kleine Küche und der Essraum. Ganz am Ende des langen Korridors lag das Arbeitszimmer des Direktors.

Während einer Unterrichtsstunde drang plötzlich ein Hämmern aus dem Korridor zu uns. Als die Schulglocke läutete und die Pause ankündigte, rannten wir hinaus und erblickten einen Monteur. Er schraubte einen kleinen glänzenden Kasten an die Holzwand, der zwei blitzende Metallschalen als Dach hatte. An der Seite hatte er einen Hebel, an dem so etwas Ähnliches wie eine Schöpfkelle hing. Zu diesem Kasten zog sich durch den langen Korridor eine schwarze Leitung.

Auf unsere Frage, was das sei, antwortete der Monteur kurz: »Ein Telefon!« Das war wie ein Wunder! Ein Telefon in unserer Pädagogischen Schule! Als der Unterricht zu Ende war, hing das Telefon unverrückbar an der Wand und glänzte mit seinen beiden vernickelten Schalen. Wir schlichen um den Apparat herum wie die Katze um den heißen Brei, hielten aber immer gebührenden Abstand. Wir hatten Angst, näher zu treten.

Ich stand ganz in der Nähe, als das Telefon plötzlich losschepperte. Das Klingeln kam so unerwartet, war so laut und ungewohnt, dass ich beinahe umfiel. Es war nicht im Geringsten dem Klingeln ähnlich, mit dem der diensthabende Lehrer den Beginn und das Ende des Unterrichtstages einläutete. Das Läuten klang fordernd, wir rückten nochmals einen Schritt zurück.

Der Direktor kam aus seinem Arbeitszimmer, nahm den Hörer, der quer vor dem schwarzen Kasten lag, und sagte wichtig: »Hallo!« Dabei nahm sein blasses Gesicht einen seltsamen Ausdruck an, es war, als wäre der Direktor gar nicht mehr auf unserem Schulkorridor anwesend. Er rollte mit den Augen, sein Blick war nach oben gerichtet, zur niedrigen, verräucherten Decke.

Wir hörten die Worte nicht, die am anderen Ende gesprochen wurden. Aber der Direktor hörte sie und nickte sogar mit dem Kopf. »Verstanden, verstanden«, wiederholte er mehrere Male, legte den Hörer auf und ging in sein Arbeitszimmer zurück, ohne uns eines Blickes zu würdigen. Offensichtlich war er in Gedanken noch DORT. Aber sogleich kehrte er zum Telefon zurück und befestigte mit zwei Tropfen süßer Kondensmilch – Klebstoff war Mangelware – ein Blatt Papier an der Wand.

Als der Direktor gegangen war, drängelten wir uns vor diesem Blatt. Es war eine Liste der Abonnenten. Dort stand:

    1 – Otke, Vorsitzender des Kreissowjets,
        Deputierter des Obersten Sowjets der UdSSR.
    2 – Grosin, Erster Sekretär des Kreiskomitees der Partei
    3 – Miliz

4 – Staatsanwalt
5 – Redaktion der Zeitung »Sowjetisches Tschukotka«
6 – Feuerwehr

An diesem Tag ließen wir das Telefon nicht aus den Augen, aber es klingelte nicht mehr. Viele fassten sich sogar ein Herz und legten ihr Ohr an den schwarzen Kasten, wobei sie ängstlich auf die ruhig hängende Kelle und die zwei vernickelten Schalen schauten.

An normalen Tagen gingen wir nach dem gemeinsamen Abendbrot in die Zimmer, machten Hausaufgaben und lasen, meist jedoch spielten wir Karten. An diesem Abend aber drängten wir uns wieder vor dem Telefon und warteten darauf, dass es erneut sein ohrenbetäubendes Läuten hören lässt und der Direktor aus seinem Zimmer springt, die schwarze Kelle nimmt und feierlich das wichtigste Telefonwort ausspricht: »Hallo!«

Aber der Apparat schwieg. Wir konnten ihn anschauen, so lange wir wollten, er zeigte keinerlei Regung, so als sei er gestorben. Sein Schweigen, seine Gelassenheit, ja sein Hochmut waren unerträglich.

Nach langem, ungeduldigem Warten trat ich an das Telefon heran. Während mich mein Freund, der Naukaner Eskimo Emron, neugierig ansah, nahm ich entschlossen die Kelle und schickte mich gerade an, das wichtigste Telefonwort »Hallo!« auszusprechen, als ich eine Mädchenstimme vernahm: »Hallo! Welche Nummer wollen Sie haben?«

»Ich?«, brummte ich verwirrt. »Was für eine Nummer?«

»Sag, die erste!«, flüsterte mir der findige Emron zu.

»Die erste!«, rief ich zu meiner eigenen Verwunderung ziemlich laut.

»Ich verbinde!«, nuschelte das Mädchen.

Ich hörte ein Klingeln, dann ein knackendes Geräusch, und plötzlich ertönte in meinem Ohr die bekannte Stimme meines Landsmanns Otke, des Vorsitzenden des Kreissowjets, des Deputierten des Obersten Sowjets der UdSSR, des Mannes, der höchstpersönlich Stalin begegnet war.

»Hier ist Otke! Hallo!«

Für einen Moment blieb mir die Spucke weg, ich musste mich riesig anstrengen, um überhaupt etwas sagen zu können. »Guten Tag, Genosse Otke! Hier ist Ihr Landsmann aus Uëlen. Ich spreche vom Telefon der Pädagogischen Schule aus. Es wurde gerade angeschraubt ...«
Otke antwortete höflich auf meinen Gruß und fragte nach meinen Erfolgen im Studium. Ich teilte ihm mit, ich würde gut lernen und mir große Mühe geben.

»Mach uns Uëlenern keine Schande!«, sagte Otke.

Da riss mir Emron die Kelle buchstäblich aus der Hand und schrie: »Und hier ist Emron! Der Eskimo aus Naukan. Der Sohn von Peljagyrgyn. Ich erinnere mich gut an Sie, wie Sie vor der Wahl bei uns waren. Allen hat die Wahl gut gefallen. Viele wünschen sich, dass es noch öfter Wahlen gibt ... Was? Die Verfassung erlaubt es nicht? Aber die Verfassung ist weit weg von Naukan ...«

Enmynkau aus Akkan sah den plaudernden Emron lange und ausdrucksvoll an und zeigte ihm die Faust. Emron stotterte: »Genosse Otke! Hier will noch Enmynkau mit Ihnen sprechen ...«

Enmynkau nahm vorsichtig die Kelle, räusperte sich und sagte mit großem Ernst: »Hallo, Genosse Otke!« Er hörte sich die Antwort aufmerksam an und nickte mit dem Kopf, so als ob Otke ihn durch die Telefonkelle und die Telefonleitung sehen könnte. »Ich lerne gut. ›Ausgezeichnet‹ habe ich noch nicht geschafft, aber ich bemühe mich.« Enmynkau lernte am schlechtesten von uns allen, zeichnete sich aber durch große Körperkraft und Ausdauer aus. Bei sportlichen Wettbewerben gewann er immer. Auch bei Wortgefechten war er meist der Sieger, da sein überzeugendstes und härtestes Argument die Faust war. Auch jetzt: Wenn er einmal das Telefon in der Hand hatte, konnte keiner mehr an das technische Wunder herankommen. »Ich beende die Schule in diesem Jahr«, teilte Enmynkau mit. »Nein, weiter werde ich nicht studieren. Ich kehre nach Akkan zurück und werde dort meine kleinen Landsleute unterrichten ...«

»Auf Wiedersehen, Genosse Otke«, sagte Enmynkau und verneigte sich tief vor dem schwarzen Kasten. »Auf Wiedersehen. Ich werde es ausrichten!« Er legte die Kelle vorsichtig auf die Gabel, blickte alle wichtig an und sagte: »Otke hat mich beauftragt, euch allen einen schönen Gruß auszurichten. Er wünscht euch eine gute Nacht.«

Wir gingen in unsere Zimmer, konnten uns aber lange nicht beruhigen und besprachen unser erstes Telefongespräch. Kaum zu glauben, dass Otkes Stimme so klar und deutlich war, als stände er neben uns.

Am nächsten Morgen, als wir am Telefonapparat vorbei in unsere Klassenzimmer gingen, schauten wir ihn zwar respektvoll, aber schon lange nicht mehr so ängstlich an.

Als wir in der großen Pause auf den Korridor traten, war das Erste, was uns auffiel, das Fehlen des Telefons an der Wand. »Wo ist das Telefon?«, fragten wir verwundert den Wirtschaftsleiter Kurkin.

»Der Direktor hat angewiesen, das Telefon in sein Arbeitszimmer zu legen«, antwortete Kurkin trocken.

Aber noch lange erinnerten uns die Spuren der Schrauben an der Wand des Schulkorridors an das technische Wunder und an unser erstes Telefongespräch.

Трапеза
kametwagyrgyn

Essen

Das Essen war schon in der Morgenröte der Menschheit eine der wichtigsten Handlungen, sie sicherte das Überleben, gab Kraft und war wichtig für die Verfassung des Gemüts. Auch im Leben des arktischen Jägers und des Rentierzüchters in der Tundra dreht sich alles um den Erwerb von Nahrung. Darum sind wohl auch besonders viele Rituale und Bräuche mit dem Essen verbunden.

In unserer Jaranga vollzog sich diese Handlung in feierlicher Atmosphäre. Natürlich gab es keinen Tisch, es existierten keine Tischdecken, keine Servietten, kein Besteck. Doch halt, Messer gab es. Da war das spezielle Frauenmesser *pekul* mit der breiten Klinge, mit dem man bequem ein großes Stück Fleisch, die Kopalchen und den Speck zerkleinern konnte. Und ein Messer, das die Männer trugen. Als Teller diente der *kemeny* – eine längliche Holzschüssel, um die sich die Esser niederließen. Es gab keine besondere Sitzordnung, aber für gewöhnlich saß das Oberhaupt der Familie rechts von der Hausfrau, die bei der Mahlzeit die Hauptrolle spielte. Sie schnitt die Stücke mit ihrem Frauenmesser so zurecht, dass man sie gut kauen konnte, legte Fleischstücke nach, den schmackhaftesten Leckerbissen aber schob sie dem Oberhaupt zu. Wenn kein Gast anwesend war, dann war das der Hausherr – der Mann, der die Beute brachte.

Die Kinder saßen meist am Ende der Holzschüssel und freuten sich über das, was die Hausfrau für sie zurechtlegte. Wenn viele Stücke in der Schüssel waren, dann galt folgende Regel: Du kannst die Stücke nehmen, die in deiner Nähe liegen. Vor allem für Kinder existierten viele Regeln und Verbote, die sich auf das Essen bezogen. Mir fiel damals besonders auf, dass wir die gewöhnlichsten Stücke bekamen, die am wenigsten schmeckten, während den Eltern und Alten die leckersten Teile von Robbe, Walross und Rentier zustanden. Wir durften nicht die Beine abnagen. Das hätte unsere Gelenke, Arme und Beine brüchig machen und uns verkrüppeln können. Streng verboten war, nach Stücken zu langen, die nicht in deiner Nähe lagen. Wir mussten uns mit dem zufriedengeben, was unmittelbar vor uns lag. Wer diese Regel nicht einhielt, dessen Speer, Harpune oder Kugel würde bei der Jagd immer über das Ziel hinwegfliegen. Wenn du einen Knochen abnagst, dann musst du ihn so sauber abnagen, dass er glänzt, dass nicht einmal der Schatten eines Fleischstückchens an ihm übrig bleibt. Anderenfalls ist das Tier, dessen Knochen du so unachtsam behandelst, sehr gekränkt und wird jeder Begegnung mit dir aus dem Wege gehen.

Zu den für Kinder verbotenen Leckerbissen gehörten zum Beispiel Robbenflossen, die auf besondere Weise zubereitet wurden. Die abgeschnittenen Extremitäten wurden für einige Tage unter die Decke des Fellpologs gehängt, wo sie reiften. Die Reife wurde daran gemessen, ob sich die Haut wie ein Handschuh von der Flosse abziehen ließ. Dann wurden die rosigen Finger mit den glänzenden, gleichsam lackierten Nägeln sichtbar. Manchmal bekamen wir als großes Zugeständnis auf einer Messerspitze ein winziges Stück dieses rosigen Fleischs. Es schmeckte scharf, süß-sauer und war unglaublich zart.

Am Tag der Rentierschlachtung, wenn die Nomaden in der Nähe von Uëlen waren, stand auf unserer Speisekarte Rentierfleisch. Es wurde in riesigen Kesseln gekocht, und wir schlangen es regelrecht hinunter, denn im Winter war das Fleisch, genauer der Rentierspeck, der noch vom Herbst übrig war, nur für die vielen Götter gedacht, als Opfer.

Am Ende des feierlichen Mahls kam die Zeit des »Knochenmarks«. Auf den sauber gefegten Boden des Tschottagins wurde ein Berg Rentierbeine gelegt. Um ihn herum setzten sich die Männer, die mit scharfen Messern bewaffnet waren. Zuerst wurden die Hautreste von den Knochen gezogen, sie wanderten augenblicklich in den Mund. Das Wichtigste begann, wenn der Knochen glatt und völlig sauber war, ohne eine einzige Sehne oder gar Fleisch. Mit dem dicken und festen Rücken des Messers wurde der Knochen mit genau gesetzten Schlägen aufgebrochen und das rosige, zarte Knochenmark herausgeholt, dessen feiner Geschmack unbeschreiblich ist. Wir Kinder saßen dicht an die Männer gedrängt und hofften darauf, dass wir etwas abbekamen. Und wir mussten nicht lange warten. Sogar nach der sättigenden Mahlzeit, nach dem gierig heruntergeschlungenen Rentierfleisch, fand das Knochenmark noch ein Plätzchen in unserem überfüllten Magen.

Ein besonderer Leckerbissen für die Kinder waren die Robbenaugen. Wenn die tote Robbe zum Auftauen in den warmen Polog geschleppt worden war, setzten sich die Kinder um sie herum und warteten ungeduldig auf den ersehnten Leckerbissen. Das Auge wurde aus dem Kopf geholt und aufgeschnitten. Wenn man es in den Mund nahm, spürte man zuerst eine gallertartige Flüssigkeit herausrinnen, die etwas salzig schmeckte und an Tränen erinnerte. Und dann gruben sich unsere scharfen Zähne in den zähen kühlen Augapfel. Zum Abschluss kauten wir lange auf der sehr harten Augenhaut herum.

Bei der Aufzählung der für Kinder erlaubten Leckerbissen darf die Leber nicht fehlen. Im rohen Zustand als Ganzes wurde sie selten gegessen. Aber wenn sie schon eine Weile gelegen hatte und grün geworden war, schlupfte sie wie von selbst durch die Kehle. Heute würde ich sagen, dass der Geschmack der grünen Leber eines Meerestieres sehr an Austern erinnert, aber noch nuancenreicher ist. Das gilt besonders für gefrorene Robbenleber, die zusammen mit Robbenfett gereicht wurde, das in einem steinernen Mörser zerstoßen worden war. Mit Bestimmtheit kann ich sagen, dass ich bis heute nie etwas Schmackhafteres gegessen habe als gefrorene Robbenleber!

Im Sommer ernährten wir uns vor allem von frischem Walrossfleisch. Wenn es gelang, einen Wal zu harpunieren, dann stand auf unserem Speiseplan Walfleisch im Überfluss. Die Streifen von Walhaut mit Speck zeichneten sich durch ungewöhnlich guten Geschmack aus, erinnerten an Mollusken oder andere Weichtiere aus dem Meer.

Im Herbst kamen zum Speiseplan noch Beeren hinzu, und Kräuter gab es fast immer, gleich nach der Schneeschmelze fing die Ernte an. Sowohl Beeren als auch Kräuter wurden in ausgelassenem Fett von Meerestieren gegessen.

Mit den ersten Frösten kam Kopalchen auf unseren Tisch – das Hauptgericht der Meeresbewohner. Damals wurde der Kaloriengehalt unserer Mahlzeiten noch nicht gemessen. Aber es war auch so zu spüren, dass Kopalchen sehr energiereich war und eine Menge Nährstoffe enthielt. Anders kann man nicht erklären, warum ein kleines Stück Kopalchen ausreichte, damit der Meeresjäger den ganzen Tag im Frost auf einer driftenden Eisscholle keinen Hunger verspürte und seine Kräfte nicht nachließen. Zum Kopalchen wurde immer eine Handvoll eingelegte Kräuter gereicht – ein Konzentrat von Junew und den Blättern der Tundrapflanze Rodiola.

Manchmal bereicherte frisches Fleisch die Winterration, das war meist Robben- oder Seehundfleisch. Es wurde in einem großen Kessel über der Tranlampe gekocht, aber nicht gar, nur so weit, dass das heiße Blut herausfloss.

Der spärlichste Teil der Tagesration war das Frühstück: ein kleines Stück Kopalchen, eine Handvoll Kräuter und Tee. Danach war der Mann den ganzen Tag auf der Jagd. Verpflegung nahm der Jäger nicht mit, denn es hieß: Ein Beutemacher muss hungrig sein.

In der Schule bekamen wir mittags ein Glas süßen Tee zu trinken und ein Stück Brot mit Butter oder Kompott. Die Erwachsenen aber bekamen den ganzen Wintertag nichts zu essen, nur manchmal eine Tasse ungesüßten Tee.

Für gewöhnlich kehrten die Jäger in der frühen Dämmerung nach Hause zurück, wenn am Himmel die Sterne sichtbar wurden und das Polarlicht zu flackern begann. In unserer Jaranga wurden zu dieser Tageszeit in der steinernen Lampe der in Robbenfett getauchte Docht aus Tundramoos angezündet und in den Polog gestellt, in die weit geöffnete Tür. Dieses Licht diente dem zurückkehrenden Jäger als Leuchtsignal. Wenn er mit Beute kam, begann in der Jaranga ein kleines Fest. Sogleich wurde ein großer Kessel mit zerhackten Stücken Süßwasser übers Feuer gehängt, und über die zweite Tranlampe der Teekessel.

Während das Ritual der »Begrüßung der Beute« durchgeführt wurde, begann das Wasser zu kochen, und es wurden die besten und schmackhaftesten Teile des frischen Fleischs hineingelegt. Dieses Abendmahl war sehr reichhaltig, und jeder konnte so viel essen, wie er vermochte. Ich erinnere mich noch gut daran, dass ich mich nach einem solch reichhaltigen Mahl oft schlafen gelegt habe, nicht weil ich so satt war, sondern weil ich mich überfressen hatte und mein Bauch wehtat.

Ich will noch von einer Besonderheit der tschuktschischen Mahlzeit berichten: Wenn während des Essens ein Gast in die Jaranga trat, wurde er nicht an den Tisch gebeten. Es galt als ganz natürlich, dass er sich von selbst zu den Speisenden setzte, aber er konnte auch sagen, er habe gerade gegessen und sei satt.

Mit dem Einzug der Sowjetmacht wurde die Speisekarte der Tschuktschen radikal verändert. Vor allem wurde weitaus mehr Zucker gegessen, der bis dahin als wertvoller und seltener Leckerbissen gegolten hatte. Kinder haben ihn kaum je bekommen. Meine Großmutter bewahrte in ihrem Schächtelchen für Kautabak ein winziges, von der Nachbarschaft mit dem Tabak gelb gewordenes, einst weißes Stückchen Zucker auf. Wenn sie sich zum Teetrinken setzte, legte sie dieses

Stück Zucker in die Backe, trank mehrere Tassen starken Tee und holte auch danach das wertvolle Stückchen wieder aus der Backe hervor und verstaute es im Schächtelchen.

Heutzutage wird unmäßig viel Zucker in die Tasse getan. Süße Kondensmilch ist sehr beliebt, alle möglichen Marmeladen und Konfitüren, Weißbrot, Makkaroni, Fleischkonserven sind allgegenwärtig. Kürzlich lud mich ein Klassenkamerad in Uëlen zum Essen ein. Er bewirtete mich mit Reis und Schweinefleisch aus der Konservendose. Und das geschah zu einer Zeit, da ganz in der Nähe des Ufers zahllose Walrosse im Meer schwammen!

Während der Wirtschaftskrise der Perestroika, als die Lebensmittellieferung nach Tschukotka stark eingeschränkt war, erinnerten sich meine Landsleute plötzlich daran, dass wohlschmeckendes, nahrhaftes, gesundes, ökologisch sauberes Essen in genügender Menge sich direkt vor ihrer Nase befand. Heute wird wieder mehr traditionelle Nahrung gegessen. An manchen Orten versucht man sogar, Konserven aus dem Fleisch von Meerestieren herzustellen.

Auch das Ritual der tschuktschischen Mahlzeit selbst hat sich geändert. Die große Holzschüssel wird kaum mehr auf den Tisch gestellt. Statt der Jagd- und Frauenmesser werden Messer, Löffel und Gabeln benutzt, und das Essen mit den Händen gilt heute als unanständig. Ich erinnere mich an die Zeit, als ein Tschuktsche nur dann in die Kommunistische Partei aufgenommen wurde, wenn er mit Messer und Gabel umgehen konnte.

In der Tundra aber ist der alte Geist der tschuktschischen Essensrituale da und dort noch erhalten geblieben. In der Stille des endlosen Landes können die heiligen Traditionen noch beobachtet werden, und zwar mit allem, was dazugehört. Wer eine lange Reise nicht scheut, kann das bis heute erleben.

Университет

mainykaletkoran

Universität

Mainykaletkoran bedeutet wörtlich übersetzt »große Schule«. Das Wort hörte ich zum ersten Mal von meinem Mathematiklehrer in der Uëlener Schule, Grigori Maximowitsch Nedowesow. Seine massige Figur, die immer in Bewegung war, seine schnelle Redeweise und Pünktlichkeit in allen Dingen sind mir bis heute gegenwärtig. Er glaubte, dass man mithilfe der Mathematik jedes Problem lösen könne.

Einmal im Sommer setzten wir im Internat zwischen zwei Zimmern einen großen Ofen. Davor hatten wir die Zwischenwand abgetragen. Wie Grigori Maximowitsch mir erklärte, bestand der Nachteil des früheren Ofens darin, dass er »unökonomisch« war, wie sich der Lehrer ausdrückte. Der größte Teil der durch die Steinkohle erzeugten Wärme sei durch den Schornstein »in die Atmosphäre« entwichen.

Zuerst projektierte Nedowesow den Ofen, zeichnete ihn auf einem großen Stück Papier auf. Er sah aus wie ein Fabrikofen. Baumaterial hatten wir genug, Steine lagen im Überfluss am Meeresufer. Nach Grigori Maximowitschs Plan sollte der heiße Rauch von der Feuerstelle mehrere Male durch den Ofen geleitet werden und somit den größten Teil der Wärme abgeben, bevor er nach außen gelangte. »Der Nutzungsquotient wird sehr hoch sein!«, erklärte der Mathematiklehrer.

Es dauerte mehrere Tage, bis wir den Ofen Stein auf Stein gesetzt hatten, wobei wir uns streng an die Zeichnung hielten. Die letzten

Tage widmeten wir uns dem Einbau der gusseisernen Platte, unter der die Steinkohle brennen und auf der das Essen heiß gemacht werden sollte.

Endlich kam der Tag, an dem wir unser Bauwerk testen wollten. Grigori Maximowitsch war sichtlich aufgeregt, riss sich aber zusammen. Statt der mit Lehm vollgeschmierten Weste hatte er eine saubere Jacke angezogen, war ordentlich rasiert, und mir schien sogar, dass Parfümduft von ihm ausging.

Für den Anfang versuchten wir es mit ein paar Holzspänen. Sie brannten schlecht an, der Rauch drang ins Zimmer, und wir mussten husten und niesen. »Die Schächte, die sich durch den Ofen winden«, erklärte Grigori Maximowitsch, »sind noch voll kalter Luft, es muss eine gewisse Zeit vergehen, ehe der warme Rauch sie verdrängt.« Hartnäckig versuchte er die trocknen Holzspäne anzuzünden, aber durch seine Bemühungen rauchten sie nur noch mehr, und im Zimmer konnte man nicht mehr atmen.

»Teufel noch mal!«, schimpfte Grigori Maximowitsch. Er ging ein Glas Benzin holen und spritzte den Treibstoff auf die glimmenden Späne. Unter der Platte stach eine solch große Flamme hervor, dass es Grigori Maximowitsch gerade noch schaffte wegzuspringen. Aber seine dichten Brauen waren ein wenig versengt.

»Das verstehe ich nicht«, brummte der Mathematiklehrer und schaute mir direkt in die Augen.

Nachdem wir uns mehrere Stunden abgemüht hatten und den Ofen nicht in Gang bringen konnten, brachen wir den Versuch ab und gingen auf die Straße, um frische Luft zu schöpfen. »An der Leningrader Universität bekommt man alles beigebracht«, sagte Nedowesow nachdenklich. »Aber wie man einen Ofen setzt, nicht.«

»Was ist das – eine Universität?«, fragte ich den Lehrer, um ihn von seinen unangenehmen Gedanken abzulenken.

»Oh!«, sagte Grigori Maximowitsch aufgeregt. »Eine Universität ist die höchste Schule. Vor allem die Leningrader Universität!« Nach dieser Beschreibung stellte ich mir die Universität als ein Gebäude am Ufer des wasserreichen Flusses Newa auf einem sehr hohen Berg (die höchste Schule) vor. Abends leuchteten in diesem sehr langen Gebäude, das längste in der Stadt, viele Fenster, und das Licht spiegelte sich im Fluss.

Doch wie gesagt, die Universitätsbildung reichte nicht für das Setzen eines Ofens, wir mussten den Uëlener Bäcker, Onkel Kolja, um Rat fragen. Der Bäcker kam in einem Leinenkittel, an dem Mehl und getrockneter Teig klebten, nahm einen kleinen Hammer und klopfte den Ofen von oben bis unten ab. Er horchte aufmerksam auf den Klang, hielt plötzlich inne und sagte kurz: »I Iier!«

Mit einem speziellen Werkzeug machte er sich daran, einen Stein herauszuhauen. Er steckte die Hand in das Loch und zog zu unserer Verwunderung einen schwarzen, völlig verräucherten Handschuh hervor, der Gott weiß wie in den Abzug geraten war. »Da haben wir den Übeltäter!«, sagte Onkel Kolja triumphierend und legte den Fund vor Grigori Maximowitschs Nase.

Der Mathematiklehrer starrte den Handschuh verwundert an, krächzte und stieß ein russisches Schimpfwort aus, das ich noch nicht kannte. Das folgende Probeheizen des neuen Ofens übertraf all unsere Erwartungen. Die Flamme loderte, die Ziegelwand hielt die Wärme wunderbar und heizte zwei Zimmer zugleich.

Den letzten Winter in Uëlen wohnte ich in einem dieser Zimmer und träumte von der höchsten Schule, der Leningrader Universität.

Am 4. November 1948 trat ich von der Newa-Seite vor die Glastür der Universität. Hinter dem milchigen Glas war die eindrucksvolle Figur eines Mannes in Uniform zu sehen. Er hatte breite gelbe Streifen an den Ärmeln und eine schöne Schirmmütze auf dem Kopf, genau die gleiche, die die Kapitäne von Eisbrechern tragen. Es war schon sehr spät, und der Mann riet uns, am nächsten Morgen wiederzukommen.

Die Nacht verbrachte ich auf den Granitstufen der Uferstraße an der Newa, gegenüber der Akademie der Künste, zu Füßen einer Sphinx.

Um Mitternacht hörte es auf zu regnen. Von der Steinmauer kam Kälte und Feuchtigkeit, und ich erinnerte mich unwillkürlich an den warmen Ofen, den ich mit meinem Mathematiklehrer Grigori Maximowitsch Nedowesow gesetzt hatte, und an seine Erzählungen über die höchste Schule, über die Leningrader Universität, von der ich jetzt zwei Schritte entfernt war.

Фотография

tejkytkun

Foto

Zunächst wurde ein altes tschuktschisches Wort für diese Erscheinung verwendet, es klang so: *tejkyk* oder *taikyje*. Wörtlich bedeutet das: schöpfen, das Geschöpfte. Oder *wiiltejkyk* – wörtlich: den Schatten nehmen. Aber inzwischen sind die Tschuktschen zur russischen Terminologie übergegangen.

Ich schaue mir mit besonderem Vergnügen und innerer Erregung alte Fotos an. Die etwas vergilbten Bilder, die aussehen, als wären sie vom Nebel der vergangenen Zeit überzogen, erwecken in mir eine eigenartige Melancholie.

Vor einigen Jahren war ich in Schweden, als der hundertste Jahrestag der Schiffspassage des berühmten Nils Nordenscheld durch das Nordmeer, seine Überwinterung vor der Siedlung Pilgykej auf der tschuktschischen Halbinsel gefeiert wurde. Ich besuchte das Ethnografische Museum in Stockholm, wo unter anderen Exponaten – Jarangas, Jagdwaffen, Schamanentrommeln – meine Aufmerksamkeit vor allem von alten Fotos angezogen wurde, besonders von Porträts meiner Stammesgenossen aus hundertjähriger Vergangenheit. Diese Menschen wirkten ganz anders als die heutigen Urbewohner der arktischen Küste. An ihrem lebensfrohen Gesichtsausdruck konnte man ablesen, dass sie noch nicht dem langjährigen vernichtenden Einfluss des Alkohols und Tabaks ausgesetzt waren und sich gesund ernährten, mit natürlicher Nahrung, und viel Zeit an frischer Luft verbrachten.

Als im Universitätsarchiv von Fairbanks die Fotoalben der bekannten Unternehmer von Alaska, der Gebrüder Lomen, vor mir lagen, konnte ich mich nicht von ihnen losreißen und verbrachte einen ganzen Tag damit, nicht nur die Porträts der Menschen zu betrachten, sondern auch Ansichten tschuktschischer Siedlungen, von denen viele bereits längst vom Angesicht der Erde verschwunden sind. Dort fand ich auch ein Panoramafoto von Uëlen, aufgenommen von dem Punkt, wo unsere Jaranga stand. Ja, genau so sah Uëlen in meiner Kindheit aus – zwei Reihen alter traditioneller Wohnzelte aus Walrosshaut und Treibholz.

Auf einer der Albumseiten entdeckte ich das Porträt meines Landsmannes, des bekannten Knochenschnitzers Gemauge. Er war in voller Jagdausrüstung auf dem Meereseis fotografiert worden. Die Amerikaner hatten daraus eine Ansichtskarte gemacht, mit der Aufschrift *Wilder aus dem Nordosten Russlands*. Genau die gleiche Karte bewahrte Gemauge in seiner Fotosammlung in Uëlen auf. Er hatte mir erzählt: »Mich hat ein Amerikaner fotografiert. Er hat lange an seinem Apparat herumgefummelt, hat mich aufs Meereseis gezerrt, auf die Klippe Eppyn, unter die Felsen von Senlun. Er hat mich ganz kirre gemacht.«

In Gemauges Sammlung befand sich noch ein seltsames Foto miserabler Qualität. Es zeigte einen alten Mann in einer weißen, festlichen Kuchljanka vor der Wand einer Nomadenjaranga. Aus irgendeinem Grunde waren seine Augen geschlossen. »Das ist mein Großvater Kupky«, erzählte Gemauge. »Er war Rentierzüchter. Das Foto wurde in den Dreißigerjahren gemacht, als die Pässe eingeführt wurden. Ein Fotograf fuhr durch alle Nomadenlager und machte Fotos für den neuen sowjetischen Pass. An diesem sonnigen Frühlingstag war außer dem alten Kupky, Frauen und Kindern keiner im Lager geblieben. Die Rene kalbten gerade, und alle Männer waren in der Tundra. Der Fotograf sprach Tschuktschisch, aber ziemlich schlecht. Er hatte es sehr eilig. Als er in die Jaranga trat, erklärte er laut, er müsse von allen erwachsenen Bewohnern des Nomadenlagers Schatten nehmen. Alle waren natürlich verwirrt. Keiner hatte eine Ahnung, was das bedeutet: Schatten nehmen. Sie kamen darauf, dass es etwas mit dem Auslöschen des Lebens zu tun hat. Damals waren viele Handlungen der neuen Sowjetmacht unverständlich. Zum Beispiel wurde behauptet, die besten Menschen seien arme Menschen. Aber die Armen waren bei uns Faulpelze, Vagabunden und Kranke. Die Sowjetmacht aber hatte sie besonders gern, und nun sollten gerade sie kommandieren und die Macht bekommen. Viele Bräuche, die von den Bolschewiki in unser Leben eingeführt wurden, waren in unseren Augen unvernünftig und manchmal sogar komisch, wie zum Beispiel der Brauch, sich die Zähne zu putzen ...

Ein Junge wurde zur Herde geschickt, um die Männer zu holen. Aber der Fotograf hatte es sehr eilig und sagte streng, er würde für den Anfang erst einmal den Schatten des alten Kupky nehmen. Die Frauen bereiteten den Großvater für die Opferreise durch die Wolken vor, zogen ihm festliche Kleidung an – seine Begräbniskleider. Kupky trat also in einer weißen Kuchljanka mit Wuschelkragen aus dem Pelz eines Vielfraßes aus der Jaranga und lehnte sich an die Wand. Der Fotograf stellte ihn so hin, dass die grelle Frühlingssonne ihm direkt in die Augen schien. Die Waffe, die einer Feuerwaffe ähnelte, ein kleiner schwarzer Kasten, dessen kurzer Lauf in einem runden, Angst einflößenden blitzenden Loch endete, stand schon bereit. Während der Alte sich auf die Reise in die Ewigkeit vorbereitete, verhängte der Fotograf seine Waffe mit einem schwarzen Tuch. Er presste sein Gesicht an das Korn, das durch das schwarze Tuch verdeckt war, und schrie: Öffne die Augen! Noch weiter!... Kupky mühte sich ab, seine schmalen Augen zu öffnen, aber offenbar reichte das dem Fotografen noch nicht. Er schimpfte und fluchte: Nicht bewegen! Die Augen weit öffnen!... Kupky gehorchte und betete zu den Göttern, dass dieses qualvolle Warten und die Folter so schnell wie möglich ein Ende hätten. Der Fotograf kroch unter das schwarze Tuch, und erschöpft schloss der Großvater erneut die Augen und hörte in diesem Moment das Knacken.

Daneben!, rief er erfreut und rannte in die Jaranga: Der Fotograf würde doch wohl nicht ein zweites Mal schießen? Aber für alle Fälle holte er von der hinteren Wand die alte Winchester herunter und rief, als am Eingang der Kopf des Fotografen auftauchte: Bleib draußen! Ich schieße! Und ich schieße nicht daneben!

Der Fotograf hörte das metallische Knacken des Winchesterlaufs und sprang nach draußen. Er sammelte hastig seine Waffe ein, legte sie auf den Schlitten und fuhr los, nur schnell weg vom Nomadenlager.

Indes kamen die Hirten aus der Tundra angerannt. Als sie hörten, was die Frauen und Kupky erzählten, lachten sie und erklärten dem Alten, was der Fotograf vorhatte. Zum Andenken an dieses Ereignis wurde Großvater Kupkys Foto mit den fest zusammengekniffenen Augen im Familienarchiv aufbewahrt.«

Obwohl die Uëlener Fotos lieb gewannen und sich auch gern fotografieren ließen, hatte keiner von ihnen einen Fotoapparat. Und auch das Entwickeln und das Drucken von Fotos hätte ja eine besondere Ausrüstung und eine Dunkelkammer erfordert. Aber sie sammelten Fotos, mit allen erlaubten und unerlaubten Mitteln, und fast jede Familie hatte ihre eigene, sorgfältig behütete Kollektion.

Bei mir zu Hause steht auf dem Bücherbrett das Foto eines Jungen von fünf Jahren in einer Kinderkuchljanka mit dem Fell nach innen und einer gestrickten Wollmütze. Das bin ich. Dieses Foto wurde im Archiv der Familie Kagje aufbewahrt. Auf dem Foto stehe ich neben meinem Stiefvater vor unserer Jaranga. Den Stiefvater habe ich später weggeschnitten, aber dass ich der Junge bin, bestätigt die Aufschrift auf der Rückseite.

Хлеб

kaw-kaw

Brot

Kaw-kaw nannte sich auf Tschuktschisch dieser wunderbare Leckerbissen, den ich in der fernen Kindheit gekostet habe. Anfangs hielten wir den Schiffszwieback, der mit den amerikanischen Walfänger- und Handelsschiffen nach Uëlen kam, für Brot. Die russischen Kosaken buken ihr Brot in den mobilen Bäckereien, gaben aber den Tschuktschen nichts davon ab. Manchmal bekamen wir schwarzen Zwieback, aber im Geschmack kam er nicht an den Schiffszwieback heran.

Unsere Frauen lernten sehr schnell, aus Mehl dieses *kaw-kaw* zu backen, und zwar ungesalzene Fladen, die in heißem Robbenfett gebacken wurden. Es wurde einfacher Teig aus Mehl und Wasser geknetet, die Geschicktesten fügten noch Soda hinzu. Die Fladen waren rund, und in der Mitte war immer ein Loch. Dieses hausgemachte *kaw-kaw* war fast so gut wie der Schiffszwieback. Braungebacken und mit Kruste schmeckte der Fladen besonders gut zum Tee. Er wird noch heute auf Tschukotka von manchen Hausfrauen gebacken.

Brot blieb für uns immer eine Zutat, und wir konnten sehr gut auf es verzichten, ohne dass wir irgendeinen Nachteil für die Gesundheit empfanden. Ende der Dreißigerjahre wurde in unserer Siedlung eine Bäckerei gebaut, als das Gebietskomitee des Sowjets und die Polarstation eingerichtet wurden und mehr Lehrer ins Land kamen. Die ständig wachsende tangitanische Bevölkerung brauchte ihr eigenes Essen, an das sie gewöhnt war. Nicht nur die Bäckerei kam mit dem

Schiff, sondern auch der Brot-Spezialist – der Bäcker Onkel Kolja. Er hatte zwei Kinder – einen Jungen in meinem Alter und ein etwas jüngeres Mädchen.

Onkel Kolja buk nur Weißbrot. Offenbar wurde kein Roggenmehl geliefert. Manchmal trauerten die Tangitan laut vernehmbar dem Schwarzbrot hinterher, aber uns gefiel das weiße besser. Sogar wenn Schwarzbrot in den Laden kam, zog die örtliche Bevölkerung das Kastenweißbrot vor, besonders wenn es noch warm war und duftete.

Ich hatte Glück: Eines Tages gelang es mir, ins Innere des Zauberhauses vorzudringen, in dem die wundersame Verwandlung des einfachen Weißmehls in leckeres, weiches duftendes Brot vor sich ging. Mein neuer Freund Petka Pawlow, der Sohn des Bäckers, nahm mich mit. Außerdem war ein entfernter Verwandter von mir, Kulil, der Gehilfe des Bäckers. Kulil brachte Wasser vom Bach, heizte zwei gefräßige Öfen, und manchmal wurde ihm auch anvertraut, die schwarzen Brotformen mit einer in Robbentran getunkten Entenfeder einzufetten.

Als wir den Heizraum durchquert hatten, kamen wir in einen relativ großen Raum mit Fenstern, die nach Süden hinausgingen. An einer Wand standen Bänke mit angerührtem Teig, an den übrigen Wänden lange Bänke mit bereits gefüllten Metallformen. Der Teig war als weiße Kappe über den Rand hinausgewachsen, an manchen Formen hing er sogar schon über den Rand hinüber, wie eine Schneewehe, die vom Dach rutscht. Die Luft war ungewöhnlich, säuerlich, warm, gemütlich, und sogar von den Wänden, die weiß vom Mehl waren, roch es nach einer besonderen Sattheit.

Die Backöfen selbst befanden sich hinter einer Wand, die schwarzen Schlünde, in die das Brot geschoben wurde, schauten in diesen großen Raum mit den Fenstern. Onkel Kolja sah auf die Wanduhr und sagte: »Es ist Zeit!« Er öffnete den ersten Ofenschlund und fasste in der Tiefe mit einer langen Ofengabel die erste Form. Sogleich roch der große Raum nach warmem, gut ausgebackenem Brot, und ich fühlte, wie mir der Speichel im Mund zusammenlief.

»Fertig!« Onkel Kolja wendete die Form, und auf die Holzbank fiel mit einem dumpfen, warmen Ton ein Laib Brot. Mit einem sehr scharfen Messer schnitt Onkel Kolja eine große Scheibe ab und reichte sie mir. Das war eine Götterspeise! Den Geschmack dieses Brotes habe ich mein Lebtag nicht vergessen!

Über die Herkunft der tangitanischen Hauptnahrung erfuhr ich erst in der Schule. Bis dahin machte ich mir meine eigenen Gedanken, zumal ich gerne fantasierte und mir oft ein anderes Leben vorstellte. Als ich das erste Mal Makkaroni zu Gesicht bekam, stellte ich mir gleich ein dichtes Gestrüpp mit diesen weißen Pflanzen vor, die die russischen Bauern in meiner Fantasie auf den endlos weiten Feldern ernten ...

Das erste Getreidefeld erblickte ich im Spätherbst des Jahres 1948 bei Leningrad in der Nähe der Eisenbahnstation Wruda. Uns Studenten aus dem ersten Studienjahr schickte man nach damaligem Brauch aufs Dorf zum Ernteeinsatz. Wir kamen nachts an, sodass ich das Getreidefeld erst am nächsten Morgen sah. Wir schliefen auf dem Heuboden, und als die ersten Sonnenstrahlen durch die zahlreichen Spalten der Scheune drangen, kroch ich nach draußen, rieb mir die Augen und sah mich um. Ein Hirte ging an mir vorbei, er schlug mit der Peitsche gegen den Schaft der alten Stiefel. Das Dorf war nicht groß, ich war bald am Ende angelangt, und da erblickte ich das Feld.

Wahrscheinlich war das nicht das größte Kolchosfeld, aber mir kam es wie ein Ozean vor. Es reichte bis zum Horizont, war von den ersten Morgenstrahlen beleuchtet und wiegte sich im leichten Morgenwind. Ich war erregt und erinnerte mich aus irgendeinem Grunde an Worte, die ich einmal gelesen hatte: Der Roggen schießt in die Ähren.

Und es war tatsächlich Roggen. Aber die Ernte erwies sich als eine Mühsal, wie ich sie mir nie ausgemalt hatte.

ХОЛОД
kiwen, kewjagyrgyn

KÄLTE

Irgendjemand hat vor langer Zeit das Gerücht in die Welt gesetzt, dass die Tschuktschen Kälte gegenüber unempfindlich sind und starken Frost gemäßigten Temperaturen vorziehen. Wenn sie weit entfernt sind von ihrer Heimat, im Süden, machen sie physische Qualen durch und streben auf Teufel komm raus wieder nach Hause zurück, zu Frost und eisigem Wind.

Aber diese Behauptungen sind weit von der Wahrheit entfernt. Wie jeder andere Mensch auf unserem Planeten bevorzugen auch die Tschuktschen mildes Klima. Warum also haben sich die Tschuktschen bloß diesen Platz ausgewählt, an dem so lange die Kälte herrscht, zu der auch noch die Dunkelheit kommt und das fehlende Sonnenlicht? Dazu gibt es eine ganze Menge Überlegungen. Aber die überlassen wir lieber den Wissenschaftlern und Historikern. Bemerkenswert ist, wie sich die Tschuktschen dem harten Klima angepasst und eine ganze Reihe von Dingen erfunden haben, mit denen sie in Würde und sogar bequem leben können.

Beginnen wir mit der Wohnung. Die Jaranga, sowohl die feste an der Küste als auch die Nomadenjaranga, ist nach dem Prinzip des Thermosbehälters aufgebaut. Sie besteht aus zwei Hüllen, die Außenhaut schützt die Wohnung vor direkten atmosphärischen Einflüssen – vor Wind, Regen, Schneesturm und teilweise auch vor Kälte. An der Küste diente als wichtigstes Baumaterial Walrosshaut und Tundragras, auch Treibholz, das aus den großen sibirischen Flüssen ins Eismeer getrieben wurde.

Der wichtigste Wärmehalter aber war der Polog – praktisch ein Fellzimmer. Er konnte unterschiedlich groß sein. Das hing vom Wohlstand des Hausherrn und der Größe der Familie ab. Manchmal hingen in einer Jaranga zwei oder sogar drei Pologs, vor allem, wenn das Familienoberhaupt mehrere Frauen besaß. Der Polog wurde aus Rentierfell von Muttertieren mit dichtem Pelz genäht. Im Altertum benutzten die Tschuktschen von der Küste dazu Eisbärfell. Deshalb nennt man heute das Fell für den Winterpolog immer noch *umkenelgyn*, Eisbärfell von *umka* – der Eisbär.

Aber für die Wärmeisolation einer Polarwohnung reicht das nicht. Vor den ersten Winterfrösten, wenn das Tundragras gelb geworden ist, wurde es von den Frauen gesammelt, gründlich getrocknet und zu Bündeln zusammengebunden. Drei Wände des Pologs wurden damit isoliert. Auf den Boden wurden Matten gelegt, ebenfalls aus Tundragras. Im Polog brannten Tranlampen – flache Becken, die mit großem Geschick aus einem besonderen Stein gehauen wurden. Sie besaßen spezielle Zwischenwände, die mit Robben- oder Walrosstran gefüllt waren. Als Docht dienten Moosstreifen. Die Flamme in einer guten Tranlampe und bei guter Pflege rußte nicht, brannte gleichmäßig und hell. Das alles hing von der Hausfrau ab, und ihr »Geschick, das Feuer zu hüten«, galt als wichtige Qualität.

In einem Polog mittlerer Größe brannten für gewöhnlich drei Tranlampen – an jeder Wand eine. Und das reichte völlig aus, um sich nackt auszuziehen. Schmale Fellhöschen, heute würde man sie als »Bikini« bezeichnen, bildeten die Kleidung der Frauen, und die Männer warfen zwischen die Beine ein Fellstück oder ein Stück Stoff. Die Kinder waren völlig nackt. Und das bei grimmiger Kälte und Schneesturm.

Die Luft strömte durch eine Öffnung an der Decke an der Vorderseite des Pologs. An warmen Tagen wurde er häufig gelüftet, dazu wurde der Fellvorhang hochgezogen und mit einem *wykwepoigin* abgestützt, einem speziellen Stock für das Gerben. Nachts gingen die Tranlampen aus. Dann drang die Kälte durch versteckte kleine Löcher in den Polog, den man so fürsorglich vor Frost schützte. In der Kindheit entdeckte ich beim Aufwachen häufig neben meinem Gesicht einen weißen Streifen Raureif.

Der Luorawetlan war nicht nur erfinderisch beim Bau seiner Wohnung, sondern auch im Nähen besonderer Kleidung, die hervorragend die Körperwärme hielt.

Die Winterkleidung begann mit der Unterwäsche. Sie wurde aus dem weichen Pyshik genäht, dem Fell kleiner Rentierkälber, und bestand aus dem Unterhemd und den Unterhosen mit dem Fell nach innen. Die gesamte Kleidung war relativ weit, nie zu eng. An die Beine kamen die Tschishi aus etwas gröberem Rentierfell, ebenfalls mit den Haaren nach innen. Wintertorbasen wurden aus der Haut der Rentierbeine genäht, aus Kamus mit sehr festem Fell, durch das kein Schnee dringen konnte. Die Sohlen bestanden aus gut gegerbter Robbenhaut. In die Stiefel wurde eine Einlage aus speziellem Gras geschoben, das die Feuchtigkeit aufnahm und den Gang abfederte, vor allem in der steinigen Tundra.

Für die obere Kuchljanka und die Oberhosen nahm man *nebljui* – festes und dichtes Fell von Renen, die im August geschlachtet wurden. Das Rentierhaar ist aufgebaut wie ein hohles Rohr, das mit Luft gefüllt ist und daher eine ideale Wärmeisolation bietet.

Die obere Kuchljanka und die Oberhosen wurden mit dem Fell nach außen getragen. Die Ärmel konnten doppelt sein, die Außenärmel hatten das Fell nach außen, die Innenärmel entsprechend nach innen. Auf dem Kopf saß eine große Pelzmütze, über die man bei Bedarf die Kapuze der Kuchljanka ziehen konnte. Ich habe noch Mützen aus der Haut von Meeresvögeln gesehen. Sie hatten eine wunderbare Eigenschaft – bei Frost bedeckten sie sich nicht mit Reif. Und dann kam schließlich die Kamlejka, ein Stoff- oder Wildlederkittel, der das Fell vor Schnee schützte. Die gesamte Kleidung durfte, wie ich bereits erwähnte, nie zu eng am Körper sitzen. Wichtig war vor allem, dass sie am Bauch weit genug war, vom Hals bis zum recht weit unten gebundenen Gürtel. In dieser geräumigen »Tasche« konnte man die kalten Hände wärmen. Außerdem diente bei langen Schlittenreisen im Winter der nackte warme Bauch als »Öfchen«, auf dem der fest in ein Gefäß gepresste Schnee aufgetaut wurde. Das Tauwasser war lebenswichtig für das »Wässern« der Holzkufen. Auf ihrer Oberfläche bildete sich eine dünne Schicht Eis, die die Gleitfähigkeit erhöhte.

Das war wohl alles, was ein Tschuktsche brauchte, um sich vor Kälte zu schützen. In dieser Kleidung hatte er vor keinem Frost Angst, egal wie stark er war. Bei Schneesturm konnte er sich in einer Wehe eingraben und die Hunde um sich herumlegen. Auf diese Weise wartete er manchmal mehrere Tage auf besseres Wetter. Das war sozusagen die Idealausstattung, der sicherste Schutz vor Kälte. In der Praxis trug solch eine Kleidung nur ein guter Meeresjäger oder Schlittenlenker, der einen langen Weg vor sich hatte.

In meiner Kindheit hatte ich nicht selten unter grimmiger Kälte zu leiden, nicht nur, weil die Beschaffenheit meiner Kleider weit vom Ideal entfernt war, sondern auch, weil unsere Wohnung von meinem Stiefvater auf Tangitanart mit dem Anspruch auf Neuheit gebaut worden war und viele Qualitäten einer richtigen Jaranga nicht hatte. Zwei Wände des Pologs waren traditionell aus Rentierfell gefertigt, doch die anderen zwei waren aus Holz. In eine Wand war ein kleines Fensterchen gehauen und mit gewöhnlichem Glas ausgestattet worden. Das war eine Quelle unausgesetzter Kälte. Die Holzwände waren fast den ganzen Winter über mit Reif bedeckt, auch wenn im Polog drei Tranlampen brannten. Die kalten Nächte in der Jaranga meines Stiefvaters, in der man sich nirgendwo aufwärmen konnte und häufig in Kleidern schlafen musste, haben sich mir fürs ganze Leben eingeprägt.

Wenn ich hastig mein spärliches Frühstück aufgegessen hatte, ging ich zur Schule. Einen Teil des Schulwegs lief ich am Meeresufer entlang und musste über die aufgetürmten Eisschollen klettern. Das ganze

Land vor meinen Augen, die unbekannte Ferne bis hin zum Nordpol, war mit dickem Eis bedeckt. Von den aufgetürmten Eisbergen wehte ununterbrochen Eiseskälte, und ich konnte mir nicht vorstellen, dass diese Eismassen irgendwann einmal auftauen und das freie Wasser offen daliegen würde. Die Eiseskälte war stumm und grimmig, wie der Begräbnishügel der Ewigen Ruhe *Lininnej*, zu dem die Toten gebracht wurden.

Überhaupt ist meine Kindheit, mit Ausnahme meiner ersten Jahre auf dieser Welt, von dem Gefühl unablässiger Kälte und Eiszeit geprägt. Nach einer alten Regel durften die Kinder, wenn sie am Morgen den warmen Polog verlassen hatten, bis zum Abend nicht mehr in ihn zurückkehren. Es hieß, auf diese Weise würde sich bei der heranwachsenden Generation der zukünftigen Meeresjäger, Rentierhirten und Schlittenlenker Ausdauer und Härte ausprägen. Aber kalt war es dennoch, und ich wollte weder aufs Meer noch in die eisige Tundra, sondern zurück in den warmen Polog, in dem mich liebevoll die warme Luft der drei hell brennenden Tranlampen umfächelte.

Als zehnjähriger Junge konnte ich bereits einen Hundeschlitten lenken und damit sogar ein bisschen Geld verdienen: Ich transportierte in Säcken Kohle aus Keninskun, von der Küste des Stillen Ozeans.

Ein häufiger Schlittenkunde war der Hydrologe der Polarstation Borindo. Zu festgesetzter Stunde fuhr ich verwegen vor dem Haus des Polarforschers vor und lud die Geräte des Wissenschaftlers und eine kleine Seilwinde auf. Nun war auf dem Schlitten nur noch Platz für einen Menschen. Den nahm natürlich Borindo ein, der eine prächtige Kuchljanka trug, die ihm die bekannte Uëlener Meisterin Kameja genäht hatte, die auch für den berühmten norwegischen Seefahrer Roald Amundsen die Kleider angefertigt haben soll. Ich lief, mich am Rand festhaltend, neben dem Schlitten her und stolperte über Eisstücke und hochstehende Eisschollen.

Mithilfe eines speziellen Stocks musste ich ein Loch ins Eis schlagen. Von der Arbeit wurde mir warm, ich kam sogar ins Schwitzen.

Ich schlug die Kapuze zurück und setzte meinen Kopf dem Eiswind aus. Borindo saß auf dem Schlitten, dachte über die Zähigkeit des arktischen Menschen nach und stellte mir von Zeit zu Zeit Fragen. Manchmal zog er eine Tafel Schokolade aus der Tasche, wickelte sie bedächtig aus der Aluminiumfolie, brach ein Stück ab und steckte es in den Mund. Ich hatte noch nie im Leben von diesem tangitanischen Leckerbissen gekostet, aber dennoch lief mir das Wasser im Mund zusammen.

Wenn das Eisloch groß genug war und auf dem Wasserspiegel kein Eismehl mehr schwamm, begann die Arbeit des Hydrologen. Er ließ seine Geräte in die Tiefe des Ozeans hinab, zog sie wieder herauf und schrieb etwas in ein dickes Wissenschaftlerheft. Während Borindo mit seiner Arbeit beschäftigt war, setzte ich mich auf den Schlitten. Und gleich drang die Kälte durch meine altersschwache Kuchljanka, Arme und Beine wurden steif und widerlegten Borindos Spekulationen über die Zähigkeit des Tschuktschen und seine Unempfindlichkeit gegenüber der Kälte.

Von Zeit zu Zeit stand ich auf und rannte um den Schlitten herum, um nicht völlig steif zu werden.

Gegen Mittag unterbrach Borindo seine Arbeit, breitete auf dem Schlitten seine Weißbrotscheiben aus, die er großzügig mit Butter bestrichen hatte, drehte den Deckel des Thermosbehälters auf, in dem starker, mit Kondensmilch versüßter Tee war, und machte sich ans Essen. Der Duft brachte mich um den Verstand. Meine Hunde schauten den genießerisch kauenden Tangitan vorwurfsvoll an. Als wir uns auf den Rückweg machten, war ich gänzlich steif gefroren, und sogar das Laufen neben dem Schlitten, auf dem der Tangitan thronte, konnte mich nicht erwärmen.

Nachdem ich die hydrologischen Geräte vor dem Haus der Polarstation abgeladen und mit steif gefrorenen Fingern den roten Dreißigrubelschein entgegengenommen hatte, ließ ich mich wie ein harter Sack auf den Schlitten fallen und fuhr am Ufer der Lagune entlang zurück nach Hause. Ich hatte nicht einmal mehr die Kraft, den Schlitten anzuhalten, und die vor den Schlitten gespannten Hunde rannten bis in den Tschottagin hinein. Beinahe wäre auch noch der Schlitten selbst hineingefahren, aber die Schwelle hielt ihn fest. Ich wälzte mich in den warmen Polog, gab meiner Mutter den ehrlich verdienten Dreißigrubelschein und taute langsam auf.

Oh, wie qualvoll waren die Minuten, wenn die Wärme wieder in meinen mageren Kinderkörper zurückkehrte! Jede Zelle meines Fleisches jammerte und schmerzte, der ganze Körper verwandelte sich in eine Wunde. Besonders weh taten die Fingerkuppen und Zehen. Nicht einmal der Tee, versüßt mit einem steinharten Stück russischen Zuckers, konnte mich aufwärmen, und es dauerte sehr lange, bis die Kälte aus meinem Körper gewichen war. Dafür strömte dann so wohlige Wärme durch mich hindurch, dass sich meine Augen ganz von selbst schlossen und ich in einen süßen tiefen Schlaf sank.

In der Zeit der größten Winterkälte hatte der Frost manchmal solche Kraft, dass uns nachts (aus irgendeinem Grunde immer nachts) eine ohrenbetäubende Explosion aus dem Schlaf riss. Das war das berstende Meereseis oder die Erde unter der Last der dicken Schneeschicht, die da zersprang.

Trotz des ständigen Frostes kam es bei meinen Stammesbrüdern sehr selten zu Erfrierungen, was man von den Tangitan nicht behaupten konnte, die es fertigbrachten, auch im Hochsommer unter Kälte zu leiden.

Allerdings war in der Kindheit mein Ohr erfroren, und um ein Haar wäre die Ohrmuschel abgebrochen. Das passierte, als wir im Winter auf der zugefrorenen Lagune Ball spielten. Meinem Schulfreund Wladik Leontjew fiel auf, dass mein Ohr so eigenartig aussah. Ich rannte in die Schule und setzte mich neben den heißen Ofen, um es zu erwärmen. Bald darauf schwoll es dermaßen an, dass ich bei jeder Kopfbewegung fühlte, wie mein ins Unermessliche angewachsener Hörapparat wie ein schwerer fremder Körper im Takt der Bewegung hin- und herwippte. Zu Hause stach meine Mutter ein Loch ins Ohr, und die Flüssigkeit lief heraus. Eine gewisse Zeit sah mein Ohr wie ein runzliges Stück Knorpel aus, das von dunkler Haut überzogen war.

Weder meine Nase noch mein Gesicht sind je erfroren, während meine tangitanischen Altersgenossen häufig mit Wangen und Nasen herumliefen, die sich schälten.

Fridtjof Nansen, der sich bereits in jungen Jahren auf Polarreisen vorbereitete und versuchte, seinen Körper abzuhärten, damit er die schlimmste Kälte aushielt, kam zu dem Schluss, dass sich der Mensch nicht an Kälte gewöhnen kann. Das Gleiche behauptete ein anderer großer Skandinavier – Roald Amundsen. Beide erklärten übereinstimmend, dass der Mensch ohne die Erfahrung, die die Ureinwohner der Arktis im Laufe von Jahrhunderten unter extremsten Lebensbedingungen erworben haben, den Norden nicht bezwingen kann. Wenn man sich die Fotos anschaut, die diese Weltreisenden gemacht haben, so fällt einem gleich ihre Kleidung auf, die nach dem Vorbild der Pelze der Ureinwohner genäht worden war. Also haben meine tschuktschischen Landsleute einen recht großen Verdienst an der »Bezwingung des Nordens«.

Die Kälte und der Luorawetlan sind trotz der jahrhundertelangen gemeinsamen Existenz keine unzertrennlichen Freunde geworden. Die Tschuktschen haben bloß gelernt, mit der Kälte zu leben.

Цветы

tynetschyn

BLUMEN

Die Fremden stellen sich meine Heimat als eine öde gelbe Wüste vor, die spärlich mit fahlen, ausdruckslosen Pflanzen bewachsen ist. Aber so kann nur einer denken, der entweder nie in der Tundra war oder sie direkt vor dem ersten Schneefall besucht hat, wenn sie tatsächlich nackt ist, bevor sie unter einer warmen weichen Schneedecke in einen Schlaf sinkt, der mehrere Monate dauert.

Aber wer je die ersten Frühlingstage in der Tundra erlebt hat, wird nie das stürmische Erblühen der vielen Pflanzen vergessen. Jedes Stückchen Erde, das sich gerade vom Schnee befreit hat, bedeckt sich mit einem farbigen Teppich, in dem sofort verschiedene Käfer, geflügelte Insekten und pelzige Hummeln zu krabbeln beginnen. Weiß Gott, wie sie es geschafft hatten, sich den langen eisigen Winter hindurch am Leben zu erhalten. Durchsichtige Würmchen kriechen aus der Erde und noch andere winzige Wesen, die man nur unter der Lupe sieht.

Es ist eine gute Fügung, dass die ersten der sprießenden Blümchen, auf Tschuktschisch *nejet* genannt, essbar sind. Meine Großmutter und ich haben sie immer an den warmen Taustellen gesammelt und in Ledersäcke gestopft. Sie waren zartblau mit roten Flecken und schmeckten wunderbar süß. Zu Hause schütteten wir unsere Ernte in eine längliche Holzschüssel, gossen großzügig Robbenfett darüber und fügten manchmal noch ein bisschen Zucker hinzu oder auch süße Kondensmilch.

Den ganzen Sommer hindurch ist die Tundra ein farbiger Blumenteppich. Glaub nicht den Leuten, die behaupten, dass die Tundrablumen nicht riechen würden. Das ist eine gewissenlose Lüge. Arktische Blumen verströmen ganz feine, kaum wahrnehmbare Düfte, die nichts gemein haben mit dem betörenden Duft der südlichen Blumen, von dem man Kopfschmerzen bekommen kann. Einmal musste ich mich einen halben Tag lang durch den vietnamesischen Dschungel schlagen, durch das Gestrüpp wilder Orchideen. Danach war ich mehrere Tage völlig zerschlagen. Ich habe prachtvolle botanische Gärten besucht, gepflegte Parks in europäischen Städten, ich bin auf Märkten und Basaren durch Reihen frisch geschnittener Blumen gegangen, habe mich an Blumenbeeten vor Palästen und bescheidenen Häuschen am Stadtrand erfreut und begriffen, dass Blumen das Leben des Tangitan von der Geburt bis zum Tod begleiten. Der glückliche Vater und die Eltern kommen mit Blumensträußen in die Entbindungsklinik. Freunde und Verwandte begleiten den Verblichenen auf seinem letzten Erdenweg mit Blumen. Nach dem Begräbnis verwandelt sich der Grabhügel in ein Blumenmeer. Hier liegen nicht nur Sträuße, sondern ganze Kompositionen, Kränze, Girlanden.

So etwas kannte unser Volk nicht, das ist wahr. Überhaupt war es nicht üblich, Blumen abzureißen und Sträuße aus Tundrablumen zu binden. Wenn eine tangitanische Frau von einem Spaziergang durch die Tundrafelder mit einem Strauß gepflückter Blumen heimkehrte, schauten die Tschuktschen sie verwundert an – will sie etwa diese nicht essbaren Pflanzen zum Bereiten von Speisen verwenden? Das tschuktschische Wort *tynetschyn* für Blume bedeutet nämlich, wörtlich übersetzt, nichts anderes als Pflanze ...

Aber mir persönlich gefiel dieser Brauch, und ich träumte davon, einmal einem Mädchen, das ich liebe, einen malerischen Blumenstrauß zu schenken. Obwohl es in Uëlen durchaus Mädchen gab, die meine Gefühle weckten, konnte ich mir nicht vorstellen, für eine von ihnen Blumen zu pflücken und einen Strauß daraus zu binden.

Sie hätten mich für verrückt gehalten oder für einen, der auf plumpe Weise die Rolle eines Tangitan spielen wollte.

Aber es kam der Moment, als ich mir ein Herz fasste. Es geschah in Leningrad, genauer in der Datscha-Siedlung Solnetschnoje bei Leningrad. Galja und ich hatten uns in der Nähe der Eisenbahnstation verabredet. Ich kam ein bisschen früher, und während ich auf Galjas Zug wartete, ging ich eine Weile durch die staubigen Dorfstraßen spazieren, an grünen Häuschen und schiefen Zäunen vorbei.

Vor vielen Häuschen waren prachtvolle Blumenbeete, die von innen her leuchteten. Ich stellte mir für einen Moment vor, wie das wäre, wenn an der Stelle von aufgehäuften Findlingen und Steinen vor den Jarangas in Uëlen prachtvoll leuchtende bunte Blumenbeete wären. Das wäre nicht mehr mein Uëlen, und in solchen Jarangas mit Blumen davor würden andere Menschen wohnen.

Als ich durch die Datscha-Siedlung ging, war ich nur von einem Gedanken beherrscht: nur nicht verlaufen, sich auf den vielen Straßen und Wegen nicht verlieren. Ich schaute häufig zur Sonne hoch, um die Himmelsrichtung festzustellen, und hörte auf das Geräusch der Züge. Offenbar war ich schon in richtiges Waldesdickicht vorgedrungen, denn die Bäume wurden plötzlich höher und dichter, ich stolperte oft und fühlte nicht nur Unruhe in mir aufsteigen, sondern auch Müdigkeit.

Plötzlich wurde es um mich herum hell, ich befand mich auf einer großen Lichtung. Sie war über und über voller Blumen, die in niedrigen, gleichmäßigen Reihen standen. Diese Blumen waren nicht groß und leuchtend. Sie hatten eine zarte Farbe und strömten einen einfachen Zauber aus. Das zarte Blau ging manchmal in ein zartes Rot über. Die Blumen wuchsen in Büschen. Und plötzlich kam mir der Gedanke, dass es schön wäre, Galja gerade solche einfachen, zarten Blumen zu schenken.

Ich hatte noch nie im Leben Blumen gepflückt. Ich schaute mich um. Es war niemand in der Nähe. Tief im Wald zwitscherte ein Vogel, und im Gras zirpten unsichtbare Insekten. Die Blumenbüsche waren nicht von einem Zaun umgeben, obwohl die gleichmäßigen Reihen vermuten ließen, dass sie gesät worden waren. Als ich mich noch einmal versichert hatte, dass niemand da war, ging ich mutig hin und pflückte ein riesiges Büschel. Die Blumen waren schwer, sie hatten noch die kalte nächtliche Feuchtigkeit in sich.

Ich drückte den Strauß an mich, der mir sehr gefiel. Ich hatte ihn ganz umsonst bekommen! Ich rannte, mich an den einfahrenden Zügen orientierend, zur Bahnstation.

Galja sollte aus dem ersten Wagen aussteigen, so hatten wir es verabredet. Ich wartete mit klopfendem Herzen auf sie. An mir vorbei gingen Passagiere, die gerade angekommen waren, und viele schauten neidisch auf meinen Strauß. So schien es mir jedenfalls. Ich ordnete und schüttelte ihn noch ein bisschen. Die zarten Blättchen richteten sich auf, und die Blüten entfalteten ihre volle Pracht.

Galja stieg tatsächlich aus dem ersten Waggon und kam lächelnd auf mich zu. Sie freute sich, dass wir uns sahen, aber vor allem über den Strauß, den ich ihr noch aus der Ferne hinstreckte. So dachte ich jedenfalls.

Aber Galja fasste mich hastig bei der Hand und zog mich vom Bahnsteig. Sie zerrte mit aller Kraft an mir, so als würde uns jemand hinterherjagen. Ich konnte kaum Schritt halten. Als wir schließlich allein auf der leeren Straße waren, deutete Galja mit dem Kopf auf den Strauß und fragte mich: »Wo hast du den her?«

»Im Wald ... Guck, wie schön sie sind ... Ich habe sie gerade gepflückt. Dort steht ein ganzer Haufen davon!«

»Weißt du, was das für Blumen sind?«

Ich betrachtete den Strauß. Die Blumen sahen wunderschön aus, ich konnte nichts Schlechtes an ihnen finden.

»Das sind Kartoffelblüten!«

Zuerst verstand ich gar nichts: Was war daran schlecht, dass es Kartoffelblüten waren? »Aber sie sehen so schön aus!«, entgegnete ich starrköpfig, aber bereits etwas unsicher.

»Es ist nicht üblich, Kartoffelblüten zu verschenken«, sagte Galja streng, nahm mir meinen wunderschönen Strauß ab und warf ihn in die Büsche.

Ich war gekränkt und traurig. Und schämte mich vor Galja. Warum durfte man diese wundervollen, diese schönen Blumen nicht verschenken? Ich fragte Galja danach.

Sie überlegte und sagte: »Man tut es einfach nicht ...«
»Aber warum nicht?« Ich beharrte auf meinem Standpunkt.
»Schenkt man denn auf Tschukotka Kartoffelblüten?«, fragte Galja.
»Nein«, entgegnete ich. »Auf Tschukotka wachsen keine Kartoffeln. Überhaupt ist es bei uns nicht üblich, Blumen zu schenken ...«
»Und bei uns ist es nicht üblich, Kartoffelblüten zu verschenken ...«
Jedes Mal, wenn ich auf den Friedhof in Komarowo bei Sankt Petersburg komme und Blumen auf das Grab lege, in dem die liebste Frau in meinem Leben liegt, erinnere ich mich an meinen ersten Strauß Kartoffelblüten, und mir wird sehr traurig zumute ...

Цыгане

Zigeuner

Fast alle anderen Völker der Welt werden in der tschuktschischen Sprache als Tangitan bezeichnet, als Fremde, egal, welche Hautfarbe sie haben. Darum gibt es auch kein eigenes Wort für Zigeuner. Ich begann mich für sie aus einem ganz einfachen Grund zu interessieren: In dem kleinen Vorrat an Schallplatten in unserer Jaranga war eine mit Zigeunerliedern. Irgendetwas war in diesen seltsamen, den Tschuktschen- und Eskimoliedern so unähnlichen Weisen, erregte mich tief in der Seele, rief mich in die Ferne und weckte Gefühle in mir, die mich lange nicht einschlafen ließen. Ich habe ein recht gutes musikalisches Gedächtnis, und diese Lieder haben mich oft in der Tundra, am Ufer der Lagune und unter den Felsen von Senlun begleitet.

Ich habe meine Lehrer nach diesem geheimnisvollen, singenden Volk gefragt, aber keiner konnte mir etwas Genaues über die Zigeuner sagen. Nur der Bäcker Onkel Kolja meinte im Brustton der Überzeugung: »Das ist ein Nomadenvolk!« Aber Genaueres wusste auch er nicht.

Und so stellte ich mir die Zigeuner wie die Korjaken oder Ewenken vor. Sowohl die einen als auch die anderen züchteten Rene. Aber es stellte sich heraus, dass die Zigeuner zur Rentierzucht keinerlei Beziehung hatten. Ja, sie hatten nicht einmal Kuhherden. Von jemandem hörte ich, sie seien große Pferdeliebhaber. In meiner lebhaften Fantasie malte ich mir sogleich folgendes Bild aus: Da gehen zahllose Zigeuner über ein russisches Feld und durch russische Wälder und singen ihre wundersamen schönen Lieder. An einem Ort, der ihnen gefällt, bauen sie ihre malerischen Zelte auf, zünden Lagerfeuer an und tanzen zur Musik in den fliegenden Funken unter dem lauten Knacken der brennenden Baumstümpfe.

Und wie das Schicksal so spielt – als ich bereits Student an der Leningrader Universität war, geriet ich in die Nähe eines Zigeunerlagers an der Bahnstation Wruda im Bezirk Wolosowsk. Die Zigeuner wohnten in Wagen und verschlissenen Zelten, sie waren schwarz, stark behaart, die Frauen hatten grellbunte Röcke und farbige Kleider an. Aus der Ferne beobachtete ich ihr Leben. Tatsächlich brannten zwischen den Zelten Lagerfeuer, aber Lieder sangen diese Zigeuner keine. Und überhaupt war es tagsüber bei ihnen sehr still, nur an den Zelteingängen saßen schweigend uralte Männer und Frauen und rauchten.

Das war tatsächlich ein ganz anderer Menschenschlag, der mit der modernen Menschheit nichts zu tun hatte. Mir kam es vor, als wären sie von einem anderen Planeten hergeflogen. Ich wagte nicht, ihnen näher zu kommen, geschweige denn mit ihnen zu reden.

Einmal, als ich aus der Stadt wieder in dieses Dorf zurückkehrte, in dem wir eine Datscha gemietet hatten, fand ich weder Wagen noch Zelte am gewohnten Ort. Im Gras sah ich nur die Reste der Feuer, die sorgfältig gelöscht und ausgetreten worden waren. Ich suchte die Gegend ab, aber von dem Zigeunerlager fand ich keine Spur, so als hätten sie sich in Luft aufgelöst oder wären in den Himmel gezogen.

Meine zweite Begegnung mit Zigeunern fand in der Siedlung Kartaschewskaja statt, wo der Literaturfonds eine Datscha hatte. Gleich neben dem Haus standen hinter einem schiefen Zaun gewöhnliche Dorfhütten, in denen Zigeuner wohnten. Meine Frau holte bei ihnen Milch, ihre schwarzen, kraushaarigen Kinder kamen auf unseren Hof, um mit den Schriftstellerkindern zu spielen. Diese Zigeuner waren ganz normale Menschen und unterschieden sich nicht von der übrigen Dorfbevölkerung.

Als ich nach der Universität bei der *Magadaner Prawda* arbeitete, traf ich eine ganze Gruppe Zigeuner gleich neben dem zentralen Lebensmittelladen. Sie wollten den Passanten aus der Hand lesen, und es waren gar nicht so wenige Menschen in dieser nördlichen Stadt, die ihr Schicksal erfahren wollten. Warum so viele Zigeuner in der Nagajew-Bucht an Land gekommen waren, blieb ein Rätsel.

Unser Redaktionsclown Innokenti Stepanow, der die Abteilung Information leitete, hatte eine Erklärung dafür, dass die Zigeuner in den Norden gebracht worden waren: »Die hiesigen Rentierzüchter werden sesshaft gemacht«, erklärte er, »und statt ihrer werden Zigeuner die Rentiere in der Tundra hüten, weil sie an das Nomadenleben gewöhnt sind.«

In jenen Jahren gab es in unserem großen Land eine ganze Menge Projekte zur Verbesserung des Lebens der kleinen Völker im Norden, da die Kommunistische Partei aus dem Mund ihres Generalsekretärs Nikita Sergejewitsch Chruschtschow verlauten ließ, das Endziel sei der Kommunismus, und zwar genau in zwanzig Jahren. »Die heutige Generation der Sowjetmenschen wird noch im Kommunismus leben!«, verkündete der optimistische Generalsekretär. Und das Erstaunlichste daran war, dass die wenigsten daran zweifelten, auch ich nicht. Ich wollte wie die anderen so gern im irdischen Paradies leben. Deshalb hatte ich mich ja so beeilt, um noch rechtzeitig auf die Welt zu kommen.

Und da den Beamten das Nomadisieren der Rentierzüchter nicht passte, versuchten sie mit allen möglichen Mitteln, die Tundramenschen an einen festen Ort zu »binden« und sesshaft zu machen. In den Siedlungen stellte man ihnen Häuser oder Wohnungen zur Verfügung, überredete die alten Männer und Frauen, aus der Tundra an die Küste zu ziehen, angeblich um die Arbeit der jungen Hirten zu erleichtern. Aber die Alten hielten hartnäckig am Tundraleben fest, sie meinten zu Recht, dass in einer Rentierzüchterfamilie alle Generationen vertreten sein müssten.

In jenem Winter wurde im Gebietszentrum ein Treffen der Rentierzüchter durchgeführt. Mein alter Freund Prawu sollte ebenfalls kommen, wir hatten seinerzeit im selben Zimmer im Uëlener Internat gewohnt. Prawu wollte nach Beendigung der Schule nicht weiterlernen und war in die Wankaremer Tundra zurückgekehrt. Darüber wunderten sich damals alle. Denn er war der beste Schüler in unserer Klasse, und die Lehrer prophezeiten ihm eine hohe Funktion in einem tangitanischen Amt.

Im Unterschied zu uns, die wir die neue Lebensweise für nachahmenswert hielten, befolgte Prawu auch weiterhin ungeniert die alten Bräuche, zog nur traditionelle Kleidung an und zog es vor, Tschuktschisch zu sprechen, auch auf Versammlungen, obwohl er die russische Sprache ausgezeichnet beherrschte. Damit brachte er die Partei- und Sowjetfunktionäre in Verlegenheit, die auf Tschuktschisch nicht einmal ordentlich Guten Tag und Auf Wiedersehen sagen konnten. Prawu trank und rauchte nicht, war verheiratet, drei Kinder wuchsen in seiner Jaranga heran. Als beispielhafter Mensch wurde er in verschiedene gesellschaftliche Organisationen gewählt, aber die Tundra zu verlassen, lehnte er kategorisch ab.

Ich erwartete Prawu im Vestibül des Hotels. Er kam, und ich sah, dass er sich himmelweit von den Bürokraten unterschied, die hier auf Dienstreise waren. Er trug eine prächtige Rentierkuchljanka, hatte Fellhosen und Fellstiefel an. Seine Kapuze mit einer blauen Perle an der Stirn und mit Vielfraßpelz besetzt, hing auf dem Rücken. In den Händen hielt er zwei Bündel mit Büchern, die er gerade gekauft hatte.

Etwas machte ihn verlegen, aber er freute sich sehr, als er mich erblickte. »Stell dir vor, was mir gerade passiert ist!«, rief er. »Hier ist ein neues Volk hergekommen! Frauen mit komischen Kleidern! Sie haben mich umringt und wollten mich nicht ins Hotel lassen. Sie haben mich am Ärmel festgehalten und gesagt: Schön! Alles aus Pelz! Und sie wollten mir aus der Hand lesen. Die ganze Wahrheit wollten sie mir sagen. Die Vergangenheit, Gegenwart und Zukunft. Sie sehen aber nicht aus wie Parteipropagandisten ... Zuerst bin ich sehr erschrocken. Ich dachte, ich bin völlig abgeschnitten von den neuen Tendenzen und Bräuchen auf dem Weg zum Kommunismus ... Aber dann habe ich mich zusammengerissen, habe die Hand abgeschüttelt, die sich an mir festklammerte, und in aller Ruhe geantwortet: Was gibts da aus der Hand zu lesen? Den Plan haben wir erfüllt und neue sozialistische Verpflichtungen übernommen. Das ist im Gebietskomitee der Partei und im Gebietssowjet bekannt ... Als sie das Wort Gebietskomitee hörten, haben sie mir den Weg frei gemacht. Da bin ich schnell durch und habe ihnen hinterhergerufen: Da gibts nichts aus der Hand zu lesen!« Prawu lachte triumphierend und wischte sich mit dem Pelzkragen die vor Aufregung schwitzende Stirn ab.

Ich erzählte meinem Freund von dem Gerücht, dass die tschuktschischen Rentierzüchter durch Zigeuner ersetzt werden sollen.

»Stimmt, die Sowjetmacht macht eine Menge dumme Fehler«, sagte er ernst. »Aber das traue ich ihr nicht zu. Die Zigeuner würden doch sofort in der Tundra erfrieren, und ihre Frauen mit den vielen Röcken auch. Die Zigeuner sollen Zigeuner bleiben, und wir bleiben Luorawetlan!«

ЧЕЛОВЕК

orawetlan

MENSCH

Orawetlan – der sichtbar einzeln Stehende –, so etwa wird das alte tschuktschische Wort übersetzt, das offenbar das Bild des Menschen von sich selbst wiedergibt. Einen Menschen, für den abstraktes Denken ungewohnt und sogar fremd ist, kostet es viel Mühe, sich aus der ihn umgebenden Natur, aus der Welt, als deren Teil er sich fühlt, abzusondern.

Die Vereinzelung beginnt mit der Sicht auf die eigene Person von der Seite. Das kann geschehen, wenn der Mensch durch die flache, schneebedeckte Tundra geht. Der Mensch unterscheidet sich von den übrigen Lebewesen dadurch, dass er geradeaus geht, auf zwei Beinen, man kann ihn sogar aus weiter Ferne entdecken. Aber auch wenn er sich nicht bewegt, fällt es sofort ins Auge, dass das Menschenwesen ein besonderes ist, auch wenn es zur Natur gehört. Es ist einmalig, und auch bei den Tschuktschen wird es von der Tierwelt abgesondert.

Der tschuktschische Terminus *luorawetlan* beinhaltet nicht nur Vernunft, sondern auch das Gefühl der Überlegenheit und Selbstachtung. Als ich Maxim Gorkis Ausspruch »Ein Mensch – wie stolz das klingt« zum ersten Mal hörte, glaubte ich, das sei die freie Übersetzung unseres alten tschuktschischen Namens.

Das Gefühl der Überlegenheit und Selbstachtung wird dadurch noch unterstrichen, dass die Tschuktschen vor ihren Namen noch das Präfix *lygi* setzten, was bedeutet – wahr, echt. Sodass ein Luorawetlan (ganz genau wird es *lygorawetlan* geschrieben und ausgesprochen) nicht nur ein einzeln stehendes Lebewesen ist, sondern auch noch ein Mensch im wahren Sinne des Wortes. Offenbar begannen meine Landsleute dieses Präfix zu verwenden, als sie feststellten, dass sie nicht die einzigen Menschen waren, die auf zwei Beinen auf der Erde herumliefen.

Wenn ein Tschuktsche von einem Luorawetlan spricht, weist das darauf hin, dass auch alles, was mit dem Leben dieses Luorawetlan zu tun hatte, wahr und echt ist. Wenn zum Beispiel *lygiplekyt* gesagt wird, dann begreift jeder, der des Tschuktschischen mächtig ist, sofort, dass von Schuhwerk die Rede ist, das für einen Tschuktschen tauglich ist im Unterschied zu Lederstiefeln, Gummistiefeln oder Filzstiefeln. *Lygiplekyt* werden nur aus Rentierleder oder Robbenhaut genäht. *Lygirgyn* ist eine Fellkuchljanka, und *lyginewysket* ohne jeden Zweifel eine tschuktschische Frau.

In der tschuktschischen Folklore wird vom Menschen als von einem Wesen gesprochen, das die Fähigkeit zur Verwandlung hat. Diese Verwandlung geschieht entweder nach dem Willen des Helden selbst oder durch die Kräfte der bösen Geister, der Kele. Meist war es so, dass die neue Hülle des Verwandelten nur das Wesen verbarg, nämlich den *lygi*.

Alle fremdländischen Menschen wurden als *tangit* oder *tangitan* bezeichnet. So lauten die beiden Formen der Mehrzahl in der tschuktschischen Sprache. Aber meist bezog sich das auf Personen der weißen Rasse mit europäischem Aussehen. Aber niemals hätten *aiwanalin* (Eskimos), *kaaramkyt* (Lamuten) oder *weiplekylyt* (Chinesen) Tangitan sein können. Aber in den Augen der Luorawetlan waren sie alle Orawetlan, mit Ausnahme der Fälle, wenn das eine oder andere Märchenwesen menschliches Aussehen annahm, um dem Menschen Schaden zu bringen.

So galt auch *lygewetgaw,* die tschuktschische Sprache, als die einzige würdige Art des Ausdrucks menschlicher Gedanken. Man kommt nicht umhin, in dieser Betonung der »Wahrhaftigkeit« einen Anflug von Hochmut zu sehen. Aber man urteile selbst – *lygiryn,* die Kuchljanka, war ja tatsächlich viel wärmer und praktischer als ein tangitanischer Mantel oder eine Watteweste, beides war ja wirklich nicht geeignet für das raue Klima der Arktis ...

Überhaupt kam der Tangitan nicht gut weg. In der Kindheit war unser Lieblingsspiel das »Tangitanspiel«. Der Tangitan war meist ein Vorgesetzter, und wir Kinder stellten ihn meist als wichtigtuerischen und lauten Menschen dar, dem es nichts bedeutete, seine Hand gegen einen Luorawetlan zu erheben. Während es uns keine Schwierigkeiten bereitete, seine Bewegungen und Handlungen nachzuahmen, so bereitete uns seine Sprache große Schwierigkeiten. Die Wörter, die wir vor allem übernahmen, waren, wie wir später erfuhren, unanständige Schimpfwörter. Das war uns völlig unverständlich, denn sie bezeichneten lediglich menschliche Körperteile und bestimmte Körperbewegungen. Als wir den eigentlichen Sinn dieser Wörter erfuhren, wunderten wir uns über ihre Alltäglichkeit. Einen Menschen mit einem Geschlechtsteil zu bezeichnen, oder mit dem Hintern zum Beispiel, empfanden wir nicht als Beleidigung. Für die Tangitan aber war das eine große Kränkung, und es kam sogar zu Schlägereien. Wenn man dagegen einen Luorawetlan, einen Menschen im wahrsten Sinne des Wortes, mit solch einem Wort bezeichnete, war es nichts anderes, als würde man ihn Hand oder Bein nennen. Was sollte daran beleidigend sein? Um einen Luorawetlan wütend zu machen, reichte es, *tschekalwanwalegyt* zu ihm zu sagen – du bist ein ganz anderer Mensch als ich!

Der Tangitan ist für mich bis heute ein großes Rätsel geblieben, obwohl ich die russische Sprache beherrsche und in dieser Sprache sogar einen ganzen Berg Bücher geschrieben habe, obwohl meine Frau eine Tangitan war und meine Kinder halbe Tangitan sind, und meine Enkelkinder ...

Aber auch der Orawetlan hat sich mir in seinem Wesen nie ganz geöffnet, trotz des Präfixes, das »wahr« bedeutet.

Wer ist das – der Mensch? Einerseits gibt es die große Welt, das All um mich her, die Unendlichkeit der Zeit, und mitten darin sehe ich einen kläglichen, ziemlich schnell verwesenden Körper, den kleinen Erdhügel des Tangitan oder die paar Steine, die das Grab des Orawetlan begrenzen. Nur in den Erinnerungen der Verwandten und Freunde bleibt von ihnen etwas übrig. Einige schöpferische Menschen hinterlassen ihre Spur in Kunstwerken, in der Literatur, in Erfindungen und in der Wissenschaft.

Was ist ein Mensch? Ist er gar etwas, was man nicht erfassen kann, etwas Unbegreifliches? Vielleicht ist das, was ihn zum Menschen macht, gar nicht der lebendige Körper, sondern etwas Immaterielles?

Чукотский язык
lygewetgaw

TSCHUKTSCHISCHE SPRACHE

Kein Mensch kann sich in seiner Entwicklung an die Zeit erinnern, da er noch nicht in seiner Muttersprache reden konnte. Die Muttersprache ist so natürlich wie das Atmen. Der Mensch fühlt sich in seinem Sprachmilieu frei und ungebunden, ohne darüber nachzudenken. Und alle fremden, unbekannten Sprachen erscheinen ihm als eine wirre Kombination seltsamer Laute. Er wundert sich darüber, wie man diesen Lärm überhaupt verstehen kann, diesen trüben Strom von Tönen, der das Reich der reinen und verständlichen Laute überschwemmt und zurückdrängt. Ganz anders dagegen der Lärm des Windes, das Pfeifen des Sturms, das rhythmische Schlagen der Meeresbrandung, das Vogelgekreisch unter dem Felsen Eppyn. Und sogar das Trommeln des Schamanentamburins ist dem Tschuktschen näher und verständlicher als der Lärm der fremden Rede.

Die tschuktschische, oder richtiger die luorawetlanische Sprache nennen meine Landsleute einfach und stolz *lygewetgaw*, was wahre Rede, echte Sprache bedeutet. Alle übrigen Laute, die der Mensch hervorbringt, sind keine echten, sondern künstliche Laute, die mit der Natur nichts zu tun haben.

Die Sprachwissenschaftler ordnen meine Muttersprache der paläoasiatischen Gruppe zu, die eine riesige Zahl von Sprachen der Völker des Fernen Ostens umfasst, von der Sprache der Niwchen an der Mündung des Amurs auf demselben Breitengrad wie Südfrankreich bis zur

Eskimosprache, die in den endlosen Weiten der Arktis verbreitet ist. Drei Sprachen – die tschuktschische, die korjakische und die itelmenische – bilden die sogenannte tschuktschisch-kamtschatkische Gruppe. Die letztgenannte Sprache ist so gut wie ausgestorben und wird nicht mehr gesprochen. Heute erinnern sich nur noch sehr alte Menschen und fanatische Enthusiasten an sie. Obwohl in den Dreißigerjahren des vergangenen Jahrhunderts sogar eine Fibel und Lesebücher in itelmenischer Sprache herausgegeben wurden.

Die tschuktschische und korjakische Sprache gleichen sich wie die russische und ukrainische.

Als Jugendlicher hätte ich nie geglaubt, dass meine Muttersprache ein Studienobjekt sein könnte. Davon erfuhr ich erst in der Pädagogischen Schule, als ich zu meiner Verwunderung von der Existenz einer Grammatik der tschuktschischen Sprache erfuhr. Allerdings schien sie mir schwer durchschaubar, allein Fälle gab es dreimal mehr als in der russischen Sprache. Außerdem war für die tschuktschische Sprache die Inkorporation charakteristisch, was in der Sprachwissenschaft die Fähigkeit bedeutet, in einer einzigen grammatischen Form, beispielsweise eines Verbs, Zeit, Richtung, Adjektiv und Zielobjekt auszudrücken. Die Entdeckung dieser Fähigkeit ließ meine Achtung vor der Muttersprache wachsen. Hinzu kommt die Existenz einer speziellen »weiblichen« tschuktschischen Sprache, die sich von der »männlichen« durch phonetische Eigenarten unterscheidet. Sprach eine Frau in »männlicher« Sprache, war das genauso unanständig, wie wenn ein Mann in »weiblicher« Sprache gesprochen hätte.

Diese wundervollen Eigenschaften aber wurden mir erst richtig klar, als ich zu übersetzen begann. Neue Gegenstände, Erscheinungen der anderen Welt, vor allem technische Neuerungen, hatten sehr genaue Analogien und direkte Übersetzungen, die sich sogar durch eine gewisse Poesie auszeichneten. So heißt beispielsweise die Brille auf Tschuktschisch *tinlylet*, was wörtlich übersetzt Eisaugen heißt. Die Nähmaschine wird *wanenan* genannt, Maschine zum Nähen. Der

Motor ist *tyletschyn*, der Beweger. Das Fernglas heißt *gitenen*, Vorrichtung zur Beobachtung entfernter Gegenstände. Diese Aufzählung kann man unendlich fortsetzen. Aber es gab auch direkte Übernahmen aus den Nachbarsprachen. *Kau* – Kuh, aus dem Englischen, *myljatsch* – Melisse, ebenfalls aus dem Englischen, *tschatky* – Schrotflinte vom englischen shotgun. Mir selbst machte das Übersetzen aus dem Russischen viel Spaß, mir gefiel es, neue Wörter zu erfinden und dabei den Reichtum und die Gewandtheit meiner Muttersprache auszunutzen. Allerdings sahen einige meiner Sprachschöpfungen recht seltsam aus. So hieß beispielsweise in der Rückübersetzung das Wort *klegtannygatle:* Mann-russisch-Vogel. Was das wohl ist? Ein Hahn!

Einige luorawetlanische Wörter klingen beinahe zärtlich: *lele* – der Schwanz, *el-el* – die Scheiße, *kukuna* – die Scheide …

Die wenigen übernommenen Wörter und Adaptionen haben unsere alte, auf ihre Weise schöne Sprache nicht verdorben. Schaden nahm sie erst, als man den Versuch unternahm, in diese uralte Sprache die marxistisch-leninistische Terminologie und die verknöcherte, hässliche Sprache der sowjetischen Bürokratie einzubringen.

Schon während meiner Studentenzeit dachte ich über Folgendes nach: Wenn unsere alte luorawetlanische Sprache wissenschaftlich zu bestimmende grammatische Formen besitzt, auch wenn sie besonders kompliziert sind, dann kann sie also alle Aufgaben der Sprachen der großen Völker erfüllen und dient nicht nur als Mittel der mündlichen Kommunikation, sondern auch als Literatursprache. Also wagte ich, das eine oder andere Gedicht in Tschuktschisch zu schreiben. Meine ersten Erzählungen verfasste ich in tschuktschischer Sprache und übersetzte sie selbst ins Russische. Die Schöpfung eines künstlerischen Textes in der Muttersprache erzeugte trotz aller Schwierigkeiten in mir ein unerklärliches Wohlgefühl. Es war, als sei ich auf einen hohen Berg geklettert, und als ich schließlich die Spitze erreicht hatte, öffnete sich vor mir eine riesige Ebene, eine unendliche Weite. Es gab damals noch kaum Erfahrungen beim Schreiben künstlerischer Prosa in tschuktschischer Sprache, wenn man die Folkloreaufzeichnungen nicht mitzählt. Und leider blieben meine Erfahrungen nur Versuche, eine tschuktschische Literatursprache zu schaffen. Denn sobald die Texte länger wurden, konnten sie nicht mehr in die Lesebücher aufgenommen werden, die für Schüler der unteren Klassen obligatorisch waren.

Wenn ich in meiner Heimat bin, spreche ich in meiner Muttersprache und bin stolz darauf, dass ich sie bewahrt habe. Sie dient mir als Stütze bei meinen künstlerischen und geistigen Übungen. Aber immer weniger Menschen aus meiner Heimat sprechen Tschuktschisch. Und das ist sehr traurig.

ШАМАН

enenylyn

SCHAMANE

Enenlyn bedeutet in der wörtlichen Übersetzung Heiler. In der Sowjetzeit war dieses Wort verboten. Und wenn es erwähnt wurde, dann nur in negativer Hinsicht. Die Propaganda warf sich mit ihrer gesamten Macht auf die Schamanen und liquidierte die alten Bräuche und Rituale, sogar das einzige tschuktschische Musikinstrument, die *jarar*, wollten sie vernichten.

Auf den ersten Blick könnte man annehmen, dass sie mit dem Schamanentum schnell und unwiederbringlich fertig geworden sind. In Uëlen wurde mein Großvater, der berühmte Schamane Mletkin, auf hinterhältige Weise vom Vorsitzenden des Revolutionskomitees ermordet. Mletkins Name schien über Jahrzehnte in Vergessenheit geraten zu sein, bis ich sein Leben in meinem Roman *Der letzte Schamane* niederschrieb. Der gleichen grausamen Behandlung unterlagen alle anderen Schamanen von Tschukotka. Viele beendeten ihr Leben im Gulag, weit entfernt von ihren Siedlungen und Nomadenlagern, von ihren Verwandten und Freunden.

Der Schamanismus ist eine sehr komplizierte Erscheinung und bis zum heutigen Tag trotz der Bemühungen der Wissenschaftler, die sogenannten »primitiven« Kulturen zu ergründen, nicht endgültig erforscht.

Vor allen Dingen ist zu sagen, dass der eine Schamane nicht wie der andere ist. Mletkin gehörte zur höchsten Stufe der Hierarchie dieses alten Kultes. Er befasste sich kaum mit Zaubersprüchen oder mit der Besprechung von Krankheiten. Seine Rolle war die einer geistigen Autorität.

Auf seine Weise war er ein moderner Mensch, er hatte das medizinische Handwerk in Amerika gelernt. In seiner Jaranga befand sich eine Kollektion ausgezeichneter chirurgischer Instrumente, und an der Wand unseres Tschottagins hing ein Barometer von eindrucksvoller Größe. Außerdem beherrschte er die russische Sprache perfekt und ebenso die englische, da er als Harpunier auf einem amerikanischen Walfangschiff gearbeitet hatte. Gleichzeitig war er ein geschickter Walfänger, der auf alte tschuktschische Weise auch Robben und Walrosse jagte. Er ernährte sich nur von dem, was er selbst erbeutet hatte, in dieser Hinsicht unterschied er sich nicht von jedem anderen Bewohner Uëlens.

Die alte Peep wiederum war eine ganz andere Schamanin. Sie war eine Uëlener Heilerin, die auf den ersten Ruf hin kam und Hilfe leistete. Sie war so etwas wie eine Krankenschwester, wenn man einen modernen Terminus verwenden will.

Die alte Schamanenkultur ist wegen des äußeren Drucks und des Verbots der Rituale in den Untergrund gegangen. Und dieser Untergrund war nicht einmal tief. Mein Onkel Kmol hatte in der Jaranga hinter dem großen Porträt des Marschalls Kliment Woroschilow eine ganze Sammlung verschiedener Idole hängen – Hausgeister, kleine Götter, Abbildungen fantastischer Tiere. Von Zeit zu Zeit, vor allem nach einer glücklichen Jagd, »ernährte« er seine Gehilfen, indem er ihre Münder dick mit Tran und Blut einschmierte.

Ein feierlicher schamanischer Ritus war der Moment, wenn die Kajaks zu Wasser gelassen wurden. Die Lederboote wurden von ihren hohen Gestellen gehoben, zum Meeresufer getragen und dort in Schnee eingegraben, damit die Haut, die während der kalten Winterwinde ausgetrocknet war, sich allmählich mit Tauwasser vollsog und wieder weich und elastisch wurde. Bei diesem Fest wurden die Meeresgeister gefüttert, wobei man Gebete an sie richtete. Manchmal wurden auch heilige Tänze vollführt.

Wenn die Jäger das Glück hatten, einen Wal zu fangen, wurde ebenfalls ein Fest veranstaltet, das sogenannte Walfest, das mehrere Tage andauerte und ganz offen einen religiösen Geist hatte. Es begann am Meeresufer, den Meeresherrschern, den Walen, die als unsere Vorfahren gelten, wurden Geschenke gebracht.

Und das alles geschah vor den Augen der Bolschewiki, und sie hatten aus irgendeinem Grunde keine Vorbehalte gegenüber diesen Ritualen, die ganz offensichtlich Schamanencharakter trugen. Sie blieben außenstehende Zuschauer.

Aber mit der Zeit verloren die Festlichkeiten ihren tieferen sakralen Sinn, der bis in die geheimnisvolle Frühzeit der Entstehung des Lebens zurückführte. Zurück blieb nur das Skelett des Rituals.

In unserer Jaranga war bis zu dem Tag, als ich sie für immer verließ, um an der Leningrader Universität ein Studium aufzunehmen, das Leben mit religiösem Inhalt angefüllt. Es klingt merkwürdig, aber diese Rituale vertrugen sich problemlos mit den neuen wissenschaftlichen Erkenntnissen, von denen ich in der Schule erfuhr.

Ich trug ein Amulett um den Hals, das entfernt an ein vierbeiniges Tier erinnerte. Meine Großmutter durchstach mir die Ohrläppchen und steckte ein gespaltenes Streichholz in das Loch, damit es nicht wieder zuwuchs. Offenbar wollte sie mir später irgendwelche Ringe anhängen. Heute würde das keiner negativ bewerten, im Gegenteil, ich wäre der schickste Junge nicht nur in Uëlen. Doch damals bedeuteten Ohrringe für einen Schuljungen ein großes Vergehen, und die Löcher in meinen Ohrläppchen wuchsen wieder zu.

Mein Onkel Kmol nahm mich auf alle Opferbringungen mit und lehrte mich nach und nach den heiligen Respekt vor den unbekannten Kräften, die das alltägliche Leben eines Meeresjägers lenkten. In schwierigen Augenblicken des Lebens, während einer langen winterlichen Hungerzeit, wenn die Tiere die Küste flohen oder Krankheiten in die Jaranga einzogen, wachte ich manchmal vom Donner unserer Schellentrommel auf und hörte Beschwörungen. Jedes Mal zitterte ich dabei vor Angst.

Die Ehrfurcht vor dem geheimnisvollen Teil des Lebens habe ich nie verloren, obwohl ich annehme, dass die Bolschewiki sich alle Mühe gaben, den besonderen Zauber aus dem Alltagsleben der Luorawetlan zu vertreiben.

Während meiner Studienzeit an der Leningrader Universität wohnte ich mit dem Tuwiner Mongusch Kenin Lopsan in einem Zimmer des Studentenheims zusammen. Lopsan wurde später ein weltbekannter Spezialist für Schamanismus. Er wurde Direktor des Instituts für Sprache und Kultur in Kyzyl, der Hauptstadt der autonomen Republik Tuwa, und zugleich Direktor des Museums. Damals diskutierten wir häufig über den schwindenden Schamanismus unserer Völker, und da wir von den Ideen des Marxismus-Leninismus durchdrungen waren, kamen wir damals zu dem Schluss, dass dieser geistige Irrweg keinen Platz in der glücklichen kommunistischen Zukunft habe. All die Jahre seit unserem Studium blieb ich mit Kenin in Kontakt.

In den letzten Jahren, nach dem Zusammenbruch der Sowjetunion und der kommunistischen Ideologie, ist das Interesse am Schamanismus plötzlich wieder stark angewachsen. Es tauchten sogar neue, moderne Schamanen auf, sie kamen wer weiß woher. Vor einigen Jahren fand in Jakutsk sogar ein Internationaler Kongress der Schamanen statt. Bei meinen Lesungen in der Schweiz, in Deutschland, in Österreich wurde ich praktisch jeden Abend zum Schamanismus befragt. Interessant ist, dass auch an den Universitäten Europas das Interesse am Schamanismus stark gewachsen ist. Darunter waren auch Wissenschaftler, die den Schamanismus in »Feldforschungen« studierten, wie man in Spezialistenkreisen sagt. Sie forschten vor allem in Tuwa, wo der Schamanismus angeblich noch in seiner ursprünglichen Form existieren soll.

Ich beschloss, dem auf den Grund zu gehen. Und Folgendes stellte sich mit Lopsans Hilfe heraus: Tatsächlich war es in Tuwa als Resultat der Perestroika und des Endes der Ideologie des Materialismus zu einer Wiedergeburt des alten schamanischen Geistes gekommen. Aber es gab zu diesem Zeitpunkt eigentlich keinen einzigen echten Diener des alten Kults mehr. Vor allem keinen, der allgemein anerkannt und geachtet war. Dafür tauchten eine Menge selbst ernannter Schamanen auf der Bildfläche auf. Sie kamen ins ethnografische Museum in Tuwa, baten um alte Schamanenkleidung, um die Gewänder von Zauberern und Magiern, und es ging sogar so weit, dass Ausrüstungen von alten Schamanen gestohlen wurden.

Nicht genug damit, aus allen Ecken der Welt kamen Schamanismusforscher angereist, Studenten der Religionen der Urgesellschaften, Wissenschaftler, Ethnografen. Die Zeit damals war schwer, es gab weder Geld noch Essen, vor allem nicht für die Museumsmitarbeiter und Wissenschaftler von Tuwa. Sie mussten sich auf alle mögliche Weise durchmogeln. Da ritt Kenin Lopsan der Teufel: Warum sollte man nicht all diese sogenannten wissenschaftlichen Konsultationen zu Fragen des Schamanismus in eine wirtschaftliche Aktivität verwandeln? Wenn schon Marktwirtschaft, dann richtig!

Ein Wissenschaftler aus einer europäischen Universität, der nach den Spuren des Schamanismus suchte, bekam, bevor er seine Expedition nach Zentralasien startete, von seinem Wissenschaftskollegen, dem Doktor der historischen Wissenschaften Kenin Lopsan, ein Fax mit einem genauen Kostenvoranschlag für die Dienste des Schamanen. Alle Preise waren natürlich in frei konvertierbarer Währung angegeben.

Während sich der Wissenschaftler auf die lange und beschwerliche Reise nach Kyzyl machte, rief Kenin seine Schauspielerfreunde vom Nationaltheater Tuwa an und suchte mit ihnen zusammen im Museum die nötige Ausrüstung aus. Irgendwo an einem malerischen Ort am Rande der Stadt wurde eine Jurte aufgestellt und auf alte Weise eingerichtet, und damit es noch echter aussah, wurde eine kleine Herde ehemaliger Kolchoshammel dorthin getrieben.

Der Schauspieler musste die Rolle nicht einmal üben: Für gewöhnlich übernahm sie einer, der in den Theaterstücken schon immer einen negativen Helden gespielt hatte, der gegen alles Fortschrittliche ankämpfte und das Volk von Tuwa daran hinderte, zur lichten Zukunft voranzuschreiten. Und dieser negative Held war immer ein Schamane gewesen.

Im Vorgeschmack des hohen Honorars, das für einen Abend Schamanenbeschwörung gezahlt wurde und meist das offizielle Monatsgehalt überstieg, übertraf sich der Schauspieler, der sich als echter Schamane aus dem fernen Aimak im Altai ausgab, vor der Videokamera der Wissenschaftlerin selbst, und er schaffte es sogar, sie in Trance zu versetzen, was die Dame noch mehr von der geheimnisvollen Kraft des alten Glaubens überzeugte.

Alle waren zufrieden. Der Schauspieler bekam sein hohes Honorar, der Doktor der historischen Wissenschaften Kenin Lopsan einen bedeutenden Zuschuss zum kargen Staatsbudget für sein Institut und Museum, und ein kleiner Rest blieb sogar für ihn selbst. Aber vor allem war die Dame der Wissenschaft glücklich, die einen ganzen Zyklus wissenschaftlicher Artikel veröffentlichte und im europäischen Fernsehen die einzigartigen Aufnahmen von einem der mächtigsten Schamanen Zentralasiens zeigte, der wie durch ein Wunder den ideologischen Terror der Kommunisten überlebt hatte. Anderen Wissenschaftlern gelang es sogar, auf diesem Wege umfangreiche Monografien herauszugeben, mit vielen prachtvollen Farbfotos.

Bis heute ist Tuwa das Mekka für die Erforscher des Schamanentums. Tuwa ist fast der einzige Ort in der ehemaligen Sowjetunion, wo man zu den Quellen des urtümlichen religiösen Denkens zurückkehren kann.

In meiner Kindheit war ich einmal Patient eines modernen Arztes und der alten Schamanin Peep gleichzeitig.

Im Frühjahr 1944 erkrankte ich an Gelbsucht und musste mehrere Wochen in der Jaranga bleiben. Anfangs holte meine Mutter die

Uëlener Krankenschwester, die bei uns einfach Mascha genannt wurde. Aber ich wurde die Krankheit nicht los. Ich wurde nicht nur immer schwächer, sondern auch immer gelber.

Mutter war enttäuscht, dass sie mich nicht mit der modernen Medizin in Person von Tante Mascha gesund machen konnte, und in ihrer Verzweiflung wandte sie sich an die Schamanin Peep. Sie erschien in unserer Jaranga und schleppte einen großen Ledersack mit ihrem Schamaneninstrumentarium in den Polog, in dem ich lag. In diesem Sack fand sogar eine kleine Jarar Platz, die so aussah wie eine Kindertrommel.

Als die Schamanin mit den Vorbereitungen fertig war, untersuchte sie mich. Peep zeichnete sich nicht gerade durch Schönheit aus. Ihr ganzes Gesicht war gezeichnet von den blauen Linien einer Tätowierung – geraden, schiefen und solchen, die unverständliche Figuren bildeten. Die gelben Zähne waren kräftig und scharf. Die Schamanin flößte mir nicht nur Widerwillen ein, sondern auch Angst, die mich regelrecht lähmte. Ich konnte nicht einmal einen Pieps sagen.

Damals war es nicht ratsam, sich an einen Schamanen zu wenden, und meine Mutter hatte die alte Peep heimlich gerufen, und Peep kam in unsere Jaranga geschlichen, sie war im Dunkeln am einsamen Ufer der Lagune entlanggegangen.

Peep bat meine Mutter, die Tranlampe zu löschen und den Polog zu verlassen. Finsternis umgab mich. Sie war nicht nur außerhalb von mir, sondern füllte mein ganzes Inneres aus und verdüsterte sogar mein Gehirn. Mir schien, als ob ich in einen merkwürdigen Schlaf sinken würde, in etwas Warmes, Zartes, das sich wie eine weiche Felldecke anfühlte. Der Gesang der Schamanin drang aus weiter Ferne zu mir, obwohl sie gleich neben mir saß und mich beinahe berührte. Aber ich konnte sie nicht einmal mit der Hand antippen.

Offenbar verlor ich für eine gewisse Zeit das Bewusstsein und befand mich in den tiefsten Tiefen einer warmen Dunkelheit, doch plötzlich kehrte ich in die Wirklichkeit zurück, und Peeps Stimme erklang laut, und das Lied, dessen Worte ich nicht verstehen konnte, floss in mich hinein, verdrängte die Finsternis und gab mir Kraft.

Plötzlich beugte sich die alte Peep über mich und biss mir mit ihren gelben Zähnen in die Seite, so als wolle sie ein Stück meines Körpers abbeißen. Sie begann so laut aufzuheulen, dass im Tschottagin eine Hündin ihr antwortete, die gerade geworfen hatte. Glücklicherweise dauerte dieses Geheul nicht lange. Peep warf ihren Körper zurück und spuckte etwas auf ihre Hand.

»Tuar, komm her!«, rief sie.

Meine Mutter kam in den Polog gekrochen und zündete mit zitternden Fingern die Tranlampe an. Peep hielt ihr die geschlossene Faust hin und sagte: »Da hast du sie, die Krankheit.«

In diesem Augenblick verlor ich erneut das Bewusstsein. Aber schon am nächsten Tag fühlte ich mich besser, und eine Woche später stand ich auf und ging zur Schule.

Ich weiß, dass schamanische Kräfte wirken. Und wenn der echte Schamanismus heute in Bausch und Bogen negiert wird, erinnere ich mich an die alte Peep, und zwar nicht mit Misstrauen, sondern in Dankbarkeit.

Школа
kaletkoran, yskola

Schule

Soweit ich zurückdenken kann, stand das einstöckige Holzgebäude genau in der Mitte von Uëlen und unterschied sich nicht nur von den alten Jarangas, sondern auch von den neuen runden Blockhäusern, einer Konstruktion des Ingenieurs Swinin, die die Umrisse der typischen arktischen Wohnung nachahmte.

Das Schulgebäude fällt einem gleich ins Auge, wenn man das alte vergilbte Panoramafoto betrachtet, das von einem unbekannten amerikanischen Touristen 1924 gemacht wurde (das Jahr steht auf der Rückseite des Fotos). Also war die Schule lange vor meiner Geburt enstanden. Später erfuhr ich, dass sie 1910 von der Zarenregierung erbaut wurde. Allerdings begann der Unterricht erst später, nachdem der erste Lehrer angereist war. Mir ist es nicht gelungen herauszufinden, wer das war. Die sowjetischen Behörden behaupteten, sie hätten die Schule erbaut. Und jede Erwähnung der Mildtätigkeit des Zaren wurde energisch unterbunden.

Die Schule war so gut gebaut, dass sie bis heute steht, hundert Jahre.

Die meisten der großen Fenster gehen nach Süden zur breiten Lagune hinaus, die bis zum Horizont reicht. Soweit ich mich erinnere, hatte die Schule drei Klassenräume. Die beiden größeren Räume waren durch eine Sperrholzwand getrennt. Wenn man sie entfernte, entstand ein recht großer Saal. Außerdem befanden sich im Schulgebäude die Wohnung des Direktors, das Lehrerzimmer und eine kleine Küche mit einem gusseisernen Kessel, in dem im Winter Schnee und Eis für Trinkwasser aufgetaut wurden.

Ich war schon im Innern des Gebäudes, als ich noch kein vollwertiger Schüler der Uëlener Mittelschule war, wie die Lehreinrichtung offiziell hieß. Und zwar zur Feier eines der vielen Jahrestage der Revolution. Zuerst wurde das Präsidium der Versammlung gewählt, dann hörten sich die Anwesenden den Vortrag eines höheren Funktionärs an, der von unserem ersten Lehrer Tatro synchron übersetzt wurde. Die Übersetzung war nur halb so lang wie das Original und wurde von kaum jemandem verstanden, außer natürlich die Treueschwüre an die Partei der Bolschewiki und die Sowjetmacht.

Für mich war das Konzert am interessantesten. Und zwar nicht das meiner Landsleute, sondern das der Russen. Der Schuldirektor sang ein Lied über einen Helden des Bürgerkriegs, über den Reiter Budjonny, der mit seiner Reiterarmee die Weißgardisten schlug. Der Buchhalter der Handelsbasis begleitete sich beim Singen selbst auf der Balalaika und ahmte sogar das Getrappel der Pferdehufe mit wundersamen Tönen nach, die er in seinem riesigen Mund erzeugte. Die Meteorologin der Polarstation Lena Koschel sang eine Romanze.

Aber den lautesten Beifall löste der russische Tänzer aus, der Grenzsoldat Iwan Glotow. Unter Akkordeonklängen stampfte er mit seinen benagelten Stiefeln auf dem Holzboden, schrie laut, klopfte sich gegen die Brust und die Knie, warf seine Arme hinter den Rücken, sprang in die Höhe und hockte sich nieder. Mit seinem Tanz steckte er die Zuschauer an, einige meiner Landsleute sprangen von den Bänken und versuchten erfolglos, den feurigen russischen Tanz nachzuahmen.

An allen anderen Tagen war die Schule für mich versperrt: Ich war noch zu klein. Aber sie zog mich auf geheimnisvolle Weise an. Wenn ich am Gebäude vorbeiging, verlangsamte ich unwillkürlich meinen Schritt und versuchte durch die großen Fenster ins Innere zu spähen.

Ich wusste, dass in der Schule gelernt wurde, dass Lesen, Schreiben und Zählen gelernt wurde. Zählen konnte ich bereits bis zwanzig.

Das war nicht schwer. Denn genauso viele Finger und Zehen hat der Mensch. Das Lesen und Schreiben erschien mir als der unerreichbare Gipfel der Weisheit, der an Zauberei grenzte. Aus den schwarzen Pünktchen und Strichen auf weißem Papier, die wie Spuren unbekannter wilder Tiere im ersten weichen Schnee aussahen, formte Tante Kesik schon im ersten Jahr die Laute: »Ranau, koro, koro kepyl!«, was bedeutet: »Ranau, gib mir den Ball!« Das Wunder bestand nicht darin, dass die Töne aus einem einzigen Blick auf das mit schwarzen Zeichen bedeckte weiße Papier gebildet wurden, sondern dass die Worte tschuktschisch waren! Ich stellte mir diesen Ranau vor, einen älteren Jungen aus Uëlen, der über die zugefrorene Lagune in Richtung des Meerbusens Pilgyn lief und in den Händen einen aus weichem Leder genähten und mit Rentierhaaren gestopften Ball hielt. Ihm hinterher rannten die anderen Jungen und mit lautem Gebell die Hundemeute.

Die erste tschuktschische Fibel, nach der ich lernte, wurde von ehemaligen russischen Lehrern zusammengestellt, die vom Festland gekommen waren, um meinen Landsleuten das Lesen und Schreiben beizubringen. Einige von ihnen hatten im Leningrader Verlag Utschpedgis bei der Zusammenstellung dieser ersten tschuktschischen Fibel mitgemacht, die unter Leitung des berühmten Ethnografen und Schriftstellers Wladimir Germanowitwsch Bogoras-Tan erschien. Sie gaben den Personen aus der Fibel die Namen ihrer ehemaligen Schüler, und meine Generation begegnete ihnen als Helden aus dem Buch wieder, die Ball spielten, auf Robbenjagd gingen, an der Tafel schrieben, sich gründlich wuschen und sich sogar die Zähne putzten!

Vieles habe ich in meinem langen Leben vergessen, aber an den ersten Schultag erinnere ich mich bis ins kleinste Detail. Die Vorbereitungen begannen schon am Tag davor. Zuallererst rasierte Onkel Kmol mir den Kopf kahl. Davor schärfte er lange und gründlich sein Jagdmesser zuerst an einem Stein, dann an einem breiten, weichen Riemen aus Robbenleder. Ich saß auf einem Walwirbel und konnte das Zittern nicht unterdrücken, das meinen mageren Knabenkörper schüttelte. Das Rasieren selbst erwies sich dann gar nicht als so schmerzhaft, wie ich dachte. Unter der Stahlklinge flogen mit einem Pfeifen meine schwarzen Haare hervor, und die Schädelhaut erwies sich zu meiner Verwunderung als grau.

Am nächsten Tag erwachte ich lange vor Morgengrauen und erhob mich mehrmals von meiner Schlafstätte, einer alten Rentierhaut mit einer runden kahlen Stelle in der Mitte. Im Halbdunkel des beleuchteten Pologs schaute ich auf das Zifferblatt der laut tickenden Standuhr – es war noch zu früh. Manchmal steckte ich meinen Kopf in den Tschottagin. Die Welpen leckten mein verschlafenes Gesicht ab.

Schließlich war das endlose Warten vorbei, meine Leute erwachten. Bevor ich das neue, gerade erst genähte Stoffhemd und die Baumwollhosen anzog, wusch ich mein Gesicht mit warmem Urin. Ich wusste nun bereits, dass das Waschen zu den Pflichten eines Schülers gehörte. Der einzige Trost war, dass es in den Ferien ausfiel.

Ich rechnete damit, dass ich der Erste am Schultor sein würde. Aber noch aus der Ferne entdeckte ich mehrere Kinder. Die hochgewachsene Watwal saß auf einem Erdhügel und träumte vor sich hin, ihre Freundin Ioo stritt mit Atschiwantin, wer von ihnen zuerst da war. Ein bisschen abseits trat Kalkerchin von einem Bein aufs andere und hatte unterm Arm einen eindrucksvollen riesigen Ranzen aus Robbenhaut, geschmückt mit den bunten Kopffedern einer Eidergans. Diesen Ranzen musterte mit unverhohlenem Neid und mit Begeisterung der einzige Russe unter den Erstklässlern, der Bäckerssohn Petka.

Ich hatte nichts, womit ich prahlen konnte: Mein Ranzen war aus altem Segelstoff genäht, ich hatte nicht einmal eine Mütze, und mein kahler Kopf glänzte in den Strahlen der aufgehenden Sonne. Da fiel mir plötzlich meine Baumwollhose ein! Sie hatte so schön gesungen, als ich zur Schule rannte, um als Erster da zu sein!

Der erste Schritt in die wunderbare Zukunft war getan, heute konnte ich als vollberechtigter Schüler in das Gebäude hineingehen!

Экспедиция

lejwytkun

Expedition

Lejwytkun wird wörtlich mit Herumstromern übersetzt. Ich lese bis heute sehr gern Bücher über Reisen, liebe es, in den Tagebüchern der Entdecker zu blättern. Vor allem die Aufzeichnungen der bekannten Arktisforscher haben es mir angetan: Nils Nordenscheld, Fridtjof Nansen, Roald Amundsen, Bogoras-Tan. Im Februar 1959 umfuhr ich selbst mit einem Hundeschlitten die Wrangelinsel, um dann weiter vom Kap Schmidt (Ryrkaipija) bis zu meinem Heimatort Uëlen vorzudringen.

Im letzten Sommer meiner Arbeit bei der Zeitung *Magadaner Wahrheit* kam ich auf die Idee, den Weg des russischen Entdeckers Semjon Deshnjow nachzufahren. Dieser Gedanke blitzte während eines Trinkgelages in meiner Wohnung in der Hafenstraße in meinem Kopf auf.

Ich trat zur Landkarte und suchte den Punkt, der als Nishne-Kolymsk gekennzeichnet war. »Von hier aus ist vor fast dreihundert Jahren Semjon Deshnjow auf einem Einmaster in See gestochen, hat die Halbinsel Tschukotka umfahren und ist über die Beringstraße auf den Stillen Ozean hinaus!«

»Wieso hältst du uns plötzlich einen Vortrag in Geografie?«, kicherte Kescha Stepanow, der Leiter der Informationsabteilung der Bezirkszeitung. »Das weiß doch bei uns jedes Kind!«

»Stimmt«, pflichtete ich ihm bei, aber die Schnapsidee ergriff immer mehr Besitz von mir. »Warum sollten wir nicht denselben Weg zurücklegen? Ich bin sicher, man wird uns unterstützen. Wir könnten unheimlich viel interessantes Material für die Zeitung sammeln!«

»Wir könnten sogar ein Buch herausgeben!«, setzte der Verlagsleiter Josif Sagan noch eins drauf.

»Mit vielen Illustrationen!«, rief der Fotograf Asir Sandler.

»Und ein Kameramann muss unbedingt dabei sein!«, funkte Sascha Litschko dazwischen, der das Magadaner Filmstudio vertrat. »Wir werden einen Dokumentarfilm drehen.«

»Aber woher kriegen wir ein Schiff?« Boris Nekrassow, ein Magadaner Dichter, holte uns wieder auf den Boden der Realität zurück. »Einen Einmaster!« Gerade in diesen Tagen schrieb er an einem Poem über die Reise von Semjon Deshnjow und las uns Ausschnitte daraus vor.

»Wir sind nicht verpflichtet, auf einem Einmaster zu fahren«, sagte ich. »Wir können auch eine Holzschaluppe nehmen. Ich bin überzeugt, dass wir in Magadan so ein Schiff finden und es auf einem großen Anhänger nach Kolyma transportieren können. Wir könnten auch auf dem Fluss fahren. Worin liegt der Vorzug einer Schaluppe? Bei schlechtem Wetter können sieben, acht Leute sie problemlos ans Ufer ziehen.«

»Schreib mich als Ersten ein!«, erklärte Boris Nekrassow energisch. Aber als Ersten schrieb ich mich selbst ein. Als Zweiten Boris Nekrassow, als Dritten den Kameramann Sascha Litschko, dann den Geologen Mischa Iwanow, Kescha Stepanow und den Fotografen Asir Sandler. Die Liste wuchs unaufhaltsam!

Asir Sandler, ein gründlicher und erfahrener Mann, der zwanzig Jahre im Lager gesessen hatte, warf ein, wir müssten als Erstes eine Liste mit der notwendigen Ausrüstung aufstellen. Ich nahm einen Kuli, ein weißes Stück Papier und war bereit zum Schreiben. Als Erstes trug ich in die Liste die Schaluppe ein, die wir uns im Fischereisowchos in Olsk besorgen wollten. Ebenfalls dort wollten wir nach einem Außenbordmotor fragen und nach Treibstoff. Wir brauchten noch Flinten,

Fischfangnetze, Primuskocher, Teekessel für unterwegs und Kochkessel, wasserdicht verpackte Streichhölzer und vieles andere mehr.

»Das Beste ist, wir verpacken die Streichhölzer in Präservative«, riet Kescha Stepanow.

»Prima, du bekommst den Auftrag, in der Apotheke zwei Dutzend zu kaufen«, sagte Boris Nekrassow zu ihm.

»Ich bitte euch, ich bin ein verheirateter Mann, und jede Apothekerin weiß das.«

»Du erklärst einfach, wofür«, sagte Nekrassow schroff.

»Spiritus brauchen wir unbedingt!«, erinnerte Asir Sandler. »Keinen Wodka, keinen Wein, sondern reinen medizinischen Spiritus zum Einreiben, falls jemand ins kalte Wasser fällt oder nass wird.«

»Sehr nützlich!«, fiel Nekrassow wichtigtuerisch ein und wandte sich an mich: »Wie viel nehmen wir mit?«

»Zehn Liter kann ich in unserem Labor besorgen«, versprach Asir.

»Ich denke«, meinte Nekrassow bedeutungsvoll, »zehn Liter reichen zum Einreiben. Wir wollen schließlich eine Expedition machen und kein Saufgelage!«

»Genau!«, stimmte Kescha zu.

»Und getrunken wird nur aus medizinischen Gründen!«, bemerkte Asir Sandler streng.

»Aber wie sieht das konkret aus?«, fragte Kescha Stepanow. »Ich zum Beispiel trinke zum nüchtern werden nur aus medizinischen Gründen. Auf Russisch sagt man ja auch: poprawitsja, wieder gesund werden.«

»Während der Reise ist Alkoholverbot – das ist eine Grundsatzbedingung!«, erklärte ich fest.

Irgendwie ergab es sich, dass ich ohne Kandidatur und Abstimmung als Leiter der Expedition gewählt wurde. Die Materialliste wuchs besorgniserregend. Die zehn Liter Spiritus hatten ein Ausrufezeichen. Damit wir nicht in Versuchung kämen, versprach Asir, die Hälfte des Spiritus mit einem chemischen Präparat zu vergiften.

Er wollte in den nächsten Tagen für zwei Wochen zur Kur nach Talaja fahren und schleppte deshalb gleich am nächsten Tag zwei Fünfliterkanister an.

Unsere nächsten Treffen waren ab jetzt nur noch einer Sache gewidmet – der Diskussion über die Route und die Liste der Ausrüstung. Die Zahl derer, die sich unserer großen arktischen Expedition anschließen wollten, war sehr groß, die Menschen rannten uns das Haus ein, obwohl wir die Teilnehmerliste längst abgeschlossen hatten. Es kamen Ärzte, Ingenieure, Geologen im Ruhestand, Journalisten …

Eines schönen Tages entdeckten wir plötzlich, dass wir kein Geld mehr hatten. Es reichte nur zum Mittagessen und für ein paar Flaschen Bier, um von Zeit zu Zeit unsere im Streit heiser gewordenen Kehlen zu befeuchten. An jenem Abend drehten wir alle Taschen um und um und hatten nicht einmal genug für eine Flasche Portwein der Marke »Drei Siebener«.

»Wir haben doch Spiritus im Haus!«, erinnerte sich plötzlich Kescha Stepanow. »Zehn Liter reinsten medizinischen Spiritus!«

Er lief schnurstracks ins Badezimmer und holte von dort die beiden Fünfliterkanister aus Aluminium. Sie sahen beide gleich aus.

»In einem Kanister ist der Spiritus vergiftet«, sagte ich aufgeregt.

»Das werden wir gleich sehen«, sagte Kescha wacker und wuchtete die beiden Kanister auf den Tisch. Auf einem war ein Kratzer, der kaum zu sehen war. »Der hier!«, sagte Kescha feierlich. »Hier drin ist der vergiftete!«

»Vielleicht hat Asir mit dem Kratzer gerade den reinen Spiritus markiert«, zweifelte Litschko.

»Stimmt, daran habe ich gar nicht gedacht«, sagte Kescha niedergeschlagen und rief: »Dieser Teufel aus dem Lager! Er hätte uns doch einweihen können!«

»Wir müssen ihm ein Telegramm schicken und fragen, wo was drin ist!«, schlug ich vor.

»Das ist idiotisch. Ehe wir das Telegramm weggeschickt haben und die Antwort kriegen, vergehen mindestens zwei Tage.« Boris Nekrassow schaute sich die Kanister noch einmal genau an. »Vielleicht versuchen wir das Schicksal lieber nicht?«

»Leute, ich bin bereit, mich zu opfern!«, erklärte Kescha plötzlich. »Auf Expeditionen gab es doch immer Menschenopfer, oder?«

»Aber die Menschen sind entweder im Eis umgekommen oder erfroren oder ertrunken«, erinnerte ich ihn.

»Und ich komme für euch um, damit ihr euch nicht vergiftet«, sagte Kescha Stepanow, schraubte den Kanister auf und schüttete etwas von der durchsichtigen Flüssigkeit in ein geschliffenes Wasserglas.

»Das muss mit Wasser verdünnt werden«, schlug Boris Nekrassow umsichtig vor.

»Falls ich keine Luft mehr kriege«, sagte Kescha mit finsterer Schicksalergebenheit, »dann ruft den Notarzt ... Na, und wenn das Schrecklichste passiert, dann behaltet mich in guter Erinnerung, lasst meine Kinder und meine geliebte Tonja nicht im Stich.« Seine Stimme begann zu zittern, und mir schien, dass in seinen schmalen Augen, die in dem breiten burjatischen Gesicht noch kleiner aussahen, Tränen glitzerten.

Ich rannte zu ihm, um ihm das Glas aus der Hand zu reißen, aber Kescha kam mir zuvor und trank es auf einen Hieb aus, krächzte und legte sich langsam auf den Diwan, kreuzte die Hände auf der Brust und schloss die Augen.

Wir scharten uns in ehrfürchtiger Erwartung des Todes um den Freund. Anfangs atmete Kescha krampfhaft, doch dann immer gleichmäßiger. Seine geschlossenen Lider zuckten. Die »Cheyne-Stokessche Atmung« fiel mir ein, eine Zeile aus dem Bulletin über das Ableben von Josif Wissarionowitsch Stalin – die Final-Atmung.

Der »Sterbende« öffnete die Augen. Betrachtete uns mit traurigem Abschiedsblick und drückte die Augen wieder zu.

»Was sitzen wir rum!«, schrie ich. »Wir müssen sofort den Notarzt rufen!«

In meiner Wohnung gab es kein Telefon, nur bei Boris Nekrassow. Er erhob sich und wollte schon losgehen, da fuhr der sterbende Kescha plötzlich hoch und rief: »Bloß keinen Notarzt! Ich fühle mich pudelwohl.«

»Da haben wir also den richtigen Kanister geöffnet!«, rief Boris Nekrassow hocherfreut.

»Aber das Gift kann eine Langzeitwirkung haben«, gab ich vorsichtig zu bedenken.

»Es ist kein Gift drin«, sagte Kescha und setzte sich wieder zu uns. »Der Spiritus ist ausgezeichnet! Darin kenne ich mich aus!«

Von diesen Worten inspiriert, schenkten wir uns alle aus dem Kanister ein und tranken. Aber sicherheitshalber horchten wir eine gewisse Zeit in uns hinein, und als wir uns überzeugt hatten, dass uns der Trunk außer einem angenehmen Rausch keinen Schaden gebracht hatte, frischten wir die Gläser auf. Jemand schaute herein, schloss sich unserem Gespräch über die Expeditionsausrüstung an und kroch mit uns über die auf dem Fußboden ausgebreitete Landkarte.

Das Gelage wurde am nächsten Tag fortgesetzt. Mal versank ich ins Bodenlose, mal kam ich wieder zu Bewusstsein. Aber ich weiß noch genau, dass ich die Wohnung nicht verließ.

Ich erwachte von ungewöhnlicher Stille. Magadan liegt auf demselben Breitengrad wie Petersburg, und im Sommer sind auch hier die Nächte hell. Ich schaute auf die Uhr – sie war stehen geblieben. In das weit geöffnete Fenster, aus dem der Tabakrauch, die Gerüche der eingetrockneten Sakuska, des Fischs, der roten Krabben, des Kaviars, der Wurstreste quoll, drang kaltes, totes Licht.

Mit Mühe erhob ich mich vom Diwan und stolperte auf dem Weg zur Toilette über die Kanister. Beide waren leer! Bis zu diesem Moment hatte ich nicht geglaubt, dass einem die Haare auf dem Kopf zu Berge stehen können. Aber nun fühlte ich ganz deutlich, wie sie sich aufrichten. Das heißt also, dass wir auch den vergifteten Spiritus getrunken hatten! Mich umgab unheilvolle, sumpfige Stille, nicht einmal der

Lärm der Autos auf der Hafenstraße war zu hören. Die Leichen der Freunde hatte man also bereits in die Pathologie gebracht.

Niemals zuvor habe ich mich so langsam und bedächtig angezogen. Von meinen Freunden war mir Boris Nekrassow aus dem Nachbarhaus der nächste. Mit Mühe und unter kalten Schweißausbrüchen stieg ich in den zweiten Stock hinauf und drückte schwankend auf den Klingelknopf. In der Wohnung war es still. Ich legte mein schweißnasses Ohr an die Tür, aber außer Totenstille war nichts zu hören. Da spürte ich einen harten Schlag gegen mein Ohr. In der Tür stand im Halbdunkel Boris Nekrassow in Satinunterhosen und sah mit seinem bleichen Gesicht und den fiebrig glänzenden Augen aus wie eine Alkoholleiche.

»Was willst du so früh?«, brummte Boris unzufrieden und ließ mich in den Korridor. »Warum rüttelst du die Leute aus dem Schlaf?«

»Wir haben den vergifteten Spiritus ausgetrunken!«, presste ich aus mir heraus, und ich fühlte, wie sich meine Kehle zu einem Schluchzer zusammenkrampfte. »Aber warum lebst du?«

»Ich lebe?« Nekrassow betastete sich und sagte verwundert: »Tatsächlich, ich lebe!«

»Und was ist mit den anderen? Vielleicht sind sie ...«

Boris wurde noch blasser, zog sich hastig an, und wir rannten zu Kescha Stepanow, der ganz in unserer Nähe wohnte, ebenfalls in der Hafenstraße.

Auf unser Klingeln hin kam Antonina zur Tür, Keschas Frau. Sie redete mit uns durch die geschlossene Tür. »Was wollt ihr?«

»Wir kommen wegen der Expedition«, sagte ich vorsichtig.

»Eure Expeditionen habe ich gefressen!«, schrie Antonina Wassiljewna. »Kescha wird und wird nicht trocken!«

»Wo ist er denn?«, erkundigte sich Boris vorsichtig. Dann wandte er sich zu mir und flüsterte: »Sieht aus, als ob er noch lebt.«

»Das kann man auch anders sehen!«, unterbrach ihn Antonina. »Aber zu euch kommt er bestimmt nicht mehr! Schluss, das hat gereicht! Macht, dass ihr wegkommt! Lasst den Mann in Ruhe.«

Wir gingen auf die Straße. Es fiel ein deprimierender Nieselregen, typisch für Magadan. Wir gingen zur Hauptstraße, auf den Lenin-Prospekt, der über den Fluss Magadanka zur Kolymaer Chaussee führt.

»Wenn mit Kescha was Schreckliches passiert wäre, hätte Antonina ganz anders mit uns geredet«, sagte ich nachdenklich. »Wenn man ihre Sprache vom Standpunkt eines Philologen analysiert, so gab es nicht einmal eine Anspielung auf einen tödlichen Ausgang. Einfach eine typisch weibliche Reaktion auf die Sauferei des Ehemanns.«

»Das heißt, wir drei haben das Gift überlebt«, schloss Boris.

Wir liefen im Regen. Während wir zu unserer Hafenstraße zurückgingen, bedrückten uns gemischte Gefühle: Einerseits waren alle am Leben geblieben. Andererseits aber warum? Was war hier los?

Wir aßen im Restaurant »Magadan« zu Mittag. Als wir den angebotenen Wodka und sogar das Bier ablehnten, schaute uns die Kellnerin, der wir bekannt waren, entgeistert an und zuckte schweigend mit den Schultern.

Nach einiger Zeit kehrte aus dem Kurort »Talaja« der braun gebrannte, gestärkte Asir Sandler zurück, bereit, auf die große arktische Expedition zu gehen.

»Nein, zuerst sagst du uns, was du uns da für einen Spiritus untergeschoben hast!«, wies ihn Nekrassow zurecht.

»Was ist los? Stimmt was nicht?«

»Du hast uns gesagt, du hättest einen Kanister vergiftet!«

»Wisst ihr, Jungs, ich hatte es so eilig, dass ich das nicht mehr geschafft habe!«

Statt Erleichterung fühlte ich Zorn in mir aufsteigen. »Wenn du wüsstest, was wir durchgemacht haben!«, konnte ich nur noch sagen.

Unsere große arktische Expedition fand nicht statt. Als ich vor Kurzem mein Archiv aufräumte, fand ich die Liste für die Ausrüstung. Nur neben einen Posten war ein Häkchen gesetzt, »Spiritus«.

Электричество

Elektrizität

Logischerweise tauchte dieses Wort erst Anfang der Dreißigerjahre auf, als in Uëlen zuerst die Polarstation und dann auf dem Felsen Eppyn der Leuchtturm gebaut wurden.

Wenn in den Fenstern der Polarstation abends das wundersam helle Licht aufflammte, rannten wir Kinder dorthin, pressten unsere Nasen gegen die kalten Scheiben und versuchten die Glaskugel an der Zimmerdecke zu erspähen, in der ein ungewöhnliches Licht strahlte. Eingeweihte erzählten, dass man diese Kugel mithilfe eines schwarzen Knopfes an der Wand ein- und ausschalten konnte. Von der Wand lief eine Leitung zu dem Lämpchen. Aber das größte Wunder war: In diese Kugel brauchte man weder Petroleum zu gießen noch Robbentran.

Als der Leuchtturm in Betrieb genommen wurde, blinkte auf seinem Dach ein Scheinwerfer auf, und ein langer heller Strahl, der Klinge eines riesigen Messers ähnlich, flog in die Tundra und auf das weite Meer und verlor sich dort auf den schwarzen Wellen.

Es gab viele wundersame Erscheinungen, die mit der Elektrizität verbunden waren. Und dann wurde sogar noch erzählt, dass man elektrisches Licht auch in die Jaranga legen könnte. Man brauchte nur im Polog an die Zimmerdecke aus Fell eine gläserne Kugel zu hängen, und sie würde nicht minder hell brennen und leuchten als im Holzzimmer auf der Polarstation.

Doch vorher müsste ein elektrischer Windgenerator aufgestellt werden. Mit dem letzten Dampfer wurde aus Wladiwostok ein Metallskelett angebracht, das aussah wie das Gerippe eines unbekannten gigantischen wilden Tieres. Mit vereinten Kräften fast aller Uëlener Bewohner wurde das Skelett mit Drahtseilen und Hebeln in der Mitte der leeren Fläche, die die Jarangas des alten Uëlen von den neuen Holzhäusern der Polarstation trennte, aufrecht hingestellt. Nicht genug damit, an die Spitze dieses Skeletts wurden riesige Schaufeln montiert und ein Ding, das aussah wie ein gigantischer Vogelschwanz. Das sei der Stabilisator, hieß es. Im unteren Teil wurde ein kleines Häuschen eingerichtet, in das eine elektrische Maschine gestellt wurde, die die Energie des Windes in Elektrokraft umwandeln sollte.

All diese kundigen Erklärungen kamen aus dem Mund des ersten tschuktschischen Elektromonteurs Tenmaw, dem Sohn des Knochenschnitzers Gemauge. Diese Erklärungen überstiegen mein kindliches Auffassungsvermögen, aber auch viele alte Leute, die man in Uëlen für weise hielt, gerieten ins Grübeln, wenn Tenmaw auf das schwarze Gummikabel deutete, das aussah wie ein Walrossdarm, und sagte, dass die elektrische Kraft wie Wasser durch diesen Darm fließt, der in der Erde vergraben würde. Dann würde die Elektrizität zu den hohen Holzmasten hochgedrückt und von dort durch einen etwas dünneren Darm, der aussieht wie der einer Robbe, in die Jarangas fließen, in die Fellpologs.

Diese Erklärungen riefen große Zweifel hervor. Erstens stellte sich heraus, dass das Kabel gar nicht leer war, sondern voller Kupferdraht. Das Gleiche wurde auch bei den etwas dünneren Därmen beobachtet. Also gab es für die angebliche Flüssigkeit kein Durchkommen. Zweitens konnten wir uns nur schwer vorstellen, dass die kleine gläserne Kugel, die viel kleiner war als eine Wasserflasche, nicht den Fellpolog anzündet. Drittens lag Tenmaws Behauptung, dass man mit Wind Licht erzeugen könnte, außerhalb der Grenzen des gesunden Menschenverstands.

Dennoch wurde ein Graben ausgehoben, ein Kabel hineingelegt, Maste aufgestellt und von dort Leitungen in die Jarangas gelegt, in die Schule, in den Einkaufsladen und in die tangitanischen Wohnungen. Manchmal begann das Windrad sich bedrohlich schnell zu drehen, die Flügel durchschnitten mit einem Pfeifen die Luft. Das war, wenn Tenmaw einen Test durchführte. In solchen Fällen suchten sich die Menschen ein Plätzchen, das weit entfernt von den atemberaubend schnell herumkreisenden Schaufeln war. Sogar die Hunde rannten kläglich winselnd davon.

Einige Uëlener ließen keinen Strom in ihre Jarangas legen. Aber für Komsomolzen und Mitglieder der bolschewistischen Partei war Strom in der Wohnung Pflicht. Zumal, wie Tenmaw sagte, das elektrische Licht von Wladimir Iljitsch Lenin besonders geliebt wurde und die Glaskugel mit dem kaum sichtbaren Draht noch eine andere Bezeichnung hatte – Iljitschs Lampe.

Und dann kam der feierliche Tag, an dem der Strom in Uëlen eingeschaltet werden sollte.

An diesem windigen Herbsttag lag die einzige Straße unserer Siedlung wie ausgestorben da. In unserer Jaranga drängten sich alle direkt unter der Glaskugel. Der kurzbeinige Tisch wurde daruntergestellt und mit Teetassen gedeckt. Alle schlürften lautstark den heißen, starken Tee und gaben sich Mühe, über etwas anderes zu reden, zum Beispiel über das Eisfeld, das immer näher rückte, über den Walrossliegeplatz bei Intschoun. Aber von Zeit zu Zeit warfen alle einen verstohlenen Blick zur Glasbirne hoch, die an der Felldecke hing. Die Spannung wuchs. Und als es nicht mehr zum Aushalten war, flackerte die Glühlampe plötzlich auf und blendete uns mit ihrem hellen Licht. Onkel Kmol ließ seine Untertasse mit dem heißen Tee direkt auf seine nackten Knie fallen und schrie auf. Auch die Frauen schrien auf. Für mich war das Merkwürdigste, dass die Glühlampe ohne jeden Laut, ohne jedes Zischen leuchtete. Nur der glimmende Draht in der Glaskugel leuchtete manchmal unerträglich hell, mal schwächer, er wurde gelb, und das wiederholte sich in regelmäßigen Abständen. Meine Großmutter sagte: »Als ob sie atmet.«

So kam das elektrische Licht in die Uëlener Jarangas. Allerdings dauerte das Wunder nicht lange. Gleich der erste Sturm warf die Maste um, auch das Windrad hielt ihm nicht stand, es kippte zur Seite und erinnerte aus der Ferne an das Gerippe eines abgefressenen Wals.

Einige Zeit später wurden Dieselgeneratoren nach Uëlen gebracht, und in der Schule, dem Einkaufsladen und den Holzhäusern der Tangitan leuchteten die Glühbirnen wieder. Aber aus irgendeinem Grunde wurde das neue Licht nicht mehr in die Jarangas gelegt. Noch lange Zeit hingen in unserer Jaranga und den anderen alten Behausungen von Uëlen unter der Decke Glaskugeln, die an die kurze Zeit der elektrifizierten Jarangas erinnerten.

In unserem Klassenraum gab es drei Glühlampen. Es hätten eigentlich vier sein müssen, doch in der vierten Fassung fehlte die Birne. Jemand war auf die Idee gekommen, seine Finger in den Kontakt zu stecken. Es hieß, der Schlag soll eine ungeheure Wirkung gehabt haben, er sei ziemlich stark und schmerzhaft gewesen. Wir vertrieben uns die Zeit damit, dass wir uns an den Händen fassten, und der Erste in der Reihe steckte den Finger in das schwarze Loch. Sogar der Letzte fühlte den Schlag. Ich hielt mich zurück, ich hatte Angst vor diesem gefährlichen Spiel.

Aber ich wollte es unbedingt einmal allein probieren. Manchmal kam ich in den leeren Klassenraum, wenn kein Unterricht war, schaute lange in das schwarze Loch der Fassung und grübelte darüber nach, auf welche Weise die unbekannte Kraft von dort ausging, die es schaffte, den Menschen vor Schmerz aufschreien zu lassen und ihn zu schütteln wie einen leeren Sack. Aber ich kam nicht hoch bis zur Fassung droben an der Decke. Einige Tage überlegte ich, wie ich mein Vorhaben ausführen und meine Neugier stillen könnte.

Schließlich reifte mein Plan heran, und ich war bereit zu seiner Realisierung. Das Schulgebäude wurde nie abgeschlossen, man konnte es jederzeit betreten. Manchmal wärmten wir uns an den Schulöfen auf, wenn wir im Frost gespielt hatten. Nur am Wochenende und in den Ferien herrschte im Schulgebäude von Uëlen Stille.

Als ich die Schule und den Klassenraum betrat, in dem an der Decke die ersehnte leere Fassung hing, hatte ich zuerst große Angst. Aber die Neugier siegte. Zumal ich ja alles vernünftig geplant hatte, wie ich glaubte. Ich stellte einen Hocker unter die Fassung, und vom Ofen nahm ich den langen Feuerhaken mit dem gebogenen Ende. Im Klassenraum war es hell genug – die drei Glühlampen brannten.

Es war feierlich still. Ich nahm den Feuerhaken fest in die Hand und kletterte auf den Hocker. Um ganz sicherzugehen, stellte ich mich nicht direkt unter die leere Fassung, sondern etwas seitlich. Nachdem ich tief Luft geholt hatte, zielte ich mit dem Feuerhaken auf das Loch, kniff aus irgendeinem Grund die Augen zusammen und steckte das Eisenende in die Fassung.

Was dann folgte, übertraf alle meine Erwartungen!

Es krachte schrecklich! Blaue und rote Funken fielen herab. Von dem schrecklichen Schlag in beiden Händen schrie ich auf und fiel vom Hocker auf den Fußboden. Alle drei Glühlampen verloschen gleichzeitig. Ich verlor das Bewusstsein, aber nur für einen Augenblick. Sofort war ich wieder auf den Beinen und stürzte wie ein Besessener aus der Schule.

Auf der Straße rannten bereits die Leute zusammen. Der Monteur Tenmaw rief: »Kurzschluss! Kurzschluss!«

Ich rannte zu meiner Jaranga und versteckte mich in der hintersten Ecke des Tschottagin, zwischen den schlafenden Hunden. Mein Herz klopfte wie verrückt direkt im Hals.

Zu meinem Erstaunen reparierte Tenmaw den Schaden sehr schnell, und die Glühlampen in der Schule, im Einkaufsladen, in der Bäckerei und in den Häusern der Tangitan leuchteten wieder auf.

Am nächsten Tag versammelte der Schuldirektor alle Schüler im größten Klassenraum, ausgerechnet dort, wo ich am vorangegangenen

Abend nähere Bekanntschaft mit dem elektrischen Strom gemacht hatte. Er versuchte herauszufinden, wer den Schaden angerichtet hatte. Auf dem Hocker lag als Beweisstück noch der Feuerhaken.

Trotz aller inständigen Bitten und Ermahnungen meldete sich niemand. Auch ich meldete mich nicht, aber seitdem habe ich großen Respekt vor der Elektrizität.

Юбилей

Jubiläum

Was ein Jubiläum ist, war den Tschuktschen viele Jahrhunderte nicht bekannt. Also haben sie auch kein eigenes Wort dafür. Als sie aber zum ersten Mal mit dieser Erscheinung in Berührung gekommen sind, haben sie sich schnell daran gewöhnt, denn ein Jubiläum ist ein Fest, also wird eine große Menge des bösen fröhlich machenden Wassers ausgeschenkt, das Feuerwasser.

Die Tschuktschen zählen die Jahre nicht, wir hatten Jahrhunderte keine Zeitrechnung, die Vergangenheit prägte sich durch bedeutende und einschneidende Ereignisse im Gedächtnis ein. Das war die Zeitrechnung: »Das geschah in jenem Jahr, als ein toter Grönlandwal ans Ufer gespült wurde«, oder »Das geschah ein Jahr nach der Ermordung des Schamanen Mletkin durch Choroschawzew«.

Den eigenen Geburtstag zu feiern, davon konnte nicht die Rede sein. Aber mit den Bolschewiki kamen Bräuche, die unbedingt eingehalten werden und an denen wir aktiv teilnehmen mussten. Das betraf vor allem die Revolutionsfeiertage und die Geburtstage der kommunistischen Führer.

Bis heute erinnere ich mich an das Jahr, in dem der hundertste Geburtstag von Wladimir Iljitsch Lenin feierlich begangen wurde. In der Sowjetunion grenzte das schon an Psychose, vor allem bei den Parteiideologen. Von morgens bis abends wurde im Radio und im Fernseher von Lenin gesprochen. Unzählige Artikel über ihn wurden in den

Zeitungen und Zeitschriften veröffentlicht. In riesigen Auflagen erschienen Bücher über Lenin. Aber eines gefiel mir: Es tauchten auch eine Unmenge Witze über den Führer des Weltproletariats auf, die oft bis an die Grenze des Spotts gingen.

Aber es passierten auch Dinge, die sogar die derbsten Witze übertrafen.

Den Sommer verbrachte ich in Anadyr. Zu dieser Zeit fand gerade das Treffen der Rentierzüchter statt, die aus allen Teilen der weiten tschuktschischen Tundra gekommen waren. Die Versammlungen fanden im Saal des Kreiskulturhauses statt. Gleichzeitig war das Magadaner Theater zum Gastspiel gekommen, und im wichtigsten Stück wurden Szenen aus dem Leben des großen Jubilars – Wladimir Iljitsch Lenin – dargestellt.

An jenem Tag waren die Rentierzüchter auf ihrer Versammlung tüchtig ins Schwitzen gekommen, denn sie hatten ja alle ihre warme Kleidung an. Und da wurde ihnen obendrein verkündet, sie müssten sich nach der Versammlung noch alle zusammen das Stück ansehen. Die Tundramenschen sind ein diszipliniertes und geduldiges Volk. Sie hielten auch noch dieses Stück aus.

Lenin wurde von meinem alten Bekannten aus der Magadaner Zeit, Wladimir Martynow, gespielt. Als Schauspieler war er recht talentiert, aber auch als Trinker. Ich schaute mir zusammen mit den Rentierzüchtern die Vorstellung an. Der Hauptdarsteller war trotz seines Katers in Hochform, er spielte wie der Teufel, geradezu hervorragend gelang ihm der charakteristische Sprachfehler Lenins. Vielleicht war er bei ihm sogar noch um einen Deut charakteristischer als beim echten Lenin.

Die Zuschauer nahmen das Stück freundlich auf, ihnen gefiel vor allem der »lebendige« Lenin, von dem sie wussten, dass er, obwohl er leblos in einem gläsernen Sarg im Mausoleum auf dem Roten Platz in Moskau liegt, »lebendiger als alle Lebendigen« ist, wie Wladimir Majakowski sagte.

Ich ahnte, dass der Schauspieler in den Minuten, in denen er nicht auf der Bühne stand, ein Schlückchen zur Katerbekämpfung nahm. Und richtig, zum Ende des Stückes hin wurde er immer lebhafter und hemmungsloser. Aber gerade dieses Benehmen des »lebendigen Lenins« gefiel meinen Rentierhirten, sie begleiteten fast jeden Satz mit donnerndem Applaus.

Nach dem Stück drängten alle ins Restaurant, in dem schon die Tische gedeckt waren.

Es hatten noch nicht alle Platz genommen, als in der Tür der »lebendige Lenin« höchstpersönlich erschien. Er war noch geschminkt, und der Beifall, den man ihm zollte, war sogar noch stärker als im Theater. Die angesehensten Rentierhirten, die auf den Ehrenplätzen saßen, riefen wie aus einem Munde: »Lenin! Lenin ist da! Komm zu uns!«

Der Schauspieler ging zielstrebig zu den Rentierzüchtern, die ihn so herzlich einluden und ihm den wichtigsten Ehrenplatz überließen.

»Hoch lebe der große Lenin!«, rief einer der Rentierhirten. Diese Losung wiederholte der offizielle Dolmetscher der staatlichen Behörden des Bezirks, Valentin Tschaiwyrgyn, auf Tschuktschisch: »Matschynan nytwarkyn ynanmainytschyn Lenin!«

Der Schauspieler erhob sich von seinem Stuhl, schwankte leicht, straffte sich aber dann und nickte.

Unter den anwesenden Staats- und Parteifunktionären entstand Gemurmel. Der Erste Sekretär des Gebietsparteikomitees, Motorin, neigte seinen Kopf zum Staatssicherheitschef des Gebiets, Petrenko.

»Der erste Toast gilt unserem teuren Wladimir Iljitsch Lenin!«, rief der Held der sozialistischen Arbeit, der Hirte aus der Kantschalaner Tundra, Iwan Arento. Alle leerten das Glas in einem Zuge. Die Anwesenden gerieten immer mehr in Aufregung, als wäre der »ewig lebendige« Führer des Weltproletariats wieder lebendig geworden und im Saal anwesend.

Der Schauspieler kippte ein großes Glas Wodka in seinen weit aufgerissenen Mund und schaufelte mit einem Esslöffel frisch gesalzenen

Kaviar aus der Schüssel. Die roten Fischeier fielen auf seine schwarz getupfte Krawatte, blieben am Stoff kleben, so als wollten sie die Krawatte schmücken.

»Hundert Jahre ist er alt, und sieh mal einer an, wie jung er wirkt!«, bemerkte der alte Hirte aus Kurupka, Tutai. »Du bist ja wirklich ewig.«

Während ein Toast dem anderen folgte, gingen der Erste Sekretär des Kreisparteikomitees, Motorin, der KGB-Chef, Petrenko, und der Chef der Miliz, Dubow, zur Seite und berieten sich.

Währenddessen dachte der Schauspieler, der tüchtig getrunken und gegessen hatte, nicht im Geringsten daran, seine Rolle abzulegen. Er erhob sich und streckte seinen Arm in der bekannten Pose aus, die auf unzähligen Denkmälern in allen Ecken des Riesenlandes zu sehen war – das heißt, er hob den rechten Arm, zeigte irgendwohin und hielt mit dem typischen leninschen Sprachfehler eine kleine Rede: »Genossen Rentierhirten! Arbeiter der Tundra! Ihr müsst zu den leninschen Normen zurückkehren und mitleidlos alle Pseudokommunisten aus unserem Leben vertreiben, Betrüger aller Sorten, Gauner, die in die Reihen der Partei und der Sowjets eingedrungen sind. Sie befinden sich in unserer Mitte! Sie sind es, die unseren Fortschritt in die lichte Zukunft, den Kommunismus, hemmen!«

Und alles blickte in die Richtung, in die Lenins rechte Hand deutete – dort standen der Erste Sekretär des Gebietsparteikomitees Motorin, der KGB-Mann Petrenko und der Milizchef Dubow und steckten tuschelnd die Köpfe zusammen.

Manchmal gelang es mir, von ihrem Gespräch etwas zu erhaschen.

»Wir finden keinen Milizionär, der sich traut, Lenin anzufassen!«

»Was ist das schon für ein Lenin ...«

»Ein Schauspieler ...«

»Aber für die Rentierhirten ist er kein Schauspieler, sondern ein Symbol ...«

»Er befleckt den Namen des Führers ...«

»Ich finde, seine Worte stimmen ...«

»Die Worte schon, aber die Anspielungen ...«

»Und erst wie er aussieht ... Ein betrunkener Lenin. Das ist nicht zu ertragen!«

Inzwischen war der Schauspieler Martynow zur Zeremonie des Händeschüttelns übergegangen. Jeder der bereits angeheiterten Hirten hielt es für seine Pflicht, die hingehaltene Hand des Führers des Weltproletariats zu drücken. Das Händeschütteln wurde häufig durch Heben des Wodkaglases unterbrochen.

»Die meisten Pseudokommunisten sind unter den Funktionären zu finden!«, fuhr Martynow fort. »Unsere Aufgabe, die Aufgabe der proletarischen Kunst, ist es, diese Hundesöhne zu entlarven!«

»Keine Schimpfwörter!«, krächzte der Milizchef Dubow.

»Genosse Schauspieler, Sie müssen sich nun ausruhen. Nach solch einem schwierigen Stück, nach solch einer verantwortungsvollen Rolle ist es jetzt Zeit, schlafen zu gehen«, sagte Motorin mit süßlicher Stimme. »Genossen! Bitten wir unseren teuren Gast, den verehrten Schauspieler des Magadaner Gebietstheaters, den Genossen Wladimir Martynow, ins Hotel zu gehen und sich auszuschlafen ...«

Und Motorin klatschte in die Hände. Seinem Beispiel folgten alle Anwesenden, und von überallher wurde gerufen: »Ruhen Sie sich aus, Wladimir Iljitsch!«

»Auch wenn Sie ewig leben, aber müde werden Sie doch ...«

»Und er hat auch schon genug getrunken ...«

Der Held der sozialistischen Arbeit Iwan Arento und der älteste Hirte aus der Kurupkiner Tundra Tutai hakten den Schauspieler Martynow fürsorglich unter. Sie führten ihn durch die dichte Menge der Bankettteilnehmer. Der Schauspieler unternahm einige Versuche, sich aus den starken Armen der Rentierhirten zu befreien, aber erfolglos: Die starken Arme der Tundramenschen hatten schon ganz andere Wesen zur Raison gebracht, nämlich die Rentierbullen.

Das Autonome Gebiet von Tschukotka hat in den vielen Jahren seiner Existenz schon eine ganze Menge gesehen. In den Straßen zum

Beispiel konnte man mehr Betrunkenen als Nüchternen begegnen. Aber so etwas hat es noch nie gegeben: Zwei angesehene Rentierhirten führen den sturzbetrunkenen Führer des Weltproletariats die Hauptstraße entlang, die dazu noch seinen Namen trägt.

Wie wir aus der sowjetischen Presse, dem Radio und dem Fernsehen erfuhren, wurde das Lenin-Jubiläum in der ganzen Welt gefeiert, aber so festlich wie im äußersten Nordosten der Sowjetunion wurde es bestimmt nirgends begangen!

Nachbemerkung

Du schlägst nun die letzte Seite dieses Buches auf. Du hast viel Zeit und Geduld aufgebracht.

Für mich jedoch ist es die letzte Seite nicht. Ich könnte mein ganzes Leben an diesem Buch fortschreiben, und werde es auch tun. Für Dich jedoch, mein lieber Freund, werde ich keine Entscheidung treffen. Du kannst im Alphabet meines Lebens weiterlesen, des Lebens meines arktischen Volkes, dem ich all meine Bücher gewidmet habe.

Du kannst aber auch an dieser Stelle Deine Bekanntschaft mit mir abbrechen.

Ich danke Dir sehr – welynkykun!

Juri Rytchëu im Unionsverlag

Der Mondhund
Ein zauberhaftes Märchen darüber, wie man die Liebe und seinen Platz in der Welt findet. »Die poetische Geschichte wandelt sich ganz behutsam in ein Liebesbekenntnis.« *Rosemarie Thiemt, Sächsische Zeitung*

Die Reise der Anna Odinzowa
Anna heiratet den jungen Tschuktschen Tanat, damit sie als Ethnografin aus nächster Nähe das Leben der Nomaden erforschen kann. Sie lernt nach den uralten Gesetzen der Tundra zu leben und wird zur Nachfolgerin des alten Schamanen.

Der letzte Schamane
Familiengeschichte, Epos des eigenen Volkes und Schöpfungsmythos verschmelzen in diesem Roman. »Mit Rytchëu verfügt die Arktisliteratur über einen raren Kronzeugen, dessen Perspektive eine völlig andere ist.« *Rheinischer Merkur*

Im Spiegel des Vergessens
Nach einer langen Reise quer durch den Kontinent klopft der junge Tschuktsche Gemo am Portal der Leningrader Universität. Tastend geht er seinen Weg, als Fremdling in der europäischen Kultur und in der offiziellen Kulturpolitik. Seine Herkunft lässt ihn nicht los.

Unter dem Sternbild der Trauer
1934 schlägt eine sowjetische Forschergruppe auf der von Eskimos bewohnten Wrangel-Insel ihr Lager auf. Die Insel wird zum Schauplatz unheilvoller Machtkämpfe und Intrigen.

Die Suche nach der letzten Zahl
Roald Amundsens Schiff ist vor der tschuktschischen Küste im Packeis festgefroren. Die Polarjäger erforschen die weißen Fremdlinge und ihre seltsamen Sitten.

Mehr über Autor und Werk auf *www.unionsverlag.com*

Juri Rytchëu im Unionsverlag

Teryky
In eindringlicher und bildreicher Sprache wird die tragische Liebesgeschichte zwischen Goigoi und Tin-Tin erzählt, deren Seelen sich im Polargestirn wiederfinden.

Traum im Polarnebel
Durch einen Unfall muss der Kanadier John MacLennan in einer Siedlung der Tschuktschen an der eisigen Nordküste Sibiriens überwintern. Aus einem Winter wird ein ganzes Leben.

Polarfeuer
Die Fortsetzung von Traum im Polarnebel. Die »Zivilisation«, die der Kanadier John MacLennan hinter sich gelassen hat, holt ihn ganz unerwartet wieder ein.

Gold der Tundra
Zwei Generationen nach Traum im Polarnebel brechen zwei Amerikaner auf, die verlorene Welt ihres Großvaters zu suchen. Aber die Tschukotka hat sich dramatisch verändert.

Unna
Im Internat findet Unna Gefallen an der Zivilisation. Beinah kann sie auf der Karriereleiter ganz nach oben gelangen. Zu spät begreift sie, welche Opfer man von ihr dafür verlangt.

Wenn die Wale fortziehen
Die Schöpfungslegende der Tschuktschen von der ursprünglichen Gemeinschaft von Mensch und Wal ist zugleich eine Vorahnung der heutigen Zeit.

Mehr über Autor und Werk auf *www.unionsverlag.com*

Weiter lesen mit dem Unionsverlag ...

SAMSON KAMBALU *Jive Talker*
Sein Name bedeutet »Don't worry be happy«. Vielleicht ist das der Grund, weshalb der kleine Samson in einer Welt, wo hinter jeder Ecke Misere, Mambas und Malaria lauern, zu einem Teenager heranwächst, der Michael Jacksons Moonwalk perfekt imitiert, Nietzsche mit Vorliebe auf dem Klo liest und sich mit zwölf seine eigene Religion ausdenkt.

PABLO DE SANTIS *Das Rätsel von Paris*
Am Vorabend der Weltausstellung von 1889 treffen sich die zwölf berühmtesten Detektive, um der Welt ihre neusten Methoden zu präsentieren. Aus der unbeschwerten Zusammenkunft wird Ernst, als einer der »Zwölf« unter mysteriösen Umständen vom gerade errichteten Eiffelturm zu Tode stürzt. Nun gilt es für die Meisterdetektive, ihr Können unter Beweis zu stellen und das Rätsel von Paris zu lösen.

SHAHRIAR MANDANIPUR
Eine iranische Liebesgeschichte zensieren
Ein iranischer Schriftsteller ist es leid, immer nur düstere Romane mit tragischem Ausgang zu schreiben. Also beginnt er eine Liebesgeschichte – ein Projekt mit Tücken. Wie erzählen, wenn es den Liebenden verboten ist, sich allein zu begegnen, in die Augen zu schauen? Wie ein Schatten wacht Herr Petrowitsch, der Zensor, über jedes Wort und lässt den Ausgang der Geschichte völlig offen.

DOMINGO VILLAR *Strand der Ertrunkenen*
Die Leiche eines Fischers wird an die galicische Küste geschwemmt. Seine Hände sind mit einer Plastikfessel zusammengebunden, was auf einen Freitod nach Seemannsart schließen lässt. Inspektor Leo Caldas zweifelt an der Selbstmordtheorie und hört sich im Heimatort des ertrunkenen Fischers um. Dabei wird ihm allerlei Seemannsgarn zugetragen – aber auch unrühmliche Details aus der Vergangenheit des Fischers.

Mehr über alle Bücher und Autoren auf *www.unionsverlag.com*